第六章 并购

递进

整体部分 并购概述
- 递进 并购的含义
- 递进 并购动机
- 递进 并购的分类
- 递进 并购的发展历程

整体部分 并购行为决策
- 递进 企业并购的程序
- 递进 并购的资金筹措
- 递进 并购后整合

共生

依赖

整体部分 反并购策略
- 依赖 预防型策略
- 递进 反应型策略

整体部分 跨国并购
- 依赖 跨国并购的概念及分类
- 依赖 跨国并购的动因
- 依赖 跨国并购的流程
- 依赖 跨国并购风险及防范
- 依赖 企业跨国并购与国家安全

整体部分 并购定价决策
- 递进 目标公司的价值评估方法
- 递进 公司并购的成本分析
- 递进 公司并购的风险分析

务重组与清算

整体部分 债务重组
- 递进 债务重组的含义
- 递进 债务重组的动因
- 递进 债务重组的方式
- 递进 债务重组的程序
- 递进 诚信意识、企业伦理与可持续发展

整体部分 公司清算
- 递进 公司清算的含义
- 递进 公司清算的类型
- 递进 公司清算的程序
- 递进 契约精神与社会责任

整体部分 破产清算
- 递进 企业破产及其流程
- 递进 破产清算的含义
- 递进 破产清算的程序
- 递进 公司清算与破产清算的联系与区别
- 递进 法治意识与社会责任

共生

方式
程序

整体部分 公司分立
- 递进 公司分立的含义
- 递进 公司分立的动因
- 递进 公司分立的程序
- 递进 公司分立的评价

递进

第九章 数字经济与资本运营

递进

整体部分 数字经济概述
- 整体部分 数字经济的含义
- 整体部分 数字经济的核心要素
- 整体部分 数字经济发展历程
- 整体部分 数字经济的分类

整体部分 数字经济对资本运营的影响
- 整体部分 数字经济对资本运营环境的影响
- 整体部分 数字经济对资本运营模式的影响
- 整体部分 数字经济对资本运营效率的影响

整体部分 数字经济对资本运营的模式创新
- 整体部分 数字经济背景下资本运营模式创新必要性
- 整体部分 数字经济背景下资本运营模式创新
- 整体部分 数字经济背景下资本运营风险控制
- 递进 资本增值与数字安全

新文科建设教材

工商管理系列

CAPITAL
OPERATION
THIRD EDITION

资本运营概论

（第三版）

曹永峰◎主编

夏妍艳　孟伶云　王怀庭　高挺◎副主编

清华大学出版社

北京

内 容 简 介

　　本书是在第二版的基础上修订而成的，系统介绍了资本运营的基本知识与基本原理以及资本运营的各种模式。本书共分九章。第一章是资本运营概述，主要介绍资本及资本运营的基本内涵，以及资本运营的主体与环境、风险与管理；第二章至第八章重点介绍了资本运营的各种模式，包括企业上市、债券融资、资产证券化、私募股权投资基金与风险投资、并购、资本收缩、债务重组与清算等资本运营模式的最新理论与实务内容；第九章主要介绍数字经济与资本运营等内容。

　　本书内容精练，层次清晰，系统性、应用性、可读性强，适合普通高校经济管理类专业本科学生使用，也可作为企业管理人员、经济工作人员的参考读物。

本书封面贴有清华大学出版社防伪标签，无标签者不得销售。

版权所有，侵权必究。举报：010-62782989，beiqinquan@tup.tsinghua.edu.cn.

图书在版编目（CIP）数据

资本运营概论 / 曹永峰主编 . -- 3 版 . -- 北京：清华大学出版社，2025. 8.
（新文科建设教材）. --ISBN 978-7-302-70249-8

　　Ⅰ . F272.3

中国国家版本馆 CIP 数据核字第 2025PB2937 号

责任编辑：胡　月
封面设计：李召霞
版式设计：方加青
责任校对：宋玉莲
责任印制：刘海龙

出版发行：清华大学出版社
　　　　　网　　　址：https://www.tup.com.cn，https://www.wqxuetang.com
　　　　　地　　　址：北京清华大学学研大厦 A 座　　　　　邮　　编：100084
　　　　　社 总 机：010-83470000　　　　　　　　　　　邮　　购：010-62786544
　　　　　投稿与读者服务：010-62776969，c-service@tup.tsinghua.edu.cn
　　　　　质 量 反 馈：010-83470000，zhiliang@tup.tsinghua.edu.cn
印 装 者：三河市少明印务有限公司
经　　销：全国新华书店
开　　本：185mm×260mm　　　　印　张：18　　插　页：1　　　字　数：422 千字
版　　次：2013 年 6 月第 1 版　　2025 年 8 月第 3 版　　　印　次：2025 年 8 月第 1 次印刷
定　　价：59.00 元

产品编号：104680-01

第三版前言

党的二十届三中全会明确提出，"聚焦构建高水平社会主义市场经济体制，充分发挥市场在资源配置中的决定性作用"，"完善中国特色现代企业制度"，"健全投资和融资相协调的资本市场功能，防风险，强监管，促进资本市场健康稳定发展"。这一系列的重要部署为深化企业改革发展、深化资本市场改革指明了方向。随着社会主义市场经济体制、现代企业制度、资本市场的不断完善，以及我国企业在国际市场上的不断开拓，资本运营已经成为每一家企业必须面对的重大课题。

本书第二版于 2019 年出版，至今已有 5 年。本次修订，在保持第一版和第二版的特色、框架体系基本不变的前提下，聚焦资本运营的主要内容与模式，力求反映我国资本市场的最新变化，对资本运营的学科理论、政策法规、企业实务等进行更新和充实。顺应教学安排，在章节内容上进行了相应调整。具体而言，本次修订体现在如下方面。

第一章为资本运营概述，主要对本书第二版第二节中的资本运营模式重新进行了梳理；将本书第二版第三节资本运营的环境改为资本运营的主体与环境，增加了公司设立和企业改制的内容，精简了对资本市场的介绍，增加了资本运营的法治与监管环境等相关内容；调整了第四节中的资本运营的风险与管理相关内容。

第二章为企业上市，第一节企业上市概述重点突出了注册制的相关内容；第二节是境内上市；第三节是本书第二版第九章中的境外上市相关内容；第四节更新了公司退市的相关政策法规等内容。舍弃了本书第二版第二节股利政策。

第三章为债券融资，将本书第二版第一节内容分成了两节，第一节为公司债券概述；第二节重点介绍公司债券的发行与上市；第三节优化了可转换公司债券的相关内容；第四节是本书第二版第九章中的国际证券融资相关内容。

第四章为资产证券化，将本书第二版第三章第三节企业资产证券化的内容进行了拓展，对资产证券化的相关内容进行了详细的介绍。其中，第一节是资产证券化概述；第二节重点介绍资产证券化的运作机制；第三节探讨资产证券化的风险与管理。

第五章为私募股权投资基金与风险投资，主要调整了第二节内容的结构安排，将本书第二版第二节的九点内容合并为两点内容。

第六章为并购，主要是将本书第二版第九章中的跨国并购调整到本章的第五节，更新了部分案例与相关政策法规。

第七章为资本收缩，主要是增加了第三节分拆上市的相关内容，更新了部分案例与相关政策法规。

第八章为债务重组与清算，主要更新了部分案例与相关政策法规。

第九章为数字经济与资本运营，本章为新增内容，主要介绍了什么是数字经济，数字经济对资本运营的影响、数字经济背景下资本运营的模式创新等相关内容。

本次修订由曹永峰负责统稿，孟伶云参与修订第一章、第二章和第三章，夏妍艳参与修订第四章、第五章和第六章，王怀庭参与修订第七章和第八章，高挺参与编写第九章。在本次修订过程中，编者参阅、借鉴了许多专家学者的研究成果，也参考了许多同行的相关教材和案例资料，在此向他们表示衷心的感谢。

由于编者水平有限，书中难免存在疏漏和错误之处，敬请广大读者批评指正。

编　者

2024 年 12 月

第二版前言

党的十八届三中全会提出"使市场在资源配置中起决定性作用",党的十九大报告中也指出"经济体制改革必须以完善产权制度和要素市场化配置为重点,实现产权有效激励、要素自由流动、价格反应灵活、竞争公平有序、企业优胜劣汰",这标志着社会主义市场经济发展进入了一个新阶段。在新时代背景下,资本运营已经成为每一家企业必须面对的重大课题。

本书第一版于2013年出版,至今已经5年。在此期间,我国资本市场不断发展、日益完善,资本运营的规模和深度也随之不断提升,公司上市成为热门话题,公司并购和重组持续火热,不少企业积极探索资产证券化,盘活公司资产,加速资本周转。国家在融资、投资、并购等方面也发布了一些新的规章制度。

本次修订,在保持第一版的特色、框架体系基本不变的前提下,力求反映我国资本市场的新变化,对资本运营的学科理论、政策法规、企业实务等进行更新和充实,增加了大量的案例和背景资料。具体而言,本次修订体现在如下方面。

第一章资本运营概述,主要是重新组织了第三节资本运营环境的相关内容,由第一版的金融市场概述、货币市场、资本市场、外汇市场和投资银行五部分内容整合为金融市场的含义和金融市场的分类两部分内容,并把投资银行并入资本市场的内容中,同时增加了相关案例。

第二章企业上市,首先,把第一版的第二节境外上市调整到第九章跨国资本运营中;其次,新增加了第三节公司退市,主要包括退市的含义、退市的类型和我国上市公司的退市制度三部分内容;最后,新增了九个相关案例。

第三章债券融资,在第一节公司债券中新增加了"公司债券的上市、转让与暂停、终止上市"的内容,并且在每一节中新增了一个案例。

第四章私募股权基金与风险投资,首先,把原第一版标题中的"私募股权投资"修改为"私募股权基金",然后把第一版中的先叙述风险投资后叙述私募股权投资的顺序调整为先叙述私募股权基金后叙述风险投资,并修订了私募股权基金的相关内容;其次,加入了全新的一节——"第二节 私募股权基金协助企业转型的模式";最后,还新增加了九个相关案例。

第五章并购，首先，对并购的概念部分进行了修改，增加了并购的动机与案例；其次，对第一版中的第二节并购理论进行了删减；再次，对并购行为决策的内容进行了精简，加入了配套案例；最后，对反并购策略进行了调整，同时每个策略都辅以案例来进行阐述。

第六章资本重组，主要是对第三节企业托管经营的类型按照其内容及经营实体重新分类，新增了"企业托管经营的模式""企业托管经营的积极效应及存在的问题"等内容，并且新增了相关案例。

第七章资本收缩，主要是根据最新修订的《公司法》，对股份回购的特征进行了修改，增加了相关案例。

第八章债务重组与清算，主要是根据最新修订的《企业会计准则第 12 号——债务重组》，重新界定了债务重组的含义，增加了相关案例。

第九章跨国资本运营，将原"第三节 跨国并购"调整到"第四节 跨国融资"后面。

本次修订由曹永峰负责统稿，杨俭英参与修订第二章和第三章，王怀庭参与修订第一章和第六章至第九章，夏妍艳参与修订第四章和第五章，孟伶云参与统稿。作者参阅、借鉴了许多专家学者的研究成果，也参考了许多同行的相关教材和案例资料，在此向他们表示衷心的感谢。

经过此次修订，本书有了一定的进步，但由于编者水平有限，书中难免存在疏漏之处，敬请广大读者批评指正。

编 者

2018 年 12 月

第一版前言

　　资本运营是市场经济条件下社会资源配置的重要方式之一，是企业实现资本增值的重要手段，是企业发展壮大的重要途径。资本运营是利用市场法则，以利润最大化和资本增值为目标，以价值管理为核心，通过对资本及其运动所进行的运作和经营活动，实现企业资本的价值增值。

　　资本运营是市场经济发展到一定阶段的产物。资本运营有助于扩张企业规模，壮大企业实力，以较少的资本调动或支配更多的社会资本；有助于推动企业产品结构的调整，降低企业市场风险，借助市场高效率地调整自身生产经营方向，优化产品结构；有助于优化企业资本结构，提高企业潜在发展能力，促使企业的长期债务资本和权益资本的比例趋于合理，同时也分散投资的风险。随着我国市场经济体制的不断完善、资本市场的不断成熟，以及我国企业在国际市场上的不断开拓，资本运营已经成为每一家企业都必须面对的重大课题。因此，我们更加迫切需要熟知资本运营的基本知识，理解和掌握资本运营的基本理论和基本方法，了解资本运营领域的最新动态和发展趋势。

　　本书共分为九章。第一章是对资本运营的概述，主要介绍资本与资本运营的基本内容，以及资本运营的环境、资本运营的风险与防范。第二章和第三章分别介绍企业直接融资最重要的两种形式——企业上市和债券融资。随着我国多层次资本市场的不断完善以及我国企业不断融入国际资本市场的实践，股票的发行上市已成为我国现代企业资本运营的主要方式之一。公司债券作为一项重要的直接融资工具，无论对完善资本市场结构，还是优化公司资本结构都起着非常重要的作用。第四章介绍风险投资与私募股权投资（PE）。风险投资，又称为创业投资，不同于传统的投资活动，有着鲜明的特色、体系和运作模式。从广义的角度来看，风险投资也被认为是私募股权投资的一种。第五章重点介绍并购。并购是企业资本运营的主要方式，是企业实现自身战略意图、实现低成本扩张的根本途径，也是资本市场实现资源优化配置和提高效率的重要手段。第六章至第八章主要介绍资本重组的基本内容与基本方式。资本重组是指企业对其所拥有的资本进行重新配置与组合。资本重组的方式主要有扩张式资本重组、收缩式资本重组以及债务重组与清算。第九章介绍跨国资本运营。跨国资本运营是资本运营在内涵外延上的拓展，是资本运营在空间上的跨越国界，与国内相比，跨国资本运营面对的环境较为复杂，采取的策略也具有其独特性。

本书是多人共同协作的产物，由编者在多年的本科生教学基础上，多次修改补充而成。具体写作分工是：曹永峰第一章、第五章至第九章，杨俭英第二章和第三章，孟伶云第四章。在本书的编写过程中，参阅、借鉴了许多专家学者的研究成果，以及国内外经济管理著作及报纸杂志的相关文章，在此向有关作者表示诚挚的谢意！

本书被立项为浙江省"十一五"重点教材建设项目，同时被立项为湖州师范学院重点建设教材。本书的编写得到了湖州师范学院商学院的大力支持。在出版过程中，清华大学出版社的编辑们付出了大量心血，在此表示衷心的感谢。

由于编者理论水平有限，以及对于资本运营实务的认识不够深刻，书中存在疏漏与谬误之处在所难免，敬请广大读者批评指正。

编　者

目　录

第一章　资本运营概述

第一节　资本 …………………………………………………………………… 2

一、资本的含义 …………………………………………………………… 2

二、资本的特点 …………………………………………………………… 3

三、资本的形式 …………………………………………………………… 4

四、企业资本的构成 ……………………………………………………… 5

第二节　资本运营 ……………………………………………………………… 6

一、资本运营的含义 ……………………………………………………… 6

二、资本运营的目标 ……………………………………………………… 7

三、资本运营的特点 ……………………………………………………… 9

四、资本运营的内容与基本模式 ………………………………………… 9

第三节　资本运营的主体与环境 …………………………………………… 11

一、资本运营的主体 …………………………………………………… 11

二、资本运营的金融市场环境 ………………………………………… 15

三、资本运营的法治与监管环境 ……………………………………… 22

第四节　资本运营风险与管理 ……………………………………………… 25

一、资本运营风险的含义 ……………………………………………… 25

二、资本运营风险的类型 ……………………………………………… 25

三、资本运营风险管理 ………………………………………………… 27

复习思考题 …………………………………………………………………… 29

第二章　企 业 上 市

第一节　企业上市概述 ……………………………………………………… 31

一、企业上市的含义 …………………………………………………… 31

二、企业上市的制度安排 ……………………………………………… 33

三、企业上市的路径 …………………………………………………… 36

第二节　境内上市 …………………………………………………………… 38

一、公司股票首次公开发行 …………………………………………… 38

二、买壳上市与借壳上市 ……………………………………………… 47

三、上市公司股权再融资 ……………………………………………… 49

第三节　境外上市 …………………………………………………………… 53

一、境外上市的含义 …………………………………………………… 53

二、境外上市的条件 …………………………………………………… 54

三、境外上市的方式 …………………………………………………… 54

四、境外上市主要证券市场简介 ……………………………………… 56

第四节　公司退市 …………………………………………………………… 60

一、退市的含义及相关概念 …………………………………………… 60

二、退市的类型 ………………………………………………………… 63

三、我国上市公司的退市制度 ………………………………………… 66

复习思考题 …………………………………………………………………… 69

第三章　债　券　融　资

第一节　公司债券概述 ……………………………………………………… 71

一、公司债券的含义 …………………………………………………… 71

二、公司债券的特征及分类 …………………………………………… 71

三、公司债券的理论 …………………………………………………… 73

四、公司债券信用评级 ………………………………………………… 74

五、公司债券定价 ……………………………………………………… 76

第二节　公司债券发行和上市 ……………………………………………… 77

一、公司债券发行方式 ………………………………………………… 77

二、公司债券发行条件 ………………………………………………… 78

三、公司债券发行程序 ………………………………………………… 79

四、公司债券上市 ……………………………………………………… 81

五、公司债券的转让、暂停与终止上市 ……………………………… 82

第三节　可转换公司债券 …………………………………………………… 83

一、可转换公司债券的含义与基本要素 ……………………………… 83

二、可转换公司债券的特性及优缺点 ………………………………… 85

三、可转换公司债券的价值构成 ……………………………………… 87

四、可转换公司债券的发行 …………………………………………… 88

第四节　国际债券 …………………………………………………………… 90

一、国际债券的含义及特征 ····················· 90

二、外国债券 ······························ 91

三、欧洲债券 ······························ 92

四、离岸债券 ······························ 93

复习思考题 ··································· 93

第四章 资产证券化

第一节 资产证券化概述 ····························· 95

一、资产证券化的含义 ························· 95

二、资产证券化原理 ··························· 96

三、资产证券化发展历程 ······················· 99

第二节 资产证券化的运作机制 ························· 100

一、资产证券化的参与主体 ····················· 100

二、资产证券化的操作流程 ····················· 108

第三节 资产证券化的风险与管理 ······················· 114

一、基础资产风险与管理 ······················ 114

二、资产证券化交易结构风险与管理 ················· 116

复习思考题 ··································· 120

第五章 私募股权投资基金与风险投资

第一节 私募股权投资基金概述 ························· 123

一、私募股权投资基金的含义 ···················· 123

二、私募股权投资基金的分类 ···················· 124

三、私募股权投资基金的运作流程 ·················· 127

第二节 私募股权投资基金协助企业转型的模式 ··············· 130

一、私募股权投资基金协助企业转型概述 ·············· 130

二、私募股权投资基金协助企业转型模式分类 ············ 130

第三节 风险投资概述 ····························· 139

一、风险投资的含义 ·························· 139

二、风险投资的特征 ·························· 141

三、风险投资的作用 ·························· 142

第四节 风险投资决策 ····························· 144

一、风险投资决策体系 ························· 144

二、风险投资运作过程 ························· 146

三、风险投资项目评价 ························· 148

复习思考题 ·· 152

第六章 并 购

第一节 并购概述 ··· 154

一、并购的含义 ··· 154

二、并购动机 ·· 156

三、并购的分类 ··· 158

四、并购的发展历程 ··· 160

第二节 并购行为决策 ··· 162

一、企业并购的程序 ··· 162

二、并购的资金筹措 ··· 164

三、并购后整合 ··· 166

第三节 并购定价决策 ··· 168

一、目标公司的价值评估方法 ··· 168

二、公司并购的成本分析 ··· 172

三、公司并购的风险分析 ··· 173

第四节 反并购策略 ··· 175

一、预防型策略 ··· 175

二、反应型策略 ··· 181

第五节 跨国并购 ··· 187

一、跨国并购的概念及分类 ··· 187

二、跨国并购的动因 ··· 189

三、跨国并购的流程 ··· 192

四、跨国并购风险及防范 ··· 193

复习思考题 ·· 195

第七章 资 本 收 缩

第一节 资产剥离 ··· 197

一、资产剥离的含义 ··· 197

二、资产剥离的动因 ··· 199

三、资产剥离的类型 ··· 201

四、资产剥离的操作程序 ··· 202

第二节 公司分立 ··· 204

一、公司分立的含义 ··· 204

二、公司分立的动因 ··· 207

三、公司分立的程序 ···································· 208

四、公司分立的评价 ···································· 210

第三节 分拆上市 ·· 213

一、分拆上市的含义 ···································· 213

二、分拆上市的动因 ···································· 215

三、分拆上市的程序 ···································· 216

四、分拆上市的评价 ···································· 217

第四节 股份回购 ·· 218

一、股份回购的含义 ···································· 218

二、股份回购的动因 ···································· 220

三、股份回购的操作方式 ································ 220

四、股份回购的操作程序 ································ 222

五、股份回购的评价 ···································· 224

复习思考题 ·· 228

第八章 债务重组与清算

第一节 债务重组 ·· 230

一、债务重组的含义 ···································· 230

二、债务重组的动因 ···································· 231

三、债务重组的方式 ···································· 232

四、债务重组的程序 ···································· 234

第二节 公司清算 ·· 236

一、公司清算的含义 ···································· 236

二、公司清算的类型 ···································· 237

三、公司清算的程序 ···································· 239

第三节 破产清算 ·· 240

一、破产清算的含义 ···································· 240

二、破产清算的程序 ···································· 243

三、公司清算与破产清算的联系和区别 ·············· 245

复习思考题 ·· 246

第九章 数字经济与资本运营

第一节 数字经济概述 ······································ 248

一、数字经济的含义 ···································· 248

二、数字经济的核心要素 ································ 249

三、数字经济发展历程 ……………………………………………… 250

四、数字经济的分类 ………………………………………………… 252

第二节 数字经济对资本运营的影响 …………………………………… 254

一、数字经济对资本运营环境的影响 …………………………… 254

二、数字经济对资本运营模式的影响 …………………………… 259

三、数字经济对资本运营效率的影响 …………………………… 260

第三节 数字经济对资本运营的模式创新 …………………………… 261

一、数字经济背景下资本运营模式创新的必要性 …………… 261

二、数字经济背景下资本运营模式创新 ………………………… 263

三、数字经济背景下资本运营风险控制 ………………………… 266

复习思考题 ……………………………………………………………… 268

参考文献

参考文献 …………………………………………………………………… 269

第一章　资本运营概述

内容提要　资本运营是企业实现资本增值的重要手段，是企业发展壮大的重要途径。本章第一节主要介绍资本的含义、特点和形式，以及企业资本的构成；第二节主要介绍资本运营的含义、目标、特点，以及资本运营的内容与基本模式；第三节主要介绍资本运营的主体、金融市场环境及法治与监管环境；第四节主要介绍资本运营风险的含义、类型，以及资本运营风险管理。

学习目的

- 了解资本的含义、特点、形式及构成；
- 掌握资本运营的含义、内容与基本模式；
- 熟悉资本运营的目标与特点；
- 了解资本运营的环境；
- 了解资本运营的风险与管理。

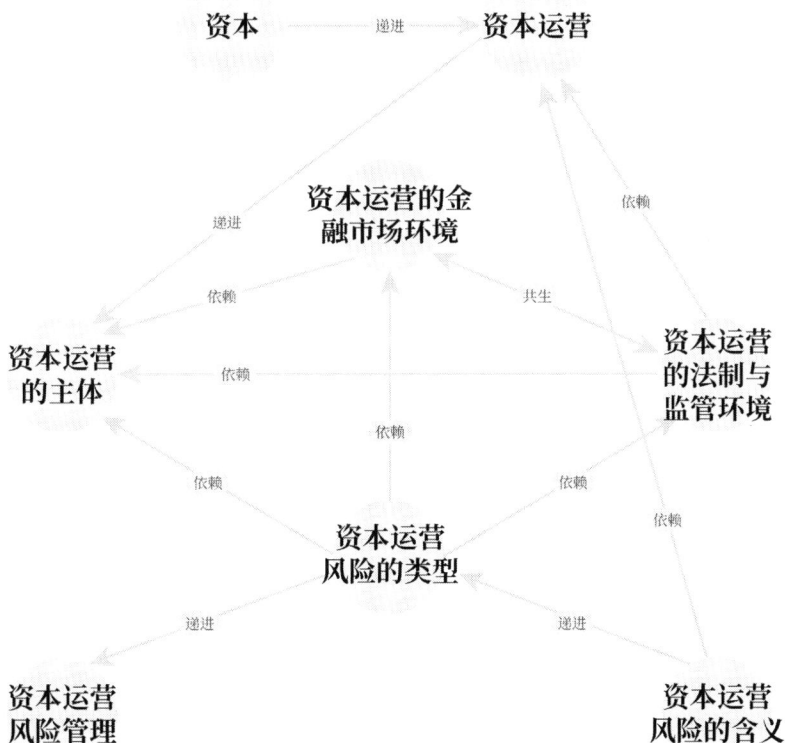

资本 —— 递进 —— 资本运营

资本运营的金融市场环境

依赖　共生　依赖

资本运营的主体

资本运营的法制与监管环境

依赖

资本运营风险的类型

依赖

递进　递进

资本运营风险管理

资本运营风险的含义

资本运营概述

第一节　资　本

随着我国改革开放的不断深入，市场经济不断完善，越来越多的企业认识到资本运营的重要性。资本运营已经成为企业实现资本增值、发展壮大的重要手段和途径。资本运营，顾名思义，其研究的对象就是资本及其运营。因此，本书首先从资本的含义说起。

一、资本的含义

资本的概念由来已久，马克思主义经济学和西方经济学都对资本与资本理论做过深入研究。《新帕尔格雷夫经济学大辞典》把资本的界定分为两类，一类是作为一种生产要素的资本，另一类是作为生产关系的资本。[①]

（一）作为一种生产要素的资本

从生产的角度来看，古典经济理论认为生产有三要素：土地、劳动和资本。每一种生产要素有其自身的范围：土地是一个存量，劳动是一种流量，而资本则是以资本货存量形式存在的货币资本。

新古典理论对资本作为生产要素的论述，存在着不同的观点。奥地利经济学家庞巴维克认为生产需要时间，因此需要资本货形式的预付，并认为资本品是生产出来的生产资料。马歇尔把获得准租金的资本品同获得利息的货币资本区别开来。萨缪尔森认为，资本是一种不同形式的生产要素，是一种生产出来的生产要素，本身就是一种经济产出的耐用投入品。

格林沃尔德主编的《现代经济词典》也从生产的角度对资本进行了界定，认为资本是用于生产其他商品，包括厂房和机器在内的所有商品的名称。它是生产的三要素之一，其他两要素是土地和劳动。从企业的角度来看，资本是一家公司的总财富或总资产，因而不仅包括资本货物（有形的资产），同时也包括商标、商誉和专利权等。作为会计学的术语，它代表从股东那里得到的全部货币，加上留归企业用的全部利润。[②]

简言之，从西方经济学的角度看，资本主要被理解为一种生产要素，资本的概念一般指生产资料。从上述观点还可以看出，西方经济学主要关注的是资本的自然属性。西方经济学家将劳动生产过程解释为一种投入与产出之间的技术关系，把人类的劳动活动与原料和工具等同地作为生产要素。因此，资本同劳动一起存在于每一个社会。

（二）作为一种社会关系的资本

马克思不但从资本的自然属性对资本进行了充分的论述，而且从资本的社会属性进行了详细的论述。马克思指出："资本的合乎目的的活动只能是发财致富，也就是使自身增

---

① 　[英] 约翰·伊特韦尔，默里·米尔盖特，彼得·纽曼 . 新帕尔格雷夫经济学大辞典（第一卷）[M]. 北京：经济科学出版社，1996：356-365.

② 　[美] D. 格林沃尔德 . 现代经济词典 [M]. 北京：商务印书馆，1981：362.

大或增值。"[①] 可见,资本的自然属性就是追求价值增值,这也是商品经济的共性。马克思更进一步认为,只有在资本主义社会里,资本品才是资本。这是因为资本不是物,而是一定组合的社会关系,它存在于人类发展的一定历史时期,并对这些关系网中的物体赋予社会关系的特殊内容。因此,要了解资本,人们必须根据它作为社会关系的特殊性来进行解释。

作为一种社会关系的资本又可以分为两种:作为个别的社会关系的资本与作为占统治地位的社会关系的资本。资本作为个别的社会关系,多数与创造利润有关,最常见的形式是预支一笔货币 M,以收回更大一笔货币 M'。最早流行的资本化身是高利贷者的资本 $M—M'$ 和商人资本 $M—C—C'—M'$。实际上,这两种资本自有货币以来就有了,并且已经在许多不同的文明社会中存在了几千年。

马克思认为,从 M 到 M' 有三条途径。第一条途径是金融资本 $M—M'$ 的循环。第二条途径是商业资本 $M—C—C'—M'$ 的循环,在这条途径中,资本家的才干在于"贱买贵卖",以增加循环的利润。第三条途径是 $M—C\cdots P\cdots C'—M'$ 的循环,货币资本可能被预支去购买包括生产资料(原料、厂房和设备)在内的商品 C 和劳动,这些要素后来启动了生产过程 P,最后得到的产品 C' 被销售出去以获得(增大了的)货币资本 M'。这时,资本家的才干就是如何使劳动生产效率超过实际工资,这就是一切利润的源泉。马克思把超过原价值的余额称为剩余价值。

资本主义生产的目的就是追求价值增值,创造剩余价值。剩余价值是雇佣工人创造的,但被资本家无偿占有。因此,按照马克思主义政治经济学的观点,资本是一种可以带来剩余价值的价值,体现了资本家对工人的剥削关系。马克思指出:"资本并不是一种物品,而是一种以物为媒介而成立的人与人之间的社会关系。"[②]

资本主义只是一种特殊历史形态的社会制度,作为一种社会形态不可能永远存在下去。但资本作为生产活动中的一个必要条件,它是客观存在的,并在社会再生产过程中,不断地实现价值增值。正因为有了资本增值,才有增值部分归谁所有的问题,也即资本的社会属性。在社会主义生产关系中,资本由社会劳动共同占有,相应地,资本增值部分归全体劳动者所有,最终实现全体劳动者共同富裕。

综上所述,本书认为在当今市场经济体系下,可将资本定义为能带来价值增值的价值。

二、资本的特点

在市场经济体系下,无论是资本主义还是社会主义,资本作为一种能带来价值增值的价值,一种重要的生产要素,都具有以下四个方面的特点。

(一)资本的增值性

资本必然追求价值增值,也就是说,追求价值增值是资本的本质特征。在资本主义生产方式以前的高利贷资本和商人资本,其目的都是创造利润和实现价值增值。在资本主义

---

① 马克思:《政治经济学批判》,见《马克思恩格斯全集》第 46 卷,人民出版社,1979 年版,第 225 页。
② 马克思. 资本论(第一卷)[M]. 北京:人民出版社,1963:845.

生产方式下，资本家的资本是为了追求剩余价值最大化。在社会主义生产方式下，资本运动的目的也是实现利润增长和价值增值。因此，资本的本质特征是价值增值。

（二）资本的流动性

资本增值是在资本的流动中实现的，资本对价值增值的追求决定了资本的持续流动。在资本流动中，资本从价值形式转换到实物形式，再从实物形式转换到价值形式；资本流动还意味着资本从一个所有者手中流动到另一个所有者手中，从一个地区流动到另一个地区，从一个产业流动到另一个产业，如此循环往复，周而复始。

（三）资本的异质性

资本总是由异质的资本品构成的。在生产过程中，投入的各种异质的资本品表现为各种各样的生产资料，比如，现金和存款等货币资本，机器、厂房、原材料等实物资本，知识产权、专有技术、商标等无形资本，各类劳动等人力资本，产权资本以及管理资本等。

（四）资本的风险性

资本在价值增值的过程中，常常伴随着各种各样的风险。资本流动是在外部市场环境中完成的，而外部环境具有复杂性和变动性，如宏观政策的变动、经济运行的波动、技术进步的不确定性等，再加上资本主体对外部环境认知的有限性，常常使资本增值的未来收益率与期望值存在偏差，即风险。

三、资本的形式

在现代市场经济条件下，资本主要表现为以下四种形式。

（一）货币资本

货币资本是最常见的资本形态。通常，资本表现为预先支付的一笔货币，因此也可以说货币资本是资本最一般的形态。货币资本通常包括现金、持有的银行活期与定期存款等，也包括企业持有的银行汇票存款、银行本票存款、信用保证金存款等。

（二）实物资本

实物资本也称物质资本，通常指的是以实物形态表现出来的资本。在生产经营过程中，实物资本通常表现为两类：固定资产和存货。固定资产主要指耐久性生产资料，即所有不在单一生产阶段中完全被消耗的生产过程投入品，包括房屋、厂房、机器设备、运输工具等。存货则通常包括企业持有的制成品、在制品、原材料和物料等。

（三）无形资本

无形资本指能为企业实现盈利，没有实物形态，并通过经济活动，借助有形资产增值的各种信息、知识及资源等。无形资本可以分为以下几类：知识资本、环境资本、市场资本、关系资本及信息资本。其主要包括商标、专利权、发明权、专有技术、特许权、土地使用权、矿山开采权、某些资源的租赁权、企业文化、企业品牌、企业环境资源、客户关系等。[①]

（四）人力资本

所谓人力资本，指的是劳动者投入到企业中的知识、创新概念和管理方法等资源的总称。西奥多·舒尔茨认为，人力资本是体现在劳动者身上，通过投资形式并由劳动者的知识、技能和体力所构成的资本，可以用来获得未来的收益。一个国家的人力资本可以通过劳动者的数量、质量以及劳动时间来度量。

四、企业资本的构成

资本运营的主体是企业，因此，本书重点关注企业的资本。从现代企业制度安排角度来看，企业资本的构成大体可以分为三个层次。

（一）资本的核心层

企业资本的核心层由企业的资本金构成，即投资者投入企业的资本，也就是企业在工商行政管理部门登记的注册资本。

（二）资本的中间层

企业资本的中间层即企业所有者（股东）权益，不仅包括资本金（实收资本），还包括资本公积金、盈余公积金和未分配利润等。

（三）资本的外围层

资本的外围层不仅包括企业所有者权益，还包括借入资本。借入资本主要是从企业外部获得的各种借款，包括银行借款和发行债券借款，也包括通过补偿贸易方式和融资租赁方式获得的固定资本而形成的长期应付款。

企业资本的构成如图 1-1 所示。

图 1-1 企业资本的构成

---

① 罗福凯，袁龙龙. 企业无形资本运营分析 [J]. 财务与会计·理论版，2012（4）：21-23.

第二节 资本运营

一、资本运营的含义

20 世纪 90 年代，"资本运营"这一新名词在我国兴起。[①] 西方经济学中与资本运营相关的内容散见于《投资学》《金融学》《公司理财》等教材或专著中，但资本运营的实践活动却始于西方资本主义国家，已经有几百年的历史。随着我国改革开放的不断深入，对资本运营的实践探索也在不断深化。与此同时，对资本运营的理论研究和探讨也成为热点。

（一）资本运营的内涵

所谓资本运营，就是以资本的价值增值为目的，以价值管理为核心，对资本及其运动所进行的运作和经营活动。资本运营是市场经济条件下社会资源配置的重要方式之一，它通过资本层次的资本品流动来实现资源的优化配置。资本运营是利用市场法则，通过资本的运作与经营，实现资本的价值增值的一种经营方式。

关于资本运营的含义，可以从狭义和广义两个角度来理解。狭义的资本运营指以价值化、证券化资本或者可以按价值化、证券化操作的物化资本为基础，通过兼并、收购、资产重组、战略联盟等途径，实现资本增值最大化的运营管理方式。狭义的资本运营是从企业的层面来探讨的，与企业的生产经营相对，主要指企业的外部交易型战略的运用，其核心战略就是兼并与收购。

广义的资本运营概念可以理解为以利润最大化和资本增值为目标，以价值管理为核心，通过对资本结构的动态调整和生产要素的优化重组，实现对企业资产有效运营的一种经营方式。

资本运营的作用在于：（1）有助于扩大企业规模，增强企业实力，以较少的资本调动或支配更多的社会资本；（2）有助于推动企业产品结构的调整，降低企业市场风险，借助市场高效地调整自身生产经营方向，优化产品结构；（3）有助于优化企业资本结构，提高企业潜在发展能力，促使企业的长期债务资本和权益资本的比例趋于合理，同时也能分散投资风险。

目前，在不同的书籍中，也常常提及资本经营、资本运作等名词。资本运营包含了运筹、谋求和治理等，不仅重视微观的经营管理，也重视宏观的筹划与管理。经营的本义是经度营造，运作的本义是运行和工作，它们都有筹划、运行和管理之意，三者的基本含义是相近的。但经营和运作侧重于微观的经营管理。鉴于在不同的书籍中，资本经营、资本运作等概念的界定与本书所界定的资本运营概念基本相近，在本书中对于资本运营、资本经营和资本运作概念等同看待。

[①] 蒋一苇，唐丰义. 论国有资产的价值化管理 [J]. 经济研究，1991（2）：3-8.

（二）资本运营与生产经营的区别与联系

有学者认为，广义的资本运营泛指以资本增值为目的的经营活动，包含了企业为实现资本增值最大化这一目标的全部活动，生产经营自然也包含在内。本书认为，资本运营是与生产经营相对而提出来的，不宜泛化。

1. 资本运营与生产经营的区别

（1）从经营对象来看，资本运营的对象是企业的资本及其运动，侧重的是企业在经营过程中的价值方面，追求的是价值增值；生产经营的对象则是产品及其生产销售过程，侧重的是企业经营过程的使用价值方面，其目的主要是提供有竞争力的产品和服务。

（2）从经营领域来看，资本运营主要是在资本市场上进行运作和经营；而生产经营则主要是在生产资料市场、劳动力市场、技术市场、商品市场等进行运作和经营。

（3）从经营方式来看，资本运营主要是通过资本的筹措与投资、兼并重组等方式，提高资本运营效率，实现价值增值；而生产经营主要是通过技术研发、产品创新、质量与成本控制、市场营销等，提升产品竞争力和市场占有率，从而实现利润最大化。

（4）从企业的发展战略来看，资本运营不但注重企业内部的资本积累，更注重通过资本的外部兼并重组等实现企业扩张或收缩的战略；而生产经营则主要依赖通过销售更多的产品，创造更多的利润，实现企业自身的资本积累。

（5）从经营风险来看，资本运营基于组合投资、风险分散原则，常常将资本多样化；而生产经营则往往依靠经营一个或几个主导产品，通过产品开发和更新换代、提升产品竞争力来规避风险。表 1-1 清晰地表达了资本运营与生产经营的区别。

表 1-1　资本运营与生产经营的区别

内　　容	资 本 运 营	生 产 经 营
经营对象	资本	产品
经营领域	资本市场	商品市场、劳动力市场、技术市场等
经营方式	资本的筹措与投资、兼并重组等	技术研发、产品创新、质量与成本控制、市场营销等
发展战略	内部积累和外部扩张	内部积累
经营风险	多元化经营，风险分散	单一式经营，风险集中

2. 资本运营与生产经营的联系

资本运营与生产经营也存在密切的联系，两者的最终目的是一致的，都是实现企业的价值最大化；两者相互依存，生产经营是基础，但企业的生产经营是以资本为前提条件的，而资本也必须通过生产经营活动，才能实现其价值增值目的。因此，资本运营与生产经营是相辅相成、密切相关的。

二、资本运营的目标

资本运营的总体目标是实现资本的价值增值。由于资本运动具有循环往复性的特点，对资本的增值要求，既要考虑短期目标，同时还要考虑增值的长期目标，从而达到所要实现的总体目标。短期目标可以用利润最大化目标和股东权益最大化目标来衡量，长期目标可以用企业价值最大化目标来衡量。

（一）利润最大化目标

这里所说的利润是财务会计范畴的概念，根据会计核算规则，利润等于收入减去成本的差额。企业将资本投入生产经营后，一方面需要支付各种成本，另一方面又会带来各种收益。将所得收益与支付的成本相比较，如果收益大于成本，企业实现利润；反之，如果收益小于成本，则出现亏损。为实现利润最大化，大体上有两条基本的思路：一是尽可能地降低成本，在收益不变的情况下，成本最低，则可实现利润最大化；二是在成本不变的条件下，尽可能实现收益最大化。利润的数据容易得到，而且被大众普遍接受和理解，因此，用利润最大化作为短期目标是合适的。

（二）股东权益最大化

股东权益，也叫所有者权益，指投资者对企业净资产的所有权，包括实收资本、资本公积金、盈余公积金和未分配利润。企业实现的利润越多，从税后利润中提取的盈余公积金就越多，盈余公积金既可用于弥补企业的亏损，也可用于转增资本，使投入企业的资本增多。如果企业期末股东权益总额大于期初总额，则企业的自有资本增值。期末股东权益总额减去期初总额，所得就是本期股东权益的增加额，本期股东权益增加额除以期初总额即为本期股东权益的增长率。

（三）企业价值最大化

在市场经济条件下，企业作为整体被并购是常有的事。许多希望扩张生产规模的企业会发现，通过收购其他企业来获得额外生产能力的成本比自己从头做起所用的成本要低得多。因而需要对整个企业的价值进行评估。决定企业价值的基础是企业的获利能力，通常计算企业价值的方法是现金流折现法（Discounted Cash Flow, DCF），即假定企业连续经营，将企业未来经营期间每年的预期收益，用适当的折现率折现、累加得到企业价值。如果企业价值大于企业全部资产的账面价值，则意味着企业价值增值；反之，如果企业价值小于企业全部资产的账面价值，则意味着企业价值贬值。

需要指出的是，在企业的长期经营过程中，不但要注重利润最大化和股东权益最大化，而且要注重企业价值最大化。利润最大化、股东权益最大化和企业价值最大化三者不是对立的，而是一致的。只有实现利润最大化，才能实现股东权益最大化，进而才能实现企业价值最大化。

比较起来，企业价值最大化更具有全面性，因为企业价值是根据企业未来各期的预期收益和考虑了风险报酬率的折现率（资本成本）来计算的，既考虑了货币时间价值，又考虑了投资的风险价值。利润最大化和股东权益最大化这两种目标比较易于衡量，而企业价值最大化目标的衡量则比较复杂。

三、资本运营的特点

资本运营以资本的价值增值为目的，结合资本本身的特点，在运作和经营资本时注重价值管理，其特点可以概括为以下四个方面。

（一）资本运营注重价值管理

资本运营的对象是价值化、证券化了的物化资本，或者是可以按价值化、证券化操作的物化资本。因此，资本运营的特征之一就是以价值形态进行运作与经营管理。它要求以投入最少的资源和要素获取最大的收益，即不仅要考虑有形资本的投入产出问题，还要考虑无形资本的投入产出问题。不仅重视在生产经营过程中生产资料的消耗与产品生产，更关注企业的价值变动和价值增值。

（二）资本运营注重资本流动

资本只有在流动中才能实现增值。资本运营就是通过并购、重组等形式盘活闲置、效率低下的资本存量，使资本不断地从效率低、效益差的地方流动到效率高、效益好的地方，通过资本流动获取更多的增值机会，最大限度地实现资本增值。需要注意的是，资本运营中的资本循环流动与生产经营中的资本循环流动不尽相同，资本运营中的资本可以表现为生产资本，也可以表现为货币资本、虚拟资本等。

（三）资本运营注重风险管理

资本运营总是与风险相伴的，其风险性是客观存在的，而且风险发生的范围更广。由于环境的复杂性，在资本运营过程中不但有经济风险、经营风险、财务风险、技术风险、管理风险和行业风险，而且还有政策风险、体制风险、社会文化风险等。随着环境的不断变化，这些风险也会随之变化。资本运营风险还存在传递性和波及效应，因此也更具破坏性。在资本运营过程中，必须采取各种方式合理有效地规避风险。

（四）资本运营注重开放经营

资本运营要求最大限度地支配和使用资本，因此，企业不仅要关注自身内部的资源，而且要关注外部资源。资本运营的开放性主要体现在对外部资源的获取和利用上。这使得资本运营不仅要突破地域概念、打破市场分割、跨越行业壁垒，而且需要面对不同企业、不同行业、不同地域甚至不同国家的竞争与合作。更广阔的活动空间与领域要求资本运营表现出比生产经营更大的开放性。

四、资本运营的内容与基本模式

（一）资本运营的基本内容

资本运营是指对资本进行有效运作和经营，对资本的运营过程进行运筹和谋划。其内容可以划分为以下四个方面。

1. 资本筹集

企业进行资本运营的前提条件是拥有足够的资本。资本筹集，也叫融资。通过融资，企业筹集从创建到生存再到发展所需的资本，从而使企业得以维持正常的经营，并不断发展壮大。企业在创建之初，必须有本金；企业要生存，必须拥有一定规模的资本量；企业要发展壮大，必须有追加的资本供应。从企业的角度来说，融资是企业资金筹集的行为与过程，即企业根据自身的生产经营状况和资金拥有的状况，以及投资和未来发展的需要，通过科学的决策，采取恰当的方式，从一定的融资渠道经济有效地筹集资金的行为。融资企业通常通过公开发行股票并上市，继而配股、增发新股等进行融资，也可通过发行债券或可转换公司债券、设立基金等形式进行融资。

2. 资本投资

投资就是将通过融资获得的资本投入使用，从事生产经营和资本运营活动，以达到经营目的并获取良好的经营效益。企业投资的目的是扩大生产、实现财务盈利和降低风险，可以通过实业投资、金融投资和产权投资来实现。实业投资主要以实业（工业、农业、商业等）为对象的投资，通过创建和经营企业，从事生产、流通等经营活动。金融投资主要从事购买股票、债券和基金等金融产品的投资活动。产权投资是以产权为对象的投资活动，主要包括兼并与收购、重组、剥离与分立、破产与清算，以及风险投资等活动。

3. 资本运动与增值

将筹集的资本投入使用，开始了资本的运动过程，并在资本运动过程中实现价值增值。资本的运动大体可以分成三类：（1）实业资本的资本运动与价值增值。其资本流动与增值过程可以表述为 $M—C\cdots P\cdots(C+\Delta C)—(M+\Delta M)$，其中 M 为预付的货币资本，C 为商品资本，P 代表着生产。资本依次通过货币资本、生产资本和商品资本的循环，最后实现资本的价值增值。（2）金融资本的资本运动与价值增值。其资本流动与增值过程可以表述为 $M—F—(M+\Delta M)$，其中 F 代表金融产品。（3）产权资本的资本运动与价值增值。其资本流动与增值过程可以表述为 $M—PR\cdots(PR+\Delta PR)\cdots(M+\Delta M)$，其中 PR 代表着产权。产权资本活动有并购重组、剥离与分立等多种形式，其运动过程也存在着中断和继起。

4. 价值增值分配

资本具有社会属性，资本归谁所有，其价值增值部分将由其所有者进行分配。企业通过资本运营实现的利润，在缴纳所得税、提取盈余公积金和公益金后，即为净利润，归企业股东所有，并由其进行分配。企业可以将盈余公积金转增资本金，扩大资本运营的规模。借入资本在运营中实现的增值，首先支付利息给贷款者，剩余部分计入企业的利润，归股东所有。股份有限公司的分红可采取现金形式，也可以采取股票形式。

上述基本内容并未提及资本运营在国内外的区分。如果资本运营活动跨越国界，就变成了国际资本运营。国际资本运营主要包括通过国际资本市场进行融资、向境外进行投资、外汇管理、国际资本的保值增值等。

（二）资本运营的基本模式

资本运营的基本模式可以根据企业发展战略进行划分。企业的发展战略选择可以有三条路径：一是扩张战略，二是收缩战略，三是内部调整。其中，扩张战略分为内部积累和外部扩张。企业内部积累主要指企业依赖自身盈利的再投入，以及在此基础上通过企业内部其他条件的改善，如完善企业管理、开发新产品等，从而实现企业扩张。内部积累主要从属于生产经营。与企业的外部扩张战略相适应，资本运营则主要通过上市、债券融资、资产证券化、私募股权投资基金与风险投资、并购等实现企业的快速扩张。企业有时候为了提高运行效率，也会采取收缩性战略，与之相适应的资本运营则主要通过剥离、分立、股份回购和分拆上市等缩小企业规模。企业在运行过程中，也会出现结构需要优化的时候，这就需要进行内部调整，与之相适应的资本运营则通常采取债务重组、清算等来优化企业资产结构、债务结构等。企业发展战略与资本运营基本模式如图 1-2 所示。

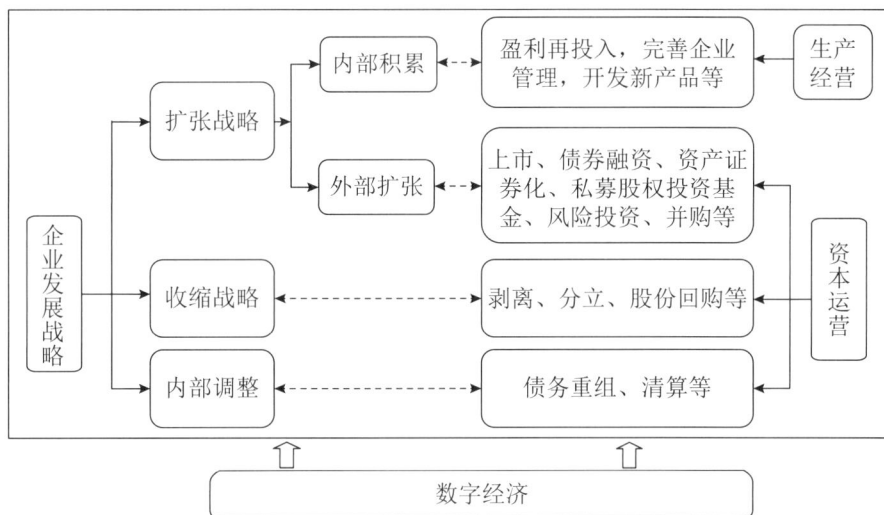

图 1-2 企业发展战略与资本运营基本模式

第三节 资本运营的主体与环境

在市场经济条件下，企业是资本运营的主要载体，直接承担着资本运营的收益与风险。在现代市场体系中，有三类重要的市场对资本运营起着主导作用，即要素市场、商品市场和金融市场，企业的资本运营与金融市场的联系最为直接和密切。同时，资本运营需要在健全的法治体系下进行，需要强有力的监管。

一、资本运营的主体

企业指依法设立的、以营利为目的、从事商品生产和交换或提供服务活动的经济组织。按照企业财产的组织形式和承担责任划分，通常有个人业主制企业、合伙制企业和公司制企业三种基本的企业制度。根据《中华人民共和国公司法》，公司是企业法人，有独立的法人财产，享有法人财产权。公司以其全部财产对公司的债务承担责任。公司制企业具有制度先进、机制灵活、组织严密等优点，其资本运营的内容更丰富、方法更科学、效率更高，因此，本书主要阐述公司制企业的资本运营。本节重点介绍公司设立和企业改制的相关内容。

（一）公司设立

1. 公司设立的含义

在我国，公司设立的过程经常被称作公司开办、公司成立。实际上，公司的设立与一般的公司开办、公司成立是有区别的。

所谓公司开办，指公司创办人通过人力、物力、财力等方面的投资和基本建设，形成公司最初的生产经营能力的过程，它是一种单纯的经济行为，所以公司开办属于经济学范畴的概念。

所谓公司设立，指公司创办人，为使公司取得法人资格，按照一定程序所实施的法律行为。虽然在大多数情况下，公司的设立也需要进行人力、物力、财力等方面的投资和基本建设，使公司具备相应的生产经营能力，但是其设立行为最根本的目的，是使公司获得企业法人资格，成为独立的经济、法律主体。因此，公司的设立既具有经济意义，又具有法律意义。从经济意义上讲，设立行为使公司形成了最初的生产能力，这与公司开办是相同的。从法律意义上讲，设立行为是使公司获得企业法人资格的法律行为，它使公司成为独立的经济主体，这与公司开办是不同的。

所谓公司成立，指公司的法人资格，依一定程序在法律上被确认。公司成立和公司设立的目的是相同的，都是为使公司取得法人资格，只不过设立是为达到这一目的而实施的行为，成立则是设立行为最终达到的结果。工商行政机关签发公司营业执照之日，就是公司成立之日。

2. 公司设立的原则

公司设立有四种不同的原则，即自由设立原则、特许设立原则、核准设立原则和准则设立原则。在公司法学中，这四个原则被分别概括为自由设立主义、特许设立主义、核准主义和准则主义。公司设立原则的不同，决定了公司这种市场主体设立的基本程序也不同，实际上也就形成了不同的市场主体准入制度。自由设立主义指政府对公司的设立不施加任何干预，公司设立完全依设立者的主观意愿进行。特许设立主义指公司须经特别立法或基于国家元首的命令方可设立。核准主义指公司的设立需首先经过政府行政机关的审批许可，然后再经政府登记机关登记注册方可设立。准则主义指法律规定公司设立要件，公司只要符合这些要件，经登记机关依法登记即可成立，而无须政府行政机关的事先审批或核准。近些年，对准则主义原则进行了完善，实行所谓的严格准则主义，如进一步严格规定公司的设立要件、加重公司发起人的设立责任、增强公示要求等。《中华人民共和国公司法》对设立有限责任公司和股份有限公司基本上采用严格准则主义。

3. 公司设立方式

公司设立的方式可以分为两种，即发起设立和募集设立。

发起设立，指由发起人认购公司应发行的全部股份而设立公司。主要为以下两种情况：一是新设立公司，即发起人出资新设立一个公司；二是改制设立，即企业将原来性质为国有、集体或有限公司资产（包括净资产）进行评估确认后作为原投资者出资，而后采取对企业进行增资扩股等方式将它们改制为符合《公司法》规定的股份有限公司。募集设立，是指由发起人认购设立公司时应发行股份的一部分，其余股份向特定对象募集或者向社会公开募集而设立公司。募集设立既可以通过向社会公开发行股票的方式设立，也可以不发行股票而只是通过向特定对象募集的方式设立。

股份有限公司的设立，可以采取发起设立或者募集设立的方式。由于募集设立的股份有限公司资本规模较大，涉及众多投资者的利益，故各国公司法均对其设立程序严格限制。如为防止发起人完全凭借他人资本设立公司，损害一般投资者的利益，各国大都规定了发起人认购的股份在公司股本总数中应占的比例。《公司法》第 97 条规定，以募集设立方式设立股份有限公司的，发起人认购的股份不得少于公司章程规定的公司设立时应发行股份总数的 35%；但是，法律、行政法规另有规定的，从其规定。

4. 设立股份有限公司需要具备的条件

企业申请发行股票，必须先设立股份有限公司。根据《公司法》的规定，设立股份有限公司应当具备以下条件。

（1）发起人符合法定人数。应当有 1 人以上 200 人以下为发起人，其中应当有半数以上的发起人在中国境内有住所。

（2）股份有限公司的注册资本为在公司登记机关登记的已发行股份的股本总额。在发起人认购的股份缴足前，不得向他人募集股份。法律、行政法规以及国务院决定对股份有限公司注册资本最低限额另有规定的，从其规定。

（3）发起人承担公司筹办事务。发起人应当签订发起人协议，明确各自在公司设立过程中的权利和义务。

（4）发起人共同制定公司章程。公司章程应载明法定事项，并经成立大会通过。

5. 设立股份有限公司需要经过的程序

设立股份有限公司需要经过一系列的程序，具体如图 1-3 所示。其中，发起人制订设立股份有限公司方案，需确定设立方式、发起人数量、注册资本和股本规模、业务范围等；申请与报批时，资金投向涉及国有资产、基本建设项目、技改项目、外商投资等有关事宜的，还要分别向有关政府部门（如国资委、发改委、商务部）报批；采取发起设立方式的，发起人缴付全部出资后应召开全体发起人大会，选举董事会和监事会成员，并通过公司章程草案；由董事会向工商行政管理部门报送设立公司的批准文件、章程、验资报告等文件，申请设立登记；公司营业执照签发日期为公司成立日期。

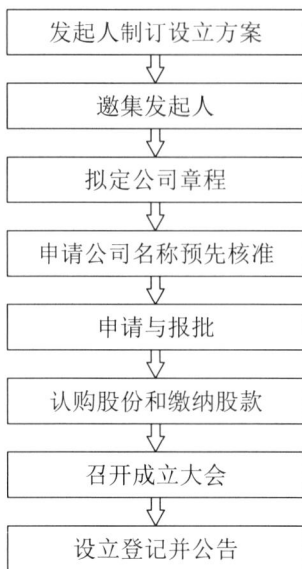

图 1-3 设立股份有限公司的程序示意图

（二）企业改制

1. 企业改制的含义

企业改制指依法改变企业原有的资本结构、组织形式、经营管理模式或体制等，使其适应企业发展、符合现代企业制度要求的公司制的过程。

企业改制也指企业所有制的改变。通常所提到的企业改制指国有企业的改制，但广义上也包括其他性质企业的改制，比如集体企业的改制、股份合作制企业的改制、中外合作企业的改制等。企业改制的目标包括有限责任公司和股份有限公司。根据我国现行《证券法》《公司法》的规定，只有股份有限公司才被允许发行股份并在资本市场上市交易。随着企业上市需求的增大，很多企业将股份有限公司作为改制目标。

2. 企业改制的方式

企业改制，应当在清产核资的基础上选择改制方式。企业的改制方式主要有以下四种。

（1）整体改制方式。整体改制是较为简单的改制方式，指原企业以整体资产进行重组，并对非经营性资产不予剥离或少量剥离而改制设立新的法人实体。

（2）部分改制方式。部分改制指将原企业以一定比例的资产和业务进行重组，设立股份有限公司。原企业（或企业集团）仍保留余下部分的经营性或非经营性资产和业务。

（3）共同改制方式。共同改制方式也称捆绑式改制方式，指多个企业以其部分资产、业务、资金或债权，共同设立新的法人实体（股份有限公司）。

（4）整体变更方式。整体变更方式即先采取整体改制、部分改制、共同改制等方式对原企业进行改制，设立有限责任公司。待改制基本完成后，再依法将有限责任公司变更为股份有限公司。

3. 改制的程序

改制设立股份有限公司，对于不同所有制成分的企业来说，改制适用的程序和参与的主体不尽相同，而不同的改制目的也可能导致改制程序和参与主体存在差异。改制重组的一般程序大体上分为四个阶段：改制工作准备阶段、改制工作实施阶段、公司申报设立阶段和设立后规范阶段，如图 1-4 所示。

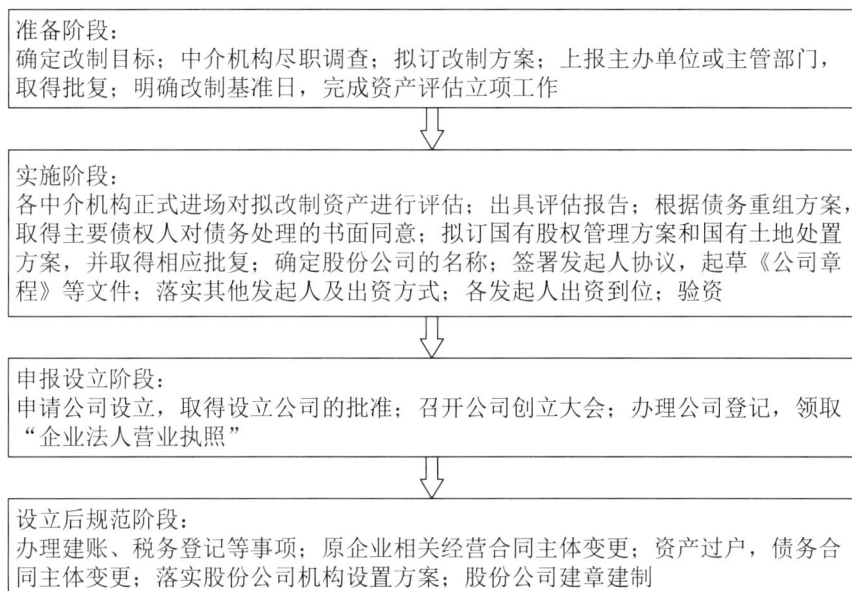

准备阶段：
确定改制目标；中介机构尽职调查；拟订改制方案；上报主办单位或主管部门，取得批复；明确改制基准日，完成资产评估立项工作

⇩

实施阶段：
各中介机构正式进场对拟改制资产进行评估；出具评估报告；根据债务重组方案，取得主要债权人对债务处理的书面同意；拟订国有股权管理方案和国有土地处置方案，并取得相应批复；确定股份公司的名称；签署发起人协议，起草《公司章程》等文件；落实其他发起人及出资方式；各发起人出资到位；验资

⇩

申报设立阶段：
申请公司设立，取得设立公司的批准；召开公司创立大会；办理公司登记，领取"企业法人营业执照"

⇩

设立后规范阶段：
办理建账、税务登记等事项；原企业相关经营合同主体变更；资产过户，债务合同主体变更；落实股份公司机构设置方案；股份公司建章建制

图 1-4　企业改制为股份有限公司的程序示意图

二、资本运营的金融市场环境

（一）金融市场的含义

1. 金融市场的概念

金融市场指资金供应者和资金需求者双方进行金融资产交易的市场，是实现货币借贷和资金融通、办理各种票据和有价证券交易活动的市场。

这里的金融资产指一切代表未来收益或资产合法要求权的凭证，亦称金融工具或证券。这些金融工具可以分为两类：（1）债务性证券，指可以偿还本金并具有固定收益要求权的金融资产，如债券、存款单等；（2）权益性证券，指不能偿还本金但具有权益要求权的金融资产，如普通股票等。随着金融市场的不断发展，债务性证券与权益性证券的界限越来越模糊。如可转换公司债券，是一种债务性证券，但它可以按照一定的条件转换为股票，即转换为权益性证券。

金融市场是从事各种金融业务的场所，这些业务主要有资金的借贷与融通、外汇与黄金买卖等。金融市场包括：（1）货币市场，又称短期资本市场，是指经营 1 年以内的短

期资金融通的市场，包括银行短期信贷市场、票据市场与贴现市场、回购市场、银行同业拆借市场、短期政府债券市场、大额可转让存单市场和货币市场共同基金等；（2）资本市场，是指经营1年以上的中长期资金融通的市场，包括银行中长期信贷市场和证券市场；（3）外汇市场；（4）黄金市场，如果金融业务活动超越了国界，该市场就称为国际金融市场。

在金融市场上，直接反映了金融资产的供求关系，并受到价格机制等各种机制的调节。金融市场上借贷资金的集中和分配，会帮助市场形成一定的资金供给与资金需求的对比，从而形成该市场的"价格"——利率。

2. 金融市场的功能

（1）资金集聚与融通。金融市场能引导众多分散的小额资金汇聚起来，形成可以投入到社会再生产的资金集合。在市场经济运行中，每个经济单位的闲置资金是相对有限的，这些暂时不用的资金相对零散，不足以满足大规模的投资要求。这就需要一个能将众多的小额资金汇聚起来以形成大额资金的渠道。金融市场就提供了这种渠道。金融市场创造了多种多样的金融资产，并保证其流动性，资金供求双方都可以通过金融市场的交易找到满意的资金融通渠道。

（2）资源配置与风险再分配。通过市场机制，金融市场将资本从低效率利用的部门转移到高效率的部门，从而使资本配置到效率最高或效用最大的用途上，实现资本的合理配置与有效利用。在证券市场上，投资者可以通过证券价格波动和公开信息来判断整体经济的运行情况，以及相关行业、企业的发展前景，做出投资决策。通常，资金总是流向最有发展潜力，能够为投资者带来最大收益的部门和企业。在金融市场上，风险无处不在，无时不在。不同的投资者具有不同的风险偏好。风险厌恶者可以利用金融工具把风险转移给风险爱好者或风险厌恶程度较低的人，从而实现风险的转移，也可以通过组合投资实现风险的分散。需要注意的是，通过金融资产的交易，对于某个局部来说，风险由于分散、转移到别处而在此处消失，但并不是从总体上消除了风险。

（3）资金供求调节与宏观经济调节。金融市场的运行机制通过对资金供求双方的影响而发挥着调节宏观经济的作用。金融市场的调节作用可以分为直接调节和间接调节。在金融市场的直接融资活动中，只有符合市场需要、效益高的投资对象，才能获得投资者的青睐。而投资对象在获得资本后，只有保持较高的收益和较好的发展前景，才能继续生存并进一步发展。金融市场通过这种特有的引导资本形成及合理配置的机制就是一种直接调节机制。政府部门也可以通过金融市场对经济进行间接调控。如中央银行实施货币政策，通过金融市场调节货币供应量、传递政策信息，最终影响到各经济主体的经济活动，从而达到调控宏观经济的目的。

（二）金融市场的分类

1. 货币市场

1）票据市场与贴现市场

在货币市场中使用的票据有商业票据和银行承兑票据两类。商业票据是工商业者之间由于信用关系形成的短期无担保债务凭证的总称。在商业票据的基础上，由银行承兑，允诺票据到期履行支付义务，便成为银行承兑票据。票据交易的市场就是票据市场。

典型的商业票据产生于商品交易的延期支付，有商品交易的背景。但商业票据只反映由此产生的货币债权债务关系，并不反映交易的内容。在商业票据中，还有大量并无交易背景而只是单纯以融资为目的发出的票据，即融通票据。相对于融通票据，有真实交易背景的票据则称为真实票据。融通票据的发行者多为大工商业公司和金融公司，发行面额多为大额整数，以方便交易。

银行承兑票据由银行承兑，其信用风险相对较小。由于银行承诺承担最后付款责任，实际上是银行将其信用出借给企业，因此，企业必须缴纳一定的手续费。这里，银行是第一责任人，而出票人则是第二责任人。需要指出的是，在发达市场经济体中，银行承兑票据的发行人大多是银行自身。

用票据进行短期融资有一个基本的特征——利息先付，即出售票据的一方融入的资金低于票据面值，票据到期时按面值还款，差额部分就是支付给票据买方（贷款人）的利息，这种融资的方式就叫贴现。票据贴现是短期融资的一种典型方式，因此，狭义的短期融资市场也叫票据贴现市场，简称贴现市场。在票据贴现市场，充当买方的一般是商业银行、贴现公司、货币市场基金等专门从事短期借贷活动的金融机构，也有掌握闲置资金的非金融机构。

2）回购市场

回购市场指通过回购协议进行短期资金融通交易的市场。所谓回购协议，是指在出售证券的同时，与证券的买方签订协议，约定在一定期限后按原定价格或约定价格购回所卖证券，从而获得即时可用资金。从本质上说，回购协议是一种抵押贷款，其抵押品就是证券。

由于回购交易相当于有抵押品的贷款，充当抵押的一般是信用等级较高的国债、银行承兑汇票等证券，因此，回购交易具有风险低、流动性高等特点。

还有一种逆回购协议，它是从资金供应方的角度出发，相对于回购协议而言的。在逆回购协议中，买入证券的一方同意按约定期限以约定价格出售其所买入的证券。从资金供应者角度来看，逆回购协议是回购协议的逆操作。

3）银行间拆借市场

银行间拆借市场指银行同业间短期的资金借贷市场。市场的参与者为商业银行以及其他各类金融机构。拆借期限短，有隔夜、7 天、14 天等，最长不超过 1 年。我国银行间拆借市场于 1996 年 1 月联网试运行，其交易方式主要有信用拆借和回购两种方式，其中主要是回购方式。

4）短期政府债券市场

短期政府债券，是政府部门以债务人身份承担到期偿付本息责任的期限在 1 年以内的债务凭证。广义的短期政府债券市场包括国家财政部门所发行的债券，以及地方政府代理机构所发行的债券。狭义的短期政府债券市场则仅指国库券，一般来说，政府短期证券市场主要指国库券市场。

短期国库券的期限品种有 3 个月、6 个月、9 个月和 12 个月。国库券通常采用贴现方式发行，发行的频率较高。国库券的期限短，有政府信誉做担保，因而可以视为无风险的证券。国库券市场的流动性在货币市场中是最高的，几乎所有的金融机构都参与这一市场的交易。

5）大额可转让定期存单市场

大额可转让定期存单是由商业银行发行的一种金融产品，是存款人在银行的存款证明。大额可转让定期存单与一般存单不同的是，期限不低于 7 天，金额为整数，而且在到期前可以转让。存单市场分为发行市场和二级市场，在发行市场上发行的大额可转让定期存单，在未到期前，可以在二级市场交易。

6）货币市场共同基金

共同基金是将众多小额投资者的资金集合起来，由专门的经理人进行市场运作，赚取收益后按一定的期限及持有的份额进行分配的一种金融组织形式。对于主要在货币市场上进行运作的共同基金，则被称为货币市场共同基金。

货币市场还包括短期信贷市场，主要是指商业银行向企业提供短期信贷的市场。

2. 资本市场

1）股票市场

股票是投资者向公司提供资金的权益合同，是公司的所有权凭证，代表着持有者对公司资产和收益的剩余索取权。股票持有人可以按照公司的分红政策定期或不定期地取得红利收入。股票没有到期日，持有人可以将其出售。发行股票可以帮助公司筹集资金，但并不意味着有债务负担。

股票可以分为普通股和优先股。普通股是在优先股要求权得到满足后才参与公司利润和资产分配的股票，它代表着最终的剩余索取权。普通股股东一般有出席股东大会的会议权、表决权、选举与被选举权等，他们通过投票（通常是一股一票和简单多数原则）来行使剩余控制权。优先股指在剩余索取权方面较普通股优先的股票，这种优先表现在可以分得固定股息，且在普通股之前收取股息，但通常优先股股东没有投票权。

股票市场分为一级市场与二级市场。股票的一级市场，也叫发行市场，是通过发行股票进行筹资活动的场所。一级市场的整个运作过程通常由前期准备阶段、后期认购与销售阶段组成。在前期准备阶段，要对一些主要问题进行决策：一是发行方式的选择，通常可以在公募与私募两种方式中选择；二是选定作为承销商的投资银行；三是准备招股说明书；四是确定发行价格。在后期的认购与销售阶段，按照预定的方案发售股票，通常采用包销、代销和备用包销等方式进行销售。股票的二级市场，也叫流通市场，是投资者之间买卖已发行股票的场所。二级市场通常可以分为有组织的证券交易所和场外交易市场，但也出现了具有混合特征的第三市场和第四市场。

证券交易所是由证券管理部门批准的，为证券的集中交易提供固定场所和有关设施，制定各项规则以形成公正合理的价格和有条不紊的正式组织。场外交易是相对于证券交易所而言的，凡是在证券交易所之外进行的股票交易活动都可以称为场外交易。由于场外交易起初主要是在各证券商的柜台上进行的，因此也称为柜台交易。第三市场指将原来在证券交易所上市的股票转移到场外进行交易而形成的市场。换言之，第三市场是已上市却在证券交易所之外进行交易的股票买卖市场，以区别于一般意义上的柜台市场，它是一种店外市场。第四市场指许多机构大投资者，完全撇开经纪商和交易所，直接与对方联系，进行上市股票和其他证券的交易。

2）债券市场

债券是一种资金借贷的证书，该证书载明发行者在指定日期支付利息并在到期日偿还本金的承诺，其要素包括债务的面额与利息、利息支付方式、期限、债务证书的发行人、求偿等级、限制性条款、抵押与担保、选择权（如赎回与转换条款）等内容。

债券的种类繁多，按照发行主体不同可以将其分为政府债券、公司债券和金融债券三大类。政府债券指中央政府、地方政府发行的债券，它以政府的信誉做担保，因而通常无须抵押品，其风险在各类投资工具中最小。公司债券是公司为筹集营运资本而发行的债券，其合同要求不管公司业绩如何，都应优先偿还其固定收益，否则将在相应破产法的裁决下寻求解决，因而其风险小于股票，但比政府债券高。金融债券是银行等金融机构为筹集资金而发行的债券，由于银行的资信度比一般公司高，其信用风险也较公司债券低。

债券市场分为一级市场与二级市场。债券的一级市场，也叫发行市场。债券的发行与股票类似，不同之处在于债券有发行合同书和债券评级两个方面，同时还多了一个到期偿还环节。发行合同书是一种信托契约，是说明债券持有人和发行人双方权益的法律文件，由受托管理人（通常是银行）代表债券持有人利益，监督合同书中各条款的履行。债券评级，也叫债券信用评级，是以发行人发行的有价债券为对象进行的信用评级。其目的在于告诉投资人债券发行人的盈利能力、偿债能力。信用级别越高，债券发行人的偿债能力越好，债券发行成本就越低。目前，最著名的三大债券评级机构是美国标准普尔公司、穆迪投资服务公司、惠誉国际信用评级有限公司。债券的二级市场也与股票的二级市场类似，其交易机制也无差别。证券交易所是债券二级市场的重要组成部分，在证券交易所申请上市的债券主要是公司债券，但国债一般不用申请即可上市，享有上市豁免权。大多数债券的交易是在场外市场进行的，场外市场是债券二级市场的主要形态。

3）投资基金

投资基金，也称"共同基金""互助基金"，是通过发行基金股份，将投资者分散的资金集中起来，由基金托管人委托职业经理人管理，专门从事证券投资活动，并将投资收益分配给基金持有者的一种金融组织形式。简言之，投资基金就是一种利益共享、风险共担的集合投资组织。

投资基金一般由发起人设立，通过发行证券募集资金。基金的投资人不参与基金的管理和操作，只定期取得投资收益。基金管理人根据投资人的委托进行投资运作，收取管理费。在证券市场品种不断增多、交易复杂程度不断提高的背景下，普通人与专业人士相比，在经营业绩方面的差距越来越大。将个人不多的资金委托给专门的投资管理人集中运作，也可以达到投资分散化和降低风险的目的。

投资基金的特点可以概括为以下四点：一是成本低，将小额资本汇集起来，具有规模优势；二是风险低，将资金分散投资，有效组合降低风险；三是投资机会多，专业人士管理，能更好地抓住投资机会；四是便利，投资基金从发行、收益分配、交易、赎回都有专门机构负责，方便快捷。

基金的种类较多，根据组织形式的不同，可分为公司型基金和契约型基金；根据投资目标的不同，可分为收入型基金、成长型基金和平衡型基金；根据资金募集方式和来源不同，可分为私募基金和公募基金；根据其投资对象，可大体上分为货币市场基金、对冲基金、股票基金、产业投资基金等。

基金与股票、债券存在三方面的差异：一是反映的经济关系不同。股票反映的是一种所有权关系，是一种所有权凭证，投资者购买股票后就成为公司的股东；债券反映的是债权债务关系，是一种债权凭证，投资者购买债券后就成为公司的债权人；基金反映的则是一种信托关系，是一种受益凭证，投资者购买基金份额就成为基金的受益人。二是所筹资金的投向不同。股票和债券是直接投资工具，筹集的资金主要投向实业领域；基金是一种间接投资工具，所筹集的资金主要投向有价证券等金融工具或产品。三是投资收益与风险大小不同。通常情况下，股票价格的波动性较大，是一种高风险、高收益的投资品种；债券可以给投资者带来较为确定的利息收入，波动性也较股票要弱，是一种低风险、低收益的投资品种；基金投资于众多股票和债券，能有效分散风险，是一种风险相对适中、收益相对稳健的投资品种。

4）投资银行

投资银行（Investment Bank, Corporate Finance），简称投行，是主要从事证券发行、承销、交易、企业重组、兼并与收购、投资分析、风险投资、项目融资等业务的非银行金融机构，是资本市场上的主要金融中介。投资银行的直接金融中介功能如图1-5所示。

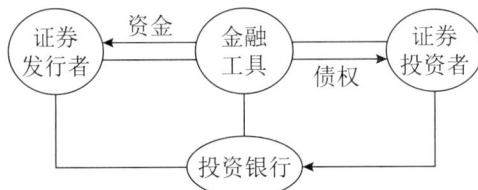

图1-5　投资银行的直接金融中介功能

美国金融学专家罗伯特·库恩（Robert Kuhn）将投资银行划分为以下四个层次。

一是广义投资银行。广义投资银行指任何经营华尔街金融业务的金融机构，业务包括证券研究、资产管理、私人财富管理、私人股权、风险投资、国际海上保险以及不动产投资等几乎全部金融活动。某些大型投资银行还发行自己的信用卡，并涉足商业银行业务。

二是较广义投资银行。较广义投资银行指经营全部资本市场业务的金融机构，业务包括证券承销与经纪、企业融资、兼并收购、咨询服务、资产管理、创业资本等。与广义投资银行不同的是，它不包括不动产经纪、保险和抵押业务。

三是较狭义投资银行。较狭义投资银行指经营部分资本市场业务的金融机构，业务包括证券承销与经纪、企业融资、兼并收购等，与较广义投资银行不同的是，它不包括创业资本、基金管理和风险管理工具等创新业务。

四是狭义投资银行。狭义投资银行的业务仅指财务顾问（包括兼并收购、重组、股权转让等咨询服务）和承销（包括股票发行、债务发行、特殊金融工具发行等）。

世界各国对投资银行的划分和称呼不尽相同，美国的通俗称谓是投资银行，英国则称商人银行。以德国为代表的一些国家实行银行业与证券业混业经营，通常由银行设立公司从事证券业务经营。由于欧洲金融业在历史上多采取混业经营，事实上独立的"商人银行"数量不多，大部分都是综合性银行或"全能银行"，即同时经营商业银行和投资银行业务。

我国投资银行业务主要由证券公司和部分商业银行承担。根据《中华人民共和国证券法》第一百二十五条，经国务院证券监督管理机构批准，证券公司可以经营下列部分或者全部业务：证券经纪；证券投资咨询；与证券交易、证券投资活动有关的财务顾问；证券承销与保荐；证券自营；证券资产管理；其他证券业务。

3.外汇市场

1）外汇市场的含义

外汇市场指由经营外汇业务的银行、各种金融机构以及个人进行外汇买卖和调剂外汇余缺的交易场所。外汇市场的交易可以分为四个层次，即顾客之间、银行与顾客之间、银行与银行之间、银行与中央银行之间的交易。如图 1-6 所示，在这些交易中，外汇经纪人往往起着中介作用。

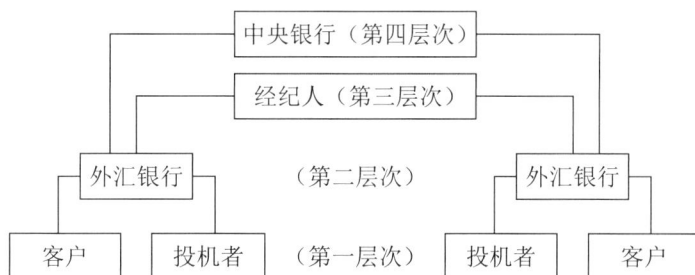

图 1-6 外汇市场的结构

2）外汇市场的参与者

中央银行：通过买进卖出不同外汇来干预汇率。

外汇银行：代客买卖与进出口业务相关，以自有账户进行直接买卖。

客户：个人和公司。

外汇经纪人：受委托在银行和客户之间"跑街"。通过技术和关系网，收取佣金，没有风险；以自有资金进行买卖，有风险。

造市者：大规模地从事某种货币或外汇业务，并能操纵市场行情的交易者（外汇银行和投资基金）。他们拥有雄厚的资金、技术娴熟的交易员、先进的设备、遍布各地的网点。

小资料：

乔治·索罗斯（George Soros），创立"对冲基金"（量子基金）。1992 年夏突然袭击英镑，引起英镑危机，英镑被迫退出欧洲货币机制，索罗斯净赚 20 亿美元。1997 年索罗斯投机泰国货币泰铢，大捞一把，由此诱发亚洲金融危机，这使亚洲一些国家的经济陷入困境，居民生活水平下降。

3）外汇市场的分类

按交易主体划分，可将外汇市场分为批发市场和零售市场。

根据组织形态，可将外汇市场分为有形外汇市场和无形外汇市场。

按政府对外汇市场的干预程度，可将外汇市场分为官方外汇市场、自由外汇市场、外汇黑市。

按外汇业务的不同特征，可将外汇市场分为即期外汇市场、远期外汇市场、外汇期货市场、外汇期权市场。

三、资本运营的法治与监管环境

（一）资本运营的法治体系

企业需要有健全的法治体系来保障其资本运营的顺利进行。资本运营需要的法治体系较为复杂，各种法律相互制约、相互补充。我国与资本运营密切相关的法律法规主要有以下几部。

1.《中华人民共和国公司法》

《中华人民共和国公司法》（简称《公司法》）是社会主义市场经济制度的基础性和骨干性法律。《公司法》颁布实施30多年来，历经四次修正、两次修订。2023年12月29日，十四届全国人大常委会第七次会议修订通过《中华人民共和国公司法》，自2024年7月1日起施行。新修订的《公司法》第一条开宗明义，将规范公司的组织和行为，保护公司、股东、职工和债权人的合法权益，完善中国特色现代企业制度，弘扬企业家精神，维护社会经济秩序，促进社会主义市场经济的发展作为首要原则。新修订的《公司法》有助于弘扬企业家精神，增强上市公司核心竞争力，提升上市公司治理水平，弘扬股权文化，践行股东中心主义价值观，提振投资信心，维护交易安全，防范金融风险，强化社会责任，促进共同富裕，逐渐优化诚实信用、公开透明、多赢共享、包容普惠的投资者友好型资本市场生态环境。

2.《中华人民共和国证券法》

《中华人民共和国证券法》（简称《证券法》）于1998年首次颁布，是资本市场的"根本大法"。2005年完成第一次修订。2019年完成第二次修订，新《证券法》于2020年3月1日起正式实施。作为具有顶层制度设计理念的资本市场的基础性法律，新《证券法》全面提升了违法违规成本，并专设"信息披露"和"投资者保护"章节，加强了信息披露，明确和强调了投资者权利。新《证券法》强化了我国证券监管的私人实施机制和公共实施机制，为注册制改革的全面推行提供了制度性基础，对于提高上市公司质量和全面深化改革具有重大意义。

3.《中华人民共和国证券投资基金法》

《中华人民共和国证券投资基金法》（简称《证券投资基金法》）于2003年10月28日由第十届全国人大常委会第五次会议通过，自2004年6月1日起施行。现行版本为

2015 年 4 月 24 日第十二届全国人民代表大会常务委员会第十四次会议修正。《证券投资基金法》对资本运营起着重要的规范和保障作用。首先，该法明确了证券投资基金的设立、管理、托管及运作方式，为资本运营提供了法律框架和依据，确保基金活动在合法、合规的轨道上进行。其次，它保护了投资人及相关当事人的合法权益，通过规范基金管理人和托管人的职责，以及基金份额持有人的权利和义务，为资本运营创造了公平、公正的市场环境。再次，该法还促进了证券投资基金和资本市场的健康发展，为资本运营提供了广阔的空间和机遇。最后，它规定了基金财产的禁止投资活动，确保基金财产的安全和稳健运营。

4.《中华人民共和国反垄断法》

《中华人民共和国反垄断法》（简称《反垄断法》）于 2007 年 8 月 30 日由第十届全国人民代表大会常务委员会第二十九次会议通过，自 2008 年 8 月 1 日起施行。现行版本为 2022 年 6 月 24 日第十三届全国人民代表大会常务委员会第三十五次会议修正。《反垄断法》通过禁止垄断行为，防止市场出现不合理的集中，确保市场竞争主体的自主性和平等地位。这为资本运营提供了一个公平竞争的市场环境，使得企业能够基于自身实力进行资本扩张或收缩，而非依赖于市场垄断地位。《反垄断法》有助于资源更有效地被配置到各个生产领域，提高整体经济效率。这对于资本运营而言，意味着资本能够更准确地流向具有高效益和增长潜力的领域，实现资本增值。《反垄断法》保护消费者合法权益，间接促进资本运营的良性发展。在消费者权益得到保障的市场环境中，企业更有可能通过提升产品质量和服务水平来吸引和留住消费者，从而为资本运营创造更有利的条件。

5.《中华人民共和国企业破产法》

《中华人民共和国企业破产法》（简称《企业破产法》）于 2006 年 8 月 27 日第十届全国人民代表大会常务委员会第二十三次会议通过，并于 2007 年 6 月 1 日起施行。第一，《企业破产法》为规范企业破产程序提供了明确的法律依据。通过制定一系列详细的程序规则，如破产申请的提出、受理、审查、宣告、清算等，确保破产程序的合法性和有序性。第二，《企业破产法》致力于公平清理债权债务。在破产程序中，法律要求对所有债权人一视同仁，按照法定顺序和比例清偿债务。这避免了个别债权人通过不正当手段优先受偿，从而保障了整体债权人的利益。同时，也为债务人提供了摆脱沉重债务负担、重新开始的机会。第三，《企业破产法》致力于保护债权人和债务人的合法权益。在破产程序中，法律赋予了债权人申报债权、参与债权人会议、监督破产财产分配等权利，确保其利益得到充分保障。同时，法律也规定了债务人在破产过程中的义务和责任，如配合清算工作、如实报告财产状况等，以维护破产程序的顺利进行。第四，《企业破产法》在维护社会主义市场经济秩序方面发挥着重要作用。通过及时有效地处理企业破产案件，能够防止因企业倒闭而引发的连锁反应，降低市场风险。同时，破产法律制度还能促进企业优胜劣汰，推动市场资源的合理配置，从而推动社会主义市场经济的健康发展。

我国还出台了《证券发行与承销管理办法》《首次公开发行股票并上市管理办法》《境内企业境外发行证券和上市管理试行办法》《公司债券发行与交易管理办法》等行政法规。这些法律法规相互制约、相互补充，共同规范企业资本运营的有序开展，维护市场的公平竞争秩序和社会公共秩序。

（二）监管机构

与资本运营密切相关的监管机构主要是中国证券监督管理委员会，即证监会。证监会是国务院证券委员会的执行机构，根据相关法律法规，负责对全国证券市场进行统筹指导和监督管理，同时对违法违规行为进行处罚，确保市场公平、公正、透明、高效。

证监会的职责包括制定并执行证券市场的监管规则、审批证券公司的设立和变更、监督证券公司的运营行为，以及保护投资者权益等。证监会的监管范围涵盖了证券的发行、交易及相关活动，确保所有在中华人民共和国境内从事这些活动的机构和个人都遵守相关法律法规。

（三）信息披露制度

信息披露有助于提高资本市场资源有效配置，解决由证券市场信息不对称导致的逆向选择和道德风险等问题。信息披露制度是有效市场假说、信息不对称理论、代理理论等被普遍接受和认可的支持信息披露制度的理论依据。

我国自证券市场发展伊始，就非常重视信息披露制度的建立，最早可追溯到1993年国务院颁布的《股票发行与交易管理暂行条例》，其中设置了"上市公司的信息披露"专章。2020年3月1日，新修订的《证券法》正式施行，对信息披露做了专章规定，扩大了信息披露人范围，在真实、准确、完整的信息披露原则上增加了可理解、及时、公平等明确要求，补充了自愿性信息披露的原则规定。

2021年3月19日，证监会发布《上市公司信息披露管理办法（2021年修订）》，并于2021年5月1日起正式施行。2024年4月12日，国务院印发的《国务院关于加强监管防范风险推动资本市场高质量发展的若干意见》明确提出"推动股票发行注册制走深走实"，强化信息披露制度，健全上市公司可持续信息披露制度（"ESG"信息披露）。

ESG概念最初于2004年由联合国全球契约组织提出。作为评估企业履行环境、社会和治理责任的核心框架及评估体系，ESG已被广泛接受为推动企业实现可持续发展的必经之路。在全面注册制下，ESG已成为衡量企业发展潜力和前景的新型标准，上市公司的ESG表现将成为投资者关注的重点。我国的ESG实践发展起步较晚，但近年来发展迅速。2018年9月，证监会对《上市公司治理准则》进行了修订，确立了环境、社会责任和公司治理（ESG）信息披露的基本框架，要求上市公司披露环境信息及履行扶贫等社会责任的相关情况。2018年11月，中国证券投资基金业协会出台了《绿色投资指引（试行）》，该指引是国内首份全面系统的绿色投资行业自律标准。证监会于2022年4月11日发布的《上市公司投资者关系管理工作指引》，在上市公司与投资者的沟通内容中增加了上市公司的ESG信息。2024年4月12日，上海证券交易所、深圳证券交易所和北京证券交易所正式发布《上市公司可持续发展报告指引》，并于2024年5月1日起实施，进一步细化和规范了上市公司ESG信息披露的要求等。2024年5月27日，财政部发布《企业可持续披露准则——基本准则（征求意见稿）》，标志着国家统一的可持续披露准则体系建设拉开了序幕。

第四节　资本运营风险与管理

一、资本运营风险的含义

资本运营风险指资本运营主体在资本运营中，因外部环境的复杂性和易变性，以及运营主体对环境的认知能力的有限性，而导致的资本运营未来收益与期望值的偏差。

人们通常认为，风险主要指不利可能性的出现。但风险的定义与之有一些出入，要正确理解这一定义，需把握以下三个方面：

一是资本运营风险产生的主要原因在于运营环境的复杂性和不确定性。

二是资本运营主体由于自身能力有限，使其对环境的认知也是有限的，最终导致运营风险的产生。

三是未来收益与期望值的偏差可能为正，也可能为负，这都是风险。任何投资都有风险，资本运营风险与期望收益往往成正比。"高风险，高收益；低风险，低收益"，即风险越大，期望收益越大，较大损失的机会也越多；风险越小，期望收益越小，较大损失的机会也越少。

二、资本运营风险的类型

根据资本运营的内容，资本运营风险可以分为筹资风险、投资风险、经营风险、外汇风险、政策风险等。

（一）筹资风险

筹资风险是由企业筹资收益的不确定性导致的。随着企业自主权和法人地位的加强，金融市场的建立与发展，信息技术的发展与进步，企业可以自主、灵活、迅速地筹资。筹资风险伴随着筹资活动而产生，企业采取多种方式筹集所需资金，也会面临多种形式的筹资风险，比如股票发行风险、债券发行风险、负债经营风险、国外筹资风险和商业信用筹资风险等。

具体而言，企业在股票发行活动中由于股票市场价格下跌，背离预定价格降价出售所造成损失的可能性，即为股票发行风险。一般来说，发行股票的风险由投资者和发行者共同承担，筹资风险相对较小，但并不是没有风险。影响股票市场价格变动的诸多因素均是股票发行风险的来源，内部因素主要是企业的经营业绩，外部因素有股票供求状况、经济发展形势、物价水平和金融政策等，甚至国际形势、重大政治事件和投机行为也会严重影响股票市场价格的上涨或下跌。

（二）投资风险

投资风险指在对投资方案做出决策时，对风险因素考虑不周或因某种不确定因素出现投资决策失误而带来的风险。投资是企业实现资本运营的重要手段之一。投资决策的正确与否直接关系到企业的兴衰存亡，对企业的生存发展及资本的保值、增值具有决定性作用。投资风险的产生源自企业主要的投资活动，企业的投资活动形式众多，面临的投资风险的重要性也各不相同。企业的投资活动主要包括证券投资、衍生金融产品投资、长期对外投资和企业内部项目投资等。

（三）经营风险

经营风险是指由于经营状况的不确定性带来的风险。经营状况的不确定性主要来自企业外部不可抵抗的突发事件、内部经营决策的失误和经营管理的不当。地震、火灾、台风、泥石流等自然灾害引起的不可抗拒事件往往会给企业经营活动带来巨大损失。内部经营决策的失误和经营管理不当主要体现为：市场预测和战略规划不准、经营方向选择不当、资本运营目标与发展战略不匹配、经营行为与市场脱节、资本运营管理水平不高、与目标企业管理部门的整合再造效果不佳等方面。上述经营决策中的失误导致企业的盈利水平发生变化，投资者的预期收益率下降。

（四）外汇风险

外汇风险也称汇率风险，指企业在跨国资本运营过程中，由于汇率波动导致以外币计价或衡量的资产、收益和未来现金流价值下跌的可能性。随着国际贸易和国际合作的迅猛发展以及国际金融一体化进程的加快，汇率风险波及范围越来越大。

资本运营中的汇率风险主要来源于跨国交易和折算两个环节。企业在进出口贸易合同签订到结算过程中、国际债权债务未清偿之前，以及持有外汇头寸时发生汇率变动，都会带来外汇交易风险。外汇折算风险是企业在将资产负债表由外币折算成记账本位币时，由于汇率变动可能导致的账面损失。此外，汇率变动还可能引起资本输出或输入，导致国内货币供求关系发生变化，进而影响资本价格和资本运营的收益。

（五）政策风险

政策风险指由于国际政治局势和国家经济政策的变化对市场机制、投资环境、企业经营机制产生作用，进而使企业财务关系发生变动，造成企业经济损失的可能性和财务环境的不确定性。在市场经济条件下，由于受价值规律和竞争机制的影响，各企业争夺市场资源，都希望获得更大的活动自由，因而可能会触犯国家的有关政策，而国家政策又对企业的行为具有强制约束力。国家与企业之间由于政策的存在和调整，在经济利益上会产生矛盾，从而产生政策风险。

三、资本运营风险管理

风险和收益相伴而生。资本运营在给企业带来跨越式发展的同时，蕴含的风险也与日俱增。管理与控制风险，是企业在发展过程中必须解决的重要问题。风险管理是企业通过对风险的识别和衡量，采用经济和技术手段加以控制和处理，达到以最低成本获得最大安全保障的目的。资本运营风险管理作为企业风险管理的一个重要内容，通常由一系列行为构成，主要包含明确风险管理目标、风险识别、风险衡量、风险控制、风险管理效果评价和建立资本运营风险管理机制几个部分。

（一）明确资本运营风险管理目标

在具体的风险管理中，管理者首先要确定风险管理对象的范围，明确风险管理活动所要达到的目标。这要求从资本运营整个过程中可能遇到的问题出发，确定资本运营风险管理的目标及各阶段分目标，并根据主要目标来界定资本运营风险防范的范围。通过建立"目标—风险因子"关系，最终建立一套完善的、有针对性的风险管理目标系统。

（二）资本运营风险识别

风险识别是资本运营风险管理的基础和前提，如果不能正确识别风险，就无法对风险进行科学的衡量和管理。风险识别是根据风险管理目标要求，在了解和分析大量可靠的信息资料，认真研究内外部环境状况后，厘清企业资本运营操作中存在的各种风险因素，进而判断企业所面临的风险及其性质，使之完全被辨识出来。风险识别不仅要了解风险的存在，更要了解风险的来源和存在形式，并据此划分风险类型，从而为制定风险防范策略提供思路。

资本运营风险的识别需要借助一些技术和工具，如风险检索列表、德尔菲法、SWOT问卷和分段识别法等。

（三）资本运营风险衡量

资本运营风险衡量是在风险识别的基础上，运用数学方法对过去的损失资料进行分析，并据此对风险发生的概率和可能造成的损失严重程度进行估计。科学的风险衡量可以计算出较为准确的损失概率和损失严重程度，减少损失发生的不确定性；可以帮助风险管理者分辨主要风险和次要风险，建立损失概率分布并预测损失期望值，为风险管理决策和实施各项风险管理技术奠定基础。

资本运营风险分析主要有定性和定量两大类方法。定量分析法主要有概率分析法和蒙特卡罗模拟法。

（四）资本运营风险控制

资本运营风险控制指通过实施一系列措施和手段，消除或减少资本运营风险事件发生的可能性，或者降低风险对企业造成的损害，使企业承受资本运营风险的成本降到最低。

换言之，风险控制就是要控制风险的发生及其损害程度。控制的目标不仅取决于具体的运营对象，还取决于资本运营主体的风险偏好及投资动机。风险控制具体可采用以下技术方法。

1. 风险回避

风险回避是企业在保证资本运营目标实现的基础上，可以选择风险较小的运营方案，也可以放弃整个资本运营活动或放弃其中的一些项目，从根本上消除风险可能造成的损失。风险回避可以完全阻止某特定资本运营风险给企业带来的损失，是资本运营风险管理中最彻底的方法，也是最消极的方法。由于企业在放弃风险方案时，也放弃了潜在收益，因此该方法一般只在企业对风险极端厌恶，或者无力承受、减轻和用其他方法消除风险的情况下采用。

2. 风险转移

风险转移是企业通过某些手段将部分或全部资本运营风险转移给他人承担，以减少风险可能造成的损失的一种方法。资本运营风险转移的手段主要有合同转移、保险转移和利用风险交易工具转移三种。签订包销协议转移股票发行风险属于合同转移。企业购买财产保险将财产损失的风险转移给保险公司承担属于保险转移，保险转移是最常见的风险转移方式，但并不是所有的资本运营风险都可以通过购买保险来转移。保险转移的前提是可保风险必须符合保险公司的承保条件。企业可以利用期货、期权、对冲基金和远期保价等风险交易工具来转移和规避信用风险。

3. 风险分散

风险分散是企业将自己承担的风险分散出去，以减轻资本运营的风险负担。借鉴组合投资理论，企业在资本运营过程中可以通过多元化经营、对外投资、与其他企业合资或联盟等方式分散风险。例如，当企业欲投资风险较大的项目时，可以通过联营等方式与其他企业共同投资来分散投资风险。企业可将资金分配在回报率关联度较低的多种资产上，达到既能降低整体投资风险又能保证一定收益的目的。

4. 风险隔离

风险隔离指把某一可能导致风险发生的因素进行分离或复制，从而减少该风险可能带来的损失，使任一风险事故的发生不至于带来所有财产损毁或灭失。例如，在企业并购中，将前景不好的产品和部门从并购后的企业剥离出去，使其成为独立的企业法人，从而避免其对其他产品和部门的影响，保证总体并购效果的实现。风险隔离并不是降低风险单位本身的损失程度，而是要从整体上减少损失，对于整个资本运营过程而言，风险隔离是一种效果比较明显的风险控制方式。但是在降低整体损失程度的同时，增加了风险单位的数量，资本运营风险管理的成本会加大也是不可避免的。

（五）风险管理效果评价

风险管理效果评价就是以风险管理措施实施后的实际资料为依据，对企业风险管理方式和手段的效益性和适用性进行分析、检查、评估和修正，即包括对资本运营风险管理决策水平、管理水平、执行情况、执行效果等方面的评价。风险管理效果评价可为以后的资本运营风险管理提供经验或警示，从而提高未来的管理能力和水平。

评价方法可采取专家意见法、实地调查法、抽样调查法、过程评价法、因素分析法和指标对比法等。

（六）建立资本运营风险管理机制

为有效控制资本运营中的风险，建立完善的资本运营风险管理机制尤为必要，需注意以下几个方面。第一，建立和完善风险预警和报告制度，以便第一时间了解风险信息并及时采取有效的防范措施。第二，加强对资本运营活动结束后的资源整合风险的控制。第三，建立财务风险防范制度，对企业资本运营成本、效益以及财务承受能力进行分析，选取最优的资本运营方案，同时合理地预测、规避财务风险，以实现经济利益的最大化。

复习思考题

一、在线测试题（扫描书背面的二维码获取答题权限）

扫描此码　自我测试

二、简答题

1. 什么是资本？资本有哪些特点？

2. 简述资本运营的含义，它包括哪些内容？

3. 资本运营有哪些特点？

4. 资本运营与生产经营的关系是什么？

5. 如何理解资本运营的风险？

第二章 企业上市

内容提要

　　股权融资是企业直接融资的主要形式之一。随着我国多层次资本市场的不断完善以及我国企业不断融入国际资本市场的实践，股票的发行上市已成为我国现代企业资本运营的主要方式之一。企业上市可以扩大融资渠道、提升企业的品牌价值和市场影响力、增强股东流动性和股权价值、提高公司治理水平。退市机制的存在可以促进市场资源的合理配置。本章第一节重点介绍了企业上市的含义及制度安排，第二节介绍了境内上市的条件和多种上市方式，第三节介绍了境外上市的条件、方式和主要的境外证券市场，第四节主要介绍了上市公司退市的相关概念、类型和退市制度。

学习要点

- 掌握企业上市的含义；
- 熟悉股票首次公开发行与上市的程序；
- 了解买壳上市与借壳上市的基本程序；
- 了解境外主要证券市场；
- 熟悉相关的退市制度。

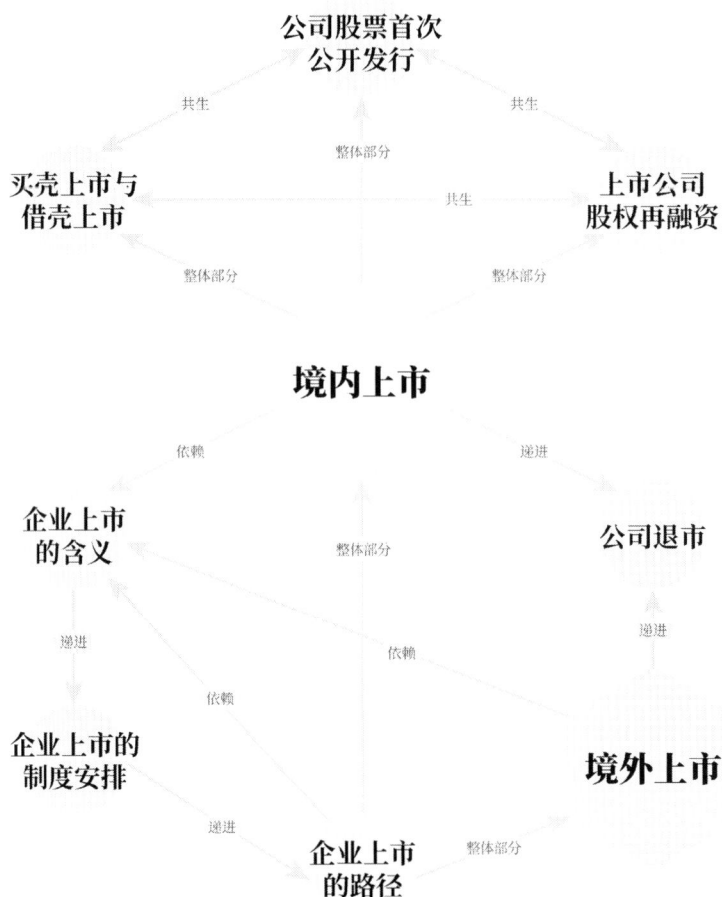

公司股票首次公开发行

共生　　　　　　　　　共生

整体部分

买壳上市与借壳上市　　　共生　　　上市公司股权再融资

整体部分　　　　　整体部分

境内上市

依赖　　　　　　　　　递进

企业上市的含义　　　　　　整体部分　　　　　公司退市

递进　　　　　　　　　　递进

依赖　　　　依赖

企业上市的制度安排　　　　　　　　　　境外上市

递进　　　整体部分

企业上市的路径

企业上市

第一节　企业上市概述

一、企业上市的含义

（一）企业上市与上市公司

1. 企业上市与上市公司的含义

企业上市是指股份有限公司发行的股票经过证券交易所发行上市审核并报中国证监会注册后，在证券市场进行交易，实现公司的社会化。相对应地，上市公司是指其股票在证券交易所上市交易的股份有限公司。公司股票上市交易是企业资本运营的高级形式，有条件的企业应积极争取上市。

在我国，企业的上市与企业的股票公开发行往往是同时进行的。公司在申请公开发行股票的同时也申请其获准发行的流通股在交易所上市交易，因此，首次直接上市往往与首次公开发行（Initial Public Offering，IPO）紧密相连。股票发行是向投资人出售股份、募集资金的过程，而股票上市是连接股票发行和股票交易的"桥梁"。

2. 上市公司的特点

（1）上市公司是股份有限公司。股份有限公司可为非上市公司，但上市公司必须是股份有限公司。

（2）上市公司要依法报经国务院证券监督管理机构或者国务院授权的部门注册。按照《中华人民共和国公司法》的规定，公司向社会公开募集股份，应当报国务院证券监督管理机构注册，公告招股说明书。

（3）上市公司发行的股票必须在证券交易所交易。发行的股票不在证券交易所交易的不是上市股票。

从国际经验来看，世界知名的大企业几乎全是上市公司。例如，美国500家大公司中有95%是上市公司。

3. 上市公司与非上市公司的区别

（1）与一般的非上市公司相比，上市公司可利用证券市场进行筹资，广泛地吸收社会上的闲散资金。

（2）上市公司能取得整合社会资源的权利，如公开增发股票，非上市公司则没有这个权利。

（3）上市公司的股份可以在证券交易所中挂牌自由交易流通（全流通或部分流通，每个国家制度不同），非上市公司股份只能协议转让，不可以在证券交易所交易流通。

（4）公司上市必须具备一定的条件。根据中国证券监督管理委员会颁布的《首次公开发行股票注册管理办法》，发行人是依法设立且持续经营三年以上的股份有限公司，具备健全且运行良好的组织机构，相关机构和人员能够依法履行职责。发行人申请首次公开发行股票并上市，应当符合相关板块定位等。

（5）相对于非上市股份公司，上市公司对信息披露要求更为严格。

（二）企业上市的意义

股份制是近代以来出现的一种企业组织形态，是市场经济发展的产物和要求。相对于家族企业、合伙企业等其他企业组织形式，其优势十分明显。它通过股权的多元化，有效分散了集中投资所产生的巨大风险；通过把分散资本积聚成巨额资本，适应了社会化大生产的需要；通过股票的自由买卖，实现了资本的流动和资源的优化配置。许多优秀的企业通过股份制改造和发行上市，借助资本市场的力量，迅速发展壮大，成为商界巨头和行业旗帜。因此，上市对于企业的发展来说具有极其重要的战略意义，表现在以下四个方面。

1. 推动企业实现规范化发展

企业改制上市的过程，就是企业明确发展方向、完善公司治理、夯实基础管理、实现规范发展的过程。企业改制上市前，要分析内外部环境，评价企业优势与劣势，找准定位，使企业发展战略清晰化。在改制过程中，保荐人、律师事务所和会计师事务所等众多专业机构为企业出谋划策，通过清产核资等一系列过程，帮助企业明晰产权关系，规范纳税行为，完善公司治理、建立现代企业制度。企业改制上市后，要围绕资本市场发行上市标准努力"达标"和"持续达标"。

上市后的退市风险和被并购的风险，能促使高管人员更加诚实守信、勤勉尽责，促使企业持续规范发展。上市后，企业可以建立以股权为核心的完善的激励机制，吸引和留住核心管理人员以及关键技术人才，为企业的长期稳定发展奠定基础。

2. 获得长期稳定的资本性资金

企业通过发行股票进行直接融资，可以打破融资瓶颈束缚，获得长期稳定的资本性资金，改善企业的资本结构；可以借助股权融资独特的"风险共担，收益共享"的机制实现股权资本收益最大化；还可以通过配股、增发、可转债等多种金融工具实现低成本的持续融资。

与银行贷款等间接融资方式不同，直接融资筹得的资金既不用付利息，亦没有偿还时限的压力，企业可以将更多资金用于研发等，从而更有效地增强创新创业的动力和能力。

【延伸阅读 2-1】

深圳万科企业股份有限公司于 1988 年首次上市，其融资金额为 2800 万元，直接融资使其在短期内获得了巨额资金，实现百亿元乃至千亿元的跨越式发展，从一个名不见经传的小公司发展成为房地产业巨头。2016 年该公司首次跻身《财富》"世界 500 强"，位列榜单第 356 位。此后，连续 9 年上榜。2024 年《财富》"世界 500 强"排行榜公布，万科位列第 206 位。

3.有效提升企业的品牌价值和市场影响力

从传统意义上讲，企业传播品牌或形象主要有三个途径：口碑、广告和营销（或公共关系）。而实际上，公开发行与上市具有更强的品牌传播效应。能进入资本市场，表明企业的成长性、市场潜力和发展前景得到承认，本身就是荣誉的象征。同时，上市对企业的品牌建设作用巨大。路演和招股说明书可以公开展示企业形象；每日的交易行情、公司股票的涨跌，成为千百万投资者必看的公司广告；媒体对上市公司拓展新业务和资本市场运作新动向的追踪报道，能够吸引成千上万投资者的目光；机构投资者和证券分析师对企业的实时调查、行业分析，可以进一步挖掘企业的潜在价值。

4.发现公司的价值，实现公司股权的增值

股票上市，相当于为公司"证券化"的资产提供了一个交易平台，增强了公司股票的流动性。通过公开市场交易有利于发现公司的价值，实现公司股权的增值，为公司股东、员工带来财富。上市后股票价格的变动，形成对公司业绩的一种市场评价机制，也成为公司并购的重要驱动力，对公司管理层形成有效的鞭策作用。对于业绩优良、成长性好、讲诚信的公司，其股价会保持在较高的水平上，不仅能够以较低的成本持续筹集大量资本，不断扩大经营规模，而且可以将股票作为工具进行并购重组，进一步培育和发展公司的竞争优势和竞争实力，增强公司的发展潜力和发展后劲，从而使其进入持续快速发展的通道。而对于管理不善的公司来说，在价格机制的引导下，资本流向好公司，逐渐淘汰差公司，股价的下跌使公司面临着随时被收购的命运。

上市也有一定的负面影响。（1）上市费用较高，且时间较长。公司发行股票，尤其是在上市前引进战略投资者时，会把股票价格定得低一些，这也是公司支付的成本。（2）上市公司应当定期披露年度报告、中期报告。凡是对投资者做出价值判断和投资决策有重大影响的信息，均应当披露。披露的信息一方面保护了投资者的合法权益，另一方面也会被竞争对手利用，因此保密性不强。（3）上市公司有被恶意收购或控股的风险，其创新商业模式或核心技术有被模仿的风险。

二、企业上市的制度安排

证券发行监管制度是政府对证券发行进行监督管理的制度，是证券市场准入制度。根据发行人是否受实质条件的限制、证券监管机构对发行申请的审查原则与方式等，证券发行监管制度可以分为核准制与注册制两大类。具体来讲，美国、日本执行的就是以公开主义为理论基础而形成的注册制，欧洲地区及中国香港执行的是以准则主义为基础而形成的核准制。

（一）核准制

核准制即所谓的实质管理原则，以欧洲各国的公司法为代表。依照证券发行核准制的要求，证券的发行不仅要以真实状况的充分公开为条件，而且必须符合证券管理机构制定的若干适于发行的实质条件。符合条件的发行公司，经证券管理机关批准后方可取得发行

资格，在证券市场上发行证券。这一制度的目的在于禁止质量差的证券公开发行。

（二）注册制

注册制主要指发行人申请发行股票时，必须依法将公开的各种资料完全准确地向证券监管机构申报。证券监管机构的职责是对申报文件的全面性、准确性、真实性和及时性做形式审查，不对发行人的资质进行实质性审核和价值判断，而将发行公司股票的优劣留给市场来决定。信息披露监管是上市公司监管工作的重心，监管部门不断完善上市公司信息披露制度建设。

注册制与核准制在以下方面存在不同。

（1）监管理念。在核准制中，价值判断主要来自政府监管部门中的专业人士，而广大投资者则是在他们筛选过后的选择中进行再选择。在注册制体系中，政府监管部门将价值判断全权交给投资者，自身则仅仅对证券发行进行形式审查。注册制是一种以信息披露为核心、市场化程度更高的证券发行方式。

（2）市场准入。在注册制中，除了法律规定的需要公开的资料信息以外，法律并未授予政府证券监督管理机构实行相关实质条件审查的权力。注册制最大的好处在于把发行风险交给了主承销商，把合规要求的实现交给了中介机构，把信息披露真实性的责任交给了发行人。在核准制中，发行人在满足法定公开资料信息的要求之外，还需要符合一系列的实质条件，需要面对政府证券监督管理机构的实质审查。

（3）监管效率。在注册制中，符合法定条件的证券发行只需注册登记，便有可能自动生效，其具有高效性。与核准制相比，注册制下发行人成本更低、上市效率更高、对社会资源耗费更少，资本市场可以快速发挥资源配置功能。

（三）我国证券发行监管制度演变

我国证券市场发展至今，先后经历了行政主导的审批制、市场化方向的核准制和以信息披露为核心的注册制三个阶段。从本质上讲，审批制可以说是更为严格的核准制。

1. 审批制阶段（1990—2000 年）

中国最早的一批股票是在行政主导下完成上市的，即审批制阶段，具体是指股票发行的额度和指标由行政机关决定并且分配给各行业和地区，再由各行业和地区的主管机关推荐企业发行股票。

该阶段的特征如下：

（1）在定价制度上，1990—1997 年《中华人民共和国证券法》实施前，新股发行定价统一由监管机构根据固定市盈率或固定公式计算确定，即行政定价手段；1997—2001年开始放宽发行市盈率限制，发行价格由发行人与承销证券公司协商确定并报证监会核准。

（2）在准入制度上，亦分为两个阶段。在 1992 年证监会成立之前，新股准入的资格由中国人民银行审批，即央行准入审批；1992 年证监会成立，负责新股准入资格的审批工作，即证监会准入审批，在此期间，准入审批管理经历了从额度管理到指标管理的变化。

2. 核准制阶段（2001—2018 年）

2000 年 3 月，《股票发行核准程序》发布，确立了我国股票发行核准制的基本程序。2001 年 3 月 17 日，证监会决定废止额度条件下的审批制，全面执行核准制。核准制弱化了行政审批权力，取消了证券管理部门对股票发行额度和指标的限制，但要充分公开企业的真实情况，而且必须符合有关法律和证券监管机构规定的必要条件；证券监管机构对发行人是否符合发行条件进行实质审查，并引入中介机构。

核准制阶段分为两个阶段。

（1）通道制（2001—2004 年）。通道制以具有主承销商资格的证券公司以 2000 年所承销项目数为基准，分配其可以推荐拟公开发行股票的企业家数，是在审批制向核准制转变过程中，为达到"好中选优、优中选优"而推出的暂时措施。该制度缺陷主要表现在，券商在通道数量有限的情况下往往推荐较大型企业发行股票，造成中小型企业融资困难；券商对上市企业质量的审查能力参差不齐，增加了证券市场风险。直至 2004 年 12 月 31 日才彻底废止通道制。

（2）保荐制（2004 年至今）。2004 年 2 月，保荐制开始实施。该制度引入保荐机构和保荐代表人对企业发行证券进行尽职推荐和持续督导，并承担相应的连带责任。该制度破除了通道制下对券商通道数量的限制，以券商的保荐人数量为标准确定券商推荐发行证券的企业数量，强化了券商之间的竞争，保荐机构和保荐人的连带责任制度提升了对发行企业的监管效率。2014 年 11 月，保荐代表人的资格准入许可下放到证券业协会。保荐代表人审批制度的转变意味着保荐人资格将不再受机构、个人的限制，制度更加灵活。

在核准制下，上市条件较为严格，比如一些科技创新类企业，有很大发展前景但尚未实现盈利，按照核准制的标准，它们不符合上市的条件，因此不能通过资本市场来获得发展所需资金。此外，审核程序较为烦琐，效率低下，审核周期较长。

3. 注册制阶段（2018 年至今）

注册制是我国证券发行管理制度的重要改革，从探讨研究到全面实行，分步实施，体现了我国证券市场的逐步成熟。

（1）2018 年在上海证券交易所设立科创板并试点注册制，标志着注册制改革进入启动实施阶段。2019 年 7 月 22 日，首批科创板公司上市交易。

（2）2020 年在深圳证券交易所创业板试点注册制。2020 年 8 月，首批企业上市，标志着改革试点从增量市场进入存量市场。

（3）2021 年设立北京证券交易所并实施注册制。2021 年 11 月，北交所开市。

（4）2023 年实施全面注册制，精简优化发行上市条件，坚持以信息披露为核心。2023 年也被称为全面注册制元年。

具体见表 2-1。

表 2-1　注册制推进大事记

时间	大事件
2013 年 11 月 15 日	《中共中央关于全面深化改革若干重大问题的决定》；股票发行注册制首次被列入中央文件
2015 年 12 月 27 日	《关于授权国务院在实施股票发行注册制改革中调整适用〈中华人民共和国证券法〉有关规定的决定》，决定自 2016 年 3 月 1 日实施，实施期间为两年
2015 年至 2018 年	2015 年夏季股市异常波动，注册制改革搁置三年
2018 年 11 月 5 日	上海证券交易所设立科创板并试点注册制，注册制改革进入启动实施阶段
2019 年 12 月 28 日	新《中华人民共和国证券法》对注册制实施作出全面规定
2020 年 4 月 27 日	《创业板改革并试点注册制总体实施方案》；创业板试点注册制
2021 年 11 月 15 日	北交所开始并实施注册制
2023 年 2 月 17 日	《全面实行股票发行注册制制度规则发布实施》；全面实行股票发行注册制改革正式启动

三、企业上市的路径

企业上市，从上市地区来划分，大致可以分为境内上市和境外上市。本节主要围绕境内上市进行详细阐述，境外上市的内容在本章第三节详细阐述。

（一）境内上市的含义

境内上市指证券发行人将公开发行的证券在本国证券交易所挂牌交易的方式。具体到中国大陆，境内上市的股票包括在上海证券交易所和深圳证券交易所上市的股票，这些股票被称为 A 股。A 股是由中国境内的公司发行，供境内机构、组织或个人（不含台、港、澳投资者）以人民币认购和交易的普通股股票。A 股不是实物股票，以无纸化电子记账，实行"T+1"交割制度，有涨跌幅（10%）限制，参与投资者为中国大陆机构或个人。1990 年，我国上海、深圳证券交易所成立，A 股开始交易。目前，它已经成为代表中国股票市场上市公司数量和总市值的重要部分。

（二）境内上市板块

中国资本市场进入注册制时代以来，逐步形成了以上海证券交易所为主的主板市场和科创板市场，以深圳证券交易所为主的主板市场和创业板市场，北京证券交易所和全国中小企业股份转让系统的新三板市场，以及区域性股权转让市场的多层次资本市场体系，如图 2-1 所示。各上市板块在功能定位、上市标准和审核流程等方面均存在一定差异。

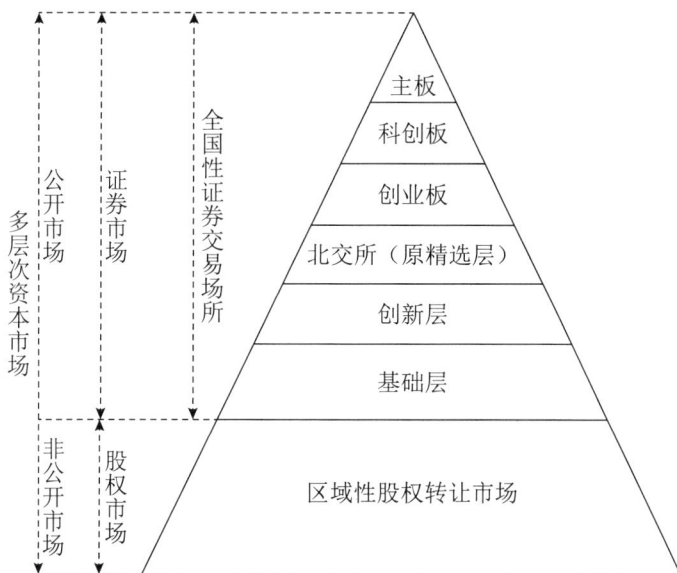

图 2-1 多层次资本市场体系

1. 主板

中国主板市场主要面向大型蓝筹企业，具体指治理规范、商业模式稳定、具有规模效应的行业领导型企业以及在细分领域具有一定竞争优势的企业。中国资本市场的主板市场包括上海证券交易所主板和深圳证券交易所主板。截至 2023 年 12 月 31 日，上海证券交易所主板 A 股共有 1692 家企业上市，深圳证券交易所主板 A 股共有 1505 家企业上市。

2. 创业板

创业板是专为创业型企业、中小企业和高科技产业企业等需要进行融资和发展的企业提供融资途径与成长空间的证券交易市场，是对主板市场的重要补充，在资本市场占有重要位置。创业板主要服务于成长型创新创业企业，支持传统产业与新技术、新产业、新业态、新模式深度融合。2020 年 6 月 12 日，证监会发布《创业板首次公开发行股票注册管理办法（试行）》《创业板上市公司证券发行注册管理办法（试行）》《创业板上市公司持续监管办法（试行）》和《证券发行上市保荐业务管理办法》，自公布之日起施行。与此同时，中国证监会、深圳证券交易所、中国证券登记结算有限责任公司等发布了相关配套规则，创业板改革开始。2020 年 8 月 24 日，深圳证券交易所组织创业板注册制首批企业上市。截至 2023 年 12 月 31 日，深圳证券交易所创业板共计有 1333 家企业上市。

3. 科创板

科创板精确定位于"面向世界科技前沿、面向经济主战场、面向国家重大需求"，主要服务于符合国家战略、突破关键核心技术、市场认可度高的科技创新企业，重点支持新一代信息技术、高端装备、新材料、新能源、节能环保以及生物医药等高新技术产业和战略性新兴产业。科创板于 2018 年 11 月 5 日宣布设立，2019 年 6 月 13 日正式开板，是独立于现有上海证券交易所主板市场的新设板块。截至 2023 年 12 月 31 日，上海证券交易所科创板共计有 566 家企业上市。

4. 新三板改革——北京证券交易所

新三板是中小企业登陆资本市场的有效通道。2006 年，中关村科技园区非上市股份公司进入代办转让系统进行股份报价转让，标志着"新三板"的诞生。在持续推进改革的过程中，新三板将挂牌企业分为创新层和基础层，从而进行差异化管理。2019 年，证监会针对新三板深化全面改革，设立精选层，且符合条件的精选层企业可以直接转板上市。

北交所，即北京证券交易所。2021 年 9 月 3 日，北京证券交易所有限责任公司注册成立，注册资本为 10 亿元人民币。其总体建设思路为：总体平移精选层各项基础制度，坚持上市公司由创新层公司产生，维持新三板基础层、创新层与北京证券交易所"层层递进"的市场结构。北京证券交易所的主要服务对象是创新型中小企业，这一定位更加贴近"专精特新小巨人"这一概念。与科创板形成差异，为中小企业上市提供更多的选择，有利于提高未来通过精选层上市的专精特新企业数量及上市速度。截至 2023 年 12 月 31 日，北京证券交易所共计有 239 家企业上市。

培育成熟的北京证券交易所上市公司可选择到沪深交易所继续发展，作为沪、深两市的后备军，有助于减少上市发行障碍，是多层次资本市场格局完善的体现。

第二节　境 内 上 市

一、公司股票首次公开发行

（一）发行条件

2023 年 2 月 17 日公布的《首次公开发行股票注册管理办法》，就发行条件规定如下：

（1）发行人是依法设立且持续经营三年以上的股份有限公司，具备健全且运行良好的组织机构，相关机构和人员能够依法履行职责。

（2）会计基础工作规范，内部控制制度健全且得到有效执行。

（3）业务完整，具有直接面向市场独立持续经营的能力。

（4）生产经营符合法律、行政法规的规定，符合国家产业政策。

（5）保荐人和律师事务所等证券服务机构出具的发行保荐书、法律意见书等文件中是否就发行人符合发行条件逐项发表明确意见，并具备充分的理由和依据。

（二）上市条件

2024 年 4 月修订的《上海证券交易所股票发行上市审核规则》，就上市条件规定如下：

（1）法规符合性。符合《证券法》、中国证监会规定的发行条件。

（2）股本总额。发行后的股本总额不低于 5000 万元。

（3）公开发行股份比例。公开发行的股份达到公司股份总额的 25% 以上；若公司股本总额超过 4 亿元，公开发行股份的比例为 10% 以上。

（4）市值及财务指标（至少符合一项）。最近 3 年净利润均为正，且累计不低于 2 亿元，最近一年净利润不低于 1 亿元，最近 3 年经营活动产生的现金流量净额累计不低于 2 亿元或营业收入累计不低于 15 亿元；预计市值不低于 50 亿元，且最近一年净利润为正，最近一年营业收入不低于 6 亿元，最近 3 年经营活动产生的现金流量净额累计不低于 2.5 亿元；预计市值不低于 100 亿元，且最近一年净利润为正，最近一年营业收入不低于 10 亿元。该条件适度提高主板上市财务指标，进一步突出主板大盘蓝筹定位。

（5）其他条件。

（三）注册流程

公司股票发行与上市必须符合法定的程序，并遵守《证券法》《公司法》和中国证监会于 2023 年 2 月 17 日公布的《首次公开发行股票注册管理办法》的相关规定。首次公开发行股票的一般程序分为六个阶段，如图 2-2 所示。

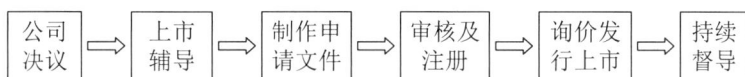

公司决议 ➡ 上市辅导 ➡ 制作申请文件 ➡ 审核及注册 ➡ 询价发行上市 ➡ 持续督导

图 2-2　公司首次公开发行股票的一般程序

1. 公司决议

发行人董事会应当依法就本次发行股票的具体方案、本次募集资金使用的可行性及其他必须明确的事项作出决议，并提请股东大会批准。

发行人股东大会应当就本次发行股票作出决议，决议至少应当包括下列事项：本次公开发行股票的种类和数量；发行对象；定价方式；募集资金用途；发行前滚存利润的分配方案；决议的有效期；对董事会办理本次发行具体事宜的授权；其他必须明确的事项。

2. 上市辅导

上市辅导是指保荐机构、律师事务所、会计师事务所等辅导机构对拟申请首次公开发行股票并上市的股份有限公司进行的规范化培训、辅导与监督。根据 2024 年 3 月 15 日公布的《首次公开发行股票并上市辅导监管规定》，拟上市公司在向中国证监会提出上市申请前，均需由具有主承销资格的证券公司进行辅导，辅导期限至少 3 个月。发行与上市辅导机构由符合条件的证券经营机构担任，原则上应当与代理该公司发行股票的主承销商为同一证券经营机构。上市辅导形式多样，包括现场查看、与高管谈话、集中授课培训等。上市辅导流程见图 2-3 所示。

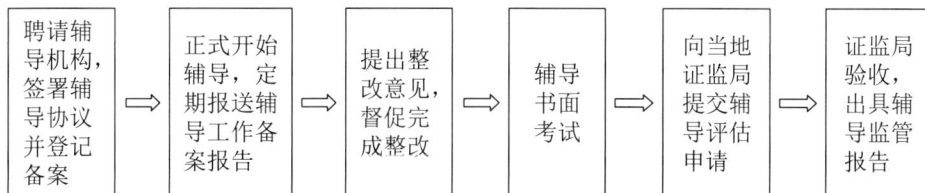

聘请辅导机构，签署辅导协议并登记备案 ➡ 正式开始辅导，定期报送辅导工作备案报告 ➡ 提出整改意见，督促完成整改 ➡ 辅导书面考试 ➡ 向当地证监局提交辅导评估申请 ➡ 证监局验收，出具辅导监管报告

图 2-3　上市辅导流程示意图

辅导内容如下：

（1）对发行人的董事、监事和高级管理人员、持有5%以上股份的股东和实际控制人（或者其法定代表人）等进行有关法律法规的培训。

（2）协助公司按照《公司法》的规定建立符合上市公司要求的法人治理结构并使其规范运行。

（3）对公司在设立、改制重组、股权设置和转让、增资扩股、资产评估、资本验证等方面进行核查。

（4）督促公司实现独立运营，做到业务、资产、人员、财务、机构独立完整，主营业务突出，形成核心竞争力。

（5）规范公司关联方、关联关系和关联交易。

（6）协助公司建立健全财务管理体系，增强有关人员诚信意识和责任意识，杜绝财务虚假情形。

（7）协助公司建立符合上市公司要求的信息披露制度。

（8）督促公司形成明确的业务发展目标和未来发展计划，制定可行的募股资金投向及其他投资项目的规划。

3. 制作申请文件

《证券法》第十一条、第十二条、第十三条分别针对募集形式设立股份有限公司、已设立公司首次公开发行新股、所有的公开发行新股（既包括首次发行新股，也包括首次发行之后的再融资）三种情形规定了相应的需要报送的申请材料。其中，第11条规定，（募集形式）设立股份有限公司公开发行股票，根据相关规定，向国务院证券监督管理机构报送募股申请和下列文件：（1）公司章程；（2）发起人协议；（3）发起人姓名或者名称，发起人认购的股份数、出资种类及验资证明；（4）招股说明书；（5）代收股款银行的名称及地址；（6）承销机构名称及有关的协议。依照本法规定聘请保荐人的，还应当报送保荐人出具的发行保荐书。

全面实行注册制后，主板、科创板和创业板的首发申请文件已完全一致，发行人应当通过保荐人、独立财务顾问向证券交易所发行上市审核业务系统提交电子版申请文件，申请文件具体内容如下。

（1）招股文件。招股说明书（申报稿）。

（2）发行人关于本次发行的申请及授权文件。关于本次公开发行股票并上市的申请报告、股东大会和董事会有关本次发行并上市的决议、关于符合板块定位要求的专项说明。

（3）保荐人及证券服务机构关于本次发行上市文件。关于发行人符合板块定位要求的专项意见、发行保荐书、上市保荐书、保荐工作报告等。

（4）会计师关于本次发行上市的文件。财务报表及审计报告、发行人审计报告基准日至招股说明书签署日之间的相关财务报告及审阅报告、内部控制鉴证报告、经注册会计师鉴证的非经常性损益表等。

（5）发行人律师关于本次发行上市的文件。法律意见书，律师工作报告，关于发行人董事、监事、高级管理人员、发行人控股股东和实际控制人在相关文件上签名盖章的真实性的鉴证意见。

（6）发行人的设立文件。发行人的企业法人营业执照、发行人公司章程（草案）、发行人关于公司设立以来股本演变情况的说明及董监高的确认意见。

（7）与财务会计资料相关的其他文件。发行人关于最近三年及一期的纳税情况及政府补助情况、发行人需报送的其他财务资料、发行人的历次验资报告或出资证明。

（8）本次发行上市募集资金运用的文件。发行人关于募集资金运用方向的总体安排及其合理性、必要性的说明等。

（9）其他文件。产权和特许经营权证书、重要合同、承诺事项等。

除上述文件外，交易所在新修订的《发行上市审核规则适用指引第 1 号——申请文件受理》中，新增发行上市负面清单，明确相关申报文件要求。保荐人应当就发行人及其实际控制人、董监高等"关键少数"是否存在口碑声誉的重大负面情形，发行人是否存在突击"清仓式"分红等事项出具专项核查意见，并将核查意见纳入申报文件范围。

根据《公开发行证券的公司信息披露内容与格式准则第 58 号——首次公开发行股票并上市申请文件》的规定，报送的电子文件应和预留原件一致。发行人律师应对报送的电子文件与预留原件的一致性出具鉴证意见。申请文件一经受理，未经中国证监会或者交易所同意，不得改动。发行人应根据交易所对申请文件的问询及中国证监会对申请文件的反馈问题补充、修改材料。保荐人和相关证券服务机构应对相关问题进行尽职调查并补充出具专业意见。

4. 审核及注册

全面注册制下，所有上市资料均由证券交易所负责审核，并在证监会进行注册。《证券法》第二十二条规定，国务院证券监督管理机构或者国务院授权的部门应当自受理证券发行申请文件之日起 3 个月内，依照法定条件和法定程序作出予以注册或者不予注册的决定，发行人根据要求补充、修改发行申请文件的时间不计算在内，不予注册的，应当说明理由。

1）审核与注册流程

审核及注册流程示意图如图 2-4 所示。

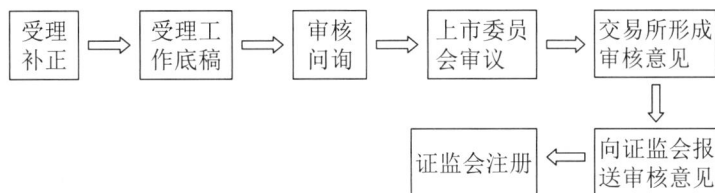

```
┌──────┐    ┌──────┐    ┌──────┐    ┌──────┐    ┌──────────┐
│ 受理 │ ⇒ │受理工│ ⇒ │ 审核 │ ⇒ │上市委│ ⇒ │ 交易所形成 │
│ 补正 │    │作底稿│    │ 问询 │    │员会审│    │ 审核意见   │
└──────┘    └──────┘    └──────┘    │ 议   │    └──────────┘
                                     └──────┘          ⇓
                         ┌──────┐    ┌──────────┐
                         │证监会│ ⇐ │ 向证监会报 │
                         │ 注册 │    │ 送审核意见 │
                         └──────┘    └──────────┘
```

图 2-4　审核及注册流程示意图

（1）受理补正。交易所收到发行上市申请文件 5 个工作日内做出是否予以受理的决定。发行上市申请文件存在需要补正情形的，发行人应当予以补正，补正时限最长不超过 30个工作日。同时交易所决定受理的，发行人于受理当日在指定渠道预先披露招股说明书及相关文件。

（2）受理工作底稿。受理发行上市申请文件后 10 个工作日内，保荐人应当以电子文档形式报送保荐工作底稿和验证版招股说明书，供监管备查。

（3）审核问询。发行上市审核机构自受理之日起 20 个工作日内，通过保荐人向发行人提出首轮审核问询。发行人及其保荐人、证券服务机构应当通过现场核验等方式进行必要的补充调查和核查，及时、逐项回复提出的审核问询，相应补充或者修改发行上市申请文件，并于上市委员会审议会议结束后 10 个工作日内汇总补充报送与审核问询回复相关的保荐工作底稿和更新后的验证版招股说明书。首轮审核问询后，针对特定情形，发行上市审核机构收到发行人回复后 10 个工作日内可以继续提出审核问询。认为不需要进一步审核问询的，将出具审核报告并提交上市委员会审议。

（4）上市委员会审议。上市委员会召开审议会议，对发行上市审核机构出具的审核报告及发行上市申请文件进行审议。参会委员就审核报告的内容和发行上市审核机构提出的初步审核意见发表意见。每次审议会议由五名委员参加，其中会计、法律专家至少各一名。

（5）交易所形成审核意见。交易所结合上市委员会的审议意见，出具发行人符合发行条件、上市条件和信息披露要求的审核意见或者作出终止发行上市审核的决定。

（6）向证监会报送审核意见。交易所审核通过的，向证监会报送发行人符合发行条件、上市条件和信息披露要求的审核意见、相关审核资料和发行人的发行上市申请文件。证监会要求进一步问询的，交易所向发行人及保荐人、证券服务机构提出反馈问题。

（7）证监会注册。证监会在 20 个工作日内对发行人的注册申请作出同意或者不予注册的决定，发行人在取得证监会予以注册的决定后，启动股票公开发行前，应当在交易所网站和符合证监会规定条件的网站披露招股意向书。

2）审核内容

各证券交易所审核发行人是否符合发行条件、上市条件和信息披露要求。发行条件、上市条件前已述及，关于信息披露的关注重点如下：

（1）重点关注发行人的信息披露是否达到真实、准确、完整的要求，是否符合招股说明书内容与格式准则的要求。

（2）重点关注发行上市申请文件及信息披露内容是否包含对投资者作出投资决策有重大影响的信息，披露程度是否达到投资者做出投资决策所必需的水平。

（3）重点关注发行上市申请文件及信息披露内容是否一致、合理，以及是否具有内在逻辑性。

（4）重点关注发行上市申请文件披露的内容是否简明易懂，是否便于一般投资者阅读和理解。

在全面注册制下，证监会和交易所职责分工明晰。在上述审核工作中，交易所承担全面审核判断企业是否符合发行条件、上市条件和信息披露要求的责任，并形成审核意见。在审核过程中，发现在审项目涉及重大敏感事项、重大无先例情况、重大舆情、重大违法线索的，及时向证监会请示报告。

证监会主要对发行人是否符合国家产业政策和板块定位进行把关。同时转变职能，加强对交易所审核工作的统筹协调和监督。比如，证监会以例行检查与随机检查相结合并选取重大项目的方式，关注交易所审核理念、标准的执行情况。

5. 询价发行上市

此阶段发行人会公布招股说明书、进行路演、询价、定价等。

1）公布招股说明书

取得中国证监会予以注册的决定后，发行人和主承销商应当及时向交易所报备发行与承销方案。发行与承销方案应当包括发行方案、初步询价公告（如有）、投资价值研究报告（如有）、战略配售方案（如有）、超额配售选择权实施方案（如有）等内容。交易所在收到发行与承销方案后 5 个工作日内表示无异议的，发行人和主承销商可依法刊登招股意向书或招股说明书，启动发行工作。

2）路演推介

路演是国际上广泛采用的证券发行推广方式，指证券发行商在发行证券前针对机构投资者的推介活动，是在投融资双方交流的条件下促进股票成功发行的重要推介、宣传手段。在注册制下，首次公开发行证券招股意向书刊登后，发行人和主承销商可以向网下投资者进行路演推介和询价，并通过互联网等方式向公众投资者进行推介。在首次公开发行证券上市申请文件受理后，发行人和主承销商可以与拟参与战略配售的投资者进行一对一路演推介。

在路演过程中应注意以下几点。

（1）发行人管理层在路演推介时，可以介绍公司、行业及发行方案等与本次发行相关的内容，但路演推介内容不得超出招股意向书及其他已公开信息范围，不得对股票二级市场交易价格做出预测。证券分析师路演推介应当与发行人路演推介分别进行，帮助网下投资者更好地了解发行人基本面、行业可比公司、公司发行人盈利预测和估值情况。同样，证券分析师路演推介内容不得超过投资价值研究报告及其他已公开信息范围，不得对证券二级市场交易价格做出预测。

（2）发行人与主承销商应当至少采用互联网方式向公众投资者进行公开路演推介，并事先披露举行时间和参加方式。路演时不得屏蔽公众投资者提出的与本次发行相关的问题。路演推介内容不得超出证监会及交易所认可的公开信息披露范围，发行人与主承销商向公众投资者推介时提供的发行人信息的内容及完整性应与向网下投资者提供的信息保持一致。

（3）除发行人、主承销商、投资者及发行人律师等之外，其他与路演推介工作无关的机构与个人不得进入会议现场，不得参与沟通交流活动。主承销商应对至少两家投资者的路演推介全程录音。主承销商对网下投资者进行一对一路演推介时，应当记录路演推介的时间、地点、双方参与人及主要内容等，并存档备查。

（4）主承销商在推介过程中不得夸大宣传，或者以虚假广告等不正当手段诱导、误导投资者；不得以任何方式发布报价或定价信息；不得口头或书面形式向投资者和路演参与方透露未公开披露的信息，包括但不限于财务数据、经营状况、重要合同等重大经营信息及可能影响投资者决策的其他重要信息。

3）询价和定价

全面注册制改革后，首次公开发行股票可以通过网下投资者询价方式确定发行价，也可以通过发行人与主承销商自主协商直接定价等其他合法可行的方式确定发行价格。在实践中，主要有三种定价方式：直接定价、初步询价后定价及累计投标询价定价。

根据《证券发行与承销管理办法》，首次公开发行股票数量在 2 000 万股（含）以下且无老股转让计划的，可以通过直接定价的方式确定发行价格。直接定价的流程较为简单，但发行人尚未盈利的，不得采用直接定价方式。另外，发行价格对应的市盈率不得超过同行业上市公司二级市场平均市盈率。

在询价制度下，新股发行是综合承销商、原始股东、七大类投资机构意见确定的。符合条件的投资者主要包括七类：经中国证券业协会注册的证券公司、基金管理公司、信托公司、财务公司、保险公司、合格境外机构投资者、符合一定条件的私募基金管理人等专业机构投资者。全面注册制改革后，持股市值在 6 000 万元以上的个人投资者也可以参与询价。初步询价后定价包括两个阶段：第一阶段，发行人及其保荐人向专业机构投资者初步询价，确定价格区间和市盈率范围；第二阶段，发行人和主承销商在确定的发行价格区间内累计投标询价，最终确定股票发行价格。其中初步询价是在上述路演后进行并通过交易所网下申购平台进行报价。需要注意的是，参与报价的机构总数必须超过 30 家，若少于 30 家，新股发行即失败。初步询价结束后进入第二阶段，承销商从申购平台导出所有投资者的具体报价，剔除无效报价和报价最高的 1%～3%，规避询价阶段有人恶意乱报高价，而后统计剩余的所有报价，发行人和券商会做一定微调，确定最终发行价格。[①]

与初步询价后定价方式相比，累计投标询价过程更为复杂，主要体现在第二阶段。发行人及其保荐机构在发行价格区间内向询价对象进行累计投标询价，并应根据累计投标询价结果确定发行价格，具体流程见案例。该方法为投资者提供申报价格的二次选择机会，进一步减少投资者和发行人、主承销商之间的信息不对称，促进双方充分博弈，有助于促进公司合理价值发现。对于发行规模较小、初步询价阶段报价集中度较高的项目，累计投标询价的作用相对有限。累计投标询价制度在海外成熟市场较为常见，我国从 2005 年引入询价到 2012 年 5 月 IPO 制度改革，所有主板公司都采用累计投标询价确定 IPO 价格，但中小板和创业板公司由于发行规模小，投资者报价集中度高，很少采用。2013 年以后，A 股市场没有累计投标询价发行的案例。2020 年 5 月 28 日，复旦张江公布科创板首次公开发行上市安排及初步询价公告，该机制再次启动。

---

① 根据 2023 年 2 月 17 日修订的《证券发行与承销管理办法》，询价定价机制变化内容主要包括：允许各板块采取直接定价方式并约束定价上限。明确采用询价方式定价的，应当向证券公司、基金管理公司、期货公司等专业机构投资者询价；在主板上市的，还应当向其他法人和组织、个人投资者询价。要求采取询价方式定价的项目，主承销商应当向网下投资者提供投资价值研究报告。允许参与询价的网下投资者为其管理的配售对象填报不同拟申购价格不超过 3 个、价差不超过 20%。明确最高报价剔除比例不超过 3%。完善询价定价信息披露，包括剔除最高报价部分后的网下投资者报价中位数、加权平均数，以及剔除最高报价后公募基金、社保基金、养老金、年金基金、保险资金、合格境外投资者资金报价中位数、加权平均数（"四个值"）等。定价超出前述"四个值"孰低值或者境外市场价格的，定价对应市盈率超过同行业上市公司二级市场平均市盈率的，以及发行人尚未盈利的，在申购前发布投资风险特别公告，无须延迟申购。

【延伸阅读 2-2】累计投标询价——以复旦张江（688505）为例

2020 年 5 月 28 日，复旦张江公布科创板《首次公开发行上市安排及初步询价公告》（以下简称《发行安排及初步询价公告》），再次启动累计投标询价机制。其流程如下：

（一）2020.5.29：发布《发行安排及初步询价公告》

（二）2020.6.3：初步询价

投资者在初步询价时间内，可通过上交所申购平台填写、提交拟申购价格和拟申购数量。

初步询价时间结束后，联席主承销商通过上交所网下申购电子平台共收到 352 家网下投资者管理的 4 574 个配售对象的初步询价报价信息，报价区间为 4.91～13.42 元 / 股，拟申购数量总和为 13 404 640 万股。

（三）2020.6.4：确定发行价格区间、有效报价投资者及其可申购股数，刊登网上路演公告

1. 剔除无效报价

根据《发行安排及初步询价公告》，无效报价剔除 3 家网下投资者管理的 3 个未提交相关资格核查文件的配售对象，63 家网下投资者管理的属于禁止配售范围的 181 个配售对象。

将上述 184 个配售对象剔除后，其余 345 家网下投资者管理的 4 390 个配售对象全部符合《发行安排及初步询价公告》规定的网下投资者的条件，报价区间为 4.91～13.42 元 / 股，拟申购数量总和为 12 862 330 万股。

2. 剔除最高报价

发行人和联席主承销商依据剔除上述无效报价后的询价结果，按照申报价格由高到低进行排序后剔除报价最高部分配售对象的报价，剔除的申报量不低于网下投资者拟申购总量的 10%。当剔除的最高申报价格部分的最低价格与确定的发行价格区间上限相同时，对该价格上的申报不再剔除，剔除比例可低于 10%。剔除部分不得参与累计投标询价申购。

剔除无效报价和最高报价后，参与初步询价的投资者为 271 家，配售对象为 4 060 个，拟申购总量为 11 868 760 万股，整体申购倍数为回拨机制启动前网下发行规模的 1 561.68 倍。

3. 协商确定发行价格区间

在剔除拟申购总量中报价最高的部分后，发行人与联席主承销商综合考虑发行人基本面、所处行业及可比公司市盈率等因素，协商确定本次发行价格区间为 8.65～8.95 元 / 股，中值为 8.80 元 / 股，区间上限与下限的差额未超过区间下限的 20%。

（四）2020.6.8：网下累计投标询价申购、网上发行申购、确定发行价格等

在累计投标询价时间内，网下投资者可通过上交所申购平台填写、提交拟申购价格和拟申购数量。网上投资者申购日以发行价格区间上限和其可申购数量进行申购委托，

申购无须缴纳申购款，2020 年 6 月 10 日（T+2 日）根据中签结果缴纳认购款。

根据累计投标询价申购情况，发行人与联席主承销商综合考虑发行人基本面、所处行业及可比公司市盈率等因素，协商确定本次发行价格为 8.95 元 / 股。

根据发行公告中规定的累计投标询价有效报价确定方式，拟申购价格不低于发行价格 8.95 元 / 股，符合发行人和联席主承销商事先确定并公告的条件的配售对象为本次累计投标询价申购的有效报价配售对象。在本次累计投标询价中，38 家投资者管理的 201 个配售对象申报价格低于本次发行价格 8.95 元 / 股，对应的拟申购数量为 430 330 万股，属于"低价未入围"情形。因此，本次累计投标询价申购中，提交了符合《发行安排与初步询价公告》和发行公告要求的有效报价投资者数量为 245 家，管理的配售对象个数为 3 855 个，拟申购数量总和为 11 423 230 万股。

（五）申购

询价结束后，网上及网下投资者在确定的价格或价格区间上申购，发行人或主承销商可以进行配售。

（六）持续督导

压实保荐机构责任是实施注册制的重要支撑。保荐人的持续督导工作主要是针对公司首次公开发行股票、上市公司发行证券、上市公司股东发行可转换债券、上市公司恢复上市、上市公司及其股东履行股权分置改革等业务展开，督促、引导发行人履行规范运作、信守承诺、信息披露等义务。《中华人民共和国证券法》第十条第二款明确规定："保荐人应当遵守业务规则和行业规范，诚实守信，勤勉尽责，对发行人的申请文件和信息披露资料进行审慎核查，督导发行人规范运作。"

（1）督导期间基本要求

持续督导期间按照不同上市板块，首次公开发行股票并在主板上市的，持续督导期间为证券上市当年剩余时间及其后 2 个完整会计年度；首次公开发行股票并在创业板、科创板上市的，持续督导期间为证券上市当年剩余时间及其后 3 个完整会计年度。持续督导届满后，如果有尚未完结的保荐工作，如募集资金未使用完毕的，保荐人应当继续履行持续督导义务，直至相关事项全部完成。

（2）持续督导职责范围

根据相关指引规定、监管规则，可以将保荐人的持续督导职责范围梳理、归类为发表独立意见、督促引导及持续关注、出具现场检查报告、出具年度报告或跟踪报告、走访和审阅等。除此之外，还有一些零散职责，例如不得泄露内幕信息或者利用内幕信息进行内幕交易、应当与公司签订保荐协议明确双方在持续督导期间的权利和义务、建立健全保荐人保荐工作内部管理制度体系等。

（3）披露文件要求

以上交所主板为例，上市公司年度报告披露后 5 个交易日内，保荐人应当向交易所提交《持续督导年度报告书》。针对证券发行上市，现场检查结束后的 5 个交易日内，保荐人应当完成《现场检查报告》并报送交易所备案，还应对募集资金使用、财务资助、股票解除限售和业绩承诺等出具专项检查意见。

二、买壳上市与借壳上市

上市公司的最大优势是可以在证券市场上大规模筹集资金，以促进其快速发展。在全面注册制之前，由于核准程序非常烦琐，拟上市的企业众多，等待时间过长，因此，上市公司的上市资格成为一种"稀有资源"。部分公司上市后，经营业绩不佳，甚至面临破产的危险，丧失了在证券市场进一步筹集资金的能力。这种具有上市公司资格，但经营状况很差，或成为其他公司收购对象的上市公司被称为壳公司，也叫壳资源。

链接阅读

全面注册制首批上市唯一能源股——陕西能源 IPO 案例分析

某些急于进入资本市场或者扩大资本运作空间的企业选择壳公司后，通过一系列资本运作和审批核准，将自身资产及其经营业务注入壳公司，从而取得上市资格，实现间接上市。该方式可以为企业节省大量时间和成本，减少其上市过程中的不确定性，也实现了对壳资源的充分利用。间接上市具体包括买壳上市和借壳上市两种方式。

（一）买壳上市的含义

买壳上市又称"后门上市"或"反向收购"，指非上市公司股东通过收购一家壳公司（上市公司）的股份控制该公司，再由该公司反向收购非上市公司的资产和业务，使之成为上市公司的子公司，从而实现间接上市的资本运作行为。原非上市公司的股东一般可以获得上市公司 70% ~ 90% 的控股权。

【延伸阅读 2-3】 浪莎集团买壳上市案例分析

自 2001 年起，浪莎管理层意欲进入资本市场，谋求发展壮大。*ST 长控濒临退市边缘，亦致力于寻找重组合作者，是一个典型的壳公司，具有被收购的潜力。

买壳上市的操作流程一般包括三个步骤：买壳、清壳和注壳。浪莎集团通过买壳、注壳两步完成买壳上市，不包括清壳步骤。

2006 年 9 月 11 日，*ST 长控发布公告称，四川省国资委（*ST 长控控股股东）授权宜宾国资公司与浙江浪莎控股有限公司签署了《股权转让协议》，浪莎控股受让四川省国资委持有的全部国家股 34 671 288 股（占总股本的 57.11%），成为 *ST 长控控股方。此为第一步买壳。

2007 年 2 月 8 日，中国证监会正式核准 *ST 长控向浪莎控股定向增发 10 106 300 股，每股 6.79 元，用于购买浪莎控股持有的浙江浪莎内衣有限公司 100% 股权，从而实现浪莎集团非上市资产注入上市公司 *ST 长控。此为第二步注壳，意味着浪莎买壳 *ST 长控，间接上市获得成功。

买壳上市后，上市公司更名为"ST 浪莎"，2008 年 6 月 12 日正式更名为浪莎股份。

（二）借壳上市的含义

借壳上市是指非上市公司通过将其主要资产注入已上市的子公司中，实现母、子公司的整体上市。借壳上市实质上是企业集团或大型公司先将其子公司或部分资产改造后上市，然后再将其他资产注入该上市公司以实现整体上市的目的。通常该壳公司会被改名。

【延伸阅读2-4】　　　　强生集团的"母"借"子"壳

强生集团由上海出租汽车公司改制而成，拥有较大的优质资产和投资项目。强生集团充分利用控股的上市子公司——浦东强生的"壳"资源，通过三次配股集资，先后将集团下属的第二和第五分公司注入浦东强生之中，从而完成了集团借壳上市的目标。

（三）买壳上市与借壳上市的比较

借壳上市和买壳上市的共同之处在于，它们都是一种对上市公司壳资源进行重新配置的活动，都是为了实现间接上市。

它们的不同点在于得到"壳"资源的方式不同。买壳上市的企业首先需要获得对一家上市公司的控制权，即先收购控股一家上市公司，然后利用这家上市公司，将买壳者的其他资产通过配股、收购等机会注入。而借壳上市的企业本身就是这家上市公司的控股股东，已经拥有了对上市公司的控制权。借壳上市后，上市公司与母公司同属一个管理体系，融资与资产注入容易协调，而买壳上市则没有这个优势。

（四）借壳上市在中国的发展现状

图2-5列示了我国近年来借壳上市公司的数量。通过分析发现，借壳上市数量在2015年之前呈现逐步上升的态势，2015年成为借壳上市尝试最频繁的一年，其后这一趋势显著下降。与此同时，图2-6显示失败案例数量也在2015年达到顶峰，近年来失败个数与成功个数的比例逐渐趋近，甚至出现失败数超过成功数的情况。这种现象的背后由众多因素共同作用，其中制度因素占重要地位。2019年IPO注册制试点后，上市门槛和成本显著降低，上市效率和确定性都有较大提升，壳价值折损。监管部门出台了削减"壳资源"价值的规定，沪深交易所在审核规则中修订了重组上市条件，分别提高了沪市主板、深市主板和创业板的重组上市条件，严把注入资产质量关，防止低效资产注入上市公司。而退市标准的完善和退市流程的简化，以及退市执行力度的加大，对壳公司及壳交易构成了逐步增大的压力。通过借壳上市这条捷径跻身A股市场的公司越来越少。

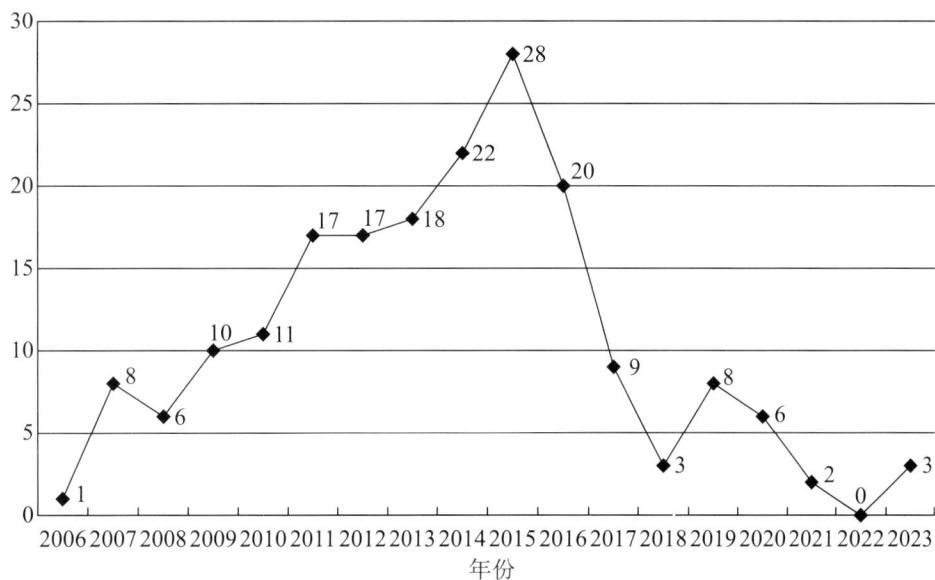

图 2-5　2006—2023 年借壳上市公司数量（个）

资料来源：千际投行《2023 年 A 股借壳上市研究报告》。

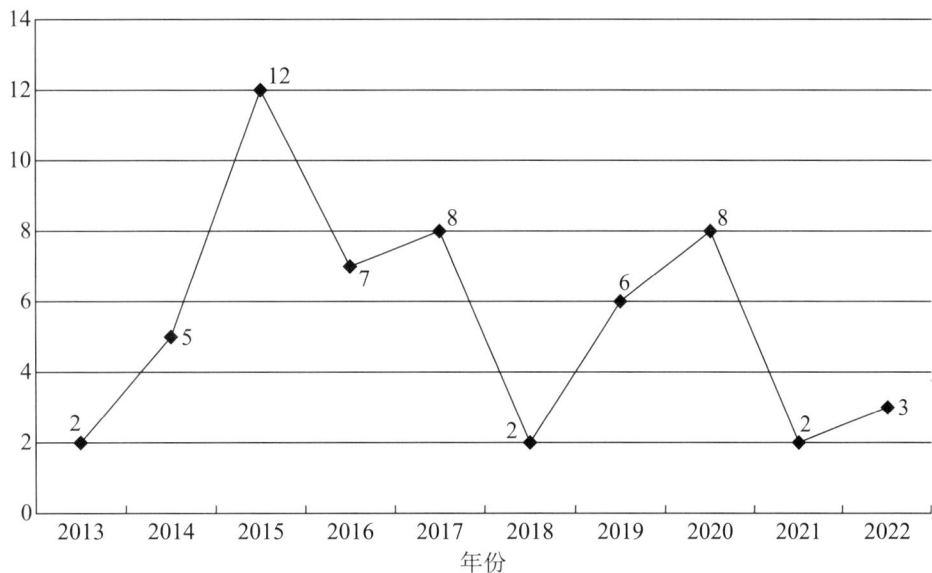

图 2-6　2013—2022 年借壳上市失败公司数量（个）

资料来源：千际投行《2023 年 A 股借壳上市研究报告》。

三、上市公司股权再融资

　　随着我国资本市场的不断发展和完善，上市公司再融资已成为重要的资本运作方式之一。上市公司利用证券市场进行再融资，是其持续发展和快速扩张的重要途径，也是证券市场发挥资源配置功能的手段之一。再融资从融资性质上可以分为股权再融资和债券再融资。股权再融资（SEO）是指上市公司在证券市场首次公开发行股票（IPO）初步融资后，通过配股、增发等方式进行直接融资获取资金的行为。股权再融资所筹集的资金在性质上属于企业的主权资本，是企业权益资本的主要构成部分，用途广泛且无须还本付息。该方式可以扩大公司规模，并为公司带来新的股东，提升公司的资金实力和声誉。股权再融资的方式有：配股和增发。增发又分为公开增发和定向增发。2023 年修订的《上市公司证券发行注册管理办法》（简称《再融资注册办法》）对相关股权再融资进行了规范。

（一）配股

配股方式是中国上市公司最早采用的再融资方式。1993 年 12 月，证监会颁布《上市公司送配股暂行规定》，在原有《股票发行与交易管理暂行条例》的基础上，对配股条件进行细化和规范，正式明确配股的定义为"配售发行股票"。

1. 配股的定义

配股是指符合配股条件的上市公司根据公司发展目标和经营需求，依照有关法律规定和相应程序，向原股票股东按其持股比例、以低于市价的某一特定价格配售一定数量新发行股票的筹资行为。配股未引进新股东且定价机制较为灵活。新股价格是按企业公告发布时的市场价格做一定折价处理后确定的，折价是为了鼓励股东出资认购。原股东拥有优先认购权，可自由选择是否参与配售。

2. 配股的特征

（1）在资金来源方面，配股是向原股东配售新股的行为，原股东介入配股活动要依照指定的比例和价格向公司投入特定的权益资本，资金来源较为充分。

（2）在公司控制权方面，配股后原股东持股比例保持不变，不会影响原股东对公司的控制权。

3. 配股条件

1）主板通用条件

（1）具有健全且运行良好的组织机构。

（2）现任董事、监事和高级管理人员符合法律、行政法规规定的任职要求。

（3）具有完整的业务体系和直接面对市场独立经营的能力，不存在对持续经营有重大不利影响的情形。

（4）会计基础工作规范，内部控制制度健全且有效执行，财务报表的编制和披露符合企业会计准则和相关信息披露规则的规定，在所有重大方面公允反映了上市公司的财务状况、经营成果和现金流量，最近 3 年财务会计报告被出具无保留意见审计报告。

（5）除金融类企业外，最近一期期末不存在金额较大的财务性投资。

（6）最近三个会计年度盈利（净利润以扣除非经常性损益前后较低者为计算依据）。

2）主板特别条件

（1）发行上限。拟配售股份数量不超过本次配售股份前股本总额的 50%。

（2）控股股东承诺。控股股东应当在股东会召开前公开确认配股股份的数量。

（3）承销方式。应当采用证券法规定的代销方式发行。

（4）发行失败。控股股东不履行认购配股股份的承诺；代销期届满，原股东认购股票的数量未达到拟配售数量 70% 的，发行人应当按照发行价加算银行同期存款利息返还已认购的股东。

（二）公开增发

中国从 1998 年开始试点实施增发新股融资方式，2000 年 4 月，证监会发布《上市公司向社会公开募集股份暂行办法》等相关法规指引，确立了公开募集方式增资发行股份这一新的再融资方式。

1. 公开增发的定义

公开增发，又叫增发新股，指上市公司向（包含原有股东在内的）不特定对象公开发行新股，募集资金的一种融资方式。

2. 主板公开增发的特殊条件

主板公开增发除了符合前述配股通用条件之外，还应当符合下列条件：

（1）最近 3 个会计年度盈利，且最近 3 个会计年度加权平均净资产收益率均不低于 6%。（净利润以扣除非经常性损益前后孰低者为计算依据。）

（2）发行价格应当不低于公告招股意向书前 20 个交易日或者前 1 个交易日公司股票均价。

3. 不得公开增发（含配股）的情形

上市公司存在下列情形之一的，不得向不特定对象发行股票：

（1）擅自改变前次募集资金用途未作纠正，或者未经股东大会认可。

（2）上市公司或者其现任董事、监事和高级管理人员最近 3 年受到中国证监会行政处罚，或者最近 1 年受到证券交易所公开谴责，或者因涉嫌犯罪正在被司法机关立案侦查，或者涉嫌违法违规正在被中国证监会立案调查。

（3）上市公司或者其控股股东、实际控制人最近 1 年存在未履行向投资者作出的公开承诺的情形。

（4）上市公司或者其控股股东、实际控制人最近 3 年存在贪污、贿赂、侵占财产、挪用财产或者破坏社会主义市场经济秩序的刑事犯罪，或者存在严重损害上市公司利益、投资者合法权益、社会公共利益的重大违法行为。

4. 承销方式

公开增发的承销方式包括包销和代销两种。

（三）定向增发

2006 年 4 月，证监会填补了当时《上市公司新股发行管理办法》中"上市公司申请以其他方式发行新股的具体管理办法另行制定"的空白。2007 年 9 月证监会发布的《上市公司非公开发行股票实施细则》，确立了非公开发行股票的上市公司再融资方式。

1. 定向增发的定义

定向增发又叫非公开发行，即向特定的符合条件的少数投资者非公开发行股份。定向增发是再融资的一种重要手段，往往与资产收购、资产注入、引入战略投资者、并购重组等需求紧密相关。

2. 定向增发的条件

（1）定向增发不得存在以下情形：

①前募用途。擅自改变前次募集资金用途未做纠正，或者未经股东大会认可。

②财务规范。最近 1 年财务报表的编制和披露在重大方面不符合企业会计准则或者相关信息披露规则的规定；最近 1 年财务会计报告被出具否定意见或者无法表示意见的审计报告；最近 1 年财务会计报告被出具保留意见的审计报告，且保留意见所涉及事项对上市公司的重大不利影响尚未消除；本次发行涉及重大资产重组的除外。

③上市公司。最近 3 年存在严重损害投资者合法权益或者社会公共利益的重大违法行为。

④控股股东、实际控制人。最近 3 年存在严重损害上市公司利益或者投资者合法权益的重大违法行为。

⑤现任董事、监事和高级管理人员。最近 3 年受到中国证监会行政处罚；最近 1 年受到证券交易所公开谴责。

⑥上市公司或者其现任董事、监事和高级管理人员。因涉嫌犯罪正在被司法机关立案侦查。涉嫌违法违规正在被中国证监会立案调查。

（2）发行对象。应当符合股东大会决议规定的条件，且每次发行对象不超过 35 名。

（3）发行价格。应当不低于定价基准日前 20 个交易日公司股票均价的 80%。

（4）定价基准日。原则上，向特定对象发行股票的定价基准日为发行期首日。比较特殊的是，如果上市公司在该次发行的董事会决议时提前确定全部发行对象，且该等发行对象属于特殊情形的，则法律允许该次发行提前确定价格。

（5）承诺限制。上市公司及其控股股东、实际控制人、主要股东不得向发行对象作出保底保收益或者变相保底保收益的承诺，也不得直接或者通过利益相关方向发行对象提供财务资助或者其他补偿。

3. 承销方式

上市公司向特定对象发行证券的，可以采用自行销售方式，未采用自行销售方式的，应当采用代销方式。

配股、公开增发与定向增发三种股权再融资方式的优缺点对比如表 2-2 所示。

表 2-2　配股、公开增发与定向增发三种股权再融资方式优缺点对比

股权再融资方式	优点	缺点
配股	摊薄原股东的程度较低； 发行条件要求适中； 发行价格相对灵活； 控股股东全额认购的情况下一般不会发行失败	配股股数存在限制，融资规模存在上限； 控股股东需提前公开承诺认配股份的数量，对其资金实力存在一定要求； 只能代销，存在发行失败的风险； 融资期间间隔时间要求较长

股权再融资方式	优点	缺点
公开增发	融资规模不超过募投项目资金需要量即可，可实现较大规模融资	发行条件较为严格； 属于市价发行，最终能否发行成功存在很大不确定性，受市场环境和公司成长等因素的影响较大； 融资频率受限
定向增发	发行条件要求较低，对业绩无要求； 发行价格可以在定价基准日前 20 个交易日公司股价均价基础上折价 80%，有利于吸引投资者认购。在降低价格的同时禁止大股东兜底	融资规模受发行人股本限制； 受投资家数及锁定期限制

第三节　境 外 上 市

一、境外上市的含义

境外上市（overseas listing，OL）指国内股份有限公司依据规定的程序向境外投资者发行股票，并在境外证券交易所公开上市。境外上市是企业通过向国际投资者公开发行股票或其他证券，以实现资本融资和市场拓展的重要途径之一。

境外上市与海外上市，在多数场合两者并无差别。其中的细微区别可能在于，境外上市常用来描述中国内地公司到香港交易所发行上市 H 股。中国香港已经归属于中国主权的　部分，但由于香港股票市场和内地的沪、深市在很多方面是分割的，内地公司到香港上市可以理解为狭义的境外上市。而海外上市的用语则更为形象地描述了中国企业漂洋过海到纽约、伦敦或新加坡等国际资本市场上发行上市。本书使用"境外上市"一词，一是遵从国内文献中存在的习惯用语；二是从广义角度来讲，境外包含海外，故称境外上市比较恰当。

一般习惯上说的境外上市，笼统地包括了企业在境外发行股票和将股票在境外市场挂牌交易，实际上这两者并不完全相同。境外上市可以是在境外首次公开发行或增资发行，随后在股票交易所挂牌，这可以称为发行上市。但也可以在不增加新股发行的情况下，将国内已经发行和流通的股票引荐到境外市场，建立境外二级市场，这可以称为境外二次上市或交叉上市。

另外，在相关的国际文献中，研究者通常使用国外上市（List Abroad）或者境外交叉上市（Cross Broder Listing，CBL）等术语。其中，国外上市的意思与境外上市内涵相同，而境外交叉上市除了有在外国上市之意，还强调股票不只是在一个国家上市，而是在两个或两个以上国家上市交易。

二、境外上市的条件

证监会 2023 年 2 月 17 日发布的《境内企业境外发行证券和上市管理试行办法》（以下简称《境外上市管理试行办法》）对境外发行上市的条件做了如下规定。

（一）积极条件

（1）依照《中华人民共和国公司法》《中华人民共和国会计法》等法律、行政法规和国家有关规定制定章程，完善内部控制制度，规范公司治理和财务、会计行为。

（2）遵守国家保密法律制度，采取必要措施落实保密责任，不得泄露国家秘密和国家机关工作秘密。

（3）涉及向境外提供个人信息和重要数据的，应当符合法律、行政法规和国家有关规定。

（4）严格遵守外商投资、网络安全、数据安全等国家安全法律、行政法规和有关规定，切实履行维护国家安全的义务。涉及安全审查的，应当在向境外证券监督管理机构、交易场所等提交发行上市申请前依法履行相关安全审查程序。

（5）证券发行对象原则上应为境外投资者。

（6）所募资金的用途和投向，应当符合法律、行政法规和国家有关规定。

（7）相关资金的汇兑及跨境流动符合国家跨境投融资、外汇管理和跨境人民币管理等规定。

（8）证券公司、证券服务机构和人员，应当遵守法律、行政法规和国家有关规定，遵循行业公认的业务标准和道德规范，严格履行法定职责，保证所制作、出具文件的真实性、准确性和完整性。

（二）禁止性条件

存在下列情形之一的，不得在境外发行上市：

（1）法律、行政法规或者国家有关规定明确禁止上市融资的。

（2）经国务院有关主管部门依法审查认定，境外发行上市可能危害国家安全的。

（3）境内企业或者其控股股东、实际控制人最近 3 年内存在贪污、贿赂、侵占财产、挪用财产或者破坏社会主义市场经济秩序的刑事犯罪的。

（4）境内企业因涉嫌犯罪或者重大违法违规行为正在被依法立案调查，尚未有明确结论意见的。

（5）控股股东或者受控股股东、实际控制人支配的股东持有的股权存在重大权属纠纷的。

三、境外上市的方式

我国《证券法》第二百二十四条规定："境内企业直接或者间接到境外发行证券或者将其证券在境外上市交易，应当符合国务院的有关规定。"因此，我国企业境外上市可以采取直接上市或间接上市两种模式。

（一）直接境外上市

直接境外上市，即在境内登记设立的股份有限公司向国外证券主管部门申请发行股票，并向当地证券交易所申请挂牌上市交易。其主要采用 IPO 在海外证券交易所直接发行股票上市，即通常说的 H 股、N 股、S 股等。H 股，是指中国企业在香港联合交易所发行股票并上市，取 Hong Kong 第一个字母"H"为名；N 股，是指中国企业在纽约证券交易所发行股票并上市，取 New York 第一个字母"N"为名；同样 S 股是指中国企业在新加坡交易所上市。

《境外上市管理试行办法》出台前，直接境外发行上市需要经过中国证监会国际部和境外证券审核监管机构的双重审核，这导致境外直接上市程序繁复，成本高、时间长。而《境外上市管理试行办法》对境内企业直接境外上市的管理由许可制改为备案制，强化事中事后监管，对原有直接境外上市审核体系进行了重大调整。在审核程序方面，上市主体只需要在境外提交发行上市申请文件后 3 个工作日内向中国证监会备案；备案材料也有所精简和完善。

直接境外上市的主要困难在于：国内法律与境外法律不同，对公司的管理、股票发行和交易的要求也不同。进行境外直接上市的公司需通过与中介机构密切配合，探讨出能符合境外法规及交易所要求的上市方案。除此之外，企业还需额外支付股票承销费。相较于间接境外上市，直接境外上市更适合有一定资金基础的成熟企业。

（二）间接境外上市

1. 间接境外上市的定义及认定标准

间接境外上市指主要经营活动在境内的企业，以在境外注册企业的名义，基于境内企业的股权、资产、收益或其他类似权益，在境外发行上市。该定义包含 VIE 架构（"协议控制架构"）。

按照《境外上市管理试行办法》的规定，发行人同时符合下列情形的，认定为境内企业间接境外发行上市：境内企业最近一个会计年度的营业收入、利润总额、总资产或者净资产，任一指标占发行人同期经审计合并财务报表相关数据的比例超过 50%；经营活动的主要环节在境内开展或者主要场所位于境内，或者负责经营管理的高级管理人员多数为中国公民或者经常居住地在境内。境内企业间接境外发行上市的认定，遵循实质重于形式的原则。

《境外上市管理试行办法》实施前，境内企业选择间接境外上市方式，无须国内证监会审批，多数企业通过在境外设立多层特殊目的公司，反向收购国内实体企业，实现控股权从境内翻到境外。《境外上市管理试行办法》实施后，间接境外上市也被纳入了备案管理，要求境内企业间接境外发行上市的发行人应当指定一家主要境内运营实体为境内责任人，向中国证监会备案。该规定实现了对直接境外上市和间接境外上市等不同类型的统一监管。明确将 VIE 架构纳入监管范围。

2. 间接境外上市的方式

间接境外上市主要有两种形式：造壳间接上市和境外买壳上市。其本质都是通过将国内资产注入壳公司的方式，达到国内资产上市的目的，壳公司可以是上市公司，也可以是拟上市公司。

1）境外造壳上市

造壳间接上市，即本国企业在境外上市地或允许的国家与地区、避税地（如英属维尔京群岛、开曼群岛、百慕大群岛等），独资或合资重新注册一家中资公司的控股公司，由该公司以现金收购或换股并购方式取得境内公司资产所有权，对境内企业进行控股，再以境外控股公司的名义申请上市，从而达到境内企业境外间接上市的目的。

造壳间接上市按境内企业与境外公司关联方式的不同，又可分成四种形式。

（1）控股上市，一般指国内企业在境外注册一家公司，然后由该公司建立对国内企业的控股关系，再以该境外控股公司的名义在境外申请上市，最后达到国内企业在境外间接挂牌上市的目的，这种方式又可称为反向收购上市。

（2）附属上市，指国内欲上市企业在境外注册一家附属机构，使国内企业与之形成母子关系，然后将境内资产、业务或分支机构注入境外附属机构，再由该附属公司申请境外挂牌上市。

（3）合资上市，一般适用于国内的中外合资企业，在这类企业的境外上市实践中，一般是由合资的外方在境外的控股公司申请上市。

（4）分拆上市，指从现有的境外公司中分拆出一子公司，然后注入国内资产分拆上市，由于可利用母公司的声誉和实力，因而有利于成功上市发行，分拆上市模式适用于国内企业或企业集团已经是跨国公司或在境外已设有分支机构的情况。

2）境外买壳上市

本章第二节对于买壳上市进行了详细的介绍，境外买壳上市是境内买壳上市的拓展，不同之处在于所买的壳公司是境外的上市公司，即非上市公司（买壳的公司）通过收购境外上市公司（壳公司）的控股权，从而实现对境外上市公司的控制，同时通过反向收购方式将非上市公司的资产和业务注入上市公司，实现境外间接上市的运作行为。

四、境外上市主要证券市场简介

（一）中国香港证券市场

香港证券交易的历史，可追溯到 1866 年，但直至 1891 年香港经纪协会设立，香港才成立了第一个正式的股票市场。1969 年至 1972 年间，香港设立了远东交易所、金银证券交易所、九龙证券交易所，加上原来的香港证券交易所，形成了四间交易所"鼎足而立"的局面。1980 年 7 月 7 日，四间交易所合并成为香港联合交易所。四间交易所于 1986 年 3 月 27 日收市后全部停业，全部业务转移至香港联合交易所。香港证券市场的主要组成部分是股票市场，并有主板市场和创业板市场之分。香港创业板在 1999 年推出。

H 股指中国的股份有限公司（注册地在内地）在香港证券交易所发行并上市的外资股。H 股为实物股票，实行"T+0"交割制度，无涨跌幅限制。国际资本投资者可以投资 H 股。2014 年 4 月 10 日，中国证监会正式批复沪港通，上海证券交易所和香港联合交易所允许两地投资者通过当地证券公司（或经纪商）买卖规定范围内的对方交易所上市的股票，开展互联互通机制试点。

中国注册的企业，可通过资产重组，经所属主管部门、国有资产管理部门（只适用于国有企业）及中国证监会审批，组建在中国注册的股份有限公司，申请发行 H 股在香港上市。其优点是企业对国内公司法和申报制度比较熟悉，且中国证监会对 H 股上市，政策上较为支持，所需的时间较短，手续较直接。其缺点是未来公司股份转让或其他企业行为方面，受国内法规的牵制较多。

（二）美国证券市场

美国证券市场是一个多层次、全方位的市场体系，它共分五个层级，即交易所、店头市场、电子板市场、粉单市场以及非主流报价市场。在美国发行或出售证券，均需遵守美国联邦证券法律和法规，其中最重要的是 1933 年的《证券法》和 1934 年的《证券交易法》。在美股发行证券必须按《证券法》向美国证券管理委员会（U.S. Securities and Exchange Commission，SEC）报送注册报告书。SEC 主要审查注册报告书中所披露的信息是否充分和准确。

美国有四个全国性的股票交易市场，即纽约证券交易所（NYSE）、全美证券交易所（AMEX）、纳斯达克市场（NASDAQ）和招示板市场（OTCBB）。

1. 纽约证券交易所

纽约证券交易所是美国和世界上最大的证券交易市场。1792 年 5 月 17 日，24 个从事股票交易的经纪人在华尔街一棵树下集会，宣告了纽约股票交易所的诞生。1863 年改为现名。2006 年 6 月，纽约证券交易所与泛欧证券交易所合并，纽约—泛欧证券交易所正式成立。自 20 世纪 20 年代起，它一直是国际金融中心，这里股票行市的暴涨与暴跌，都会在其他国家的股票市场产生连锁反应，引起波动。

2. 全美证券交易所

全美证券交易所前身为纽约股票证券交易场外市场联盟，主要交易建国初期美国政府的债券和新成立企业的股票，后来逐渐形成了完善的交易规则。1921 年，由场外交易变为场内交易。1953 年，正式改名为全美证券交易所，且沿用至今。其业务包括股票业务、期权业务、交易所交易基金（ETFs）业务。该交易所是世界第二大股票期权交易所。

3. 纳斯达克市场

纳斯达克市场，由全美证券交易商协会（NASD）创立并负责管理，是全球第一个电子交易市场。由于吸纳了众多成长迅速的高科技企业，纳斯达克给人一种扶持创业企业的印象。纳斯达克成立之初的目标定位于中小企业。因为企业的规模随着时代的变化而越来越大，现在纳

链接阅读

乐信上市——解密中国科技金融独角兽如何走上纳斯达克

斯达克分为四部分：全国市场（National Market）、中小企业市场（Small Cap Market）、以美分为交易单位的柜台买卖中心（OTCBB）和粉单交易市场（英文叫 Pink Sheets，是垃圾股票交易的地方）。

4.招示板市场

招示板市场（Over The Counter Bulletin Board，OTCBB）的全称是场外交易（或柜台交易）市场行情公告板（或电子公告板），是美国最主要的小额证券市场之一。OTCBB 不是证券交易所，也不是挂牌交易系统，它只是一种实时报价服务系统，不具有自动交易执行功能。在 OTCBB 报价的股票包括：不能满足交易所或 NASDAQ 上市标准的股票以及交易所或 NASDAQ 退市的证券。OTCBB 没有上市标准，任何股份公司的股票都可以在此报价，但是股票发行人必须按规定向 SEC 提交文件，并且公开财务季报和年报。这些条件比交易所和 NASDAQ 的要求相对简单。OTCBB 采用做市商制度，只有经 SEC 注册的做市商才能为股票发行人报价。NASD 和 SEC 对 OTCBB 报价的做市商进行严格的监管。目前有不少中国企业先在 OTCBB 上市，之后再转到 NASDAQ 或其他交易所上市。

（三）新加坡证券市场

新加坡证券交易所（Singapore Exchange，SGX）成立于 1973 年 5 月 24 日，其前身可追溯至 1930 年的新加坡经纪人协会。新交所采用了国际标准的披露标准和公司治理政策，为本地和海外投资者提供了管理良好的投资环境，经过几十年的发展，新加坡证券交易所已经成为亚洲主要的证券市场。新加坡政治经济基础稳定、商业和法规环境亲商，使新加坡证券交易所成为亚太区公认的领先股市交易所。另外，外国公司在新交所上市公司总市值中占了 40%，使新交所成为亚洲最国际化的交易所和亚太区首选的上市地之一。

新交所目前有两个交易板，即第一股市（"主板"，Mainboard）及自动报价股市（"副板"，SESDAQ）。自动报价股市成立于 1989 年，它的成立宗旨是为具有发展潜力的中小型企业到资本市场募集资金提供一个渠道。自动报价股市成立之初，只开放给在新加坡注册的公司申请上市。自 1997 年 3 月起，新交所开始允许外国公司登陆 SESDAQ。中国已成为新加坡证券市场最大的外国企业来源地，中国企业已经成为新交所的主力。

链接阅读

鹰牌控股新加坡上市

（四）英国伦敦证券交易所

作为世界第三大证券交易中心，伦敦证券交易所是世界上历史最悠久的证券交易所之一。其前身为 17 世纪末伦敦交易街的露天市场，是当时买卖政府债券的"皇家交易所"，1773 年由露天市场迁入司威丁街的室内，并正式改名为"伦敦证券交易所"。根据世界交易所联合会统计，截至 2020 年年底，伦敦证券交易所集团包含的本地上市公司市值超过 4 万亿美元。

伦敦证券交易所拥有数量庞大的投资与国际证券的基金。对于企业而言，在伦敦上市就意味着开始同国际金融界建立了重要联系。2016 年，海外投资者持股市值比例已达到

53.9%。伦敦证券交易所主要分为四个板块，分别是主板市场、另类投资市场（AIM 市场）、专业证券市场（PSM 市场）和专家基金市场（SFM 市场）。其特点为：机构投资人主导，资金量大，国际化，友好，融资成本低，监管环境明智、宽松、有效。

（五）加拿大证券市场

加拿大证券市场由多伦多证券交易所（TSX）、多伦多创业交易所（TSXV）和 CNQ 交易所三个交易所组成。TSX 为主板市场，于 1852 年成立。TSX 适合于有着优良业绩的成熟公司或具有良好产业化前景的先进技术型公司，很多在 TSX 上市的公司也同时在纽约交易所上市。

TSXV 是多伦多交易所的创业板市场，适合于有一定业绩或经营历史并希望筹集 100 万到 500 万加元资金的企业。近年来被公认为协助各类新兴产业——诸如高科技、制造业、生物医药、计算机软件、国际互联网网络开发领域的证券交易所，其入市门槛较低。其另一职能是向其他几家交易所输送新生力量。

CNQ 交易所成立于 2004 年 5 月，以上市公司的信息透明化为监管原则，充分发挥其上市成本低、速度快的优势，在信息透明的前提下尽量少干预上市公司的运作。CNQ 适合于急于以低成本上市并急需少量资金的公司。

（六）澳大利亚证券市场

澳大利亚证券市场体系由一个全国性交易所和一些其他交易平台构成。其中，澳大利亚证券交易所（ASX）和澳大利亚全国证券交易所（NSX）是澳大利亚两个主要的证券交易所。

澳大利亚证券交易所（ASX）成立于 1987 年 4 月 1 日，是全国的交易中心，也是澳洲最大的股票交易所，具有高度吸引力和流动性，吸引了众多国内外投资者，成为全球市值排名前 10 位的上市交易所集团之一。目前，上市公司共有 2 000 多家，其中以金融服务、材料、医疗保健和能源等行业为主要组成部分。工业行业是澳大利亚证券市场上最大的行业之一，拥有众多上市公司，占据了整体上市公司数量的较大比例。

与 ASX 相比，NSX 规模较小，更专注于服务初创企业和小型企业，以及非传统资产的交易。

（七）境外市场上市条件比较

我国企业境外上市主要选择在香港联合交易所（SEHK）、美国纽约证券交易所（NYSE）和美国 NASDAQ 股票市场上市。除此以外，部分企业还在伦敦证券交易所（LSE）、香港创业板（GEM）、新加坡股票交易所（SES）、新加坡股票自动报价市场（SASDAQ）、美国柜台交易市场（OTCBB）、加拿大创业板（CDNX）、加拿大温哥华股票交易所（VSE）、欧洲第二市场（EURO Next）、欧盟股票自动报价市场（EASDAQ）等挂牌交易。我国民营企业大都选择在美国柜台交易市场（OTCBB）上市交易。表 2-3 是对境外市场上市条件的一个简单对比。

表 2-3　境外证券市场上市条件对比分析表

比较项目	中国香港	美国	新加坡	英国	加拿大	澳大利亚
基金量	多	多	一般	多	多	一般
当地证监会监管力度	强	极强	强	强	强	强
对企业品牌号召力	强	强	较强	强	较强	一般
变现能力	强	极强	较强	极强	较强	较强
媒介推介力度	强	一般	一般	一般	一般	一般
对策略基金的吸引	有力	有力	较有力	有力	较有力	较有力
对中国内地企业欢迎程度	好	较好	较好	较好	较好	较好
中国内地政策影响力	强	一般	较强	一般	一般	一般
上市费用	一般	较高	较低	一般	一般	一般

第四节　公 司 退 市

一、退市的含义及相关概念

（一）退市的含义

退市指上市公司由于各种原因主动或被动地终止其在证券交易所的上市资格，意味着该股票将不再公开交易。退市可分主动退市和被动退市两种。

（二）风险警示及分类

风险警示指上市公司因发生重大风险，可能面临股票暂停交易、退市等情况，交易所为保护投资者利益而对其进行警示。根据 2024 年 4 月 30 日沪深交易所发布的《股票上市规则》，风险警示分为针对强制终止上市风险的警示（以下简称退市风险警示）和针对其他重大风险的警示。

下面以沪深交易所为例，列示风险警示的分类。

1. 退市风险警示

1）交易类强制退市风险警示

上市公司出现下列情形之一的，符合交易类强制退市：

（1）仅发行 A 股股票的上市公司，连续 120 个交易日通过交易系统实现的累计股票成交量低于 500 万股，或者连续 20 个交易日的每日股票收盘价均低于 1 元。

（2）仅发行 B 股股票的上市公司，连续 120 个交易日通过交易系统实现的累计股票成交量低于 100 万股，或者连续 20 个交易日的每日股票收盘价均低于 1 元。

（3）既发行 A 股股票又发行 B 股股票的上市公司，其 A、B 股股票的成交量或者收盘价同时触及第（1）项和第（2）项规定的标准。

（4）上市公司股东数量连续 20 个交易日（不含公司首次公开发行股票上市之日起 20 个交易日）每日均低于 2 000 人。

（5）仅发行 A 股股票的上市公司或者既发行 A 股股票又发行 B 股股票的上市公司，连续 20 个交易日在交易所的每日股票收盘总市值均低于 5 亿元。

（6）仅发行 B 股股票的上市公司，连续 20 个交易日在本所的每日股票收盘总市值均低于 3 亿元。

触发以上情形后，交易所直接做出退市决定，公司股票不进入风险警示板块交易。

2）财务类强制退市风险警示

上市公司出现下列情形之一的，符合财务类强制退市风险警示：

（1）最近一个会计年度经审计的利润总额、净利润或者扣除非经常性损益后的净利润孰低者为负值且营业收入低于 3 亿元，或追溯重述后最近一个会计年度利润总额、净利润或者扣除非经常性损益后的净利润孰低者为负值且营业收入低于 3 亿元。

（2）最近一个会计年度经审计的期末净资产为负值，或追溯重述后最近一个会计年度期末净资产为负值。

（3）最近一个会计年度的财务会计报告被出具无法表示意见或否定意见的审计报告。

（4）中国证监会行政处罚决定书表明，公司已披露的最近一个会计年度经审计的年度报告存在虚假记载、误导性陈述或者重大遗漏，导致该年度相关财务指标实际已触及第（1）项、第（2）项情形。

上市公司出现以上任一情形则触发"退市风险警示"，次年触及以上任一情形则强制退市。

3）规范类强制退市风险警示

上市公司出现下列情形之一的，符合规范类强制退市风险警示：

（1）因财务会计报告存在重大会计差错或者虚假记载，被中国证监会责令改正但公司未在规定期限内改正，公司股票及其衍生品种自前述期限届满的次一交易日起停牌，此后公司在股票及其衍生品种停牌 2 个月内仍未改正。

（2）未在法定期限内披露半年度报告或者经审计的年度报告，公司股票及其衍生品种自前述期限届满的次一交易日起停牌，此后公司在股票及其衍生品种停牌 2 个月内仍未披露。

（3）因半数以上董事无法保证公司所披露半年度报告或年度报告的真实性、准确性和完整性，且未在法定期限内改正，公司股票及其衍生品种自前述期限届满的次一交易日起停牌，此后公司在股票及其衍生品种停牌 2 个月内仍未改正。

（4）因信息披露或者规范运作等方面存在重大缺陷，被本所要求限期改正但公司未在规定期限内改正，公司股票及其衍生品种自前述期限届满的次一交易日起停牌，此后公司在股票及其衍生品种停牌 2 个月内仍未改正。

（5）公司被控股股东（无控股股东，则为第一大股东）及其关联人非经营性占用资金，余额达到最近一期经审计净资产绝对值 30% 以上，或者金额达到 2 亿元以上，被中国证监会责令改正但公司未在规定期限内改正，公司股票及其衍生品种自前述期限届满的次一交易日起停牌，此后公司在股票及其衍生品种停牌 2 个月内仍未改正。

（6）连续 2 个会计年度的财务报告内部控制被出具无法表示意见或者否定意见的审计报告，或者未按照规定披露财务报告内部控制审计报告。

（7）因公司股本总额、股权分布发生变化，导致连续 20 个交易日不再具备上市条件，公司股票及其衍生品种自前述期限届满的次一交易日起停牌，此后公司在股票及其衍生品种停牌 1 个月内仍未解决。

（8）公司可能被依法强制解散。

（9）法院依法受理公司重整、和解和破产清算申请。

触发（1）至（5）条被实施退市风险警示后，两个月内［第（7）条为 6 个月内］未改正的，终止其股票上市；*ST 后触发第（6）条的首个会计年度仍出现同样问题将被终止股票上市；触发第（8）和第（9）条的，公司依法被吊销营业执照、责令关闭、强制解散或裁定破产，进入退市流程。

4）重大违法类强制退市风险警示

重大违法类强制退市风险警示，包括下列情形：

（1）上市公司存在欺诈发行、重大信息披露违法或者其他严重损害证券市场秩序的重大违法行为，且严重影响上市地位，其股票应当被终止上市的情形。

（2）上市公司存在涉及国家安全、公共安全、生态安全、生产安全和公众健康安全等领域的违法行为，情节恶劣，严重损害国家利益、社会公共利益，或者严重影响上市地位，其股票应当被终止上市的情形。

2. 其他风险警示

上市公司出现以下情形之一的，符合其他风险警示：

（1）公司被控股股东（无控股股东的，则为第一大股东）及其关联人非经营性占用资金，余额达到最近一期经审计净资产绝对值 5% 以上，或者金额超过 1 000 万元，未能在 1 个月内完成清偿或整改；或者公司违反规定决策程序对外提供担保（担保对象为上市公司合并报表范围内子公司的除外），余额达到最近一期经审计净资产绝对值 5% 以上，或者金额超过 1 000 万元，未能在 1 个月内完成清偿或整改。

（2）董事会、股东大会无法正常召开会议并形成有效决议。

（3）最近一个会计年度财务报告内部控制被出具无法表示意见或否定意见的审计报告，或未按照规定披露财务报告内部控制审计报告。

（4）公司生产经营活动受到严重影响，且预计在 3 个月内不能恢复正常。

（5）主要银行账户被冻结。

（6）最近连续 3 个会计年度扣除非经常性损益前后净利润孰低者均为负值，且最近一个会计年度财务会计报告的审计报告显示公司持续经营能力存在不确定性。

（7）根据中国证监会行政处罚事先告知书载明的事实，公司披露的年度报告财务指标存在虚假记载，但未触及重大违法行为而终止上市规定情形，前述财务指标包括营业收入、利润总额、净利润、资产负债表中的资产或者负债科目。

（8）最近一个会计年度净利润为正值且母公司报表年度末未分配利润为正值的公司，

其最近三个会计年度累计现金分红总额低于最近三个会计年度年均净利润的 30%，且最近三个会计年度累计现金分红金额低于 5 000 万元。（公司上市不满 3 个完整会计年度的，最近三个会计年度以公司上市后的首个完整会计年度作为首个起算年度）

（9）公司存在严重失信，或持续经营能力明显存在重大不确定性等导致投资者难以判断公司前景，从而可能损害投资者权益的其他情形。

上市公司股票被实施退市风险警示的，在公司股票简称前冠以"*ST"字样，俗称"披星戴帽"；上市公司股票被实施其他风险警示的，在公司股票简称前冠以"ST"字样，俗称"戴帽"。公司股票同时被实施退市风险警示和其他风险警示的，在公司股票简称前冠以"*ST"字样。上市公司出现股票被实施风险警示情形的，应当按照交易所的要求披露公司股票被实施风险警示的公告，其股票（直接终止上市的情形除外）进入交易所设立的风险警示板进行交易。上市公司财务状况异常情况或者其他异常情况可能随着经营的改善而消失，当不再触及退市风险警示或其他风险警示的情形时，上市公司可以向交易所提出撤销申请，提交相关材料，并由交易所做出是否撤销风险警示的决定。

二、退市的类型

（一）主动退市

主动退市指上市公司基于实现发展战略、维护合理估值、营业期满等方面的综合考虑，认为不再需要继续维持上市地位或继续维持上市地位不再有利于公司发展，从而向证券交易所主动申请终止其股票上市交易。主动退市是上市公司基于自身实际情况和战略考量主动作出的市场化选择。

交易所现行有效的《股票上市规则》主要列举了七种可主动申请退市的情形，见表 2-4。

表 2-4　主动退市的方式及情形

主动退市方式	具体情形
股东大会决议退市	公司股东大会决议主动撤回其股票在本所的交易，并决定不再在交易所交易
	公司股东大会决议主动撤回其股票在本所的交易，并转而申请在其他交易场所交易或转让
公司解散、注销退市	公司股东大会决议公司解散
	公司因新设合并或者吸收合并，不再具有独立主体资格并被注销
要约回购或收购（下称"私有化要约"）退市	公司向所有股东发出回购全部股份或部分股份的要约，导致公司股本总额、股权分布等发生变化不再具备上市条件
	公司股东向所有其他股东发出收购全部股份或部分股份的要约，导致公司股本总额、股权分布等发生变化不再具备上市条件
	除公司股东外的其他收购人向所有股东发出收购全部股份或部分股份的要约，导致公司股本总额、股权分布等发生变化不再具备上市条件

上述主动退市情形可归纳为股东大会决议主动终止股票上市、公司解散注销退市和私有化要约退市三种方式。其中，私有化要约退市是上市公司实现私有化的手段之一。上市

公司"私有化"是资本市场一类特殊的并购操作。与其他并购操作的最大区别，就是它的目标是令被收购上市公司除牌，由公众公司变为私人公司。通俗来说，就是控股股东把小股东手里的股份全部买回来，扩大已有份额，最终使这家公司退市。

链接阅读

主动退市！经纬纺机

（二）被动退市

被动退市也被称为强制退市，指因上市公司不符合证券市场持续挂牌规定条件而被强制终止上市的行为。强制退市根据上述退市风险警示的类别分为交易类强制退市、财务类强制退市、规范类强制退市和重大违法类强制退市四类情形。

如前述退市风险警示类别所列情形，交易类强制退市的相关规定主要围绕股票成交量、收盘价、股东人数、收盘总市值四个交易指标，上市公司若在相应时间内触及上述任一交易指标，公司股票在次一交易日起即开始停牌。财务类强制退市规定主要关注利润额、营业收入、期末净资产等财务指标，以及审计报告是否被出具无法表示意见或否定意见等。规范类强制退市主要适用于上市公司未按法律规定履行义务或存在违规行为的情形。重大违法类强制退市指证券交易所对涉及被认定存在严重违法行为的上市公司实施的强制退市措施。

上述四种强制退市情形又可以分为直接退市和间接退市。其中交易类强制退市和重大违法类强制退市属于直接退市，而财务类强制退市和规范类强制退市触发后，交易所先对其股票交易实施退市风险警示，退市风险情形消失或整改后，可以撤销退市风险警示；一定期限内未消失或者未整改的，交易所终止该上市公司股票上市，属于间接退市。

【延伸阅读 2-5】   交易类强制退市——*ST 深天

*ST 深天，深圳房地产、商品混凝土生产公司，主要产业包括商品混凝土的生产和销售、房地产的开发及物业管理等，于 1993 年 4 月在深交所上市。实控人为林宏润，控股股东为广东君浩股权投资控股有限公司。

自 2020 年开始，*ST 深天净利润连续 4 年亏损。2020 年至 2023 年，公司分别实现营收 17.83 亿元、14.8 亿元、3.63 亿元和 1.77 亿元；归母净利润亏损达 795.4 万元、5303 万元、2.71 亿元和 1.59 亿元。2022 年亏损 2.71 亿元，创上市以来最大亏损额度。

2024 年第一季度，*ST 深天的归母净利润亏损 0.16 亿元。而 2024 年半年度业绩显示，上半年其营业总收入为 4083.54 万元，归母净利润为 -7032.84 万元。2024 年 9 月 1 日，*ST 深天发布公告称，公司股票已被深圳证券交易所决定终止上市，并将于 2024 年 9 月 2 日摘牌。*ST 深天收到深交所《关于深圳市天地（集团）股份有限公司股票终止上市的决定》，公司股票在 2024 年 6 月 27 日至 7 月 24 日期间，连续二十个交易日的股票收盘市值均低于 3 亿元，触及终止上市情形。

根据相关规定，公司股票因触及交易类强制退市情形被深交所作出终止上市决定，不进入退市整理期。

【延伸阅读 2-6】　　重大违法类强制退市——*ST 新海

　　*ST 新海，即新海宜科技集团股份有限公司，成立于 1997 年，2006 年 11 月在深交所上市，主营业务为通信产品的研发、生产与销售。

　　2021 年，"专网通信骗局"震动 A 股市场。"专网通信骗局"，是近年 A 股上市公司通过融资性贸易等实施财务造假行为的典型案例。十余家涉专网通信业务的 A 股公司被立案调查，此后相继领受监管罚单。*ST 新海就是其中一员。

　　自 2022 年底以来，"专网通信骗局"案逐步进入追责阶段。牵涉其中的相当一部分上市公司计提了大额减值。

　　2023 年 1 月，*ST 新海收到证监会《行政处罚及市场禁入事先告知书》，公司与隋田力长达多年的合谋造假被揭开。2014 年至 2019 年 8 月 31 日，*ST 新海通过直接和设立子公司方式参与隋田力主导的专网通信虚假自循环业务。公司本部开展的专网通信业务事实上无实物流转，仅是合同、单据及资金上的流转，但其形成的收入、利润却作为正常硬件产品销售收入、利润予以确认。由此，上市公司合并报表层面虚增销售收入共计 37.41 亿元，虚增销售成本共计 32.18 亿元，虚增利润总额共计 5.63 亿元。

　　由于以上违法事实，2024 年 2 月 5 日，证监会作出行政处罚决定，认定 *ST 新海 2014 年至 2019 年年度报告存在虚假记载。同时，公司 2016 年至 2018 年连续 3 个会计年度归母净利润为负值，2019 年会计年度扣除非经常性损益后的净利润为负值，触及相关重大违法强制退市情形。深交所拟对公司股票实施重大违法强制退市。

　　2024 年 3 月 18 日，*ST 新海发布公告，公司收到深交所下发的终止上市决定。

【延伸阅读 2-7】　　财务类强制退市——太安退

　　广东太安堂药业股份有限公司（太安退）创立于 1995 年，2010 年在深交所挂牌上市，是拥有近 500 年历史的中华老字号——太安堂集团旗下子公司。其主要从事中成药、中药材加工与贸易、医药电商三大业务，拥有麒麟丸、祛痹舒肩丸、心灵丸等多个国内独家品种和特色品种。

　　上市后，太安退曾连续多年保持营收增长，但从 2021 年开始，公司业绩急转直下，2021 年至 2023 年，公司累计亏损超 43 亿元。

　　公司 2021 年年报被出具保留意见的审计报告，涉及存货、预付账款与其他应收款项目等。

　　太安退 2022 年年报则被出具了无法表示意见的审计报告，主要原因为公司持续经营能力存在重大不确定性、控股股东非经营性占用资金、存货项目影响。

　　2024 年 4 月 30 日，太安退披露的 2023 年度报告显示，公司 2023 年年度财务会计报告被出具无法表示意见的审计报告，触及深交所《股票上市规则》第 9.3.11 条第一款第三项规定的股票终止上市情形。

根据深交所《股票上市规则》第 9.3.14 条的规定以及深交所上市审核委员会的审议意见，深交所决定太安退股票终止上市。公司股票自 2024 年 6 月 14 日起进入退市整理期交易，退市整理期届满的次一交易日，深交所对公司股票予以摘牌。

2024 年 7 月 4 日公司发布公告，公司股票将在 7 月 5 日被摘牌。

【延伸阅读 2-8】　　　　规范类强制退市——暴风退

自 2020 年底退市制度改革以来，尚未出现规范类强制退市的案例，最近一次规范类强制退市的案例为 2020 年 8 月退市的暴风集团股份有限公司。

暴风集团于 2015 年 3 月 24 日正式登陆深交所创业板，发行价格为 7.14 元，发行市盈率为 22.97 倍，募集资金 2.14 亿元。Wind 统计显示，自上市以来暴风集团累计募集资金 6.12 亿元，累计现金分红仅为 1 156.49 万元。从 2015 年到 2019 年 9 月 30 日，该公司累计亏损了 14.59 亿元。截至 2019 年 11 月 6 日收盘，该公司股价已经跌至 0.29 元，总市值仅为 1 亿元。

2019 年 7 月，暴风集团公告，公司实际控制人冯鑫因涉嫌犯罪被公安机关采取强制措施。此后，暴风集团先后经历了因涉嫌信息披露违规被证监会立案调查、被深交所公开谴责等一系列事件，人员持续流失，到 2019 年 12 月，公司仅剩 10 余人，除冯鑫外公司的高级管理人员已全部辞职。

2020 年 8 月 28 日，深交所公告称，因该公司在法定披露期限届满之日起两个月内未披露 2019 年年度报告，公司股票自 2020 年 7 月 8 日起暂停上市。公司在股票被暂停上市后的一个月内未能披露 2019 年年度报告，触及深圳证券交易所《创业板股票上市规则（2018 年 11 月）修订》第 13.4.1 条第（九）项规定的股票终止上市情形。

三、我国上市公司的退市制度

（一）退市制度的定义

退市制度是资本市场一项重要的基础性制度，指证券交易所制定的关于上市公司暂停、终止上市等相关机制以及风险警示板、退市公司股份转让服务、退市公司重新上市等退市配套机制的制度性安排。股票退市制度有利于健全资本市场功能，降低资本市场运营成本，增强市场主体活力，提高市场竞争能力。

（二）我国退市制度的形成和发展情况

1. 第一阶段——摸索期

1984 年，我国证券市场建立，因处于初期发展阶段，彼时并不存在强制退市制度。直至 1994 年《中华人民共和国公司法》实施，暂停及终止上市的程序得以规定，并将认定上市公司是否需要退市的权力交给国务院证券管理部门，但对于退市标准、退市后投资者保护均没有配套规定，因此可操作性较弱。1998 年出台的《股票上市规则》《关于股票暂停上市有关事项的处理规则》对暂停、终止上市的标准、程序等做了具体说明，还创设了 ST（Special Treatment）、PT（Particular Transfer）制度，但 PT 制度也导致了"炒壳"的兴起。

2. 第二阶段——发展期

2001 年，《亏损上市公司暂停上市和终止上市实施办法》明确规定了连年亏损公司的退市程序，当年"PT 水仙"成为该办法规定下被强制退市的第一股。同年年底，随着该办法的修订，退市标准被明确为"连续三年亏损"，但此时的退市制度依然难以发挥实质上的优胜劣汰作用。2012 年修订的《股票上市规则》确立了多元化的退市标准，净资产、年度审计报告、股票交易量等被确定为退市指标之一，自此"面值退市"也得以确立，2014 年该规则修订时对主动退市做了说明。2018 年，因为长生生物的疫苗事件，监管机构又将"危害社会公共安全"作为退市的标准之一。

3. 第三阶段——变革期

2020 年 3 月，新《中华人民共和国证券法》正式实施，不再规定暂停上市和终止上市，将退市规则的制定权下放给交易所。2020 年 10 月 9 日，国务院制定《国务院关于进一步提高上市公司质量的意见》，要求优化退市标准、简化退市程序、加强退市监管。2020 年 11 月 2 日，中央全面深化改革委员会第十六次会议审议通过《健全上市公司退市机制实施方案》，基于此方案的要求，沪深交易所在 2020 年 12 月 31 日正式发布了修订后的《股票上市规则》《退市公司重新上市实施办法》《上海证券交易所风险警示板股票交易管理办法》《深圳证券交易所交易规则》等规则，修订后的规则将强制退市指标划分为四类，即财务指标类、交易指标类、规范类、重大违法类。2023 年 1 月，沪深交易所发布《关于加强退市风险公司 2022 年年度报告信息披露工作的通知》，提高了财务类退市风险公司的风险退市频次及针对性。2023 年 2 月，沪深交易所为适应全面注册制实施的要求，修订了上市规则中的相关指标，上市公司退市主要分为强制退市和主动退市两大类。2024 年 4 月，随着资本市场的不断发展，为全面落实资本市场监管"长牙带刺"、有棱有角，监管机构结合退市制度的过往执行情况，修订、发布一系列文件，进一步深化改革退市制度。2024 年 4 月 12 日，国务院发布《关于加强监管防范风险推动资本市场高质量发展的若干意见》（简称"国九条"），其就深化退市制度改革提出了纲领性意见。同日，中国证监会发布《关于严格执行退市制度的意见》，进一步明确了执行退市制度的总体要求、主要措施及组织实施等内容，沪深北三大交易所同步修订退市规则（"退市新规"）。

上述制度的变动也影响了退市企业的数量。如图 2-7 所示，2022 年和 2023 年 A 股迎来退市高峰，这与 2020 年 12 月 31 日发布的退市法规以及强化监管力度密切相关。

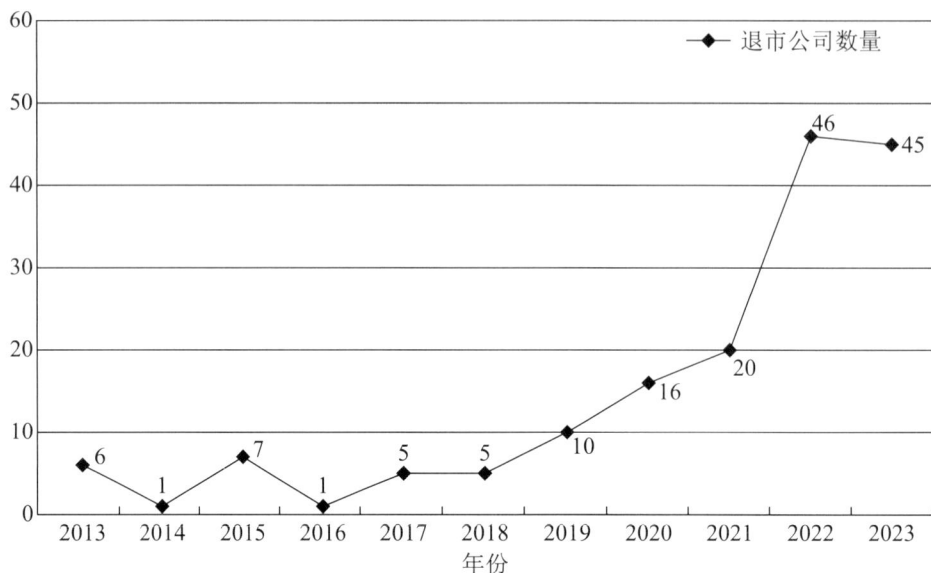

图 2-7　2013—2023 年上市公司退市数量统计（个）

（三）现阶段退市制度改革的主要内容

深化退市制度改革对于促进资本市场的健全、保障注册制的全面推行、提高我国上市公司整体质量，完善"有进有出、优胜劣汰"资本市场生态，以及助力投资者合法权益的保护都将产生积极的推动作用。退市制度改革坚持市场化、法治化、常态化基本原则，具体内容包括以下五个方面。

（1）坚持市场化方向，契合注册制改革理念。完善1元退市指标，新增市值退市指标，发挥市场的优胜劣汰作用。

（2）加快形成"应退尽退"、及时出清的常态化退市格局。进一步严格强制退市标准，收紧财务类退市指标，改变了以往单纯考核净利润的退市指标，通过营业收入和扣非净利润的组合指标，力求准确刻画壳公司。

（3）严格退市执行，压缩规避空间。在交易类、财务类、规范类以及重大违法类指标等方面体现严格监管，特别是通过财务类指标的全面交叉适用，打击规避退市。

（4）健全退市过程中的投资者赔偿救济机制，对重大违法退市负有责任的控股股东、实际控制人、董事、高管等要依法赔偿投资者损失。

（5）简化退市流程，提高退市效率。取消了暂停上市和恢复上市环节，加快退市节奏。

复习思考题

一、在线测试题（扫描书背面的二维码获取答题权限）

扫描此码

自我测试

二、简答题

1. 首次公开发行的基本程序是什么？

2. 审核制与注册制有什么不同？

3. 如何进行买壳上市？如何选择壳资源？

4. 我国企业境外上市有哪几种方式？

5. 企业境内上市与境外上市相比具有哪些优势？

6. 上市公司为什么会退市？退市对上市公司有什么影响？

第三章 债券融资

内容提要

随着我国资本市场的日益成熟，债券融资已经成为企业融资的重要渠道之一。公司债券作为一项重要的直接融资工具，无论对完善资本市场结构，还是优化公司资本结构都起着非常重要的作用。本章第一节介绍公司债券的基本内容，阐述了公司债券的基本理论；第二节重点介绍公司债券的发行与上市程序；第三节详细介绍了可转换公司债券的基本要素及其特性、价值构成和发行程序；第四节介绍了国际债券的相关内容。

学习要点

- 掌握公司债券的含义及特征、基本分类，了解公司债券的相关理论、信用评级和定价；
- 掌握公司债券及其发行和上市；
- 掌握可转换公司债券的含义、基本要素、特性、价值构成，了解其发行；
- 了解国际债券的类型。

债券融资

第一节　公司债券概述

一、公司债券的含义

（一）债券的定义

债券是政府、金融机构、工商企业等直接向社会借债筹措资金时，向投资者发行，承诺按一定利率支付利息并按约定条件偿还本金的债权债务凭证。债券是现代经济中主要信用形式之一，也是各国经济和金融发展不可缺少的金融工具。

在《新帕尔格雷夫经济学大辞典》中，债券被定义为一种契约，规定当约定的某些事件或日期来到时，其发行者须给予持有人或受益人一定的报酬。在当代经济学用语中，债券一般被理解为一种债务工具，通常由政府或公司发行，先接受一笔借款，并承诺将来按载明日期支付本息。米什金在《货币金融学》中将债券定义为一种承诺在一个特定的时间段内进行定期支付的债务性证券。兹维·博迪在《金融学》中将债券定义为以借贷协议形式发行的证券，借者为获取一定量的现金而向贷者发行（如出售）债券，债券是借者的"借据"。

债券按发行区域可分为本国债券和国际债券；按发行主体可分为政府债券、金融债券和企业（公司）债券。

（二）公司债券的含义

公司债券可以认为是由股份制公司发行的一种债务契约，公司承诺在特定日期偿还本金并按事先规定的利率支付利息。公司债券包含以下四层含义：（1）债券的发行人是股份制公司，是资金的借入者；（2）购买债券的投资者是资金的借出者；（3）发行人（借入者）需要在一定时期还本付息；（4）债券是债务证明书，具有法律效力。债券购买者与发行者之间是一种债权债务关系，债券发行人即债务人，投资者（或债券持有人）即债权人。

二、公司债券的特征及分类

（一）公司债券的特征

公司债券具有债券的一般特征，即到期还本付息。作为债券的一种，与政府债券和金融债券相比，公司债券还具有一些特别之处。

1. 风险性

公司债券与政府债券和金融债券相比较，风险较大。公司债券的还款来源是公司的经营利润，但是任何一家公司的未来经营都存在很大的不确定性，因此公司债券持有人承担着损失利息甚至本金的风险。

2. 收益率较高

按照风险与收益成正比的原则，要求较高风险的公司债券需提供给债券持有人较高的投资收益，因此公司债券利率通常高于国债和地方政府债券。

3. 优先性

公司债券反映的是债权债务关系，不拥有对公司的经营管理权，但是可以优先于股东享有索取利息和优先要求补偿和分配剩余资产的权利。债券持有者是公司的债权人，有权按期取得利息，且利息分配顺序优于股东。公司破产清算资产时，债券持有者也优先于股东收回本金。

（二）公司债券的基本分类

1. 按是否记名划分

（1）记名公司债券，即在券面上登记持有人姓名的债券，支取本息要凭印鉴领取，转让时原持有人必须在债券上背书，并到债券发行公司办理相关手续。

（2）不记名公司债券，即券面上不需载明持有人姓名的债券，还本付息及流通转让时仅以债券为凭，不需登记。

2. 按持有人是否参加公司利润分配划分

（1）参加公司利润分配的债券，指除了可按预先约定获得利息收入外，还可在一定程度上参加公司利润分配。

（2）非参加公司利润分配的债券，指持有人只能按照事先约定的利率获得利息的公司债券。

3. 按是否可提前赎回划分

（1）可提前赎回的公司债券，即发行者可以在债券到期前购回其发行的全部或部分债券。

（2）不可提前赎回的公司债券，即只能一次到期还本付息的公司债券。

4. 按发行债券的目的划分

（1）普通公司债券，即以固定利率、固定期限为特征的公司债券。这是公司债券的主要形式，目的在于为公司扩大生产规模提供资金来源。

（2）改组公司债券，是为清理公司债务而发行的债券，也称以新换旧债券。

（3）利息公司债券，也称调整公司债券，指面临债务信用危机的公司经债权人同意而发行的较低利率的新债券，用以换回原来发行的较高利率债券。

（4）延期公司债券，指公司在已发行债券到期无力支付本息，又不能发新债还旧债的情况下，在征得债权人同意后可延长偿还期限的公司债券。

5. 按发行人是否给予持有人选择权划分

（1）附有选择权的公司债券，指在一些公司债券的发行中，发行人给予持有人一定的选择权，如可转换公司债券等。

（2）未附选择权的公司债券，即债券发行人未给予持有人上述选择权的公司债券。

三、公司债券的理论

（一）资本结构理论

按照现代资本结构理论的观点，公司的融资选择问题从本质上来说就是公司资本结构的选择问题。1958 年，莫迪·格莱尼（Franco Modigliani）和米勒（Merton Miller）共同发表了著名的《资本成本、公司财务和投资理论》一文，提出了最初的资本结构理论——MM 理论，认为在资本市场高度完善、充分竞争、没有税收的理想状态下，任何企业的市场价值与其资本结构无关，即企业选择怎样的融资方式不会影响企业的市场价值。1963 年他们发表了《公司所得税与资本结构：一项修正》一文，将企业所得税引入了 MM 定理，形成了修正的 MM 理论，由此而得出的结论为：企业的资本结构影响企业的总价值，负债经营将为公司带来税收节约效应。1977 年，米勒发表《负债与税收》一文，通过把个人所得税的因素加入到修正的 MM 理论中而建立回归的 MM 理论——米勒模型。该模型把企业所得税和个人所得税的因素都考虑进去了，该模型认为个人所得税的存在会在某种程度上抵减负债的税盾效应，但是在正常的税率水平下，负债的税盾效应不会被完全抵消，因此企业的负债水平和企业的价值仍然呈正相关。米勒模型是对 MM 理论的最后总结和重新肯定，数理逻辑比较严密，但是该模型的研究前提仍然没有改变，在实践中难以得到验证。

（二）权衡理论（Trade-off Theory）

20 世纪 70 年代中期詹森和麦克林等提出了权衡理论（Trade-off Theory），也称企业最优资本结构理论。该理论认为，企业最优资本结构就是在负债的税收利益与破产成本现值之间进行权衡，企业的最优资本结构就是使债务资本的边际成本和边际收益相等时的比例。权衡理论通过放宽 MM 理论完全信息以外的各种假定，认为在税收、财务困境成本、代理成本分别或共同存在的条件下，资本结构会影响企业市场价值。

权衡理论指出，企业利用债权融资方式进行融资既有优点也有缺点。优点为：一是负债利息可作为企业的费用成本在税前扣除，而股息则必须在税后支付，因此，负债具有税收的屏蔽作用；二是企业采用债权方式进行融资，有利于提高企业管理者的工作效率、降低在职消费，更为重要的是可以使企业的自由现金流量减少，从而可以使低效或非盈利项目的投资减少，也就是说，可以降低企业的权益代理成本。缺点为：一是当企业举借债务达到一定的程度后，企业的财务危机成本也在不断上升；二是个人所得税对负债的税盾效应有抵消的作用。因此，负债经营企业的价值等于无负债经营企业的价值加上赋税的节约，减去与其财务危机成本的现值和权益代理成本的现值。当企业赋税成本的节约与企业的财务危机成本和代理成本达到平衡时，企业的资本结构达到最优。

（三）优序融资理论（Pecking Order Theory）

1977 年，罗斯（Ross）首次将信息不对称引入资本结构理论。在此基础上，迈尔斯和迈勒夫（Mayers & Majluf，1984）研究了在信息不对称状态下，融资工具的选择行为传递公司类型的信号机制，提出了优序融资理论。优序融资理论放宽 MM 理论中完全信息的假定，以不对称信息理论为基础并考虑到交易成本的存在，认为外部融资要多支付各种成本，权益融资会传递企业经营的负面信息。而内源融资由于不需要和投资者签订契约，也无须支付各种费用，所受限制少，因而是首选的融资方式；其次是低风险债券，其信息不对称的成本可以忽略；再次是高风险债券；最后在不得已的情况下企业才通过发行股票融资。由于上市公司通过发行股票进行融资会稀释股权，削弱对公司的控制力，被迫让别人参与公司的经营，这是上市公司所有者不愿见到的情况，再加上上市公司股票融资的成本要高于债券融资的成本，因此优序融资理论的结论是：从融资方式的优劣排序来看，内源融资优于债权融资，而债权融资又优于权益融资，企业融资一般会遵循内源融资、债权融资、权益融资的先后顺序。

四、公司债券信用评级

（一）公司债券信用评级的内涵

公司债券评级，是评级机构根据发行债券的公司提供的有效信息和自身搜集的信息，对该债券能否按照约定支付本金和利息的可靠程度进行评价，并用简单的符号表示不同级别，进而给投资者提供有关信用风险方面的陈述意见，有时随着公司经营的变化或者外部客观情况的变化而变更评级结果。

信用评级有狭义和广义之分。狭义的信用评级指独立的第三方信用评级中介机构对债务人如期足额偿还债务本息的能力和意愿进行评价，并用简单的评级符号表示其违约风险和损失的严重程度。广义的信用评级则是对评级对象履行相关合同和经济承诺的能力和意愿的总体评价。

信用评级的内涵主要包括四方面。

第一，信用评级的根本目的在于揭示受评对象违约风险的大小。信用评级是基于资本市场中债务人违约风险作出的，评价债务人能否及时偿付利息和本金。

第二，信用评级所评价的目标是经济主体按合同约定如期履行债务或其他义务的能力和意愿，而不是企业本身的价值或业绩。

第三，信用评级是独立的第三方利用其自身的技术优势和专业经验，就各公司债券的信用风险大小所发表的一种专家意见，不能代替资本市场投资者本身做出投资选择。

第四，评级结果是用专业的、简单明了的符号表示，反映不同风险等级。

（二）我国公司债券信用评级

1. 我国公司债券信用评级的指标体系

信用评级机构主要提供被评主体的风险信息，在对公司债券的评级中，债券评级指标体系是评级机构开展评级调查的指南，是决定被评对象信用等级的标准。我国的资信评级业发展历史不长，国内的专业评级机构采用的技术与方法大多是学习和借鉴国际著名的评级机构的先进经验，再充分结合我国资本市场的状况、相应的政策法规、公司会计准则等多方面的特点，形成我国公司债券评级的指标体系。本书以中诚信国际信用评级有限公司为例说明我国公司债券信用评级体系。[①]

中诚信国际信用评级有限公司（简称"中诚信国际"）始创于 1992 年 10 月，是经中国人民银行总行批准成立的中国第一家全国性的从事信用评级、金融债券咨询和信息服务的股份制非银行金融机构。中诚信国际是国内规模最大、全球第四大评级机构。中诚信国际的通用信用评级分析框架如图 3-1 所示。

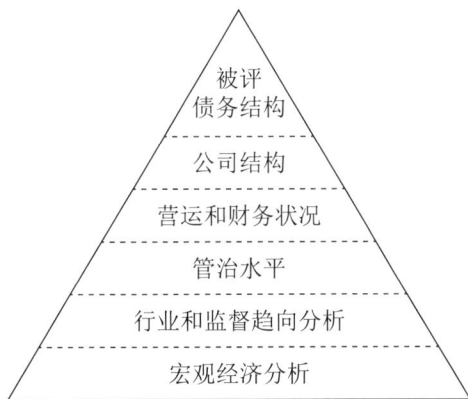

图 3-1 中诚信国际的通用信用评级分析框架

中诚信国际的评级体系具有以下主要特征。

（1）定性分析判断和定量分析相结合。

（2）历史考察、现状分析与长期展望相结合（平抑经济周期的扰动）。

（3）侧重于对评级对象未来偿债能力的分析和评价。

（4）注重现金流的水平和稳定性。

（5）以同类企业作为参照，强调评级的一致性和可比性。

（6）"看透"不同准则下的会计数字。

2. 我国公司债券级别表示

公司债券按照上述指标体系计算出分数以后，就可以确定公司债券的级别。根据国际上通用的表达方式，一般采用 A、B、C 来表示公司债券的信用级别，再结合我国评级机构的特点，主要侧重两方面：一方面是债券到期还本付息的能力，即债券的违约风险，同时还包括公司债券抵御经济环境变化带来的冲击、经济政策和形势变化带来的影响；另一

---

① 资料来源：中诚信国际信用评级有限公司网站 http://www.ccxi.com.cn/cn/Home.

方面是投资者对债券的投资风险。公司债券的设置、表达符号及含义如表 3-1 所示。

表 3-1 公司债券的设置、表达符号及含义

等级符号	含义
AAA	受评对象偿还债务的能力极强，基本不受不利经济环境的影响，违约风险极低
AA	受评对象偿还债务的能力很强，受不利经济环境的影响较小，违约风险很低
A	受评对象偿还债务的能力较强，较易受不利经济环境的影响，违约风险较低
BBB	受评对象偿还债务的能力一般，受不利经济环境的影响较大，违约风险一般
BB	受评对象偿还债务的能力较弱，受不利经济环境的影响很大，有较高违约风险
B	受评对象偿还债务的能力较大地依赖于良好的经济环境，违约风险很高
CCC	受评对象偿还债务的能力极度依赖于良好的经济环境，违约风险很高
CC	受评对象在破产或重组时可获得保护性较小，基本不能保证偿还债务
C	受评对象不能偿还债务

注：除 AAA 级，以及 CCC 级以下等级外，每一个信用等级可用"+""−"符号进行微调，表示略高或略低于本等级级别。通常 BBB 级以上称为投资级，BB 级及以下级别称为投机级。

五、公司债券定价

（一）公司债券定价原则

1962 年，麦尔齐仕对债券价格、债券利息率、到期年限以及到期收益率之间进行了研究后，提出了债券定价的五个定理。至今，这五个定理仍被视为债券定价理论的经典。

定理一：债券的市场价格与到期收益率成反比。到期收益率上升时，债券价格会下降；反之，到期收益率下降时，债券价格会上升。

定理二：当债券的收益率不变，即债券的息票率与收益率之间的差额固定不变时，债券的到期时间与债券价格的波动幅度之间成正比。到期时间越长，价格波动幅度越大；反之，到期时间越短，价格波动幅度越小。

定理三：随着债券到期时间的临近，债券价格的波动幅度减少，并且是以递增的速度减少；反之，到期时间越长，债券价格波动幅度增加，并且是以递减的速度增加。

定理四：对于期限既定的债券，由收益率下降导致的债券价格上升的幅度大于同等幅度的收益率上升导致的债券价格下降的幅度。

定理五：对于给定的收益率变动幅度，债券的息票率与债券价格的波动幅度之间成反比。息票率越高，债券价格的波动幅度越小。

（二）公司债券定价的现金流折现法

公司债券的发行价格指发行公司或其承销机构发行债券时所采用的价格，也是债券原始投资者购入债券时应支付的市场价格。

经典的债券定价是采用现金流折现法。债券产生的现金流是由息票 C（通常是固定的）和本金 F（通常由债券契约事先规定）构成。另外，付息的期限和偿还本金的到期日 t 通常也由契约规定。债券的当前价格或估值公式为

$$P_b = \sum_{i=1}^{n} \frac{C}{(1+k)^t} + \frac{F}{(1+k)^n}$$

其中，P_b 表示债券的价格；息票 C 表示每期支付的利息，它等于面值乘以票面利率；F 表示本金；t 表示发行日至到期日这一期间内的某一时刻；n 表示发行日至到期日的周期数；k 表示市场利率。

（三）公司债券发行价格的等价、溢价和折价发行

在债券发行时，债券的发行价格通常有三种：等价发行、溢价发行和折价发行。等价发行又叫平价发行，指以债券的票面金额作为发行价格。溢价发行是指以高于债券面额的价格发行债券。折价发行指以低于债券面额的价格发行债券。溢价和折价发行主要是由债券的票面利率与市场利率不一致造成的。票面利率标明在债券票面上，无法改变，而市场利率经常波动。因此，在债券发行时，如果是市场利率与票面利率一致，则按等价发行；如果市场利率高于票面利率，则按折价发行；如果市场利率低于票面利率，则按溢价发行。

第二节　公司债券发行和上市

一、公司债券发行方式

根据《中华人民共和国公司法》第一百九十四条第二款，公司债券可以公开发行，也可以非公开发行。即按照发行对象的不同，公司债券分为公募发行和私募发行两种方式。

（一）公募发行

公募发行指公开向不特定的投资者发行债券。在发行过程中，公募债券须按法定手续，经证券监督管理机构注册，然后在市场上公开发行。任何投资者均可购买公募债券，也可以在证券市场上转让。根据面向的发行群体差异，公开发行公司债券又可以分为"大公募"和"小公募"。"大公募"指可以面向公众投资者公开发行的公司债券，也就是普通投资

者也可以投资；"小公募"则指仅面向合格投资者公开发行的公司债券，这里的"合格投资者"需要具备一定资质，通常是金融机构或者有一定财力的个人投资者。

由于发行对象是不特定的广泛分散的投资者，发行主体必须符合规定的条件才能发行公募债券，而且要求发行者必须遵守信息公开制度，向投资者提供各种财务报表和资料，并向证券主管部门提交有价证券申报书，以保护投资者的利益。

（二）私募发行

私募债券是指向与发行者有特定关系的少数投资者募集的债券，其发行和转让均有一定的局限性。私募债券的发行相对公募发行而言有一定的限制条件，私募的对象是有限数量的专业投资机构，如银行、信托公司、保险公司和各种基金会等。一般发行市场所在国的证券监管机构对私募的对象在数量上并不做明确的规定，但在日本则规定为不超过 50 家。这些专业的投资机构一般都拥有经验丰富的专家，对债券及其发行者具有充分调查研究的能力，加上发行人与投资者相互都比较熟悉，所以没有公开展示的要求，即私募发行不采取公开制度。

私募发行的优点：发行成本低；对发债机构资格认定标准较低；可不需要提供担保；信息披露程度要求低；有利于建立与业内机构的战略合作。但其缺点也比较明显：流动性低，只能以协议转让的方式流通，只能在合格投资者之间进行。

私募发行的债券又称为私募债，私募债与上述"小公募"的区别是合格投资者的数量是否有上限。

二、公司债券发行条件

（一）公开发行公司债券的条件

根据《中华人民共和国证券法》的规定，公开发行公司债券应当符合下列条件：具备健全且运行良好的组织机构；最近 3 年平均可分配利润足以支付公司债券一年的利息；国务院规定的其他条件。

针对上述"大公募"和"小公募"发行对象的不同，中国证券监督管理委员会出台的《公司债券发行与交易管理办法》分别规定了具体的发行条件。第十四条在《中华人民共和国证券法》规定基础上增加了一项条件：具有合理的资产负债结构和正常的现金流量。但该规定只是"小公募"的一般条件，即只能面向专业投资者。需要说明的是，该《办法》第十二条，将公司债券投资者根据财产状况、金融资产状况、投资知识和经验、专业能力等因素，分为普通投资者和专业投资者。发行人的董事、监事、高级管理人员及持股比例超过 5% 的股东，可视同专业投资者参与发行人相关公司债券的认购或交易、转让。

《公司债券发行与交易管理办法》第十六条规定，资信状况符合以下标准的公开发行公司债券，专业投资者和普通投资者可以参与认购（即"大公募"）：

（1）发行人最近三年无债务违约或者延迟支付本息的事实。

（2）发行人最近三年平均可分配利润不少于债券一年利息的 1.5 倍。

（3）发行人最近一期末净资产规模不少于 250 亿元。

（4）发行人最近 36 个月内累计公开发行债券不少于 3 期，发行规模不少于 100 亿元。

（5）中国证监会根据投资者保护的需要规定的其他条件。

未达到前款规定标准的公开发行公司债券，仅限于专业投资者参与认购。发行人的董事、监事、高级管理人员及持股比例超过 5% 的股东，可视同专业投资者参与发行人相关公司债券的认购或交易、转让。

有下列情形之一的，不得再次公开发行公司债券：对已公开发行的公司债券或者其他债务有违约或者延迟支付本息的事实，仍处于继续状态；违反本法规定，改变公开发行公司债券所募资金的用途。

（二）非公开发行公司债券的条件

《公司债券发行与交易管理办法》第三十四条规定，非公开发行的公司债券应当向专业投资者发行，不得采用公告、公开劝诱和变相公开方式，每次发行对象不得超过 200 人。此外，《非公开发行公司债券项目承接负面清单指引》规定，非公开发行公司债券项目承接实行负面清单管理，承销机构项目承接不得涉及负面清单限制的范围。指引中列明 16 种情形，既包括一般行业的 12 种情形，还包括房地产、典当行、担保公司和小额信贷公司等特殊行业或类型的 4 种情形。

三、公司债券发行程序

以上交所为例，公开发行债券程序需经过材料准备阶段、申报阶段和发行阶段，见图 3-2。

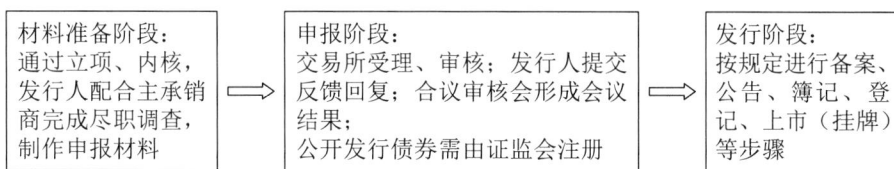

材料准备阶段： 通过立项、内核， 发行人配合主承销 商完成尽职调查， 制作申报材料	⇒	申报阶段： 交易所受理、审核；发行人提交 反馈回复；合议审核会形成会议 结果； 公开发行债券需由证监会注册	⇒	发行阶段： 按规定进行备案、 公告、簿记、登 记、上市（挂牌） 等步骤

图 3-2　公司债券发行流程

（一）材料准备阶段

《中华人民共和国公司法》第五十九条第二款规定，发行公司债券决议可以由股东会做出，也可以由股东会授权的董事会做出决议。发行人应当对以下事项做出决议：发行债券的金额、发行方式、债券期限、募集资金的用途、其他按照法律法规及公司章程规定需要明确的事项。发行公司债券，如果对增信机制、偿债保障措施做出安排的，也应当在决议事项中载明。

发行人公开发行公司债券，应当按照中国证监会有关规定制作注册申请文件，由发行人向证券交易所申报。申请文件包括公司营业执照、公司章程、公司债券募集办法及证券监督管理机构规定的其他文件。聘请保荐人的，还应当报送保荐人出具的发行保荐书。申请文件应当充分披露投资者做出价值判断和投资决策所必需的信息，内容应当真实、准确、完整。

（二）申报阶段

证券交易所负责审核发行人公开发行公司债券并上市申请，主要通过向发行人提出审核问询、发行人回答问题方式开展审核工作，判断发行人是否符合发行条件、上市条件和信息披露要求。证券交易所应当建立健全审核机制，强化质量控制，在审核中发现申报文件涉嫌虚假记载、误导性陈述或者重大遗漏的，可以对发行人进行现场检查，对相关主承销商、证券服务机构执业质量开展延伸检查。

证券交易所按照规定的条件和程序，提出审核意见。认为发行人符合发行条件和信息披露要求的，将审核意见、注册申请文件及相关审核资料报送中国证监会履行发行注册程序。认为发行人不符合发行条件或信息披露要求的，做出终止发行上市审核决定。

中国证监会收到证券交易所报送的审核意见、发行人注册申请文件及相关审核资料后，履行发行注册程序。若认为存在需要进一步说明或者落实事项的，可以问询或要求证券交易所进一步问询。若认为证券交易所的审核意见依据不充分的，可以退回证券交易所补充审核。

证券交易所应当自受理注册申请文件之日起两个月内出具审核意见，中国证监会应当自证券交易所受理注册申请文件之日起三个月内做出同意注册或者不予注册的决定。发行人根据中国证监会、证券交易所要求补充、修改注册申请文件的时间不计算在内。

与公开发行债券有所不同，非公开发行债券无须经过中国证监会注册，只要取得证券交易所出具的无异议函即可。

（三）发行阶段

公开发行公司债券，可以申请一次注册，分期发行。中国证监会同意注册的决定自作出之日起两年内有效，发行人应当在注册决定有效期内发行公司债券，并自主选择发行时点。

根据上海证券交易所《公司债券发行承销规则适用指引第 2 号——簿记建档》的规定，簿记建档发行，指公司债券公开发行的利率或者价格以询价等市场化方式确定，即发行人和承销机构协商确定利率或者价格区间后，向市场公布发行文件，由投资者发出申购订单，再由簿记管理人记录投资者认购公司债券利率或者价格及数量意愿，按约定的定价和配售规则确定最终发行利率或者价格并进行配售的行为。簿记建档流程如下。

（1）主承销商督促和协助发行人于簿记建档前一至五个交易日通过本所网站披露募集说明书、发行公告、资信评级报告（如有）、更名公告（如有）等发行公告文件，对发行方式、发行对象、发行规模、簿记区间、发行利率或者价格确定原则、配售规则、簿记建档场所、应急认购、起息日、到期日等相关安排进行明确。

（2）簿记建档开始前，承销机构应当向意向投资者就发行利率或者价格、认购金额等要素询价，并对询价情况予以明确记录。根据询价情况，与发行人以及其他承销机构（如有）协商确定簿记区间，并在发行公告文件中披露。

（3）交易参与人和承销机构认可的其他专业机构投资者原则上应当通过簿记建档系统直接向簿记管理人发送认购订单。簿记管理人按照发行公告文件约定的时间接收并在簿记建档系统中记录每笔认购订单，并以全部有效的认购订单信息作为定价和配售的依据。

（4）簿记管理人按照利率或者价格优先原则配售公司债券。配售结果确定后，簿记管理人向获得配售的投资者发送配售确认及缴款通知的文件，并按照发行公告文件约定安排募集资金的收缴和划付工作。

公开发行公司债的募集说明书自最后签署之日起六个月内有效。发行人应当及时更新债券募集说明书等公司债券发行文件，并在每期发行前报证券交易所备案。

四、公司债券上市

（一）公司债券上市的含义

公司债券上市指已经依法发行的债券经证券交易所审核后，在交易所公开挂牌交易的法律行为。债券上市是连接债券发行和债券交易的桥梁。

凡是在证券交易所内进行买卖的债券就称为上市债券；相应地，债券发行人被称为上市公司。证券交易所承认并接纳公司债券在交易所市场上交易，债券上市必须符合证券交易所和政府有关部门制定的上市制度。与股票不同，公司债券有一个固定的存续期限，而且发行人必须按照约定的条件还本付息，因此，债券上市的条件与股票有所差异。为了保护投资者的利益，保证债券交易的流动性，证券交易所在接到发行人的上市申请后，一般要以相关法规来对公司债券的上市资格进行审查。

（二）公司债券上市条件

根据《中华人民共和国证券法》第四十七条规定，申请证券上市交易，应当符合证券交易所上市规则规定的上市条件。以《上海证券交易所公司债券上市规则》（2023年修订）为例，申请上市的公司债券必须符合下列条件：（1）符合《中华人民共和国证券法》等法律、行政法规规定的公开发行条件；（2）经有关部门注册并依法完成发行；（3）债券持有人符合本所投资者适当性管理规定；（4）本所规定的其他条件。本所可以根据市场情况，调整债券上市条件。

上述条件中的投资者适当性管理可将投资者划分为专业投资者和普通投资者，具体标准参见《上海证券交易所债券市场投资者适当性管理办法》（2023年修订）。

五、公司债券的转让、暂停与终止上市

（一）公司债券的交易转让

公开发行的公司债券，应当在证券交易场所交易，并符合证券交易场所规定的上市、挂牌条件。证券交易场所应当对公开发行公司债券的上市交易实施分类管理，实行差异化的交易机制，建立相应的投资者适当性管理制度，健全风险控制机制。还应根据债券资信状况的变化及时调整交易机制和投资者适当性安排。发行环节和交易环节的投资者适当性要求应当保持一致。

非公开发行公司债券的，可以申请在证券交易场所、证券公司柜台转让。其中，在证券交易场所转让的，应当遵守证券交易场所制定的业务规则，并经证券交易场所同意；在证券公司柜台转让的，应当符合中国证监会的相关规定。非公开发行的公司债券的转让仅限于专业投资者范围内。转让后，持有同次发行债券的投资者合计不得超过二百人。

（二）公司债券的暂停、终止上市

为保证信息披露的及时与公平，《上海证券交易所公司债券上市规则》（2023 年修订）对公司债券的停牌、复牌做出明确规定，同时规定了终止上市的情形。

1.公司债券停牌的情形

（1）发行人未按照规定及时履行信息披露义务，或者已经披露的信息不符合要求的。

（2）发行人应当披露的重大信息如存在不确定性因素且预计难以保密的，或者在按规定披露前已经泄露的；发行人未及时向交易所申请的，交易所可以视情况采取相应措施。

（3）发行人、资信评级机构和其他相关主体在评级信息披露前，应当做好信息保密工作，发行人认为有必要。

（4）公共媒体中出现发行人尚未披露的信息，可能或者已经对发行人偿债能力或债券价格产生实质性影响的；发行人未申请停牌的，交易所可以对债券实施停牌。

（5）债券价格发生异常波动的，根据发行人的申请或实际情况，交易所可以对债券实施停牌。

（6）发行人出现不能按时还本付息或者未能按约定履行加速清偿义务等情形，且未按规定披露相关信息的。

（7）因发行人原因，交易所失去关于发行人的有效信息来源时。

交易所在上述相关信息披露或相关情形消除后予以复牌。

2.公司债券终止上市的情形

（1）债券全部完成偿付或者可交换债券全部换股，发行人解散、被责令关闭或宣告破产的。

（2）经人民法院裁定，批准破产重整计划或者认可破产和解协议的。

（3）经全体债券持有人同意，发行人主动申请终止债券上市交易的。

（4）其他导致债券原有债权债务关系灭失或者本所规定的其他情形。

链接阅读

E 公司公募债券违约
及处置案例

第三节　可转换公司债券

一、可转换公司债券的含义与基本要素

（一）可转换公司债券的含义

可转换公司债券，又称可转债，是一种可以在特定时间、按特定条件转换为普通股股票的特殊公司债券。我国《上市公司证券发行注册管理办法》明确了可转换公司债券的定义，是指发行公司依法发行、在一定期间内依据约定的条件可以转换成股份的公司债券。

可转换公司债券是一种兼具了债务性、股权性和期权功能的混合型再融资工具。可转债持有人可以选择持有至债券到期，要求发行人还本付息；也可以选择在约定的时间内转换成股票，享受股利分配或资本增值。可转换公司债券对于投资者来说，是多了一种投资选择机会。其实质是由普通债券与认股权证组成的混合金融衍生工具。因此，即使可转换公司债券的收益比一般债券收益低些，但在投资机会选择的权衡中，这种债券仍然受到投资者的欢迎。可转换公司债券在国外债券市场上颇为盛行。早在 1843 年美国 New York Erie 铁路公司就发行了世界上第一只可转债。

（二）可转换公司债券的基本要素

1. 标的股票

标的股票（也称正股）是指可转换公司债券持有人将债券转换成发行公司的股票。发行公司的股票可以有多种形式，如普通股、优先股。确定了标的股票之后，就可以进一步推算转换价格。

2. 票面利率

可转换公司债券的票面利率指可转换公司债券作为一种债券时的票面利率，发行人根据当前市场利率水平、公司债券资信等级和发行条款确定，一般低于相同条件的不可转换公司债券。在其他条件相同的情况下，较高的票面利率对投资者的吸引力较大，因而有利于发行，但较高的票面利率会对可转换公司债券的转股形成压力，发行公司也将为此支付更高的利息。可见，票面利率的大小对发行者和投资者的收益和风险都有重要的影响。

3. 面值

根据我国《上市公司证券发行管理办法》的规定，上市公司发行的可转换公司债券面值为每张 100 元。

4. 期限

（1）债券期限。可转换公司债券的有效期限与一般债券相同，指债券从发行之日起至偿清本息之日止的存续期间。可转换公司债券发行公司通常根据自己的偿债计划、偿债

能力以及股权扩张的步伐来制定可转换公司债券的期限。我国可转换公司债券的期限最短为 1 年，最长为 6 年。

（2）转换期限。转换期限指可转换公司债券转换为普通股票的起始日至结束日的期间。我国可转换公司债券自发行结束之日起 6 个月后方可转换为公司股票，转股期限由公司根据可转换公司债券的存续期限及公司财务状况确定。债券持有人对转换股票或者不转换股票有选择权，并于转股的次日成为发行公司的股东。

5. 转股价格及调整原则

转股价格，指募集说明书事先约定的可转换公司债券转换为每股股份所支付的价格。对于公开发行债转股，转股价格应不低于募集说明书公告日前 20 个交易日该公司股票交易均价和前一交易日的均价。

与转股价格相关的一个概念是转股比例。转股比例是指一定面额可转换公司债券可以转换成普通股票的股数。用公式表示为：

$$转股比例 = 可转换公司债券面值 / 转换价格$$

发行可转换公司债券后，因配股、增发、送股、派息、分立及其他原因引起上市公司股份变动的，应当同时调整转股价格。转股价格通常会设计调整方式和计算公式，影响转股价格的因素有调整前的转股价、派送股票股利或转增股本率、增发新股或配股率、增发新股价或配股价和每股派送现金股利等。

6. 赎回条款

赎回是指在一定条件下公司按事先约定的价格买回未转股的可转换公司债券。发行公司设立赎回条款的主要目的是降低发行公司的发行成本，避免因市场利率下降而给自己造成利率损失，同时也出于加速转股过程、减轻财务压力的考虑。通常该条款可以起到保护发行公司和原有股东权益的作用。

赎回条款一般包括以下几个要素：（1）赎回保护期。这是指可转换公司债券从发行日至第一次赎回日的期间。赎回保护期越长，股票增值的可能性就越大，赋予投资者转换的机会就越多，对投资者也就越有利。（2）赎回时间。赎回保护期过后，便是赎回期。按照赎回时间的不同，赎回方式可以分为定时赎回和不定时赎回。定时赎回指公司按事先约定的时间和价格买回未转股的可转换公司债券；不定时赎回指公司根据标的股票价格的走势按事先的约定以一定价格买回未转股的可转换公司债券。（3）赎回条件。在标的股票的价格发生某种变化时，发行公司可以行使赎回权利。这是赎回条款中最重要的要素。按照赎回条件的不同，赎回可以分为无条件赎回（即硬赎回）和有条件赎回（即软赎回）。无条件赎回指公司在赎回期内按事先约定的价格买回未转股的可转换公司债券，它通常和定时赎回有关；有条件赎回指在标的股票价格上涨到一定幅度，并且维持了一段时间之后，公司按事先约定的价格买回未转股的可转换公司债券，它通常和不定时赎回有关。（4）赎回价格。赎回价格是事先约定的，它一般为可转换公司债券面值的 103% ～ 106%，对于定时赎回，其赎回价格一般逐年递减，而对于不定时赎回，通常赎回价格除利息外是固定的。

7. 回售条款

回售指在特定条件下，可转债持有人可以将其持有的可转债以约定的价格卖回给发行公司的权利。当发行公司的标的股票市价在一段时间内连续低于转股价格，达到某一比例时，可转换公司债券持有人就可以按事先约定的价格将所持转债卖给发行人。回售实质上是一种卖权，是赋予投资者的一种权利，是为投资者提供的一项安全性保障，投资者可以根据市场的变化选择是否行使这种权利。

回售条款一般包括以下几个要素：（1）回售价格。回售价格是以面值为基础，加上一定回售利率。回售利率是事先规定的，一般低于市场利率，但高于可转换公司债券的票面利率。（2）回售时间。回售时间是事先约定的，具体的回售时间少则数天，多则数月。（3）回售选择权。回售选择权指若达到回售时间时，标的股票市价无法达到所约定的价格，导致转换无法实现的情况出现，发行方承诺投资者有按照约定利率将转债回售给发行方的权利，而发行方无条件接受可转换公司债券。

8. 下修条款

下修条款全称是"转股价格向下修正条款"，是发行人拥有的在既定条件下向下修正转股价的权利。该条款是可转债的核心条款，其既能保障投资者权益，同时也有利于促进转股，是发行者的保护条款。一般规定发行人有权在股价难以转股的情况下将转股价向下修正，一个典型的下修条款如"在本可转债存续期间，当本公司股票在任意连续 30 个交易日中有 15 个交易日的收盘价低于当期转股价格的 90% 时，公司董事会有权提出转股价格向下修正方案并提交本公司股东大会表决"（通常简写为"15/30，90%"）。

运用下修条款来下调转股价是可转债发行人避免触发回售条款的一个重要手段。下修条款执行后，降低了债券持有人的转股门槛，促进持有人转股的同时也大大提高了投资可转债获利的确定性。考虑到可转债方案下修的重要性，转股价格修正方案须提交公司股东大会表决，且须经出席会议的股东所持表决权的 2/3 以上同意。股东大会进行表决时，持有公司可转换公司债券的股东应当回避。修正后的转股价格不低于股东大会召开日前 20 个交易日该公司股票交易均价和前一交易日的均价。

二、可转换公司债券的特性及优缺点

（一）可转换公司债券的特性

可转换公司债券是一种混合融资工具，结合其构成要素，具有以下特性。

1. 债权性

可转换公司债券与其他债券一样，有规定的利率和期限。投资者可以选择持有债券到期收取本金和利息，也可以在未到期时在二级市场上抛售债券，获取本金和价差收益。

2. 股权性

可转换公司债券在转换成股票之前是纯粹的债券，但在转换成股票之后，原债券持有人就由债权人变成了公司的股东，可参与企业的经营决策和红利分配。

3. 可转换性

可转换性是可转换公司债券的重要标志，债券持有者可以按约定的条件将债券转换成股票。转股权是投资者享有的、一般债券所没有的选择权。可转换公司债券在发行时就明确约定债券持有者可按照发行时约定的价格将债券转换成公司的普通股股票。对投资者来说，转换前为债权人，享受利息；转换后为股东，获得红利或资本收益。对发行人来说，转换前属于债务，转换后属于股权资本。可转债的价值在涨势中与股价联动，在跌势中可收息保本。

4. 可赎回性

根据上述赎回条款的约定，发行人在可转债发行一段时期后，当标的股票市价持续一段时间高于转股价格且达到某一幅度时，发行人有权按照契约约定的价格从投资者手中买回尚未转股的可转债，一旦公司发出赎回通知，可转债持有者必须立即在转股或卖出可转债之间做出选择。因此，赎回条款最主要的功能是强制可转债持有者行使其转股权，从而加速转换，故又被称为"加速条款"。

5. 可回售性

由回售条款可知，当公司股票的市场价格持续低于转股价达到一定幅度时，可转债持有人有权将债券按约定条件卖回给债券发行人。可转债的可回售性大大增强了其安全性。比如，当上市公司股价下跌时，回售条款会倒逼上市公司下调转股价来促进转股，以保证投资者权益，否则可转债持有人行使回售权利，上市公司需筹措资金还本付息，增加了公司的财务压力。

（二）可转换公司债券的优缺点

1. 可转换公司债券的优点

（1）可降低融资成本

可转换公司债券发行相当于投资者买入了一份看涨期权，其票面利率低于其他普通债券，也就是说，在投资者转股之前，发行公司需要支付的利息低于其他普通债券的利息，从而减轻了企业的负担。

（2）获得长期稳定的资本供给

可转换公司债券的发行可看作未来的发行股票或配股，可转换公司债券在转换前作为公司的负债，而转换后则成了公司所有者权益的一部分，本来需要还本付息的债务转变为永久性的资本投入。这样就增强了发行公司日后运营的举债能力。

（3）改善发行公司资本结构

发行可转换公司债券，公司的原本资产负债比率提高了，有利于优化公司的资本结构，有利于发挥财务杠杆作用和税盾效应，进而提高了股权资本的收益率。借助可转换公司债券这种工具，公司在资本结构的调整上就有了一定的弹性，能够适应日趋复杂多变的理财环境。

2. 可转换公司债券的缺点

（1）定价难题

对于发行公司来说，可转换公司债券虽然票面利率低于其他普通债券，但降低的幅度难以确定。制定的票面利率高，会增加成功发行的可能性；制定的票面利率低，成本固然降低了，但很可能丧失债券的投资吸引力，导致债券不能成功发行。

（2）财务风险

一方面，如果标的股票价格长期达不到约定的转换价格，公司将被迫以较高的代价提前赎回，这样会造成公司流动资金紧张。另一方面，若可转换公司债券不能按期转换成股票，势必会提高企业资产负债率。这样加大了企业的财务风险，造成发行公司在资本市场上再融资比较困难。

（3）稀释股权

可转换公司债券实现转股后，流通在外的股数增加，稀释原有的股权结构，摊薄每股净收益，损害原有股东的利益。同时，发行公司丧失原有债券利息抵税的好处。

三、可转换公司债券的价值构成

可转换公司债券具有转换为普通股的权利，是债券与股票期权的混合证券。因此，其价值主要由债券价值、转换价值和期权价值构成。

（一）可转换公司债券的债券价值

债券部分通常采用现金流贴现方法，即根据转债条款的规定估算各期的现金流，然后选用合适的收益率水平进行贴现。在采用何种到期收益率来对各期现金流进行贴现时，存在着差异。目前多数人仍然采用同种期限结构的国债的到期收益率来进行贴现。

（二）可转换公司债券的转换价值

可转换公司债券持有者将其按规定的转换价格转换成股票并按市场价格计算的价格，就是可转债的转换价值，其计算公式为：

$$V_c = F_0 S / X$$

其中，V_c 是可转债的转换价值；F_0 是每张可转债的面值；S 是股票市价；X 是转换价格。

（三）可转换公司债券的期权价值

可转换公司债券具有看涨期权的属性，它的期权价值易受正股涨跌幅、可转债的下修条款、回售条款，以及赎回条款的影响。其价值通常采用经典的布莱克—斯科尔斯（B—S）模型和二叉树模型期权定价模型，前者应用得更为广泛。风险中性定价是期权定价中的一个重要概念，是 B—S 期权定价模型的理论基础之一。约翰·考克斯和斯蒂芬·罗斯于 1976 年推导期权定价公式时建立了风险中性理论（又称风险中性定价方法），风险中性是相对于风险偏好和风险厌恶而言的一个概念。该理论表达了资本市场中的一个结论，即在市场不存在任何套利可能性的条件下，如果衍生证券的价格依然依赖于可交易的基础证券，那么该衍生证券的价格是与投资者的风险态度无关的。在一个风险中性世界（risk-neutral world）中，投资者对风险都秉持中性的态度，也就是说，投资者对风险不要求任何形式的补偿。

可转换公司债券的价值构成可以表示为可转换公司债券的债券价值与转换价值两者中的最大值，再加上期权价值。因此，可转换公司债券的价值可表示为：

$$可转换公司债券价值 = Max + 期权价值$$

根据上述可转债的价值构成公式可知，当发行人的风险水平提高时，随着发行人违约率的提高，可转债价值中纯债券的价值降低；但与此同时，发行人标的股票的价格波动率也会相应提高，则可转债的转换期权价值会升高。这样，可转债纯债券价值的下降与转换期权价值的上升会相互抵销，从而导致可转债的价值对发行人风险水平的变化相对不太敏感。这也是可转债具有"风险中性"这一特征的原因。

四、可转换公司债券的发行

（一）发行条件

《上市公司证券发行注册管理办法》（2023 年修订）对可转换公司债券发行条件作如下规定。

1. 基本条件

上市公司发行可转债，应当符合下列规定：

（1）具备健全且运行良好的组织机构；

（2）最近三年平均可分配利润足以支付公司债券一年的利息；

（3）具有合理的资产负债结构和正常的现金流量；

（4）交易所主板上市公司向不特定对象发行可转债的，最近三个会计年度应当盈利，且最近三个会计年度加权平均净资产收益率均不低于 6%；净利润以扣除非经常性损益前后孰低者为计算依据。

2. 特殊规定

1）向不特定对象发行可转债

（1）现任董事、监事和高级管理人员符合法律、行政法规规定的任职要求；

（2）具有完整的业务体系和直接面向市场独立经营的能力，不存在对持续经营有重大不利影响的情形；

（3）会计基础工作规范，内部控制制度健全且有效执行，财务报表的编制和披露符合企业会计准则和相关信息披露规则的规定，在所有重大方面公允反映了上市公司的财务状况、经营成果和现金流量，最近三年财务会计报告被出具无保留意见审计报告；

（4）除金融类企业外，最近一期末不存在金额较大的财务性投资。

除上述条款外，向不特定对象发行可转债应遵守第二章提及的上市公司不得公开增发、配股的情形的规定。

2）向特定对象发行可转债

向特定对象发行可转债同样应遵守第二章提及的上市公司不得定向增发情形的规定。

　　3）特殊规定的例外

　　上市公司按照债券募集办法，通过收购本公司股份的方式进行公司债券转换的无须遵守特殊规定。

3. 不得发行可转债的情形

　　（1）对已公开发行的公司债券或者其他债务有违约或者延迟支付本息的事实，仍处于继续状态；

　　（2）违反《中华人民共和国证券法》的规定，改变公开发行公司债券所募资金用途。

（二）发行方式

　　可转债发行方式包括原股东优先配售、网上及网下申购。

　　《证券发行与承销管理办法》（2023 年修订）规定，上市公司向不特定对象募集股份（增发）或者向不特定对象发行可转换公司债券的，可以全部或者部分向原股东优先配售，优先配售比例应当在发行公告中披露。上市公司增发或者向不特定对象发行可转换公司债券的，经审慎评估，主承销商可以对参与网下配售的机构投资者进行分类，对不同类别的机构投资者设定不同的配售比例，对同一类别的机构投资者应当按相同的比例进行配售。主承销商应当在发行公告中明确机构投资者的分类标准。主承销商未对机构投资者进行分类的，应当在网下配售和网上发行之间建立回拨机制，回拨后两者的获配比例应当一致。回拨机制的具体做法是，在同一次发行中采取网下配售和上网发行时，先初始设定不同发行方式下的发行数量，然后根据认购结果，按照预先公布的规则在两者之间适当调整发行数量。

（三）发行程序

　　全面注册制后，可转换债券发行的基本流程为：上市公司董事会提出预案→上市公司股东大会审议通过→制作发行申请文件→交易所受理→交易所审核问询→交易所审核通过→交易所报中国证监会同意注册→上市公司发行可转债。上述流程中，需要说明的是：

　　（1）股东大会就发行可转债作出的决定，应当包括下列事项：董事会预案内容、债券利率、债券期限、赎回条款、回售条款、还本付息的期限和方式、转股期、转股价格的确定和修正等。

　　（2）可转债的具体条款。可转债应当具有期限、面值、利率、评级、债券持有人权利、转股价格及其调整原则、赎回及回售、转股价格向下修正等要素。

　　（3）向不特定对象发行的可转债利率由上市公司与主承销商依法协商确定；向特定对象发行的可转债应当采用竞价方式确定利率和发行对象。

　　（4）向不特定对象发行可转债的转股价格应当不低于募集说明书公告日前 20 个交易日上市公司股票交易均价和前一个交易日均价。向特定对象发行可转债的转股价格应当不低于认购邀请书发出前 20 个交

链接阅读

万科发行可转换公司
债券

易日上市公司股票交易均价和前一个交易日的均价，且不得向下修正。

第四节　国　际　债　券

一、国际债券的含义及特征

（一）国际债券的含义

国际债券是指一国政府、跨国公司、国际金融机构或超国家组织在国际市场上发行的，以外国货币计价的债券。参考 Investopedia 的定义，凡发行人和发行市场（即筹集资金来源）属于不同国家的债券，统称为国际债券，即 A 国发行人在 B 国市场发行的债券。国际债券包含三个子集：外国债券（Foreign Bonds）、欧洲债券（Eurobonds）、离岸债券（Offshore Bonds）。

（二）国际债券的特征

1. 资金来源广

国际债券在国际金融市场上筹资，发行对象为众多国家的投资者，其资金来源比国内债券要广泛得多，通过发行国际债券，发行人可以灵活和充分地为其建设项目和其他需要提供资金。

2. 发行规模大

国际债券，发行规模一般都较大，因为举借这种债务的目的之一是利用国际证券市场资金来源的广泛性和充足性。同时，由于发行人进入国际债券市场必须由国际性的资信评估机构进行债券信用级别评定，只有高信誉的发行人筹资较为顺利。因此，在发行人资信状况得到充分肯定的情况下，巨额借债才有可能实现。

3. 存在汇率风险

发行国内债券，筹资和还本付息的资金都是本国货币，所以不存在汇率风险。而发行国际债券，筹集到的资金是外国货币，汇率一旦发生波动，发行人和投资者都有可能蒙受意外损失或获取意外收益。因此，汇率风险是国际债券风险的重要组成部分。

4. 有国家主权保障

在国际债券市场上筹集资金，有时可以得到一个主权国家政府最终付款的承诺保证。若得到这样的承诺保证，各个国际债券市场都愿意向该主权国家开放，国际债券市场的安全性得以提高。当然，代表国家主权的政府也需对本国发行人在国际债券市场上借债进行检查和控制。

二、外国债券

外国债券，是指在发行者所在国家（A 国）以外的国家（B 国）发行的，以发行地所在国（B 国）的货币为面值的债券。比如，美国某企业在中国发行债券，以人民币为计价货币，就被称为外国债券。根据国际惯例，由境外发行人在一个国家的国内市场发行本币债券时，一般以该国最具特征的吉祥物命名，比如美国的"扬基债"、日本的"武士债"、英国的"猛犬债券"，名字都极有区域特征。国外机构在我国发行的以人民币计价的债券被命名为"熊猫债"。

（一）扬基债券（Yankee bonds）

扬基债券，是指在美国债券市场上发行的外国债券，即美国以外的国家的政府、金融机构、工商企业和国际组织在美国国内市场发行的、以美元为计价货币的债券。扬基债券的特点包括：一是期限长、数额大，扬基债券的期限通常为 5～7 年，一些信誉好的大机构发行的扬基债券期限甚至可达 20 年以上，扬基债券发行额平均每次都在 7 500 万美元到 1.5 亿美元，有些大额发行甚至高达几亿美元；二是美国政府对其控制较严，申请手续远比一般债券烦琐；三是发行者以外国政府和国际组织为主；四是投资者以人寿保险公司、储蓄银行等机构为主。

（二）武士债券（Samurai bonds）

武士债券，是指在日本债券市场上发行的外国债券，即日本以外的国家的政府、金融机构、工商企业和国际组织在日本国内市场发行的、以日元为计价货币的债券。武士债券均为无担保发行，典型期限为 3～10 年，一般在东京证券交易所交易。

（三）猛犬债券（Bulldog bonds）

猛犬债券，是指在英国债券市场上发行的外国债券。猛犬债券的期限最长可达 35 年，发行额在 1 500 万英镑至 7 500 万英镑之间，可选择到期一次还本。该债券的发行方式分为公募和私募两种，前者由伦敦市场的银行组织包销，后者由管理集团包销。债券发行人选择私募发行方式较多，加之发行人资信较差，二级市场不够活跃，猛犬债券的购买人可免缴利息所得税，获取的收益率较高。

（四）熊猫债券（Panda bonds）

熊猫债券，是指在中国债券市场上发行的外国债券。

我国熊猫债市场始于 2005 年，首次债券发行人为国际金融公司（世界银行下属）和亚洲开发银行。在随后的 2006—2014 年期间，由于国内债市制度不够完善、海外利率处于低位等原因，熊猫债发展较为缓慢。2015 年以后，受海外主要经济体实施货币政策正常化、海外融资成本总体有所抬升及国内对外政策环境偏宽松、811 汇改导致中资离岸债券市场收缩并回流至在岸，以及国内债券市场快速发展等因素推动，境外主体发行熊猫债的意愿有所增强，熊猫债体量亦有快速上升趋势，仅 2016 年熊猫债发行的规模便高达 1300 亿元。

自 2022 年开始，美欧等发达经济体相继大幅加息，推动融资成本抬升，而我国国内几度降息，流动性宽松。在政策错位背景下，较低的融资成本是机构发行熊猫债的直接动力。同时，在制度基础方面，2022 年 12 月，中国人民银行、国家外汇管理局联合发布《关于境外机构境内发行债券资金管理有关事宜的通知》，统一了银行间债券市场和交易所债券市场熊猫债资金管理规则，推进本外币一体化管理。2023 年 9 月，中国银行间市场交易商协会发布《关于开展境外机构债券定价配售机制优化试点有关工作的通知》，就熊猫债定价配售机制做了优化试点。这些政策调整为境内外机构参与熊猫债投融资提供了便利。2023 年全年发行 94 只熊猫债，发行规模高达 1 544.5 亿元。伴随人民币在国际货币体系中的重要性逐步提升和我国债券市场持续扩大开放，熊猫债仍将拥有广阔的发展空间，并将进一步与人民币国际化进程实现双向促进。

外国债券还包括在西班牙发行的斗牛士债券（Matador bonds）、在荷兰发行的伦勃朗债券（Rembrandt bonds）、以非日元的亚洲国家或地区货币发行的龙债券（Dragon bonds）等多种债券。外国债券相对于本国国内发行的债券而言，要求有较严格的信息披露标准，并会面临更严格的限制。

三、欧洲债券

欧洲债券，是指一国（A 国）政府、金融机构、工商企业或国际组织，在国外（B 国）债券市场上，以第三国（C 国）货币为面值发行的债券。例如，法国一家机构在英国债券市场上发行的以美元为面值的债券即是欧洲债券。在这里，"欧洲"不再是一个表示地理位置的概念，而是境外的意思。欧洲债券的发行人、发行地以及面值货币，分别属于三个不同的国家。欧洲债券产生于 20 世纪 60 年代，最初出现的是欧洲美元债券。20 世纪 70 年代以来，以日元、德国马克及瑞士法郎为面值的欧洲债券所占比重逐步增加。目前，欧洲债券在国际债券中占据主导地位。

欧洲债券之所以对投资者和发行者有如此巨大的魅力，主要有以下几方面的原因：欧洲债券市场是一个完全自由的市场，债券发行较为自由灵活，既不需要向任何监管机构登记注册，又无利率管制和发行数额限制，还可以选择多种计价货币；发行欧洲债券筹集的资金数额大、期限长，而且对财务公开的要求不高，方便筹资者筹集资金；欧洲债券通常由几家大的跨国金融机构办理发行，发行面广，手续简便，发行费用较低；欧洲债券的利息收入，通常免缴所得税；欧洲债券以不记名方式发行，并可以保存在国外，适合一些希望保密的投资者；欧洲债券安全性和收益率高。欧洲债券发行者多为大公司、各国政府和国际组织，它们一般都有很高的信誉，对投资者来说是比较可靠的。同时，欧洲债券的收益率也较高。

四、离岸债券

离岸债券是指本国（A 国）企业在境外（含 B 国）发行的以本国（A 国）货币计价的债券。离岸债券市场是指为非居民提供境外债券发行等金融服务的市场，其最初发展动因是离开美国境内开展美元融资行为，以此来降低税负并豁免美国证监会的注册及监管要求。中资企业在香港离岸市场发行的以人民币计价的债券，即点心债券，属于离岸债券。

离岸债券发行大都采用美国证监会颁布的 S 条例（Reg S），以这种形式发行的债券只能向美国境外投资者发行，其信息披露要求较为宽松、发行规模较小、票息较高。中资发行人在境外发行美元债券的历史虽短，但增长迅速。2010 年至 2019 年 10 年间，我国离岸债券市场新发行规模的复合增长率为 32%。以腾讯为例，2011 年首次发行规模为 6 亿美元；而 2020 年 5 月的发行规模达 60 亿美元。中资发行量在整个亚洲离岸债券市场占据主导，近年来占比维持在 60% 左右。我国离岸债券市场有两大优势：借助中国香港的离岸金融中心地位，成功结合在岸、离岸两个市场；对汇率波动和境外流动性风险的抗打击能力相对较强。

复习思考题

一、在线测试题（扫描书背面的二维码获取答题权限）

扫描此码　自我测试

二、简答题

1. 公司债券的含义是什么？我国公司债券和企业债券的区别有哪些？
2. 简述公司债券的资本结构理论（MM 理论）、权衡理论、优序融资理论。
3. 公司债券信用评级的内涵是什么？
4. 什么是可转换公司债券？可转换公司债券有哪些特性？
5. 可转换公司债券的基本要素有哪些？
6. 可转换公司债券的价值是如何构成的？

第四章　资产证券化

内容提要

资产证券化是 20 世纪 70 年代以来国际金融领域中最具影响的金融创新之一，它已成为全球金融市场的一个重要发展趋势。资产证券化对金融经济发展的影响，正随着经济一体化和金融全球化的趋势而日益显著。本章主要对资产证券化的内涵、原理、运作机制以及风险与管理进行探讨。

本章第一节为资产证券化概述，介绍资产证券化的含义、原理，以及资产证券化的发展历程；第二节为资产证券化的运作机制，介绍资产证券化的参与主体与操作流程；第三节为资产证券化的风险与管理，介绍了在资产证券化运行过程中的基础资产风险及其风险管理，资产证券化的交易结构风险及其风险管理。

学习要点

- 掌握资产证券化的含义及特征，了解资产证券化的发展历程；
- 掌握资产证券化的主体结构与操作流程；
- 理解特殊目的载体的功能与风险隔离机制；
- 理解资产证券化的风险及其管理。

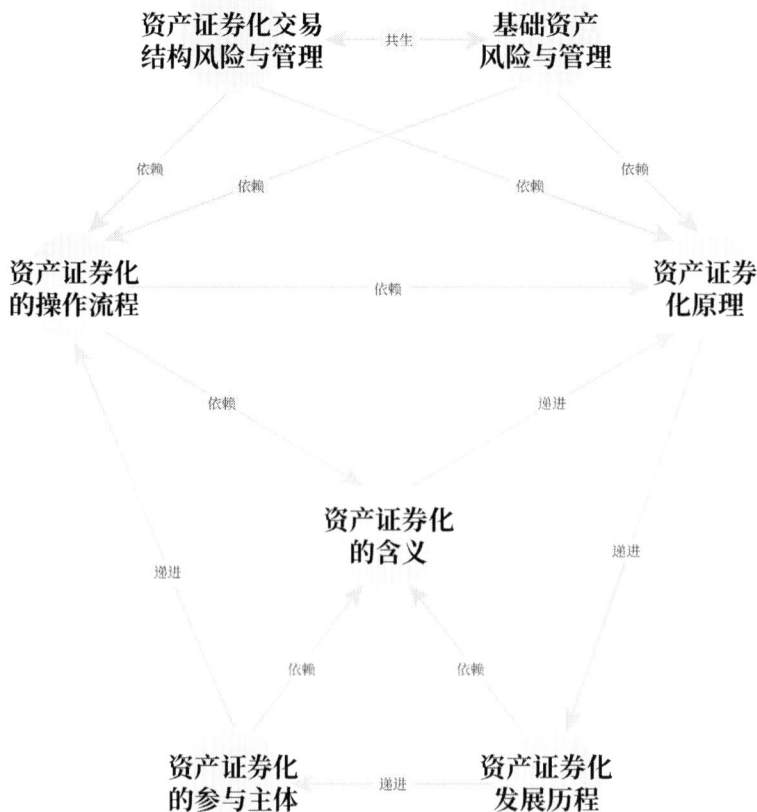

资产证券化交易结构风险与管理 —— 共生 —— 基础资产风险与管理

依赖　依赖　依赖　依赖

资产证券化的操作流程 —— 依赖 —— 资产证券化原理

依赖　　　递进

资产证券化的含义

依赖　依赖

递进　　　　递进

资产证券化的参与主体 —— 递进 —— 资产证券化发展历程

资产证券化

第一节　资产证券化概述

一、资产证券化的含义

（一）资产证券化的定义

1977 年，美国投资银行家路易斯·拉涅利（Lewis S. Ranieri）首次提出"资产证券化（Asset-backed Securitization，ABS）"概念。作为 20 世纪的一项重大金融创新，资产证券化在资本市场广受欢迎，其产品种类和结构变得日益多样化和复杂，因此资产证券化的定义也在不断地发生变化。

美国证券交易委员会（Securities and Exchange Commission，SEC）认为，资产证券化是创立主要由一组不连续的应收款或者其他金融资产集合产生的现金流支持的证券，它可以是固定的或是循环的，并可根据条款在一定时期内变现，同时附加一些权利或其他资产来保证上述支持或按时地向持券人分配收益。该界定主要从产品最终效果的角度对资产证券化进行了界定。

国际经合组织（OECD）则将资产证券化定义为，把缺乏流动性但具有未来现金收入流的同质资产打包、重组，将其转变成可以在金融市场上出售和流通的生息证券，出售给第三方投资者的过程。

随着资产证券化的发展和我国理论研究的不断深入，近年来一些学者对资产证券化含义作出了新的解释，认为资产证券化是拥有资产的经济主体，直接以现存的资产为基础，按照特有的融资结构，通过信用变形（将原始资产变形为证券资产）进行融资的多环节交易过程。

本书认为，对于资产证券化的理解不能离开其产生的经济背景和金融环境。由此，将资产证券化定义为：资产证券化是指将缺乏即期流动性，但具有可预期的、稳定的未来现金流的资产进行组合和信用增级，并依托该基础资产的未来现金流在金融市场上发行可以流通的有价证券的结构性融资活动。

（二）资产证券化特点

1. 流动性风险管理手段

用于资产证券化的资产通常都是不能随时出售变现的，而是根据合同或事先约定具有可预见未来现金收入的资产。通过资产证券化，资产出售者或发起人可以通过发行资产支持证券将流动性较低的资产转变成流动性较强的现金资产。因此，资产证券化的重要特征之一就是改善资产的流动性，这也是引入资产证券化融资方式的初衷。

2. 结构性融资

在证券化的过程中，资产得以重组、优化和隔离，即对基础资产重新配置、组合形成资产池，并通过资产池的真实销售实现基础资产与发起人的风险隔离。其中，整个资产证券化的着重点即在于这种通过将资产真实出售给特殊目的机构从而实现破产隔离的法律结构设计，因此这是一种结构性融资。

3. 表外融资

由于真实出售的资产转移实现了破产隔离，基础资产从发起人的资产负债表的"资产"栏目中被剔除。这既不同于向银行贷款、发行债券等债务性融资，相应增加资产负债表的"负债"栏目；也不同于通过发行股票等股权性融资，相应增加资产负债表的"所有者权益"栏目。由此可见，资产证券化是表外融资方式，且不会增加融资人资产负债表的规模。

4. 资产信用融资

传统的证券融资方式以企业自身的产权为清偿基础，而在证券化的过程中，资产支持证券的偿还不是以企业产权为基础，而是以证券化的资产为限。在资产证券化的过程中，由于证券化资产已被其原始权益人真实出售给特殊目的载体，因此，这部分资产与原始权益人的其他资产是破产隔离的。有鉴于此，以证券化资产为支撑发行的资产支持证券不受原始权益人的其他信用风险、市场风险等影响。在此前提下，在证券化的过程中，一般会利用一系列的现金流分割技术和信用增级手段使资产支持证券能够以较高的信用等级发行。

二、资产证券化原理

资产证券化的原理包括一个核心原理和三个基本原理。

（一）核心原理：基础资产的现金流分析

基础资产的现金流分析之所以是核心原理，是因为资产证券化运作的前提和基础是具有预期的、稳定的现金流。只有具备预期稳定的现金流，才能评估和确定以基础资产为支撑的证券价值，评级机构才能对现金流的确定性进行分析，从而进行信用评级。表面上，资产证券化是以资产为支撑的，而实际上是以资产预期所产生的现金流为支撑的，没有预期的现金流就无法进行资产证券化，所以基础资产的现金流分析是资产证券化的核心原理。基础资产的现金流分析主要涉及资产的估价和资产的风险与收益分析。

1. 资产的估价

一项资产要证券化，首先必须对此进行正确估价。资产的估价主要有以下 3 种方法。

1）现金流贴现估价法

现金流贴现估价法认为，一项资产的价值应等于该资产预期在未来所产生的全部现金流的现值总和。现金流贴现估价法是基于预期未来现金流和贴现率的估价方法。如果被估价资产当前的现金流为正，并且可以比较可靠地估计未来现金流的发生时间，同时根据现金流的风险特性又能确定出恰当的贴现率，那么就适合采用现金流贴现方法。信贷资产证券化可以采取这种估价方法。

2）相对估价法

相对估价法根据某一变量，如收益、现金流、账面价值或销售额等，考察同类可比资产的价值，借以对一项新资产进行估价。相对估价法的优势在于简单且易于使用。应用该方法可以迅速获得被估价资产的价值，尤其当市场上有大量可比资产进行交易，并且市场在平均水平上对这些资产的定价是正确的时候更为明显。但相对估价法也容易被误用和操纵，这一点在利用可比资产确定比率数值时尤为突出。能否正确运用相对估价法，主要在于能否正确选取可比资产。世界上不存在风险和收益完全相同的两种资产，因此，可比资产的选择决定着该估价法的准确程度。绝大部分实体资产证券化都是通过相对估价法来确定价值的。

3）期权估价法

期权估价法是使用期权定价模型来估计有期权特性的资产的价值。

一般情况下，由于使用的估价方法不同，得出的结果可能会有显著差异。现金流贴现估价法、相对估价法和期权估价法，三者是相互补充的。应该说，每种估价方法都有其用武之地，而且在很多情况下，对某一资产进行估价时，这3种方法可以同时使用。

2. 资产的风险与收益分析

资产证券化是利用金融市场对资产的收益与风险进行分离和重组的过程。资产收益来源于资产所产生的现金流，为了获得收益，资产的所有者要承担相应的风险。怎样度量风险、怎样确定风险补偿以及风险承受能力等问题也是资产证券化面临的基本问题。由于基础资产所产生的现金流在期限上、流量上的不同特征会直接影响到以其为支撑的证券的期限和本息的偿付特征。所以，在设计资产证券化产品时，必须对基础资产的现金流进行分析，在此基础上才能设计出既符合基础资产的现金流特征，又能满足市场投资者需求的产品。

（二）基本原理

1. 资产重组原理

资产重组是指资产的所有者或支配者为实现证券发行的目标，运用一定方式和手段对资产池中的资产进行重新分割和组合的行为，主要目的是对资产进行选择与配置。资产重组原理实际上是从资产收益的角度对基础资产的现金流做进一步分析，通过资产的重组实现收益的重组，使资产证券化达到最优、均衡和成本最低的目的。

资产重组原理包括以下内容。

第一，最佳化原理。通过资产重组使基础资产的收益达到最佳水平，从而使以资产为基础发行的证券价值达到最佳。

第二，均衡原理。资产重组应将资产的原始所有人、战略投资者以及将来的证券持有人的利益进行协调，以有利于新证券的发行和流通。

第三，成本最低原理。在资产重组过程中，必须坚持低成本的战略，也就是说，必须降低资产重组的操作成本。

第四，优化配置原理。按照边际收益递减理论，在某种资产连续追加投入的过程中，边际投入所能带来的边际收益总是递减的，当边际收益与边际成本相等时，资产投入的效益就达到最优化状态。

在产出不变的情况下，各种资产相互组合或替代不能导致成本进一步降低的状态就是最优的资产组合状态。因此，资产重组的目标不仅要在一般意义上提高资产利用效率，更重要的是要通过不断调整与再组合，实现社会资源配置最优化，促进经济协调、稳定和可持续发展。

2. 风险隔离原理

风险隔离原理的核心内容就是通过技术操作把基础资产的风险和原始权益人其他资产的风险隔离开来，进而提高资产证券化的效率，以及使资产证券化交易中参与各方的收益最大化。风险隔离机制是资产证券化特有的一项技术，也是与其他融资方式相比的优势所在。它从两方面提高了资产运营的效率：首先，通过风险隔离，把基础资产原始所有人不愿或不能承担的风险转移给愿意并且能够承担的人；其次，证券的购买者只承担他们所愿意承担的风险，而不必承担基础资产原始所有者所有的风险。

根据风险隔离原理，证券购买者只承担基础资产的风险，不连带承担基础资产所有者的其他风险。也就是说，证券的风险只与该证券本身的风险相关，而与基础资产原始所有者的风险无关。风险隔离原理在证券卖方、证券发行人和投资者之间构筑了一道坚实的"防火墙"。这也是资产证券化的重要特点。实现风险隔离的两个重要条件是：证券化资产的真实出售和在证券化交易结构中设立破产隔离的特殊目的载体SPV。

从法律上看，SPV存在的唯一目的就是资产证券化，不能发生与资产证券化无关的业务。SPV既可以是发起人设立的专门的子公司，也可以是其他的金融中介机构。发起人必须将资产真实销售给SPV。把基础资产真实出售给SPV后，基础资产的风险和原始权益人其他资产的风险就从法律上隔离开来，并且保证资产出售者对资产没有追索权，其风险不会传染给资产证券化持有人，而只与证券化本身的风险有关。在资产证券化过程中设立的SPV是不容易破产的，基础资产真实出售给SPV后，原始权益人对该资产没有追索权，即使原始权益人经营不善或破产，该资产也不会被列入清算资产，也就是说，其风险也不会"传染"给证券持有者，证券化交易的风险只与证券化资产本身相关，而与原始权益人的风险无关。因此，企业的经营风险或破产风险对资产支持证券的影响比较小。

相反，股票、债券等传统融资方式要求以企业的整体信用为担保，一旦企业经营出现问题或者破产，股票、债券等证券的偿付就会出现问题，影响到证券持有人的收益，甚至导致其血本无归。

3. 信用增级原理

信用增级原理是指通过额外信用的引入，来分散证券化资产的整体风险，进而相应分散投资者的风险，提高证券化资产的信用级别的多种金融手段的总称。资产支持证券发行必须经过信用机构的评级，其评估重点是基础资产能否及时提供足额的现金流，以保证证券的定期支付能力。在大部分的资产证券化设计中都需要内部信用增级，而在内部信用增级无法达到所需的评级时就需要外部信用增级机构提供信用支持。

首先，信用增级可以弥补发行者所提供条款与投资者所需的条款间的差距。在资产证券化中，基础资产的信用条件各异，将其组合起来发行的债券信用条件很难与投资者的需要相吻合。为了吸引更多的投资者并降低发行成本，SPV 必须对拟发行的资产支持证券进行信用增级，以提高证券的信用级别。通过信用增级，缩小基础资产信用等级与投资者需求之间的差距，使证券的信用质量和现金流更好地满足投资者的需要，同时也可以使资产证券化过程达到会计制度、监管规定和融资目标方面的要求。

其次，通过信用增级为投资者提供适合的投资工具。信用增级以后的证券，信誉高于基础资产的信用等级，增强了证券的安全性和流动性，既降低了发行成本又有利于销售。如果资产证券化不进行信用增级，证券投资者就可能要承担一种流动性的风险，即由于基础资产的收益流在预期时间内没有达到目标金额，使得证券的收益流在预期时间内也没有达到目标金额，那么就需要对此风险进行补偿，这无疑会提高证券发行者的成本。

链接阅读

首单住房租赁持有型
不动产 ABS 获批

三、资产证券化发展历程

美国是资产证券化的起源地，也是世界上最大的资产证券化市场。1968 年，在美国政府主导下，房利美（Fannie Mae）、吉利美（Ginnie Mae）和房地美（Freddie Mac）三大专业机构宣告成立，同年，美国政府国民抵押贷款协会（Government National Mortgage Association）首次公开发行过手型证券（Pass-through），开创资产证券化先河。1970 年吉利美首次发行住房抵押贷款转付证券。因过手型证券的最大风险是原债务人提前偿付所带来的风险，担保抵押债务凭证（Collateralized Mortgage Obligation，CMO）被创新出来控制这种风险。1983 年，房地美将住房抵押贷款转付证券的现金流，打包重组为期限不同的债券，以满足不同类型投资者的需求，并防范债务提前偿还的风险。

随着美国金融市场竞争的不断升级，为转移和分散信用风险，市场参与者尝试将其他的资产进行证券化。汽车贷款证券化产品、信用卡贷款支持证券被相继推出。此后，银行和投资者对产品的需求日益增长，资产支持证券开始多样化，品种越来越丰富。20 世纪80 年代后期，资产证券化开始被企业作为融资手段。

资产证券化取得的成功及其给经济带来的积极影响，引起了国际金融市场对这一新型融资方式的瞩目，在英国、法国、韩国、日本等国以及我国的香港、台湾地区，资产证券化的发展也较为迅速。经过多年的发展，资产证券化已经成为国际资本市场的一种主流融资工具，并成为全球资本市场的重要推动力量。

我国的资产证券化实践起步较晚，资产证券化源于 1992 年海南省三亚地产的投资证券。三亚市开发建设总公司以三亚丹州小区土地为发行标的物，公开发行了 2 亿元的 3 年期投资证券，这是我国资产证券化尝试走出的第一步。我国真正意义上的资产证券化是从跨国基础设施建设证券化开始的。1996 年 8 月，珠海市为了支持珠海高速公路建设，以本地车辆登记费和向非本地登记车辆收取的过路费所带来的稳定现金流为支持在国外发行了 2 亿美元债券，这是国内第一个完全按照国际化标准运作的离岸资产证券化案例。

2005 年 4 月，人民银行、银监会联合发布《信贷资产证券化试点管理办法》，标志着我国信贷资产证券化试点正式开始，随后《信贷资产证券化试点会计处理规定》《金融机构信贷资产证券化试点监督管理办法》《关于信贷资产证券化有关税收政策问题的通知》、《关于证券公司开展资产证券化业务试点有关问题的通知》（征求意见稿）陆续出台；另外在试点开始后，试点单位主要着眼微观细节问题，政府部门主要关注外部制度性问题。我国资产证券化的基本框架初见成效，2005 年也被记入中国资产证券化的元年。

我国资产证券化试点因其不同的主体及机构分为两大模式，即信贷资产证券化和企业资产证券化。信贷资产证券化是在中国人民银行、银监会的监管体系下，主要采用信托结构而设计。企业资产证券化在证监会的监管体系下也逐步展开，在企业资产证券化模式的架构下，将非金融企业具有可预测的稳定现金流收入的特定基础资产转移至证券公司，并通过客户资产专项管理计划发行证券化产品。2005 年 8 月，中国联通以发起人身份完成了首个专项资产管理计划，成为我国企业资产证券化的标志性事件。

2007 年美国次贷危机爆发，并于 2008 年演变成席卷全球的金融危机，而过度衍生的资产证券化被认为是此次危机的罪魁祸首，这个看似完美的融资工具在现实的制度环境下蕴藏着巨大的风险，揭示了宏观金融体系的错综复杂性。美国的银行漠视风险，主动降低了贷款标准，将钱贷给了资信较差甚至无偿还能力的人。同时，银行为了转移风险，在金融创新的幌子下，通过资产证券化，对次级债层层打包变成创新债券等产品，卖给国内外的投资者，在金融杠杆的作用下，风险也被逐渐放大，并通过金融国际化把风险传递到了全世界。当然，系统风险监管的缺失和风险监管体系不完整，美国政府和金融监管机构对银行的监管不到位，对危机的产生和扩大负有不可推卸的责任，美国的评级机构也起到了推波助澜的作用。因此，我国资产证券化试点暂停，资产证券化发展陷入停滞状态。

2008 年 4 月，国务院颁布《证券公司监督管理条例》，对证券公司从事资产管理业务进行规制，标志着我国企业资产证券化的再度重启。随着 2014 年年底银监会、证监会推出资产证券化的备案制，自 2015 年起，国内资产证券化发行呈现井喷之势。目前，我国资产证券化业务正由爆发期步入纵深期。中央结算公司中债研发中心最新发布的《2023 年资产证券化发展报告》显示，我国资产证券化市场 2023 年发行各类产品 1.85 万亿元，发行规模同比稍有下降，产品结构相对稳定。在各类 ABS 中，应收账款 ABS 发行规模领跑，绿色 ABS 成倍增长，基础资产类型持续丰富。

链接阅读

由雷曼破产看美国资产证券化过程中存在的问题

第二节　资产证券化的运作机制

一、资产证券化的参与主体

资产证券化的参与主体，是指为实现资产证券化的目标，而参与到资产证券化过程中并在此过程中享有权利、承担义务的各类机构和个人。通常包括以下主要参与者：发起人、特殊目的载体（SPV）、投资者、承销商、服务商、信用评级机构、信用增级机构、受托管理机构以及律师事务所、会计师事务所等中介机构。这些参与者在证券化流程中扮演着不同的角色，各司其职，共同推动资产证券化进程实现其目标。在资产证券化实际操作过程中，在不影响总体功能和目标的前提下，不同参与者的职能可能会由同一参与者承担，有时则不包括个别的主要参与者。

（一）主体结构

资产证券化最主要的参与者是发起人、特殊目的载体（SPV）和投资者，本书称之为资产证券化的主体结构。

1. 发起人

发起人是证券化基础资产的原始所有者，是资产证券化的起点，也是基础资产的原始权益人，同时还是基础资产的卖方（seller）。发起人在资产证券化流程中的主要作用是：首先，发起人是拟证券化的基础资产的原始权益人，这些基础资产是资产证券化的基础和来源；其次，发起人的作用在于构建资产池（asset pool），然后将其转移给 SPV，以作为 SPV 发行证券的基础。在资产证券化实践中，并非所有的资产都适合证券化，发起人只能将那些具有同质性、收益较为稳定且容易获得相关数据、收益定价模型的资产进行证券化。

资产证券化发起人既可以自己发起证券化交易，也可以将资产出售给专门从事资产证券化的 SPV，由 SPV 发行证券进行融资，然后再将融资所得作为资产出售的对价支付给发起人。在实践中，为达到增信目的，通常采用后一种方式实现证券化。因此，发起人是证券化交易中事实上的借款人。与之相对应，SPV 作为证券的发行人，则是形式上的借款人。

1）发起人进行资产证券化的目的

（1）获得高于自身信誉的融资条件。传统融资方式一般均以借款方的综合信用为担保，而资产证券化是以被证券化资产的未来现金流作为担保。基础资产通过真实出售、风险隔离和证券化结构设计，大大降低了担保证券的风险，再加上信用增级等手段，使得证券的信用级别大大提高。利用资产证券化，非投资级别的发起人可以凭借投资级债券的利率水平筹集资金，这对于拥有优质资产但是难于直接进入资本市场筹资的中小企业来说，具有特殊的重要意义。

（2）优化财务状况，提高资本充足率。资产证券化的这一优势对于银行等金融机构具有特殊意义。通过资产证券化，金融机构不但可以提前收回现金，偿还借款，缩减负债，同时还可以释放相应的资本，提高资本充足率。

（3）作为资产负债管理的手段。通过资产证券化，金融机构可以实现长短期资金的转换，并将原本由金融机构承担的早偿风险转移给投资者。

（4）增加收益。首先，资产在证券化后是以较高信用级别出售的，所以融资成本较低，这样在基础资产的收益和资产支持证券的收益之间就会产生一个差额收益，而这个收益扣除各项费用后一般都是归发起人所有。其次，资产证券化还可以使发起人未来的收入流提前兑现为现期盈利，以银行为例，如果不进行证券化，贷款的本息收入就要在贷款的整个期限内才能陆续实现。

2）发起人的种类

商业银行、储蓄机构、财务公司、航空公司、运输公司、保险公司等都可以成为资产证券化的发起人，在多数证券化交易中，发起人往往是财力雄厚、信用卓著的金融机构或大公司。

【延伸阅读4-1】　光谷中小担创投发起知识产权证券化项目

2024年7月31日，武汉东湖高新区首单市场化科创（集合类）知识产权ABS项目——"中山证券—光谷金控知识产权资产支持专项计划"获得深圳证券交易所批复的无异议函，将择日上市发行。这是湖北省首单纯民营企业知识产权ABS项目。

该项目采用知识产权质押委托贷款模式发行ABS，储架规模为人民币5亿元，期限为2年，首期发行规模为6800万元。武汉能钠智能装备技术股份有限公司、武汉艾米森生命科技有限公司等9家东湖高新区国家级及省级专精特新"小巨人"企业参与了此次证券化项目，来自这些企业的54项专利质押构建的债权即将"打包上市"。

该项目由中证信用融资担保有限公司提供AAA增信，由武汉光谷金融控股集团有限公司旗下子公司武汉光谷中小担创投有限公司担任原始权益人，武汉光谷科技融资担保有限公司担任牵头机构和资产担保服务机构。

资料来源：《湖北日报》，2024年8月5日。

2. 特殊目的载体（SPV）

特殊目的载体（Special Purpose Vehicle，SPV）是指接受发起人转让的资产，或受发起人委托持有资产，并以该资产为基础发行证券化产品的机构。SPV的原始概念来自防火墙的风险隔离设计，其设计主要为了达到"破产隔离"的目的。SPV的业务范围被严格地限定，因此它是一般不会破产的高信用等级实体。SPV在资产证券化中具有特殊的地位，是一个以资产证券化为唯一目的的独立实体，它是整个资产证券化过程的核心，各个参与者都将围绕着它来展开工作。

1）SPV的性质

SPV是一个独立的经济实体。资产支持证券之所以成为资本市场上的一种重要融资工具，原因之一是其具有独立的经济实体的性质。首先，SPV独立于发起人。发起人将基础资产出售给SPV以后，即便是SPV的合伙人，也无权干预SPV的运作，他们之间的交易是两个独立经济实体的交易。这样既减少了适用《中华人民共和国公司法》相关规定的风险，也为破产隔离提供了保证。其次，SPV独立于信用评级机构、增级机构、证券承销机构和资产管理服务机构。SPV作为独立的经济实体，以自己的名义从事业务活动，其资产不与任何机构的资产混淆，有独立的账务和档案，不和其他机构发生任何关联交易。

SPV是一个破产隔离的经济实体。破产隔离是指法律规定企业不得主动或被动地使用破产法。它包括两方面的含义：一是发起人破产不会引起 SPV 的破产；二是 SPV 本身是破产隔离的（详见 SPV 的功能）。

SPV 是一个典型的"空壳公司"。SPV 是在证券化交易中设立的一个法律意义上的实体。SPV 并不需要注册资本，在其设立时只需设立人向其垫付一定数额的包括服务发生的中介委托费和办公酬金等费用的启动资金即可。启动资金从日后发行资产支持证券获得的收入中支付并获得偿还。SPV 没有办公场所和职员，其公司的实际管理和控制一般也是通过合同委托他人进行，因此被称为"空壳公司"。SPV 购买的基础资产交由发起人进行管理，而其权益则全部移交给一家独立的受托管理机构进行托管。证券发行和承销工作是委托投资银行完成的，信用增级和信用评级工作则分别委托担保机构和评级机构进行。

SPV 是一个特殊的法律实体。SPV 是为了实现预期的财务目标而设立的一个特殊法律实体。SPV 基本法律形态主要有信托模式[①]、公司模式[②] 和有限合伙模式[③]。具体采取哪种模式组建 SPV 要考虑一个国家或地区的法律制度和现实需要。在美国，上述 3 种模式的 SPV 都有，但是以有限合伙模式居多，我国的 SPV 采用信托模式。

2）SPV 的功能

实现破产隔离和发行证券筹集资金是 SPV 的两个主要功能。

（1）实现破产隔离

SPV 是资产证券化交易结构的中心，也是资产证券化结构设计中最典型的创新之处。SPV 之所以具有如此重要的地位，是因为它的设计实现了资产证券化交易结构的破产隔离，在很大程度上保障了证券化交易的安全。

首先，SPV 自身是破产隔离的，即对 SPV 实行破产保护，SPV 不会自愿或强制性破产。当事人在设立 SPV 时，根据一定的法律标准使其具备不破产的特征。

其次，SPV 与原始债务人的破产隔离。这是通过 SPV 的信用担保实现的。基础资产的现金流是资产支持证券偿付的资金来源。为使投资者的偿付不受基础资产债务人偿还能力的影响，SPV 在发行资产支持证券时，要考虑基础资产的违约率，并聘请专业担保机构对资产支持证券进行信用担保。

再次，SPV 的风险与投资者隔离。SPV 在聘请担保机构对资产支持证券实施担保后，其担保权益归投资者享有，担保权益的转让可以降低 SPV 强制执行破产给投资者带来的风险。

---

① 资产证券化的发起人将基础资产以信托方式转让给信托机构，建立信托关系，由信托机构作为资产支持证券的发行人，以发行信托受益证书的形式运用受托资产，信托证书的持有者有按照证书规定到期获取收益的权利，并且可以自由转让该证书。由于信托财产的所有权与收益权相分离，且信托财产具有相对独立性（与其他信托财产相独立、与信托人自己的财产相独立、与委托人的其他财产相独立），从而可以达到资产证券化风险隔离的目的。另外，有些国家法律规定，信托可以免税，从而避免了双重纳税，减小了资产证券化的成本。

② 依据公司法，SPV 可以以股份有限公司或有限责任公司的形式存在。SPV 采取公募或私募方式发行股票募集资本，吸收机构投资者或原始权益人投资，但是投资者没有 SPV 的管理和决策权。在证券化过程中，评级机构会对作为不同的 SPV 公司提出不同的额外要求。

③ 有限合伙企业有普通合伙人和有限合伙人：普通合伙人承担无限连带责任，有限合伙人承担有限责任，即根据出资额享受利润并承担债务。有限合伙人不是法人，因此采用有限合伙模式主要基于避税的考虑。

从次，SPV 与发起人的破产风险隔离。SPV 与发起人的风险隔离主要是通过真实销售实现的。在真实销售的情况下，基础资产的所有权归 SPV，如发起人破产清算，基础资产不列为清算资产。

最后，SPV 与专业服务商的破产隔离。为降低专业服务商的风险对资产证券化结构的影响，SPV 严格限制了专业服务商的职责。比如专业服务商只负责管理基础资产、提供相应信息，并从原始债务人处收回本息；规定专业服务商必须将收回的本息存入由受托管理人管理的指定账户，或规定原始债务人直接将贷款本息存入锁定的账户。

（2）发行证券，筹集资金

SPV 将基础资产加以整合、包装，设计出与基础资产风险与收益特征相适应，并有市场销路的各种资产支持证券。通过信用增级、信用评级，提高证券的信誉级别，创造出更广阔的市场需求，达到资产证券化的融资目的。证券销售后，SPV 将款项支付给发起人，至此，发起人通过资产证券化融通资金的目的得以实现。

3. 投资者

投资者即从发行人或发行人的销售代理人那里购买证券的人。资产证券化本身的复杂结构往往要求投资者具有证券化的一般知识与比较成熟、理性的投资理念。机构投资者最大的优势是规模投资、专家理财，通过投资于多种证券，实现收益与风险的最佳组合。资产证券化市场的主要投资者包括保险公司、投资基金、养老基金、信托投资公司等专业投资机构。

1）保险公司

保险公司是经营保险业务的非银行金融机构。保险公司按照监管要求必须根据面临的风险性质确定应保留的资本金，即风险资本要求，因此保险公司在确定资本要求时，必须考虑证券资产风险因素，降低投资组合中高风险资产的比重，相应提高资本充足率。具有期限长、收益高、信用风险小等特点的资产支持证券是理想的投资工具，是保险公司增加收益、满足监管要求的最佳选择，是仅次于国家债券的理想投资工具。

2）投资基金

投资基金在国外也称信托基金或共同基金，是经金融监管当局批准，由若干具有法人资格的非银行金融机构（或其他机构）发起设立，以发行基金股份或受益凭证的方式建立，并将所获资金投资于多样化证券组合的金融中介机构。与保险基金一样，投资基金必须接受监管当局的监督和管理。资产支持证券本身就具备投资组合的特征，且经组合后的证券与市场债券相比，风险小、收益高、流动性强，由于特殊的担保结构，使其可以避免基金直接投资股票和其他债券的风险，成为投资基金的主要投资对象。

3）养老基金

养老基金是一种用于支付退休收益的基金，由雇员和雇主出资。由于养老基金在雇员退休前不使用，甚至不能作为借款的抵押品，因此形成一项长期的资金积累。随着社会保障制度的发展，发达国家的养老基金迅速发展，总额不断扩大。不少国家要求在建立养老金初期，采取严格限制投资的政策，之后才允许养老金资产组合的多样化。养老基金的主要投资对象是住宅抵押债券。

4）商业银行和储蓄机构

商业银行和储蓄机构在资产证券化中具有双重身份，它们既是出售基础资产的原始权益人，在有闲置资金时又是资产支持证券的购买者。其购买资产支持证券可以调整投资组合，降低资产风险，又可以获取较高的投资收益，在需要资金时还可迅速将其变现。因此商业银行和储蓄机构成为资产证券化市场的最大买主。

5）其他金融机构

除了上述机构以外，其他金融机构如信托公司、住房贷款抵押公司等也是主要的机构投资者。

（二）中介机构

1.承销商

承销商是指负责证券设计和发行承销的投资银行。在资产证券化融资结构设计和证券发行阶段，投资银行扮演着证券融资顾问和证券承销商的重要角色，是资产证券化的重要参与者。

合理设计和成功销售资产支持证券，需要有了解金融市场、熟悉融资法规和投资者需求的金融机构提供专业化服务。投资银行在资产证券化前期就开始履行该职责。包括财务管理、组合资产的内部评估、提出证券化设计中的财务法律意见等。一般而言，应具备丰富的谈判经验和技巧，能够准确了解证券化项目发起人的目标和具体要求；熟悉项目所在国的政治经济结构和投资环境，法律规章和财会税务制度；而且了解证券市场和投资者的需求。通过对融资方案的设计、分析、比较和协商谈判，最后形成一个既能在最大程度上保护发起人的利益，又能为投资者接受的融资方案。

投资银行的证券承销主要采取公募和私募发行方式。公募发行即投资银行从发行人那里买断证券，然后再公开销售。私募发行则是作为SPV的销售代理人，向银行或非银行金融机构等投资者发行，为其成功发行资产证券提供服务。无论采用哪种方式，投资银行都要和发行人一起策划、组织证券化交易的整个过程，以使其符合相关法律、法规、会计和税收等方面的要求，实现融资者的预期目的。资产支持证券的承销程序包括签订初步意向书、组织承销团并签署承销协议、销售、资金清算等环节。具体做法与股票和普通债券基本相同。

链接阅读

中金公司收ABS业务罚单

2.信用增级机构

此类机构负责提升证券化产品的信用等级，为此要向SPV收取相应费用，并在证券违约时承担赔偿责任。

资产证券化的重要特点是实行双重担保，资产支持证券除以基础资产作为担保外，还聘请信用增级机构提供额外的信用增级，这是证券能否获得较高发行评级的重要因素，也是资产证券化合理发行架构的体现。

1）信用增级的功能

信用增级机构在资产证券化中承担了部分或全部基础资产的信用风险，进一步实现了风险的隔离，保证了交易的安全性。

首先，缩小证券供给者与投资者之间的差距。在资产证券化过程中，基础资产的信用质量和证券化资产的现金流很难与投资者的目标相吻合，发行人为了使投资者接受证券化资产，可以改善基础资产的信用质量或者改善担保特性。在实践中多利用信用增级，提高证券的质量，缩小供求之间的差距，以满足投资人的需要，满足发行人在会计、监督和融资目标方面的要求。

其次，为投资者投资决策服务。资产证券化是一个多方参与、多环节交易的复杂融资过程，是一个由受益人、卖方、服务人和管理人构成的特殊交易结构，每一个组成部分都存在潜在的风险。由于信息不对称，投资者难以识别在证券化资产和证券化交易结构中可能产生的来自各环节的风险。信用增级机构的加入，不但可以对此类风险进行专业性识别，而且作为交易的参与者之一，可以采取措施将此类风险最小化。

最后，降低发起人的融资成本。信用增级的成本依赖于被抵押资产的质量，而不是发起人资产负债表中处于不利状况的全部资产的质量。因此，可以避开资产负债表所带来的融资障碍。在信用增级的支持下，证券发行人可以在市场上获得更高信用等级，获得低成本融资的收益。而且，经过增级的证券容易被投资者接受，流通性增强，便于发行。

2）信用增级的类型

信用增级包括外部信用增级、内部信用增级两种类型。

外部信用增级又称第三方信用增级，是指由债权债务人以外的第三方提供的信用担保。这里的第三方可以是政府机构、保险公司、金融担保公司、金融机构、财务公司等。由于第三方的信用担保与被担保的资产证券本身的原信用等级无关，因此外部担保的质量主要取决于担保机构的信誉和担保的数额。

内部信用增级，是资产证券化的发起人利用基础资产产生的部分现金流来实现自我担保。内部信用增级可以避免外部信用增级的风险。主要形式有直接追索、储备账户、超额抵押、购买从属权利、利差账户和担保投资基金。

在实践中，大多数采用内部和外部信用增级相结合的方式。例如，利用超额抵押和利差账户使现金流获得投资级的信用评级，然后再利用专业保险公司提供的保险就可获得AAA 的信用评级。至于选择哪种增级工具取决于最低增级成本的约束。

3. 信用评级机构

信用评级是对证券发行者的信用及其所发行证券的质量进行评估的行为。证券评级不是向证券市场参与者推荐某种证券，而是将证券按合同还本付息的可靠程度，用简单的记号或文字说明客观地展示给投资者。

1）信用评级的作用

（1）有利于合理证券价格的形成。证券级别是确定证券风险与收益的依据，也是证券价格形成的决定因素。资产证券化不同于一般的债券发行，被证券化的基础资产的期限、数额、现金流的稳定性各异，据以发行的证券同质性较差，只有经过信用评级，发行者才能准确确定证券价格与利率，投资者才易于判断资产支持证券的风险与收益，从而作出正确的投资决策。

（2）健全资产证券化监管机制是不可缺少的环节。在资本市场发达的国家，证券必须经过信用评级方可对外发行。美国监管当局要求商业银行不允许购买信用低于 BBB 级的证券，日本和韩国的监管机构根据信用评级决定是否允许本国公司在国际资本市场上发行证券。在资产证券化交易中，监管机构根据评级机构评定的资产支持证券的等级，对证券持有机构实行资本监管，防范资本风险。

（3）有助于约束资产证券化交易主体的行为。发行人为了获得较好的信用评级，必须按照评级机构的要求设计交易结构和提供信用增级，并且在证券信用评级之后，评级机构还会保持对该证券的监督，修正原信用等级。为了防止证券被降级，发行人就必须加强对基础资产的管理，从而可以有效地防止资产证券化中发起人的道德风险，保护投资者的利益。

2）信用评级的步骤

在资产证券化市场上，信用评级机构在接受发起人的评级申请后，首先对基础资产的质量进行评估，考察借款人的信用状况、地理分布和资产组合情况；其次对证券化参与人和交易结构进行评估，分析交易结构中可能存在的风险，并对真实销售、破产隔离、信用增级、触发事件的设计等问题进行审查；最后要进行"压力测试"，将审查结果输入模型，得出预期的损失水平，并充分考虑发生最坏情形时的损失情况，综合考察整个交易结构的完整性和全面性。评级机构在对证券化的全过程进行详细审查后，得出最终的信用评级结果。

4. 其他中介机构

其他中介机构主要包括资产服务机构、受托管理人和律师事务所。

1）资产服务机构

在资产证券化交易结构中，资产服务机构是不可缺少的重要参与者，由 SPV 聘请。其职责是进行有关信息的传递和提供代理服务，包括：管理并收回基础资产的现金流，负责向债务人追回已过期的贷款；向委托人和证券持有人提供基础资产组合情况的年度和月度报告，详细说明基础资产本金和利息的收回及各种费用的支付情况，为投资者提供其需要的资产情况和纳税信息，经受托管理人审阅后向投资者公布。

2）受托管理人

资产证券化中的受托管理人是资产服务机构和信用增级机构与投资者的中介。其职责是代表 SPV 的利益从发行人处购买资产；负责将债务人偿还基础资产本息存入独立的存款账户，并到期向证券投资者支付本息；如果独立存款账户中有超额资金，受托管理人有责任将其用于再投资；按照协议规定监督资产服务机构提供给投资者的信息是否充分，并将报告转给投资者；在资产服务机构不能履行其责任时，代其行使职责。

3）律师事务所

为确保资产证券化运作成功，必须保证每一环节的运作符合法律规定，因此相关参与者必须聘请律师事务所和相关领域的法律专家作为专业法律顾问，为参与方的证券化项目提供咨询意见、出具法律意见书、审查证券化流程中相关的各种法律文件等相关服务。

除上述当事人外，证券化交易还可能需要金融机构充当服务人，服务人负责对资产池中的现金流进行日常管理，通常可由发起人兼任。

二、资产证券化的操作流程

一次完整的资产证券化融资的基本流程是：发起人将证券化资产出售给 SPV，或者由 SPV 主动购买可证券化的资产，然后 SPV 将这些资产汇集成资产池（Assets Pool），再以该资产池所产生的现金流为支撑设计出证券，经过信用增级和发行评级后，委托券商在金融市场上发行，SPV 用所得的资金支付发起人的款项，用基础资产池的现金流偿还投资者的本息。

资产证券化交易结构如图 4-1 所示。

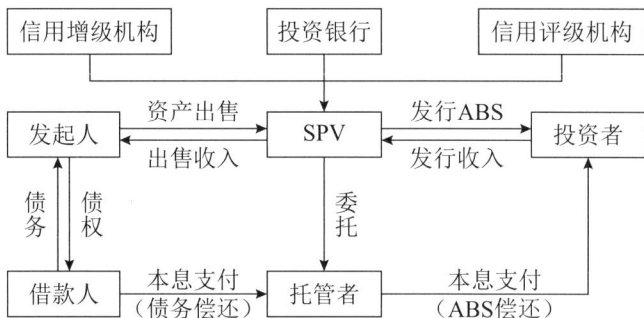

图 4-1　资产证券化交易结构图示

（一）发起人选择拟证券化的基础资产，构建资产池

发起人根据自身的融资需求和现有资产的情况，选择适合证券化的资产作为基础资产。一般而言，证券化资产不限于一种，通常把多种资产组合起来，形成资产池。资产池必须具有一定的规模，以减少非系统性风险，达到资产证券化交易的规模效应。

1.基础资产的特征

资产证券化中的基础资产必须有以下特征。

1）有稳定且可预期的现金流

基础资产是否具备稳定的、可预期的现金流，主要取决于两个条件：一是要有足够的现金收入满足合同规定期限内利息支付的需要；二是要有足够的现金累积以满足证券到期时偿付本金的需要。资产证券化并不是指将实物资产证券化，而是将依附于该资产的现金流证券化。[①]

2）有良好的信用记录

这就要求原始权益人已持有基础资产，在一段时间内资产的违约率和损失率稳定且较低，对基础资产的风险有一套成熟的量化统计方法，能预测未来基础资产损失的发生概率。

---

① 比如，按揭抵押贷款就是符合条件的基础资产。因为按照按揭的借款合同确定，借款者在整个偿还期内按月支付一定的本金和利息，其未来的现金流具有稳定和可预测的特点，可以保证抵押贷款证券的还本付息。

3）易于获得相关信息

要求该基础资产在社会经济生活中有广泛应用，为公众所熟悉，且有一套完整客观的信息披露途径。这样由该基础资产所支撑的证券产品更容易为投资者所接受，同时，也便于资信评级机构进行信用评级。

4）抵押物的质量较高

基础资产若为抵押贷款，则要求抵押物有较高的质量。较高质量的抵押物应具备的特征是：有较广泛的市场需求且抵押物二级市场发达，便于出售；市场价格易于确定且稳定，容易变现；抵押物对原始债务人有很高的效用，债务人会尽可能履行债务以保全抵押物；抵押物的账面价值高于抵押物资产一定比率。

2. 资产池的构建原则

资产池的构建是证券化交易的起点，也是决定资产证券化成功与否及交易成本高低的关键因素。根据国外成功经验和国内的实践及相关法规要求，在开展资产证券化活动中，对资产池的构建应遵循以下原则。

1）同质性原则

同质性是指基础资产在现金流结构、违约风险、到期日结构、收益水平等信贷要素方面保持一致或相似，这是构建大规模基础资产池，并据以发行证券的关键，也是评级机构对资产证券的风险做出准确评价和投资者投资决策的基础。基础资产具有同质性主要体现在标准化程度高、有条款设置清晰明确的合同关系上。

2）合法化原则

确定基础资产并确保每一笔入池资产合法性是构建资产池、进行资产证券化的首要和关键环节。如果资产池不符合有关法律规定，则证券化产品发行不会得到监管部门批准。

3）规模化原则

规模化经营是现代经济的重要特征之一，规模化显著效应就是摊薄和降低费用成本。资产证券化业务开展也存在着规模化问题，资产证券化涉及发起机构、受托机构、资产服务机构和承销商、信用增级机构等众多机构。要使资产证券化持续推进，关键在于确保每个部门都要能从证券化过程中获得收益，而资产池的规模化在这一过程中就显得非常重要。

4）大数定律原则

对于单笔贷款来说，现金流是不确定的，因此单笔贷款的风险是比较大的。但是，从银行信贷资产的现金收入流来考察，将本息偿还分摊于贷款整个存续期，那么根据大数定律，如果将大量、标准化、流动性差的资产进行组合，只要同质的信贷资产数目达到足够大，便可以预测出本息的违约率和本金的提前偿还率，这样就可以根据组合资产的运动规律预测其现金流。

5）多层次原则

通过将资产池中的资产分组构建出具有不同的到期期限的债券，创造出的期限短的债券先得到偿付但收益率较低，长期的债券违约风险大但其收益率高，而且有了先被偿付的短期债券作为保护。这样不仅有利于风险在不同期限的债券中分割，而且也自然地将不同投资偏好的投资者分开，可以让债券的募集范围更广。

6）分散化原则

分散化原则包含行业分散、原始债务人分散[①]和地域分散等几个方面。遵循分散化原则是资产组合理论在构建资产池风险控制上的具体应用，也是资产证券化过程中最基本的风险控制手段和技巧，同时亦是后续证券化产品评级的重要因素。证券化产品评级有三个关键因素，分别是基础资产的分散化、违约的可能性和回收率，而基础资产的分散化是评级的基本要素。分散化程度越高效果越好，这意味着基础资产回报的不确定性越小，充分说明基础资产分散的重要性。

链接阅读

我国知识产权证券化
的四个典型案例

（二）发起人将基础资产出售给 SPV

在资产证券化的操作流程中，SPV 是基础资产的购买者和权利支配人，也是资产支持证券的合法发行人，负有确保到期证券清偿的责任。SPV 根据基础资产的性质、发起人的融资要求及市场投资者的需求，设计并确定发行证券的种类、价格，委托信用增级机构完成证券的信用增级，监督基础资产现金流的收取和证券的还本付息，在资产证券化中起核心作用。

基础资产从原始权益人向 SPV 的转移，是证券化运作流程中的一个重要环节。发起人将基础资产出售给 SPV 时双方需要签署书面合约，只有真实出售以后才能保证原始权益人其他资产的风险与基础资产的风险相隔离，基础资产不受原始权益人破产的影响，以达到风险隔离的目的，降低对投资者利益的损害。

从各国实践看，原始权益人向 SPV 出售资产主要采取转让出售和债务更新等方式。

转让出售，即通过一定的法律手续把发起人被证券化资产的所有权转让给 SPV。作为转让对象的资产要有法律认可的可转让性质，基础资产权利的转让要以书面形式通知基础资产的债务人。大多数基础资产出售采取转让出售的方式。

债务更新，是先行终止发起人与基础资产原始债务人之间的债权债务合约，再由 SPV 与债务人按原合约还款条件订立一份新合约替换原来合约，把发起人与债务人之间的债权债务关系转换为 SPV 与债务人之间的债权债务关系。由于债务更新方式成本较高，一般仅适用于基础资产组合只涉及少数债务人的情况。对债务更新，各国的法律规定不同。欧美的做法是先将原始债务清偿，而后原始债务人再以同一条件向新的债权人进行借贷。但是在日本，债务更新不被视为证券化类型，理由是原始债权已经被清偿。

（三）证券化安排

证券化安排是指 SPV 以购买的基础资产产生的现金流为基础，将其设计成在市场上易于销售的证券的过程。这是资产证券化的核心内容。一般而言，SPV 的证券化安排遵循以下原则。

---

① 基础资产的原始债务人具有广泛的地域和人口统计分布，在一定程度上可以降低由于区域性突发的偶然因素或局部的经济不景气而发生违约风险的可能性，从而降低证券风险。

1. 发起人已对基础资产进行了法律上的资产剥离

这是 SPV 进行证券化安排的前提条件。法院裁定基础资产是否真实出售，一般考虑的是：发起人的意图是否符合证券化目的；发起人是否按照资产出售进行了会计处理；是否有追索权。

2. 综合各种因素设计证券化品种

SPV 要将剥离后的资产设计为各种不同类型的资产支持的证券。至于设计成何种证券，应当考虑发起人筹资的目的、投资者的需求、筹资成本和期限结构以及本国的证券发行与交易法律法规及其会计准则和税法。

（四）完善交易结构并进行内部信用初评

SPV 在完成证券设计及相关事宜后，还要完善交易结构，即 SPV 参与各方协调，落实资产证券化所需要的服务，并确定各自的责任，包括与原始权益人指定的资产服务机构签订贷款服务合同；与原始权益人共同确定托管银行，签订托管合同并与银行达成必要时提供流动性支持的周转协议；与券商达成证券承销协议等。这一环节明确界定各方权利义务，保障资产证券化的顺利进行，并为日后解决争端提供便利。

完善交易结构之后，SPV 聘请信用评级机构对该交易结构及设计好的资产支持证券进行内部评级，即初评。信用评级机构要审查各种合同和文件的合法性、有效性，审查基础资产债务人的信用记录以及证券化参与方的信誉，并对交易结构和资产支持证券进行考核评级，给出内部评级结果。由于初评是以基础资产为主要对象进行的，结果一般不理想，因此根据初评结果发行证券，难以吸引投资者。只有经过信用增级，才能在市场上取得有利的发行条件。此外，发行人在会计、监督和融资方面也要求资产支持证券有较高的信用等级。因此对于达不到投资级别的债券，必须进行信用增级。

（五）信用增级

信用增级的目的是保证资产支持证券能够被及时足额地偿付，提高证券的信用等级。信用增级降低了投资者的风险，增强了资产支持证券对投资者的吸引力，有利于证券的顺利发行和畅销。信用增级提高了证券的信用等级，有利于降低融资费用。信用增级的方式很多，内部信用增级和外部信用增级是通常采用的两种类型，一般是多种信用增级形式并用。

（六）发行评级和证券发售

信用增级完成之后，SPV 将再次聘请信用评级机构进行信用评级，并向投资者公布结果。信用级别越高，证券的发行成本越低，发行条件就越好。在资产证券化过程中信用评级机构只对基础资产未来产生现金流的能力进行评估，而不需要对发行人整体资产进行评估。因此，选择优质的资产并将其从整体资产中剥离出来，配以一系列信用增级措施，就可获得远高于原始权益人自身信用等级的信用评级。

证券定级后，评级机构还要进行跟踪监督，分析经济金融形势、发起人和证券发行人的信用情况、基础资产债务的履约情况、信用增级情况及提供信用增级机构财务状况等因素的变化，对资产证券信用级别进行调整，作出监督报告并向外公布。资产支持证券的评级较好地保证了证券的安全度，这是提高证券吸引力的一个重要因素。

信用评级完成并公布结果后，SPV 按照已经签署的合同，将经过信用评级后的证券交给证券承销商承销。SPV 一般委托投资银行作为承销商，投资银行要充分了解发起人的目标和要求，熟悉政治经济环境、投资环境、金融市场环境、法律和税务环境，掌握必要的技术和手段，选择合适的证券交易品种并发行上市。证券承销可以采取公开发售或私募的方式发行。证券发行后，在合同规定日 SPV 从证券承销商那里获得发行现金收入，并按事先约定的价格向发起人支付购买证券化资产的价款，此时 SPV 要优先向其聘请的各专业机构支付相关费用，至此原始权益人达到了筹资目的。

【延伸阅读 4-2】售前评级报告：吉时代 2024 年第二期个人汽车抵押贷款资产支持证券

标普信评 2024 年 8 月 1 日宣布，已评定"吉时代 2024 年第二期个人汽车抵押贷款资产支持证券"项下优先 A1 级和优先 A2 级资产支持证券（以下简称"优先级证券"）的预期信用等级为 AAAspc(sf)。该交易由吉致汽车金融有限公司（以下简称"吉致汽车金融"）发起，将由上海国际信托有限公司受托发行。

上述预期信用等级是根据截至 2024 年 7 月 24 日的资料及分析评定的，标普信评预期将于信托设立日确认并公布最终信用等级。

根据标普信评结构融资方法论五大方面的分析，上述预期信用等级主要反映了以下观点。

基础资产信用质量：标普信评综合考虑发起机构的运营模式、风险管理能力和历史经验，静态池和动态池的历史数据表现，以及资产池信用特征等因素，同时应用前瞻性分析方法对预期基准假设加以优化调整。预计本期交易的基准违约率为 1.20%，基准回收率为 10.00%；资产池在 AAAspc(sf) 级别压力情景下的违约率为 6.60%，回收率为 5.00%。

现金流和交易结构：通过现金流分析和压力测试，标普信评预计本期交易在当前证券级别、交易结构及相关假设下，优先级证券仍能够按时足额偿付本息。对本期交易分析和加压的参数包括违约率、违约时间分布、损失率、回收率、回收时间、早偿率及各项支出等。标普信评增信缓冲最终测算结果大于 4%。

运营和管理风险：本期交易的贷款服务机构吉致汽车金融通常采取直接借记卡扣款的方式进行还款回收，在一定程度上能够减轻运营风险。虽然在本期交易中并未指定后备贷款服务机构，但信托（流动性）储备账户的设置能够在一定程度上为交易提供流动性支持。标普信评认为本期交易参与方经验丰富，具备履行其相应职责的能力。

交易对手风险：标普信评在评估交易对手风险时考虑了资金保管机构风险、偿付中断风险、混同风险和抵销风险等因素。目前的交易安排能够缓释相关交易对手风险。

法律和监管风险：标普信评认为本期信托的法律结构符合资产证券化对真实出售与破产隔离的要求。本期交易存在未通知借款人、因未办理抵押权变更登记而无法对抗善意第三人的风险及其他法律风险，但现有的交易安排可有效缓释上述风险。

资料来源：标普信评，2024 年 8 月 1 日。

（七）资产支持证券进入二级市场上市交易

资产支持证券多为中长期证券，因此，一个活跃的、具备相当规模的二级市场，对于资产证券化的持续稳定发展至关重要。但是并非所有的资产支持证券都需要进入二级市场。在通常情况下，以公募方式发行的资产支持证券，投资者对证券的流动性有较高的要求，希望能够在二级市场上随时变现，对于这部分证券 SPV 必须向交易所申请上市。以私募方式发行的资产支持证券，投资者多为银行或非银行金融机构，它们对证券的流动性要求比较低，因而这部分一般不必申请上市。

（八）资产服务机构管理资产池

资产支持证券发行后，SPV 要保证基础资产现金流的收回，并支付给证券投资者本息。但是 SPV 不直接管理基础资产，SPV 可委托贷款出售银行继续负责基础资产现金流的收取与分配，也可以聘请专门的服务机构对资产池进行管理。一般地，发起人会担任服务机构。因为发起人比较熟悉基础资产的情况，并与每个债务人建立了联系，而且有管理基础资产的部门人员和管理经验。

资产服务机构的职责是：①收取基础资产债务人每月偿还的本息，存入 SPV 的收款账户，按时向投资者偿付债券本息，向各类中介机构支付专业服务费；②对债务人的偿还情况进行监督，并在债务人违约的情况下实施有关补救措施；③管理相关的税务和保险事宜；④管理好账户资金，使其保值增值。

一般情况下，资产支持证券的利息通常是每 3 个月或 6 个月支付一次，本金的偿还因证券不同而异。当证券全部被偿付完毕后，如果资产池产生的现金流有剩余，应根据合同规定，将剩余的现金流返还给发起人，或在发起人和 SPV 之间进行分配。至此，资产证券化交易的全部过程也随即结束。

需要说明的是，上述业务流程是资产证券化最一般、最基本的框架，由于各国或地区制度不同、金融市场发达程度不同，具体框架设计也有差异。至于不同品种的资产证券化业务流程，更是各具特色。因此，在设计证券化业务时，应以一般流程为基础，结合本国或本地区的具体情况进行。

链接阅读

奇艺世纪知识产权证券化

第三节 资产证券化的风险与管理

一、基础资产风险与管理

（一）基础资产风险

资产证券化过程中采用了"真实出售"和"破产隔离"的结构设计，证券化资产的信用状况和发起人的综合信用水平实现了分离，作用于发起人的大部分风险不会再直接对资产证券构成影响。由此，用于证券化的基础资产本身的质量，就是资产支持证券的投资者和评级机构关注的要点。基础资产风险具体表现形式如下。

1. 信用风险

这里的信用风险是指基础资产的原始权益人对某一贷款客户即原始债务人的债权不能收回的可能性，表现为证券化资产所产生的现金流不能支持本金和利息的及时支付。该风险发生的可能性和造成损失的大小取决于原始债务人的财务状况和偿债能力。如果债务人违约，该类风险造成的潜在损失便会很大，涉及的金额不仅包括贷款本金，还有拖欠并应计罚息的利息。

2. 提前偿付风险

提前偿付风险是指对那些有着固定偿还计划的贷款项目，借款人按照比原计划快的还款进度，在合约到期日之前，付清全部借款的可能性。该风险主要是由市场利率的降低造成的。在开放的金融市场中，利率受多种经济和政策变量的影响，处于经常变化之中，因此，提前偿付风险是不可避免的。该风险不会危及基础资产本金的安全，但其实质是债务人将利率风险转移给了债权人。提前偿付会使资产服务机构库存现金超计划增加，从而使其总体资产的流动性超过利润最大化的要求。同时，还存在资产服务机构不能按照预期收益进行再投资的风险。比如在市场上难以找到理想的投资对象或难以利用提前偿付的资金进行再投资，并且由于投资利率降低而会降低投资收益率。

3. 信贷集中风险

对于资产证券化来说，信贷集中风险是指基础资产池中的资产数量较少，或对某类借款人的贷款超过总额的一定比例，从而使金融机构无法通过大数法则来准确预测并分散风险，使基础资产遭受损失的可能性增加。

4. 担保违约风险

担保的形式很多，包括保证、抵押、质押、定金等形式，借款人以此提高自己的信用水平，获得贷款或其他信贷。原始债务人如果能够按时偿还债务本息，该风险并不存在；但如果违约，出现执行抵押时抵押物市场价格大幅下跌、市场交易困难，或者原始债务人的保证

人无法代偿债务等情形，则担保风险最终会形成信用风险。

（二）基础资产风险管理

1. SPV 对基础资产风险的审查

SPV 可对拟购买的资产进行分类审查，其中要特别关注贷款企业信用分析环节是否科学，以确定原始债务人的偿还能力。可以遵循目前商业银行贷款发放的"6C"原则：品德（Character）、能力（Capacity）、资本（Capital）、担保（Collateral）、经营环境（Condition）、事业的连续性（Continuity）。

品德是评估借款人的工作作风、生活方式、诚实度等品德表现。对于企业法人，则关注其负责人的品德、企业管理和资金运用等方面的健全性。能力衡量借款人或企业负责人的才干、经验、判断能力、业务素质等。资本衡量借款人的经济实力，包括资产、负债和净资产等方面。担保是指借款人应提供一定的物质担保品，以减少或避免银行贷款的风险。经营环境是指评估借款者所在行业的经济环境和趋势，以及借款人在该行业中的地位和发展前景。事业的连续性是指审查借款企业的持续经营前景，确保其业务的稳定性和长期发展潜力。这些原则共同构成了贷款信用评估的基础，帮助金融机构做出更明智的贷款决策，同时也保护了借款人的利益，确保了贷款的安全性和可持续性。

实际上很多商业银行都设计了信用分析的指标体系，SPV 要审查银行贷款决策是否根据上述依据来做出。其中，要特别注意中小银行信用分析的规范性。在真实出售的方式下，SPV 还要审查原始债务人还款的历史资料，并取得相应资料的所有权。由于 SPV 购买的基础资产已由商业银行持有一段时间，因此一般而言，对符合条件的基础资产，在购买后主要是定期分析财务报表和财务比率，观测企业资产、负债和资本结构以及现金流量的变化，保证贷款本息的收回。

2. 资产服务机构对基础资产风险的管理

在 SPV 委托资产服务机构管理基础资产的情况下，服务机构必须对基础资产债务人的信用状况进行跟踪分析，主要可以分析原始债务人的财务报表、现金流量和自然借款人信用。

1）财务报表分析

财务报表分析的关注重点是企业的还款能力和信用风险，基本做法是计算借款人过去一定时期内财务报表中的一些指标与总资产或者总收入的比率，以及进一步的量化分析，即通过对财务比率的仔细分析，如企业的经营管理水平、盈利能力、运营状况、债务水平，为评价企业的偿债能力提供依据。

资产服务机构应当定期观察这些比率的变动情况，通过对这些比率变动的比较分析，确定已经存在的不利因素，分析发展趋势，有侧重地加以防范，以保护贷款的安全。也可以与同行的同期比率做比较，对有沿着同一方向连续变动趋势或波动剧烈、大幅偏离正常区间的比率要特别关注，分析其变动的原因，及时向 SPV 反馈。

2）现金流量分析

现金流量是指一定时期内现金及其他现金资产流出与流入量的总称。现金流量是资产中用来偿还企业债务的最可靠部分，比企业的盈利状况更能直接说明其偿债能力。现金流量分析通过现金流量表的编制和分析来实现。

资产服务机构可以通过现金流量表对借款人在某一期间的现金流量进行测算，或预测借款人未来时间段的现金流量，以此估算企业短期内和未来的偿债能力。如果基础资产的债务人财务结构没有不利的变化且能够取得预期的现金流量，表明基础资产的未来现金流没有风险，反之，就要及时向 SPV 反馈。

3）自然借款人信用分析

在资产证券化的发展过程中，住宅抵押贷款的借款人大多为自然人，在消费贷款证券化中，消费贷款的债务人全部是自然人。对自然借款人进行信用分析，是防范资产证券化基础资产风险的一个重要内容。

自然借款人偿还贷款的主要来源是个人收入。经济周期、职业稳定性、个人及家庭成员的健康情况等都是影响其贷款偿还的因素。

与公司借款人相比，个人借款人具有收入变化的可能性大、抗拒环境变化的能力弱、财务资信难以获得等特点。因此 SPV 和资产服务机构在购买和管理以自然人为原始债务人的基础资产时，要将注意力集中于影响借款人信用风险的若干关键因素上，同时应做到对自然借款人的信用风险管理更加细致，关注的要点包括借款人个人征信、品德、年龄、收入与稳定性、就业与稳定性、承担抚养和赡养义务的人口情况、财产及其变现情况等。

二、资产证券化交易结构风险与管理

（一）交易结构风险

1. 承销商和资产服务机构的风险

SPV 发行资产证券需要委托投资银行进行承销，承销款用于支付购买基础资产的价款。资产支持证券发行量巨大，投资银行需要组织承销集团的分销，其中任何一个环节出现问题，都会影响资产证券化交易过程，严重情况时会引起资产支持证券的信誉度下降，甚至导致资产证券化运作的夭折。因此聘请实力雄厚、经验丰富的投资银行可以规避证券承销风险。

在资产证券化中，资产服务机构接受 SPV 的委托管理基础资产，其中要监督基础资产的风险并保证基础净现金流能按期收回，并定期向投资者还本付息。在这个过程中能否保证收回现金流的安全性和向投资者支付本息的及时性，都会给整个资产证券化带来风险。

【延伸阅读 4-3】　　　**资产证券化发行承销业务违规，华宝证券债券和 ABS 申请被关"小黑屋"一年**

上交所网站日前披露的一则纪律处分决定书显示，经查，华宝证券在从事资产证券化发行承销业务过程中未勤勉尽责，未按照相关规定发行资产支持专项计划，未对业务人员行为进行有效管理，未对业务流程实施有效管控。有关责任人对公司上述行为负有责任，未能审慎勤勉执业。

根据相关规定，上交所对华宝证券采取1年内不接受提交的公司债券、资产支持证券申请文件的纪律处分，对华宝证券相关责任人员分别处以通报批评、3年内不接受其签字材料的纪律处分。

此外，华宝证券还有多名时任高管受到处罚。上交所对华宝证券时任副总裁、首席风险官、时任投资银行业务总部生态圈企业融资部项目负责人等5名相关责任人进行不同程度的纪律处分。

上交所通报显示，对于本次纪律处分事项，华宝证券及有关责任人均提出异议；不过，对于华宝证券及有关责任人提出的申辩理由，上交所认为不能成立，不予采纳。

华宝证券相关人员提出，本次违规属于程序履行不当，且专项计划为私募发行，涉及投资者数量较少，公司及相关人员已积极采取补救措施，未对市场造成严重不良影响，具有从轻或减轻违规责任的情形。上交所进一步指出，华宝证券未按照相关规定发行资产支持专项计划，涉及金额巨大，情节严重。"该行为反映出公司在内部控制制度建设、执行方面存在严重缺陷。"

资料来源：界面新闻，2023年11月26日。

2. 担保机构风险

担保机构的风险包括正常风险、发起人的道德风险和宏观经济风险。

正常风险是指借款人不能还款，担保机构要履行担保责任，由此带来的风险。

发起人的道德风险是指由于交易对手不诚实而造成损失的可能性。在交易结构比较简单的情况下，可以有效地防范这种风险，由于证券化交易的高度复杂性，从证券化的基础资产到独立专家的意见，都广泛存在发生欺骗的可能。因此，担保机构必须具备必要的信贷专业知识，严格操作管理，规避来自发起人的风险。美国的很多担保机构都有专门的信用分析部门，制定了贷款质量标准和控制贷款风险的措施。

宏观经济风险是指国家或地区由于经济衰退、自然灾害、战争等因素造成借款人预期收入难以实现，贷款不能偿还。此外，跨国资产证券化还包括国家风险。

3. 失效风险和法律风险

失效是指资产支持证券被宣布无效，它是由法律意见书指明并通常由陈述书、保证书及赔偿书支持的。一旦失效风险发生，发行人在法律上就不再对证券持有人负有支付的义务；同样，如果交易中的某个环节或要件失效，则交易结构就无法继续运作，发行人也不再需要筹措相应的资金对其证券进行支付。

法律风险是指由于法律的不确定性而导致的风险，通常是由法律文件效力的不明确或法律法规本身的变动引起的。在进行证券化融资活动时，为了消除交易的外部风险，往往要求法律咨询机构出具意见书，但意见书本身也有可能成为风险发生的诱因。法律意见书的撤回会使债权人的权利受到损害。所以在交易期间内意见书的效力应是投资者关注的一个要点。

4. 意见书风险

在资产支持证券投资中，投资者对独立咨询机构（如会计师事务所）出具的无保留意见书非常依赖，以此鉴定发行人的资信，来减少交易中的不确定性，然而，这些独立机构的专家意见本身也可能成为一种风险。首先，一个无保留意见书的撤回可能会使整个交易流产，在极端情况下，由于发行人向评估咨询机构隐瞒了某些重要细节，其出具的无保留意见书未考虑这些本应披露的事项，而使交易在不真实的基础上进行；其次，在一个融资项目中，抵押品的质量直接关系到资产支持证券的投资价值。专家在对抵押品进行评估时，依靠的是当前市场的公允标准，从而在交易存续期内，这些标准本身就可能会发生变化，这最终会使抵押品对交易的保障程度发生变化，由此需要对抵押品进行补充安排，这可能会对投资者不利。

5. 金融工程风险

在资产证券化设计交易的履约、技术和结构均衡的各个环节中，任一环节出现问题都会导致整个交易的中断，这种中断统称为金融工程风险，主要来源于交易参与方履行职责不力、用于交易执行的设备发生故障，以及交易结构的缺陷三方面。

1）参与方履行职责不力

在资产证券化交易中，投资者高度依赖于负责管理债务偿还的服务机构和代表投资者利益的受托人。由于两者在交易中的重要作用，一般来说不允许其放弃自身责任。但这是理想状态下的安排，在实际操作中，可能由于服务机构和受托人的变故而受到影响，从而对投资人的保护程度下降。参与方履行职责不力所造成的风险表现在服务机构和受托人职责失败、服务机构服务中断，以及受托人风险。

2）设备发生故障

技术支持在资产支持证券化交易中极为重要，资产证券化交易的实际操作要求服务的机构具备良好的技术系统，以完成追踪报告、资料搜集、加工和信息处理能力。这些方面的要求决定了各方参与交易的可能性及交易总体的可行性和时间安排，这些要求构成了资产证券化的物质前提。证券化交易在很大程度上依赖于先进且复杂的计算机技术和网络系统来监控契约的履行。当系统出现故障时，很容易导致整个支付过程的延迟，造成对投资者即时支付的中断。

3）交易结构的缺陷

资产证券化是金融市场最重要的创新之一，它力图在实现基础资产流动性的同时降低参与者的风险，提高金融市场效率。但同时也造成了一种不能按其本意保护参与者的偶然性结构，虽然各参与方已经预见到证券化交易结构的风险暴露、损失水平已经相当高，但是用以对其实施保护的程度仍很不充分；模糊的证券化交易结构诱导投资者相信，能获得较高的信用风险保护；证券化交易的结构可能允许在有利环境中建立的对投资者额外保护的同时，减少对其在不利环境中的保护。

6. 财产意外事故风险

资产证券化交易中的实物抵押品不可避免地面临传统的意外事故风险。首先，财产意外事故险的收入往往不足以完全弥补损失，保险赔偿金也往往不能顺利地用于对投资者的支付，且保险公司的资质标准参差不齐。其次，抵押品的某些风险可能找不到合适的险种加以防范。最后，由于受托人对抵押品的权利存在缺陷，则投资者无法对该抵押品行使完全的追索权。

7. 证券的降级风险

对大多数资产证券化交易而言，发生降级风险比违约风险更为普遍。由于证券化交易中包含许多复杂的因素，而任何一个重要因素的恶化，都会使整个融资项目的等级下降，而等级又直接影响证券的投资价值和流动性。显然，资产证券化交易结构越复杂，诱发等级下降的潜在因素就越多。

（二）交易结构风险管理

对于资产证券化交易结构风险，通常的做法是为投资者提供一揽子方案，包括陈述书、保证书、赔偿协议、尽职调查、法律意见书、独立审计无保留意见书、信用增级。

1. 陈述书、保证书和赔偿协议

一般的资产证券交易依靠许多种陈述书、保证书和赔偿协议等文件。这些文件是为了对关键信息的准确性和可靠性提供必要保证。为评价这些方法对投资者提供的保护的程度，下面的因素必须予以考虑。

（1）陈述书、保证书或赔偿协议的出具者的资信状况。特别要注意，证券发行所依靠的关键保证书是否由高于证券级别的经济实体出具的。

（2）对出具特别的陈述书、保证书和赔偿协议者可进行追索的程度。尽管该条款的保护范围是广泛的，但不履约所造成的损害可能仅限于特定的金额或特定的资产，或者该追索权在一定期限过后失效。

（3）陈述书、保证书中一般有这样的字句——"基于我们所了解的情况"，意思是陈述书和保证书是出具者依照已掌握的情况，按照公允的准则做出的，这意味着将未知和不确定的风险置于投资者，所以就要求明确陈述书及保证书出具者掌握情况的程度和依靠的准则。

2. 尽职调查

通常资产支持证券交易的不同主体要对交易进行尽职调查，通过调查确认资产质量和证券化风险。尽管这种尽职调查是一种标准的程序，投资者仍然希望能确定对这种调查的投入、调查的范围、执行该调查的专业人员的执业经验等。尽职调查对于被调查者形成一种压力和外在监督，在一定程度上可以降低风险。

3. 法律意见书

资产证券化所需要的主要法律保证通常是按照独立律师提供的法律意见书确立的。这些意见书表明诸如真实出售、破产隔离、有效权利、有效义务和税收处理等重要事项。虽然法律意见书试图使投资者消除对各种证券化风险的顾虑，但法律意见书对投资者的作用也有一定的局限性。其效果大小取决于一系列因素：（1）律师的能力，并需要确定该律师是否独立，是否具有良好的声誉；（2）法律意见书自身的质量，需要调查该法律意见书是不是其他律师事务所也愿意提供的；（3）法律意见书的责任范围，需要弄清该法律意见书对特定风险的披露是否片面，是否披露了风险的所有方面；（4）对作为法律意见书基础事实假设的合理性和精确性进行的评估；（5）法律意见书是否清楚和合理，即表明了一个结论性的法律观点，或一个合理的、有保留的但可以质疑的法律观点。

4. 会计师、律师的无保留意见书和证书

资产证券化交易在财务方面必须由独立的注册会计师和专业律师进行审计，结论要通过无保留意见书和证书来披露。然而，由于时间和成本的约束，会计师往往只能进行抽样审计，所以，实际审计的范围就影响了结论的可靠性。由于会计师的观点需要依赖于发行人所提供的财务和其他信息，因此在某种情况下投资者会质疑由这些文件提供的无保留意见的合理程度对于投资者风险的规避起着重要的作用。

5. 信用增级

在保证及时偿付投资者的本金和利息方面，第三者完全信用增级是最直接的和最易于分析的，既不需精确估计信用保证数量的充分性，也不需精确分析原始组合资产的信用状况，只需要对信用增级者的信用进行估算。完全信用增级的目的不仅是减少投资者承担的信用风险，而且还消除了投资者承担的证券化风险。

虽然第三者完全信用增级把资产质量风险和证券化风险都转嫁给了担保人，但投资者仍然有必要从以下方面进行谨慎调查，以评价增级的安全性。

1）担保人的支付能力

在涉及担保的交易中，投资者应明确担保人的支付能力。由专业评级机构确定的信用级别是支付能力最好的标志，除此之外，还应综合考虑担保人的资本充足率，所承受的商业周期性或风险性、杠杆作用、法规、所有权结构以及承受诸如收购和负债风险能力等，并将担保人的降级风险考虑在内，并且担保书应明确，保证人无条件且不可撤销地保证及时支付。

链接阅读

中国交建供应链金融
资产证券化项目

2）二级市场流动性

对于投资者来说，估计担保人的信誉要比在一项结构融资交易过程中利用有限数据来估计其中的风险容易得多，这使得完全的信用增级会加强证券化资产二级市场的流动性。但是担保债券的交易的活跃程度，以及评级机构的数量是否符合监管当局的要求等，仍会影响流动性。

复习思考题

一、在线测试题（扫描书背面的二维码获取答题权限）

扫描此码　自我测试

二、简答题

1. 资产证券化的含义是什么？

2. 简述资产证券化的基本原理。

3. 资产证券化有哪些参与主体？

4. 什么是 SPV？它有什么功能？

5. 信用增级的功能与类型是什么？

6. 简述信用评级的作用。

7. 简述基础资产的特征与资产池的构建原则。

8. 简述资产证券化的操作流程。

9. 资产证券化存在哪些风险？如何防范？

第五章 私募股权投资基金与风险投资

内容提要

　　私募股权投资基金作为资本市场上的一种独立投资类型，是在股票交易所之外将自有资本投入企业中，以支持企业或者行业的技术创新、市场开拓。风险投资，又称创业投资，不同于传统的投资活动，它有着鲜明的特色、体系和运作模式。从广义的角度来看，风险投资也被认为是私募股权投资的一种。本章第一节介绍私募股权投资基金的概念、分类及其运作流程；第二节论述了私募股权投资基金协助企业转型的模式；第三节介绍了风险投资的概念及其基本特征；第四节论述了风险投资的投资决策体系，重点论述了风险投资项目的评价体系。

学习目的

- 掌握私募股权投资基金的概念和分类；
- 掌握私募股权投资基金协助企业转型的模式及其策略性角色与功能；
- 掌握风险投资基本含义及其特点；
- 理解风险投资项目评价的决策方法。

私募股权投资基金 协助企业转型的模式	风险投资 概述

依赖　　　　　　　递进

私募股权投资 基金的运作流程	依赖	风险投资 决策体系

依赖　　　　　　　递进

风险投资
运作过程

依赖

依赖　　　　　　　递进

私募股权投资 基金的含义		风险投资 项目评价

递进　　依赖　　依赖

私募股权投资
基金的分类

私募股权投资基金
与风险投资

第一节　私募股权投资基金概述

一、私募股权投资基金的含义

（一）私募股权投资基金的定义

在有关私募股权投资基金（Private Equity Investment Fund，PE）的历史文献中，曾多次提及"哥伦布"这个名字，如果没有西班牙王室的支持，哥伦布就不可能发现新大陆，这可谓私募股权投资基金概念的源起。近代意义的私募股权投资基金出现于 1940 年代的美国，其投资目的是为年轻的新创企业提供在企业发展过程中所需要的资金，并从其发展中获利。美国私募股权投资基金的发展从 1945 年美国研究和发展公司（ARD）成立至今，历经了萌芽阶段、发展阶段、高速增长阶段及成熟阶段，在美国已是发展相当成熟的行业。

私募是指其运作模式的非公开性，相对于公募而言，私募股权投资基金仅向一定范围内的机构或特定个人投资者募集资金。私募股权投资基金不可通过宣传资料、媒体广告或研讨会等宣传方式进行推销，而募集资金的对象，相较于公募面向广大的公众投资者，私募仅对少数特定且具有丰富的行业投资经验和充足资金的投资者募集资金。[①]

根据中国证监会 2023 年《私募投资基金监督管理办法（征求意见稿）》第 28 条的规定：私募股权投资基金，是指将主要基金财产投资于未上市公司股权、不动产项目公司股权、上市公司非公开发行或交易的股票、合伙企业份额、私募股权投资基金份额以及符合中国证监会规定的其他投资标的的私募基金。

从投资方式的角度看，私募股权投资基金是指通过私募形式募集资金，并对私有企业，即非上市企业进行的权益性投资，在交易实施过程中附带考虑了将来的退出机制，即通过上市、并购或管理层回购等方式，出售持股获利。

在对私募股权投资基金的定义理解上，有广义与狭义之分：（1）广义的私募股权投资基金包含创业风险投资以及从事后期阶段的投资，甚至收购及兼并活动的股权投资活动。（2）狭义的私募股权投资基金主要指对已经形成一定规模的，并产生稳定现金流的成熟企业的私募股权投资部分，即创业投资后期的私募股权投资部分。在我国，私募股权投资基金主要是指狭义上的私募股权投资基金。

另外，私募股权投资基金与我国国内所称的私募基金有着本质区别。私募股权投资基金主要以私募形式投资于未上市的公司股权，而私募基金主要是指通过私募形式，向投资

---

① 不过，随着金融市场的实务发展，私募股权基金的私募、非公开的概念亦非绝对，已有少数私募股权基金为提高企业的透明度、加强资金流动性，而选择上市、通过股票市场募集资金。例如 2006 年 5 月，美国私募股权基金 KKR Private Equity Investors（KKR）在阿姆斯特丹 Euronext 泛欧交易所上市；美国私募股权基金黑石公司于 2007 年 6 月在纽约交易所上市。

者筹集资金，进行管理并投资于证券市场（多为二级市场）的基金。

（二）私募股权投资基金的特点

1. 私募

在资金募集上，私募股权投资基金主要通过非公开方式面向少数机构投资者或个人募集，它的销售和赎回都是基金管理人通过私下与投资者协商进行的。在投资方式上也是以私募形式进行，极少涉及公开市场的操作，一般无须披露交易细节。在引进私募股权投资的过程中，可以对竞争者保密，因为信息披露仅限于投资者而不必像上市那样公之于众。

2. 权益型投资

私募股权投资基金多采取权益型投资方式，很少涉及债权投资。投资后采取"资金＋服务"的运作方式，不仅为被投资企业提供资金，还参与其经营管理，为其提供增值服务。

3. 投资期限长

对非上市公司的股权投资，或者投资于上市公司非公开交易股权，因流动性差被视为长期投资（一般可达 3 ～ 5 年或更长），所以投资者会要求高于公开市场的回报。

4. 资金来源广泛

私募股权投资基金的资金来源广泛，如个人、风险基金、杠杆收购基金、战略投资者、养老基金、保险公司等都有可能成为其资金来源。对引资企业来说，私募股权投资基金不仅有投资期长、增加资本金等好处，还可能给企业带来管理、技术、市场和其他所需要的专业技能。相对于波动大、难以预测的公开市场而言，私募股权投资基金是更稳定的融资来源。

5. 没有现成的交易市场

私募股权投资基金没有现成的市场供非上市公司的股权出让方与购买方直接达成交易。而持币待投的投资者和需要投资的企业必须依靠个人关系、行业协会或中介机构来寻找对方。

6. 私募股权投资基金投资机构多采取有限合伙制

有限合伙制是指在有一个以上的合伙人承担无限责任的基础上，允许更多的投资人承担有限责任的经营组织形式。这种企业组织形式有很好的投资管理效率，并避免了双重征税的弊端。

7. 投资退出渠道多样化

私募股权投资基金退出渠道有首次公开发行（IPO）、售出（Trade Sale）、兼并收购（M&A）、标的公司管理层回购等。

二、私募股权投资基金的分类

（一）按投资阶段不同分类

根据被投资企业的发展阶段，从广义的角度可以把私募股权投资基金分为风险投资、成长型资本、并购资本、夹层资本、重振资本、Pre-IPO 资本（如 Bridge Finance），以及其他如上市后私募投资等。

1. 风险投资（Venture Capital，VC）

风险投资主要是指向新兴的、发展迅速的、具有发展潜力的初创企业提供资金支持并取得股权的一种投资基金，即主要投资处于种子期、初创期及成长早期等各个时期的中小型、未上市的新建企业。

2. 成长型资本（Development Capital，DC）

成长型资本主要投资处于成长扩张期的企业，此时企业已在市场上具有一定的占有率，营销模式和管理模式也初步确立，拥有良好的治理结构，管理团队人员基本稳定，已可从市场获取经营收入与利润，但企业仍急需资本以进一步扩大市场占有率、调整经营方向或投资进入其他市场领域。通常用 500 万～ 3 000 万美元的投资基金，经历 2 ～ 3 年的投资期，并在可控风险措施下，寻求 4 ～ 6 倍的可观回报。

3. 并购资本（Buyout Capital，BC）

并购资本是私募股权投资基金运用较为广泛的投资方式之一，并购业务可以说是私募股权投资基金业务的核心组成部分。并购资本主要专注于对目标企业进行并购，通过收购目标企业股权，获得对目标企业的控制权，然后对其进行一定的重组，改善企业资产结构并提升业绩，必要时可能更换企业管理层和经营机制，运作成功并持有一段时间后再转让出售。并购资本投资于相对成熟的企业，能帮助企业新股东融资以收购其他企业、帮助企业融资以扩大规模和产能。

并购基金与其他类型投资的不同表现在，风险投资主要投资于创业型企业，并购基金选择的对象是成熟企业；其他私募股权投资对企业控制权无兴趣，而并购基金意在获得目标企业的控制权。因此，一般而言，并购基金的交易额较大，通常会运用杠杆收购（LBO）方式募集资金，在国际资本市场中，并购基金的身影通常出现在内部管理层收购（MBO）及外部管理层收购（MBI）中。

4. 夹层资本（Mezzanine Capital，MC）

Mezzanine 源自拉丁语的 "medianus"，指位于剧院一楼和二楼之间的中间层，即夹层。夹层资本是一种介于优先债权和股权之间的融资方式，和优先债权相比，夹层融资是带有一点股权性质的债权，当企业进行破产清算时，优先债务提供者首先得到清偿，其次是夹层资本提供者，最后是公司的股东。为减少夹层资本提供者的风险，此类债权通常伴随着相应的认股权证，可于约定的时间和价格条件，购买该企业的股权或将剩余的债权转换为股权，即夹层资本提供者将资金贷给借款人，除要求借款人还本付息外，在一定条件下还可以将剩余债权转换为股权或另行认购。因此，对投资者来说，夹层资本的风险介于优先债务和股本之间。

自 20 世纪 80 年代起，夹层资本基金开始在国际市场兴起，其主要用于支持企业新建及并购扩张，并普遍运用于杠杆收购之中。国际资产管理机构的夹层资本基金大都投向地产、能源、矿产及成长型企业等领域，地产甚至能占到 50% 以上。

5. 重振资本（Turnaround Capital，TC）

重振资本一般指投资于有市场、有生产力但面临财务困难、急需一定资金助其摆脱困境的公司。投资后，重振资本通过改善经营管理、提高经营效率、经营团队改组等手段协助公司走出困境。

6. Pre-IPO 资本（Pre-Initial Public Offering Investment）

Pre-IPO 资本主要投资于短期内将要首次公开发行股票并上市的企业，或预期将要上市的企业。Pre-IPO 资本一般在上市后从公开市场出售股票退出，其中一部分股份也可按发行价通过公开发售旧股的方式退出。Pre-IPO 资本的时点在企业规模与盈利已达到上市条件时，甚至企业已经站在股市门口时。

7. PIPE 投资 (Private Investment in Public Equity）

PIPE 投资是指购买上市公司股权的私募股权投资，其投资方式包括以市场价格的一定折价率直接购买上市公司原有股东的旧股、参与配股、增发新股、资产注入或将上市公司私有化。PIPE 投资适合于上市公司的私募再融资。

（二）按组织形式不同分类

私募股权投资基金按照组织形式不同可以分为有限合伙型私募股权投资基金、公司型私募股权投资基金和信托型私募股权投资基金。

1. 有限合伙型私募股权投资基金

有限合伙型私募股权投资基金指由一个以上的有限合伙人（Limited Partner, LP）和一个以上的普通合伙人（General Partner, GP）订立合伙协议、认购基金份额，成立合伙企业的基金组织形式，是目前国际上私募股权投资基金普遍采用的形式。

有限合伙人仅以出资为限承担有限责任，为基金大部分资金的提供者，可以是个人或养老基金、保险基金等机构投资人，收入主要来源于基金的利润分红，没有管理义务。普通合伙人须对合伙企业的债务负担无限连带责任，一般由基金管理人担任普通合伙人，投入相当份额的资本，通常不低于1%，并由其代表私募股权投资基金对外进行基金经营活动，享有管理和投资决策权，收益主要来源于基金管理费和一定的分红。

2. 公司型私募股权投资基金

公司型私募股权投资基金是具备独立法律人格的企业法人，以自己名义享有权利、负担义务，而投资基金的基金份额持有人对基金的投资享有全面的公司股东权利，并通过董事会选任基金管理人，一旦公司型的私募股权投资基金出现投资失败，身为股东的基金份额持有人仅需以其出资额为限承担相对应的投资损失。

公司型私募股权投资基金与有限合伙型私募股权投资基金相比，具有较多的资合特性，股权转让原则上并不会影响基金，基金管理人的变动也不会导致基金解体，因此具有较好的稳定性；公司型私募股权投资基金受公司法规范，公司治理制度较完善，有助于保护投资人的利益。其缺点是缺少足够的灵活度，且须负担更高的制度成本，其中双重征税问题最为关键，一方面，公司就其赚取的投资收益需要缴纳各类税捐，而另一方面，作为股东的基金份额持有人基于公司盈利而获取的股利须缴纳个人所得税，使基金的运营成本增加，压缩获利空间。

3. 信托型私募股权投资基金

信托型私募股权投资基金是通过当事人之间以专门的信托契约明确各自的权利与义务而形成的私募股权投资基金。投资者在信托关系中作为委托人，投资资本；基金管理人作为受托人有经营管理的权利；信托关系中的托管人有保管资金和监督的权利。三者根据信托契约行使权利，履行义务，基金管理人和托管人向委托人收取一定的管理费和托管费。信托型的私募股权投资基金与上述两种类型的基金不同，它不是一个独立的财产，它的所有权转移至基金管理人名下，因此基金管理人可以以自己的名义管理基金。因为基金管理人的权利较大，不仅有所有权还有经营权，所以需设立基金托管人来监督基金管理人的行为。

三、私募股权投资基金的运作流程

私募股权投资基金的运作流程可以分为三个步骤，即资金募集、投资决策选择和退出渠道。这三个步骤将私募股权投资基金如何充分募集资金、如何运用资金投资以及如何把资金从企业中安全撤离并获取收益，有效地连接在一起，使私募股权投资基金得以良好运作。私募股权投资基金在运作过程中主要包括三个行为主体：一是投资者，提供投资的资本，可以是自然人或企业机构等组织；二是中介机构（私募股权投资基金管理公司），专门从事投资活动，负责投资组合及基金的日常管理；三是投资对象，是资金的最终需求者，也是私募股权投资基金的利润贡献者。

（一）资金募集

筹集资金是发起设立私募股权投资基金的第一步，将资金通过各种渠道募集起来，继而才可以通过有效的组织形式进行运作。私募股权投资基金投资期限长，因此募集对象一般为长期投资者，私募股权投资基金的主要投资者有政府、机构投资者、大型企业和个人等。

（1）政府。从私募股权投资基金在各国的发展来看，因政府资金具有稳定性及可信度较高的优点，已成为私募股权投资基金重要的资金来源之一，美国、英国、日本、新加坡及以色列等国政府都直接参与私募股权投资基金，并对基金的投资行为进行一定程度的干预。我国政府资金LP近年来持续活跃，以2024年6月为例，政府资金累计出资131次，出资次数占32%，出资规模占据首位，认缴资本总额约356.05亿元，占比54%。[①]

（2）机构投资者。机构投资者是私募股权投资基金的重要资金来源。机构投资者是指使用自有资金或者从分散的大众募集资金专门进行投资活动的机构组织。一般而言，投资公司、保险公司、养老基金、各种社会福利基金及银行等金融机构是比较常见的机构投资者。

（3）大型企业。出于战略考虑而希望将盈余资金投资于相关企业的大型企业往往也是私募股权投资基金的重要资金来源，如通用汽车、英特尔等。许多大型企业会以合资或

---

① 参见：中国私募股权投资基金LP月报，2024年6月。

联营等方式将盈余资金投资于与自身战略利益相关的企业。而随着大型企业对创业投资参与程度的加深，此类投资不再局限于相关行业，为了实现资本增值和利润增长而转向其他行业。

（4）个人。拥有大量资金的个人有将资金投入私募股权投资基金以获取投资收益的需求，此类资金来源通常稳定性较差、数量相对较少，且容易受投资者经济状况影响。个人参与私募股权投资基金的途径，主要来自购买创业投资信托计划，随着个人财务实力及风险承担能力的增长，也有个人投资者以有限合伙人身份参与有限合伙型私募股权投资基金。

在募集过程中，私募股权投资基金通常采用承诺制，即机构投资者通常先承诺给基金管理公司特定数额的资金，但不是一次性交付。以有限合伙制为例，基金管理公司在设立时并不要求所有合伙人投入预定的资本额，有限合伙人可以给予承诺。当一般合伙人发现适当的投资机会时，他们只需要提前一定时间通知有限合伙人，有限合伙人在一定时期内投入资金即可。因此，基金宣称的筹集资本是承诺资本额，并非实际投资额。

（二）投资决策

投资决策可以分为项目寻找、项目评估和项目管理三个部分。对投资项目的筛选和评估是基金运作成功的关键。

1. 项目寻找

寻求投资项目是一个双向的过程。一方面，私募股权投资基金可通过发布投资项目指南，由企业提交项目投资申请书，再由基金的专门委员会进行评审筛选；另一方面，基金也可以采用主动出击的方式寻找投资项目，如通过银行、证券公司等中介机构的介绍，这在一定程度上依赖于人际关系和行业网络。一般而言，企业所在行业及发展阶段是私募股权投资基金筛选项目时的首要因素。

2. 项目评估

私募股权投资基金初步筛选投资项目后，应通过尽职调查获取目标公司更详尽的资料，以便进一步对项目进行评估。第一，评估目标公司管理团队的素质能力；第二，判断对投资项目的技术水平及可行性；第三，评估投资项目未来市场潜力，包括未来预期成本及定价等；第四，对投资公司进行财务评估，分析资金需求等；第五，评估投资项目的风险。

3. 项目管理

为了使基金达到预期回报，还需要对目标企业进行一系列的项目管理运作。

（1）资金投入过程。在确定对目标企业进行投资后，投资方与目标企业会进行条款的谈判。通过谈判确定一种权益安排，使双方互惠互利、共担风险、共享收益并体现在契约上。条款一般包括：投资的金额、投资工具的安排、投资者监管和考察企业权利的确认、投资保护性条款及投资失利协定等。有时候还包括管理层激励条款。

私募股权投资基金以企业达到事先设定的目标为前提逐步注入资金。在投资过程中，根据基金及企业项目具体情况不同，管理者可能采取联合投资的策略。这样一方面可以控制投资规模，另一方面便于管理和借鉴其他基金的经验。

（2）投资后的管理整合。为了防范风险，私募股权投资基金通常不仅对目标公司的日常运营进行监督管理，而且还介入目标公司的经营战略、组织结构调整等重大问题的决策。这主要是通过以下方式实施：第一，在董事会中发挥影响力，委派在行业里经验丰富的专家加入董事会；第二，作为股东参与企业重大事项的决策与经营方针、战略及长期规划的制定；第三，参与企业人事管理，对管理层行为进行限制；第四，帮助企业寻求进一步发展所需的资金支持和合作伙伴，为首次公开发行创造条件。

（三）退出渠道

私募股权投资基金投资企业的最终目的就是通过出售所投资企业的股权从而实现资本增值。大多数私募股权投资基金会在整个投资期结束之后才给投资者分配利润，因此选择退出方式关系到投资者的利益。退出方式主要有以下四种。

1. 首次公开发行（IPO）

在投资企业IPO上市后，权益可以流通，私募股权投资基金通过公开市场逐步实现资本退出。此外，还可以通过反向收购（即买壳或借壳上市）的方式实现公开市场退出。这种退出方式的优势表现在：IPO首发上市表明投资企业取得了良好业绩，得到了监管机构、证券市场及投资者对公司业绩和发展前景的认可；IPO上市之后，企业获得了持续融资的渠道，有利于企业未来发展；给私募股权投资基金带来高收益。而其缺点就是公开上市的程序相对烦琐，费用较高，具有一定的风险，退出时间也较长。

2. 并购

当投资公司由于各种因素导致无法短期内公开上市时，可以通过自行招标或借助中介机构等渠道寻找第三方，并向第三方出售股权。当第三方购得股权并获得企业控制权时，私募股权投资基金也实现资金的退出。这种方式被称为并购（Merger and Acquisition，M&A）。并购的优点是方便快捷，并且费用低，但通常收益低于公开上市。

3. 股权回购

私募股权投资基金还可以将所持目标公司的股权卖给该企业的内部人员，从而可以迅速退出企业并获得收益，这种方式被称为股权回购。股权回购可分为管理层收购（MBO）、员工收购（EBO）和期权形式。其中期权形式可以分为卖股期权和买股期权。设定卖股期权便于控制基金的投资风险，而设定买股期权可以激励管理层，提前收回投资。股权回购可以保证一定的收益，但收益较低。

4. 清算

清算是对于已终止经营或投资失败的项目，按照法律程序收回企业残留资本的方式。当企业出现重大问题，没有继续发展的空间，抑或持续经营会带来更大损失，且无法通过其他退出方式退出时，只有果断对目标企业进行清算，才能及时收回资本，避免损失扩大。由于股权投资的高风险特点，私募股权投资基金在投资时往往与被投企业约定优先清算权，即在被投企业进行清算时，获得该企业的清算价值，保证自身最大程度能够收回投资本金。但是清算一般会债权优先，股权部分越靠近后期的投资越有优先权，因此，早期的股权投资从清算中拿回部分投资款非常困难。

第二节 私募股权投资基金协助企业转型的模式

一、私募股权投资基金协助企业转型概述

传统的私募股权投资基金主要偏好融资收购或管理层收购的多数股权控股模式，在此模式下私募股权投资基金通常具有主导控制权，对于经营管理层人选、成长策略方向、营运改善方法及处置投资具有较高的弹性，能够有效降低企业组织的内部交易成本。

在新兴市场经济体中，兴起了一股由私募股权投资基金、策略性投资人及国有资本所组成的联合投资人进行投资并购的多对一模式，这种模式在向海外并购时较常出现。主要的被投资标的通常具有重大的战略意义，例如商业结盟开拓新市场、延长价值链创造差异化、取得先进技术促进企业转型升级、取得上游关键技术与专利的国家战略性产业与市场进入等。私募股权投资基金在其中的关键功能是洞悉竞标流程与策略、具备国际经验、熟悉资金融通管道与资本市场运作、设计交易架构，同时作为具备产业与管理经验的顾问与监督人，能够有效协助企业降低交易成本。而策略性投资人则具备产业知识与并购后经营与营运整合的能力。此外，在这些投资并购模式中，国有资本可提供额外的资金支持、融资担保，并能降低策略性投资人与私募股权投资基金的风险。

在实务中，企业经营层面的价值创造来源于经营策略重塑、营业收入扩增、成本节省与获利能力提升及资产使用效率提升等方面，而价值创造的方法非常灵活，除了与管理层之间的紧密合作、关键绩效指标的设计、监督与有效的配套激励措施、机动性的组织架构与策略调整、成长资本的提供等营运与资金层面的消除代理人成本措施外，从更高的层面来看，私募股权投资基金在企业转型的过程中还具有其他策略性的功能。

私募股权投资基金具有协助企业降低交易成本的功能，并能为企业提供管理技能、资金、人才等资源，以及有效且及时地实施具有弹性的监督。此外，私募股权投资基金还具备国际并购、跨国管理和资本市场运作等经验，以及产业布局等前瞻性观点。这一特性有助于企业推动转型或提升竞争力，无论是从内部进行组织改造还是从外部进行企业整并，都能帮助其在特定时期内达成目标。因此，私募股权投资基金不仅是财务型投资人，也具备产业与管理顾问、营运效率改善、产业人才网络、并购交易顾问与创造者等功能。

然而，私募股权投资基金并非所有企业转型的万灵丹，也并非能使所有企业都吸引私募股权投资基金。私募股权投资基金协助企业转型总有其局限性，能否与管理层的密切合作与利益协同一致是私募股权投资基金最终是否能协助企业顺利转型的关键。

二、私募股权投资基金协助企业转型模式分类

从企业转型的角度探讨私募股权投资基金可以扮演的策略性角色与功能，可将私募股

权投资基金对企业投资的模式分为八类：参股型成长资本、控股型杠杆融资收购、管理层融资收购、平台收购模式、商业结盟开拓新市场、价值链延伸与差异化、取得先进技术、进入国家战略性产业及新市场。其中，前三类为一对一的传统并购投资模式，其他则为新兴经济体中所观察到的企业协同私募股权投资基金通过并购投资进行转型的模式。

（一）参股型成长资本

参股型成长资本是私募股权投资基金传统的投资模式之一，主要关注具有成长潜力的并依赖目标企业管理团队的产业。私募股权投资基金协助该类型企业的策略性角色与功能主要是为企业提供成长所需资金、发挥监督功能、提供改善营运效率的建议及协助其进行资本市场的运作。此外，对于具备独特竞争优势的中小企业，若缺乏资金拓展市场或因营运效率低而寻求转型时，或是企业二代有意愿继承家族事业并进行企业转型时，参股型成长资本投资模式将有助于取得资金、拓展市场及运用私募股权投资基金的价值创造工具，以提升企业的营运效率。但私募股权投资基金在参股型成长资本投资模式中并无控制力，因此它主要的角色与功能仍限于财务性功能及监督与顾问功能，对于降低企业交易成本的贡献有限。

在这种模式下，私募股权投资基金可以自行参股，或共同筹设控股公司投资目标企业。原股东仍占有过半股权或主导性股数。私募股权投资基金可以通过目标企业上市、将股份卖回给原股东、出售股份给其他基金或策略性投资人实现获利出场，企业原股东也可以继续保持所有权与经营权。

（二）控股型杠杆融资收购

如果企业具有独特竞争优势，如品牌、渠道、技术或商业模式等，但遭遇市场竞争与经营瓶颈、营运效率不高或财务困难等挑战欲寻求转型，并且企业二代的接班意愿不高，私募股权投资基金可自行通过融资杠杆方式取得企业的过半股权或全数股权。在这种模式下私募股权投资基金具有主导控制权，因此其协助该类型企业转型的策略性角色与功能在于全方位转型，改造包含管理层安排、成长策略规划与营运效能提升，可以协助企业降低组织交易成本。

融资收购模式下的资金，由私募股权投资基金及其他金融机构通过交易结构设计以股权或债权方式筹资并拨付收购主体，再由收购主体支付目标企业股东，向其收购所持有的老股。而成为收购主体子公司的目标企业此时将发行新股，反向吸收合并母公司，或由收购主体与目标企业进行简易合并，以收购主体作为存续公司再更名，目的主要是将进行融资杠杆收购的新增债务转由目标企业承担。采用这种模式的重要前提是，目标企业在交易及转型的过渡期间至少仍能保持现状或维持原先的独特竞争优势。通过私募股权投资基金与企业股东之间的股权买卖契约设计，通常用于确保目标企业维持既有的营运状态，并降低私募股权投资基金风险，条款包括并购价格按未来绩效计算与支付条款（Earn-out）、部分并购金存放信托账户条款（Hold-back）、主要经理人留任条款（Mandate/Retention）、竞业禁止条款（Non-compete）、禁止招揽条款（Non-solicitation）等。

【延伸阅读 5-1】 黑石杠杆融资收购希尔顿

国际私募股权投资基金黑石（The Blackstone Group）于 2006 年以自有资金 57 亿美元与抵押及夹层融资 206 亿美元，合计 263 亿美元 40% 溢价融资收购希尔顿（Hilton）集团退市，其中包含 193 亿美元的股权价值及 70 亿美元的债务，该交易主要着眼于希尔顿的不动产价值与品牌价值合计低于金融市场上的权益价值，组织内部交易成本较高，如人力资源与品牌经营的效率低下等。黑石通过具有丰富营运经验且曾担任知名酒店集团 Host Hotels and Resorts 的 CEO 的营运合伙人 Christopher Nassetta，自 2007 年起对希尔顿进行组织重组、统合管理权责、管理层整顿、绩效考核制度改造、企业文化重塑、后勤单位整并等营运效能提升措施；策略上加强建立新酒店品牌，拓展海外豪华酒店市场以延伸酒店品牌至年轻人市场。拓展海外市场时所采用的方式并非通过高成本的并购来取得其他酒店品牌，而是以非自有酒店（Third-party operators），但提供管理与授权服务的轻资本模式（Capital light）加速扩张，迥异于希尔顿过去的自有资产模式（Owned and leased model）。自 2007 年至 2016 年希尔顿房间数从近 50 万间增建至超过 75 万间，营业据点从约 2 800 个增长至超过 4 900 个，涵盖近 100 个国家，也从世界第四大酒店集团变身为第一大酒店集团。

希尔顿的营收自 2007 年的 87 亿美元增加至 2013 年的 97 亿美元，美国市场的同业万豪集团（Marriott）及喜达屋集团（Starwood）的营收则为零增长；希尔顿的税息折旧及摊销前利润（EBITDA），于同期间自 16 亿美元增加至 22 亿美元，年复合增长率约为 5.5%，而万豪集团和喜达屋集团同期间的 EBITDA 年复合增长率则分别为 -2.9% 和 -1.2%。

黑石于 2007 年杠杆融资收购希尔顿所增加的负债，在金融海啸时期因为信贷市场及资产证券化市场冻结、旅游业与房地产业衰退的背景下造成希尔顿很大的负担。而凭借黑石丰富的债务重组经验与再投资承诺，成功延长了债务清偿期间并降低了约 55 亿美元债务总额。

希尔顿于 2013 年年底重新上市，成为美国史上第二大上市案，并募集 23.4 亿美元。此时希尔顿股权价值达 200 亿美元、企业价值达 340 亿美元，但黑石受限于闭锁期及看好后市故仅出售 12% 股权（1.18 亿股）。剩下的 7.5 亿股则于 2014 年至 2016 年陆续出售，到 2016 年年底仅剩 15%，已实现与未实现获利达 100 亿美元以上，堪称史上最成功的杠杆融资收购之一。

（三）管理层融资收购

管理层融资收购协助企业转型，一般来说，适用于以下几种组织交易成本过高的情形：

（1）若上市企业面临股权过于分散、管理层持股较少、具有独特竞争优势但面临市场竞争、成长迟滞或经营效率不足等困境时，私募股权投资基金可协同企业管理层通过融资杠杆方式，采用公开收购取得企业的多数股权，并经股东会 2/3 以上股东同意后退市。

（2）在多元化经营集团中，事业部门与集团总部间的经营方针与理念不一致或事业部门属于非集团核心事业时，私募股权投资基金也可协同企业管理层与股东谈判，将该事业部门进行分割独立营运。

（3）企业欲发展新领域或既有领域发展遭遇瓶颈时，由子公司或内部员工发起管理层收购，以所有权刺激内部创业的企业家精神。

管理层融资收购对企业转型及降低组织交易成本的助益在于：

（1）激励企业家精神与降低转型阻力。股权过于分散有时会造成股东与经理人的利益不一致，或管理团队无法获得前瞻性投资的支持，非集团的核心事业可能造成集团经理人对事业经营投注的资源不足，或因为与其他事业部门有利益冲突而使发展受到约束，而通过股权集中与内部创业，可激励管理层的企业家精神，并促使其进行革新与转型活动。

（2）作为被恶意并购的防御措施。对于股权分散、管理层持股比例低、有独特竞争优势且市值偏低的上市企业而言，遭到恶意并购的机会容易增加，通过管理层融资收购可以先一步调整管理层持股比率并进行企业转型活动，避免在暂时性的市场景气不佳时遭到不利于股东的低价并购。

这种模式下，私募股权投资基金通常持有多数股份，但因为发动收购的协同管理层对于企业的未来发展有前瞻性的策略，且对于企业有深度的了解，私募股权投资基金需要与企业经营层协同决定企业的重要战略方向与相关的转型措施。私募股权投资基金协助该类型企业降低交易成本及转型的角色与功能，在于协同管理层进行全方位的转型改造，包括高级经理人或产业顾问的聘任、成长策略的重塑、营运与管理效能提升的监督，以及资本市场的运作与股权激励措施的设计等。

管理层融资收购在实务中遇到的最大问题，是小股东在法律上的保障与门槛、收购金额是否低估企业价值、股东与管理层之间的利益冲突等。

【延伸阅读 5-2】　　Dell 的管理层融资收购及私有化

个人电脑及企业 IT 设备巨擘 Dell 于 2006 年及 2011 年个人电脑销量分别被惠普及联想超越后，落居全球第三，在过去几年的经营绩效逐年衰退，组织交易成本上升，大幅重组将遭遇来自许多股东的阻力。

2013 年，Dell 的创办人 Michael Dell 联合全球最大、专精于科技产业的私募股权基金 Silver Lake 及配合四家大型金融机构与微软（Microsoft）的融资，以近 250 亿美元进行科技业史上最大的管理层融资收购及私有化，收购后 Michael Dell 持有 Dell 过半股权。此外，Dell、Silver Lake 及其他私募股权基金又于 2016 年第 3 季完成了与企业储存市场龙头 EMC 的合并案，合并金额高达 670 亿美元，成为史上最大科技业合并案。两企业合并后，新集团除了 Dell 原本的个人电脑与企业 IT 设备外，新增了 EMC 的企业高阶存储业务以及 EMC 旗下虚拟化平台龙头 VMware、数据分析平台 Pivotal、融合式架构平台 VCE（合并后改为 Dell EMC Converged Platforms and Solutions Division）、云端供应商 Virtustream 和信息安全事业部 RSA 团队。

Silver Lake 在这两项交易中投入 20 亿美元以上的资金，占其总管理资产约 125 亿美元的比重。如同 Michael Dell 致员工信中所述，Silver Lake 相当专精于科技业，了解所有科技业的商业模式及价值链，并拥有极为广泛的全球布局。

IT 产业已逐渐从过往的个人电脑对应企业后台服务器以网络为中心的业务时代，转换为移动互联、社交网络、物联网、云计算及大数据以数据为核心的时代。该交易的策略是通过私有化、整合与转型重塑一家全新的端到端（End-to-end）IT 解决方案及未来数据中心解决方案的企业，并以企业客户作为主轴。交易也弥补了 Dell 在研发上的不足，而结合了 EMC 在企业级数据存储与管理、大数据、云计算、软件定义、超融合架构 5 方面的领先技术与 Dell 的个人电脑与企业端服务器的销售能力，以及通过并购重组进一步节省人事成本及采购成本。此外，由于新一代数据中心基础架构朝着软件定义和超融合方向发展，传统的集中共享式存储（SAN/NAS）将逐渐被软件定义的分布式存储所替代，超融合架构将成为数据中心基础架构的核心，也促使 EMC 与 Dell 的进一步合作。

相较于 Dell，主要竞争对手 IBM 分别于 2004 年及 2014 年分拆出售个人电脑及 x86 服务器给联想退出市场，而 HP 则于 2015 年年底分拆为 HP Inc. (HPI) 与 Hewlett Packard Enterprise(HPE) 两家独立的公司，HPI 专门销售个人电脑与打印机，HPE 则锁定云端及服务器等企业软/硬件解决方案。两家公司仍在纽约证券交易所上市。

（四）平台收购模式（Buy-and-Build）

部分私募股权投资基金先收购处于成长期且该产业参与者较分散的中小型企业作为平台，再将后续其他收购的企业整合并入该平台企业中。由于中小企业的企业价值倍数通常较低，通过整合平台与其他被收购企业的模式，能够以较低的成本快速实现营收增长、获利增长、营业规模扩增及企业价值倍数增长等综效，可以降低组织交易成本。平台收购模式应用的弹性很高，常见的产业包含具有普遍性且人口结构改变特征的医疗服务业、物流仓储业、教育等。

平台收购模式成功实现综合效益的关键，在于平台企业具有可扩张的产品（服务）与充足的基础设施，私募股权投资基金具备平台收购与整合经验，可寻得有利于平台扩大的并购案例，以及良好的并购后整合管理团队。在此模式下，私募股权投资基金具有高度的控制权，其协助该类型中小企业转型的策略性角色与功能在于经营策略的设定、成长资金的供给、营运效率的提升等全方位转型改造。

【延伸阅读 5-3】　　Warburg Pincus 的平台收购模式

成立于纽约并有 50 年历史的世界前十的私募股权投资基金 Warburg Pincus 看准中国人均所得增加、电商交易、第三方物流与都市化程度快速成长的潜力，以及中国人均物流面积与物流费用占 GDP 比重等指标落后于先进国家的契机，自 2011 年起与中国地产企业合作，共同组建了一家专注于提供现代化仓储、物流管理、冷链（Cold chain）等物流解决方案的物流地产公司，主要客户为大型电商及第三方物流。2015 年年底于韩国设立合资公司，2016 年年初宣布与 Redwood 合并重组为 ESR 集团，迅速取得在日本与韩国共 14 个城市、105 万平方米的仓储，合并后 ESR 集团持有及在建仓储面积超过 350 万平方米，因中国外购取得物流地产的竞争日益激烈，故 ESR 策略目标转为亚洲市场的整体布局。

Warburg Pincus 专长的行业包含不动产、能源、通信与媒体、医疗与零售等，并在中国已投资多家不动产管理、物流、汽车租赁等相关产业公司。此外，通过 Warburg Pincus，ESR 集团可取得加拿大退休基金、荷兰退休基金、Goldman、J. P. Morgan、中国平安集团等巨型金融机构的投资或融资。

（五）商业结盟开拓新市场

商业结盟开拓新市场是私募股权投资基金结盟策略性投资人与国有资本参与具重大意义的海外投资的第一种类型。私募股权投资基金在这种合作类型中的策略性角色与功能是同时具备产业知识、国际竞标经验、资本市场运作专长的财务顾问与资金提供者，并促成交易进行、减少市场交易成本，使得双方以少数股权投资方式及契约缔结方式稳固合作关系，以符合对市场及利润的预期。

【延伸阅读 5-4】渤海华美、四维图新、腾讯和新加坡政府投资基金的商业结盟

私募股权投资基金渤海华美、中国最大的电子地图内容及服务供应商四维图新、腾讯集团和新加坡政府投资基金（GIC）四家共同参与竞标，并获选投资欧洲地图资讯公司 Here 合计 2.43 亿欧元，取得约 10% 的股权。Here 由 BMW、Audi 及 Daimler 三大欧洲汽车集团于 2015 年自 Nokia 以 31 亿美元全资收购，Intel 也在 2017 年初投资 Here 约 15% 的股权。

此交易着眼的战略目标，一方面是整合 Here 的全球 200 多个国家的地图资讯、四维图新的中国地图资讯，并延伸与优化现有的地图资讯服务；另一方面是着眼于自动驾驶汽车的高精度地图与位置服务（Location services）的未来需求、整合与开发欧洲三大汽车集团搜集的全球车联网资料，以及纳入平台电商股东加速创新与开发新服务模式。而中国厂商在此交易中的另一项优势是打着"欧洲技术，中国市场"合作策略。

私募基金渤海华美具有中国和美国背景，具备与中航工业汽车联合收购美国瀚德汽车（Henniges）、美国耐世特汽车（Nexteer）并于香港上市的经验及投资新经济产业如滴滴出行与途牛旅游网的经验，同时具有对汽车产业及互联网产业的营运经验与资本市场经验。此外，渤海华美尚与宁德时代新能源合资参股中石化，拟在电动车充电储能领域与中石化的销售渠道展开合作。

通过此次商业结盟，腾讯集团与四维图新又深化了应用上的优势，例如，（1）Here 和四维图新计划合作创建并提供针对自动驾驶汽车打造的高精度地图和位置服务；（2）Here 的物联网解决方案将延伸至中国市场，涵盖车队管理、随选服务与车辆资产追踪；（3）将 Here 的资讯与服务整合在腾讯的其他服务中如 QQ 与微信等，并共同开发新的服务模式。此外，随着四维图新在 2016 年 10 月结盟联发科，腾讯集团在 2017 年 3 月投资特斯拉 5% 股权并成为其第五大股东后，腾讯集团在未来的无人驾驶车与电动车领域的布局更加完整，同时也体现了中国在传统汽车领域长期无法追上先进工业国家而希望借由电动车"弯道超车"的战略。

（六）价值链延伸与差异化

价值链延伸与差异化是私募股权投资基金结盟策略性投资人与国有资本参与具重大意义的海外投资的第二种类型，私募股权投资基金在这种合作类型中的策略性角色与功能是具有产业专业知识与国际竞标经验的顾问与资金提供者。

【延伸阅读 5-5】 IDG 资本、木林森及地方政府资本并购 Osram 的光源业务

中国大陆与台湾地区的 LED 产业的上中游晶片与芯粒制造，长期存在销售价格下滑与产能过剩的问题，下游渠道又大部分由国际知名品牌与专利大厂把持。创投及私募股权投资基金 IDG 资本、中国最大 LED 封装厂木林森及地方政府资本于 2016 年合计出资 5 亿欧元并购 LED 照明全球第二大业者 Osram 的光源业务，虽然该业务出售不包含专利且需持续向 Osram 在马来西亚的上游芯片厂采购，但可使用 Osram 品牌及渠道 10 年。此交易扩大了木林森的下游渠道与全球化布局、填补其高端照明品牌的空缺、利用新增渠道协助自有品牌的拓展、协助 Osram 将成本控管与获利情形不佳的事业部予以分割并由具备成本优势的木林森经营发挥综效、促成木林森与 IDG 资本旗下数家 LED 公司（包含上游芯片厂华灿光电）合作的机会。此外，木林森也因此交易可望从全球第九跃身世界前三 LED 照明商。

IDG 资本自 2008 年起就在 LED 及半导体产业进行布局，也是上市 LED 芯片制造商华灿光电的最大股东。IDG 资本对跨境资产的并购策略是全方位的，既包括品牌、核心技术，也有研发体系、销售网络，其综合效应的创造主要是利用跨境资产的前述优势对接中国的成本优势与供应链优势，因此可以协助中国企业进行产业升级与转型。

IDG 资本的 LED 上游芯片公司华灿光电因为 IDG 资本的牵线，于 2016 年与木林森签订了 15 亿元人民币订单的战略协议促成了产能利用的提升。此外，IDG 资本在 2013 年，在微机电系统芯片制造商 MEMSIC 股价低迷时与管理层一同融资收购将其私有化，并在 2016 年与另一投资机构光大控股合作设立基金收购 MEMSIC 先实现获利再转售华灿光电，协助华灿光电的产品线由单一的 LED 芯片扩增至可用于医疗生技、通信、汽车，以及物联网的传感器芯片。

从以上的案例发现：（1）价值链向下延伸的同时也带动了对上游原材料的需求，附带地去消化产能过剩产业的过剩产能，而私募股权投资基金是促成这种上下游合作的关键角色，也促成了旗下位于产业链的其他公司与策略性投资人间新的合作机会，降低了市场交易成本；（2）私募股权投资基金在相关产业全面布局的策略，促成了并购交易的发生与并购的综合效益的实现，进一步促使组织交易成本下降。

（七）取得先进技术

取得先进技术是私募股权投资基金结盟策略性投资人与国有资本参与具重大意义的海外投资的第三种类型，私募股权投资基金在这种合作类型中的策略性角色与功能同样是具有产业专业与国际并购经验的顾问与资金提供者。

【延伸阅读 5-6】　汉德资本、国新国际及中国化工集团收购 Krauss-Maffei

以欧洲先进工业技术为目标的私募股权投资基金汉德资本、专注于国有企业改革的国新国际及中国化工集团，于 2016 年共同斥资 9.25 亿欧元，从加拿大私募股权投资基金 ONEX 收购具有 178 年历史的德国的塑料和橡胶加工机械设备制造商 Krauss-Maffei，此交易着眼于化工设备生产能力的整合以及借由并购行业领导者提升产业技术能力与地位，同时希望成为轮胎工业的全球市场领导者。这样的交易逻辑还隐含着未来汽车智慧化与轻量化趋势下对于新高端塑化材料的射出成型和生产装备的庞大需求潜力。此外，这项交易基本上是循着"欧洲技术，中国市场"的合作策略，尊重目标企业的独立性、管理技能与技术专长，并继续保留在德国的生产、技术、专利与研发等功能。

自 2004 年起，中国化工陆续组合中国蓝星、中国昊华等原国有化工企业，其六大主要业务包含化工新材料及特种化学品、基础化学品、石油加工与炼化产品、农用化学品、轮胎橡胶及化工装备，是从各被收购企业的原有业务组建而来。组建后的中国化工发展策略并非整合所有业务，而是让各个业务自行改革、并购各领域领先的外国企业，以符合"中国制造 2025"的国家战略。过去几年，中国化工在意大利、法国、以色列、瑞士等国进行数次并购，包括 2015 年以 71 亿欧元收购了世界第五大意大利轮胎制造商倍耐力（Pirelli）、2017 年以 430 亿美元收购瑞士农化及种子公司先正达（Syngenta）等。2007 年，中国化工还引进国际私募股权投资基金黑石（The Blackstone Group）策略性投资子公司蓝星，并协助其改革与扩大业务发展。

汉德资本创始人蔡洪平曾在德意志银行、瑞士银行、法国巴黎银行等欧洲投资银行工作近 20 年，曾任德意志银行亚太区执行主席并曾经手 80 家民企和国企在海外上市。汉德资本 40% 的员工为德国团队，主要着眼于欧洲技术与中国市场的对接。除本交易外，汉德资本收购了意大利的机械手臂制造商 Gimatic 以及位于美国与欧洲的医疗用激光设备制造商 Fotona。

从以上的案例发现：①参与交易的私募股权投资基金对目标企业所在国的文化与商业环境有深厚的了解，有助于首次在德国并购的策略性投资人与母公司、目标企业管理层之间的协商，以及并购交易的顺利进行；②因策略性投资人对目标企业的管理方式为独立营运，私募股权投资基金将有助于策略性投资人与目标企业的沟通与整合，降低组织的交易成本。

（八）进入国家战略性产业及新市场

这是私募股权投资基金结盟策略性投资人与国有资本参与具重大意义的海外投资的第四种类型，私募股权投资基金在这种合作类型中的角色与功能主要是最重要的产业专业与技术发展未来性顾问以及国际并购顾问。

【延伸阅读 5-7】 上海市集成电路产业基金与上海硅产业投资公司

上海市集成电路产业基金成立于 2015 年 11 月，基金规模为人民币 500 亿元，其中 300 亿元为制造基金，100 亿元用于半导体设备与材料业，100 亿元用于半导体设计业。主要投资人为上海汽车、上海科技创业投资公司、上海国际集团、上海浦东新兴产业投资公司、上海嘉定创业投资管理公司、上海国际信托、上海国盛集团以及资金规模约 1 400 亿元人民币的国家集成电路产业投资基金。其中制造基金再联合专注于半导体产业并购的私募股权投资基金——武岳峰资本，以及微电子与物联网传感器制造商新微电子，投资成立了上海矽产业投资公司。

上海矽产业投资公司于 2016 年投资法国 Soitec 公司 14.5% 的股权。Soitec 为半导体材料开发与制造商，拥有 3 600 多项专利，核心技术为 SOI（Silicon-on-Insulator 全耗尽型绝缘层上覆硅），其中 FD-SOI 是一种成熟平面工艺的创新技术，虽然不是国际主流的立体技术 FinFET，但因具有较佳的通信信号、低成本、低耗能、制造程序较简易等特点，故适用于成本敏感的物联网传感器及汽车电子产品。配合许多中国半导体设计商可能已经具备设计该类型产品的能力，以及刚起步的中国晶圆代工制造商可通过三星及格罗方德取得生产该类型产品的能力，可能会对中国半导体产业的生态系统造成一定的影响。

武岳峰资本于 2011 年成立，自创立以来便积极与政府的引导基金合作，基金管理团队均具备中国与美国科技企业经历、资本市场运作经验以及理工背景，投资团队成员主要分布于中国和美国。此外，台湾半导体设计商联发科技也分别对上海武岳峰集成电路信息产业基金及武岳峰资本本身投资了 3 亿元人民币及 8 000 多万美元。

从以上的案例发现，我国国内由中央与地方的国有资金协同具备产业专业的私募股权投资基金，与欲使用目标企业技术与专利的策略性投资人组成国家队，共同投资国家最缺乏的半导体行业上游技术与专利公司，借此进入该类型半导体技术领域。此交易可能进一步创造新的产业价值链，包含最上游的半导体设计、中游的晶圆代工制造，以及下游的物联网传感器应用，将有效降低相关的市场交易成本。

第三节　风险投资概述

一、风险投资的含义

（一）风险投资的定义

"风险投资"一词属于外来语，它所对应的英文是 Venture Capital，简称 VC，也可翻译为风险资本、创业投资，属于投资范畴，是资本运营方式之一。风险投资，在我国是一个约定俗成的具有特定内涵的概念，具有广义和狭义两种定义。

广义的风险投资泛指一切具有高风险、高潜在收益的投资，其突出特点在于"高风险、高收益"，强调其有强烈的"承受风险"的特征，同时以得到中长期高投资收益的机会作为高投资风险的回报。与传统投资的回避风险相比，广义风险投资的不同之处在于其试图驾驭风险。风险投资一旦看准某个公司或项目有发展前景，就会投入资本，甚至会帮助它们进行经营管理。

狭义的风险投资是指以高新技术为基础，生产与经营技术密集型产品的投资，其侧重点不仅仅在于"高风险、高收益"，还在于投资对象主要是那些处于启动期或发展初期却快速成长的新兴技术型企业，并主要着眼于那些具有发展潜力的高科技产业。

现在看来，狭义的风险投资更容易为理论界和实务界所接受。例如，美国风险投资协会将风险投资定义为，由职业金融家投入到新兴的、迅速发展的、有巨大竞争潜力的企业中的一种权益资本。下文的风险投资指的都是狭义的风险投资。

从资本运营的角度看，风险投资是指向具有高增长潜力的创业企业进行股权投资，并通过提供创业管理服务参与所投资企业的创业过程，以期在所投资企业发育成熟后通过股权转让实现高资本增值的资本运营方式。

（二）风险投资与传统投资的主要区别

传统投资主要是指银行贷款、传统产业投资等。风险投资与传统投资的主要区别见表 5-1。

表 5-1　风险投资与传统投资的主要区别

项目	风险投资	传统投资
投资对象	中小企业为主	大中型企业为主
资本用途	高新技术企业创业及新产品开发	传统企业扩大生产规模、技术改造等
投资方式	股权投资	借贷方式
投资审查	重点是技术实现的可能性，关键是技术创新与市场前景	重点是财务分析，关键是有无偿还能力

项目	风险投资	传统投资
投资管理	合同关系、直接参与企业管理与决策	借贷关系，不参与企业管理与决策
投资风险	风险大	风险相对较小
投资收益	收益大、不确定性高	收益稳定、相对安全
市场重点	为了潜在市场，难以预测	现有市场、相对容易预测
人员素质	懂技术、管理、金融和市场，承受力强	懂财务管理，不要求懂技术和承受力强
投资回收	公开上市、兼并收购、回购、清算	按合同期限收回本息

（三）风险投资与私募股权投资基金的区别和联系

1. 区别

在我国，私募股权投资基金一般都是指狭义上的 PE，VC 与狭义的 PE 都是通过私募形式对非上市企业进行的权益性投资，然后通过上市、并购或管理层回购等方式，出售持股获利。VC 主要投资企业的前期，PE 主要投资后期，其区别主要体现在以下三个方面。

（1）投资阶段，一般认为 PE 的投资对象主要为拟上市公司，而 VC 的投资阶段相对较早，但是并不排除中后期的投资。

（2）投资规模，PE 由于投资对象的特点，单个项目投资规模一般较大。VC 则视项目需求和投资机构而定。

（3）投资理念，VC 强调高风险高收益，既可长期进行股权投资并协助管理，也可短期投资寻找机会将股权进行出售。而 PE 一般是协助投资对象完成上市，然后套现退出。

2. 联系

私募股权投资基金对处于种子期、初创期、发展期、扩展期、成熟期和 Pre-IPO 各个时期企业进行投资，故广义上的私募股权投资基金包含风险投资。很多传统上 VC 机构现在也介入了 PE 业务，而许多传统上被认为专做 PE 业务的机构也参与了 VC 项目，即 PE 与 VC 只是概念上的一个区分，在实际业务中两者界限越来越模糊。比如著名的 PE 机构如凯雷（Carlyle）也涉及 VC 业务，其投资的携程网、聚众传媒等便是 VC 形式的投资。

3. PE 与 VC 在企业不同发展阶段的投资策略

与企业的生命周期相对应，PE 与 VC 在企业发展的不同阶段，考虑不同的风险，采取不同的投资策略。见表 5-2。在运作成功后，通过多元化的渠道实现资本的获利并成功退出。

表 5-2 PE 与 VC 在企业不同发展阶段的投资策略

周期阶段	种子期	初创期	成长期	扩张期	成熟期 / 上市前
资金来源	创业者、VC	创业者、VC	VC、成长资本、夹层资本	VC、成长资本、并购资本、夹层资本	成长资本、Pre-IPO 资本
策略与风险	技术失败、创新模式失败和产品无市场等风险	技术不成熟、产品不稳定和市场不认同等风险	企业成长能力和市场竞争力风险	扩张后的管理风险，寻求稳定的利润和低风险回报率	能否上市及投资入股市盈率与 IPO 及二级市场的差价
投资比例	10% ～ 15%	10% ～ 20%	20% ～ 30%	20% ～ 30%	15% ～ 25%

二、风险投资的特征

风险投资与一般投资活动相比，既有共性，也有其特殊之处。综合考虑风险投资的投资对象特征、投资特性和风险投资者的作用三个方面，风险投资具有如下五个特征。

（一）高风险性

风险投资的高风险性是由风险投资的对象决定的。传统投资的对象往往是成熟产品，社会地位、信誉、技术、市场和管理等风险均已得到控制，因而风险相对较小；而风险投资的对象主要是高科技中小企业的技术创新活动，它看重投资对象潜在的技术能力和市场潜力，因而具有很大的不确定性，即风险性。从新产品的研究和开发到推向市场过程较长，其中每一个环节都可能面临失败的风险。这种风险表现为管理风险、市场风险、政策风险、财务风险、技术风险，或者它们的组合。从投资回报上看，大多数的风险投资项目都是失败的。在美国硅谷，有一个广为流传的所谓"大拇指定律"，即在 10 个由风险投资支持的创业公司中，有 3 个会垮台，3 个会勉强生存，还有 3 个能够上市并有不错的市值，只有 1 个能够脱颖而出、大发其财。

（二）高收益性

根据风险价值理论的观点，高风险必然以高收益作为回报。事实证明，风险投资作为一种经济机制之所以能经受长时间的考验，并没有因为高风险而衰败，反而得以蓬勃发展，关键是其所带来的补偿甚至超额补偿机制。

（1）风险投资公司选择的投资对象是由非常专业化的风险投资家经过严格的程序筛选的。风险投资公司选择的投资对象一般是潜在市场规模大、高风险、高成长、高收益的新创事业或投资计划，诸如信息技术、生物工程等高增长领域的企业。投资企业一旦成功，就会为投资者带来少则几倍、多则百倍甚至上千倍的投资收益。

（2）风险投资者能获得投资对象较多股份。因为处于发展初期的小企业资本结构以自有资本为主，而非借贷资本，而风险投资恰恰能够为其提供所需资金。

（3）投资对象股票上市（IPO 方式）是风险投资收益实现的最佳形式。从成功的投资中退出时所缴纳的资本收益税低于公司所得税，税收差异使投资产生更大的收益。

（4）风险投资不但能提供资金，还会带来丰富的管理经验，从而弥补一些企业家管理经验的不足，增加企业快速取得成功的机会。

（三）投资过程高度专业化和程序化

风险投资主要投向高新技术产业、战略性新兴产业等，而且风险投资为了分散风险，一般以基金的形式投资于一个包含 10 个以上项目的项目群，利用成功项目所取得的高回报来弥补失败项目的损失并获得收益。同时，由于单个项目风险较大，这都要求风险资本具有很高的专业水准，项目的选择要求高度专业化，通过严格的决策程序，精心组织、安排和挑选，尽可能减少投资风险。

（四）中长期性

风险投资属于长期权益资本，这是由投资对象的特点决定的。高新技术的产业化通常分为技术酝酿与发明、技术创新、技术扩散和工业化大生产四个阶段，与之相适应的风险投资投入也分为四个阶段，即种子期、导入期、成长期和成熟期。如图 5-1 所示，即风险投资不会将创业资本一次性投入创业企业，而是随着企业的发展分阶段注入。风险投资从最初的投入到最终退出，需要 3 ～ 7 年的时间甚至更长。因此，风险投资会在被投资企业滞留很长时间。

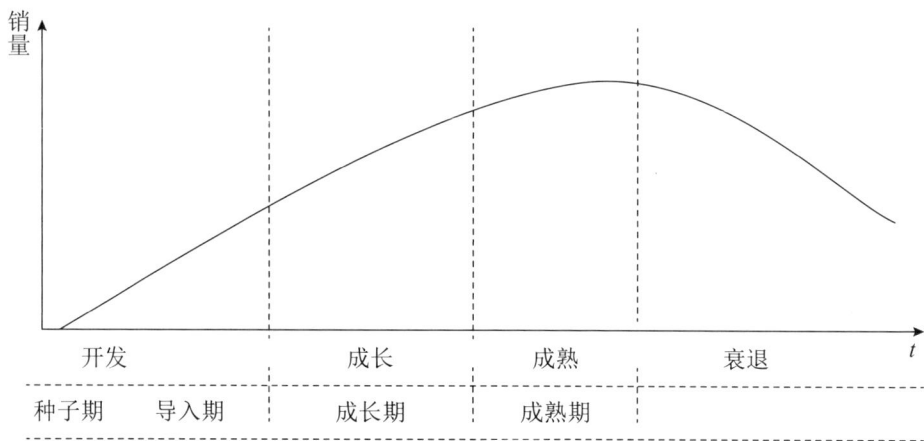

图 5-1　企业生命周期及风险投资阶段

（五）高度参与管理

与传统投资只提供资金而不介入企业或项目的管理不同，风险投资者在向高新技术企业投入资金的同时，也参与企业或项目的经营与管理，因而表现出很强的"参与性"。一方面，参与管理是风险投资在公司治理结构方面的制度创新，由于投资的高风险特征，风险投资者为了有效地降低风险，会参与风险企业的管理，主要形式有组建、主导风险企业的董事会，策划追加投资，监控财务业绩和经营状况，物色、挑选和更换管理层，处理风险企业的危机事件。另一方面，风险投资者一般对于所投资领域具备丰富的经验、具有各类人才网络，这就保证了获得投资的公司同时能够在管理方面得到及时的指点和所需的人才资源。有关研究表明，由于风险投资者介入管理，使得风险企业的企业价值增长，得到风险资本支持的企业比没有得到风险资本的类似企业表现得更为出色，风险企业公开上市后，其股票也更加受人关注。

三、风险投资的作用

风险投资自诞生以来，对新产业、新技术的发展起到了巨大的推动作用。风险投资主要投资于从事高新技术开发和新市场开拓的中、小型高新技术风险企业，具有为高新技术企业创业发展分担风险和提供资金的双重功能，风险投资是高新技术产业化的催化剂。

（一）拓展融资渠道

资金是推动高新技术产业化的重要力量，资金的缺乏对高新技术企业的起步创业和成长发展都构成致命的约束。

企业创新特别是中小企业技术创新需要大量的资金支持，当传统的融资渠道，如银行贷款和其他形式的融资不能成为技术创新的主要资金来源时，风险投资由于恰好能适应高新技术企业融资需求的特点，并同时满足新企业在管理经验方面的需求，因而其自然地成了中小企业技术创新的首选融资形式。风险投资作为一种新型的投资机制，能够对那些传统信贷缺乏兴趣，而确有发展潜力的发明创新提供资助，支持高新技术风险企业的创业和发展。

在美国，70%以上的风险投资投入到电子、信息、生物技术等高新技术领域；在英国，50%的风险投资投入到与高新技术有关的领域。可以认为风险投资通过灵活特殊的投资方式，在资本和高新技术之间起到桥梁作用，为成千上万高新技术风险企业的诞生和成长提供了资金保证。我国近年来风险投资集中在新能源、高效节能技术，半导体，生物科技，新材料工业和医药保健行业等具有很高科技创新属性的行业，2022年这些行业吸引了近50%的风险投资金额。[①]

（二）加快高新技术成果的转化

高新技术转化为商品、形成产业，依赖于大量的风险投资。高新技术领域的许多重要科技成果，从20世纪50年代的半导体硅材料，70年代的微型计算机，80年代的生物基因技术，到现在的新能源、高效节能技术，无一不是在风险投资的作用下，由实验室的大胆构想变成商品，并创造出巨大的经济效益。如果没有风险投资，这些高新技术成果的转化是难以实现的。因此，利用风险投资有助于缩短科学研究到工业生产的周期，加快科技成果商品化，促进高新技术产业化。

在美国，风险投资已成为具有吸引力的潮流，风险资金的大量增加，造就了无数的高新技术企业，并以惊人的速度迅速发展。曾经微不足道的小企业已发展成为今日举世瞩目的跨国公司，如惠普公司（HP）、英特尔公司（Intel）、苹果公司（Apple）等都是从风险企业起步而发展成为国际著名的高新技术企业。这种成功揭示了高新技术企业与风险投资休戚与共的依存关系，风险投资为高新技术产业化注入了活力，高新技术也为风险投资创造出广阔的施展拳脚的空间，风险投资与高新技术的紧密结合，能够促成高新技术产业的繁荣发展。

（三）加速建立高新技术产业群

高新技术产业的形成具有一定的区域性，兴建科学园区已成为世界各国发展高新技术、

---

① 　来源：《中国创业投资发展报告2023》。

开拓新产业、建立新兴高新技术工业而被广泛采取的方式。科学园区开创了大学、研究机构与产业化紧密结合的先河，其成功不仅取决于园区内的科技、教育水平，更关键的是风险投资的发展水平，世界许多著名的科学园区都是在风险投资的支持下发展起来的。其中"硅谷"的形成是最有力的例证，美国斯坦福科学园区的形成和发展绝非偶然，风险投资起到了重要的作用。该园区集中了全美三分之一的风险投资公司，每年风险投资额高达数十亿美元，大量风险资金的集中投入，孕育出众多的高新技术企业，建立起先进的高新技术产业群，仅电子企业就达 2 800 多家，使其成为当今世界最大的微电子产业基地，年销售额高达数百亿美元。由此可见，科学园区的发展在很大程度上需要依靠风险投资，只有创造良好的投资环境，广泛地吸收风险资金，使科学园区成为风险投资的活动中心，才能为建立高新技术产业群提供充裕的资金支持，从而加速科学园区的发展。

第四节　风险投资决策

一、风险投资决策体系

（一）风险投资的运行机制

在风险投资的运营过程中，风险资本从其供给开始到退出结束，完成了一个循环，如图 5-2 所示。风险投资运行主要包含三个主体：风险投资者、风险投资机构、创业企业。风险投资者是资金的供给者，风险投资机构是资金的运作者，创业企业是资金的使用者。在风险资本的循环中，各主体都获得相应回报。

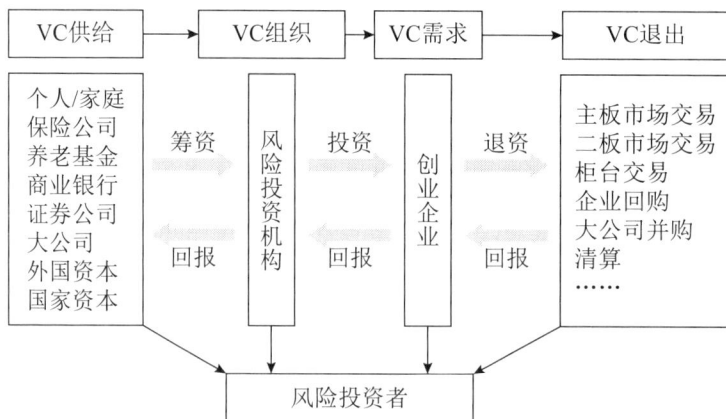

图 5-2　风险投资的运行机制

（二）风险投资体系的构成

围绕着风险资本的循环和增值，风险资本体系由风险资本、风险投资人、投资对象、投资期限、投资目的、投资方式、风险资本市场和退出方式等要素构成。

1. 风险资本

风险资本是指由专业投资人提供给快速成长并且具有很大升值潜力的新兴公司的一种资本。风险资本通过购买股权、提供贷款或既购买股权又提供贷款的方式进入这些企业。风险资本的来源因时因国而异。2022 年，我国新募集管理资本 2 515.8 亿元。从资金来源所有制性质划分来看，政府及国有基金占比 54.52%，个人投资占比 8.68%，民营及混合所有制企业资金占比 21.57%，外资企业占比 0.38%。[①]

2. 风险投资人

风险投资人大体可以分为以下四类。

（1）风险资本家。它们是向其他企业投资的中介机构，与其他风险投资人一样，他们通过投资来获得利润。但不同的是风险资本家所投出的资本全部归其自身所有，而不是受托管理的资本。

（2）风险投资公司。风险投资公司的种类有很多种，但是大部分公司通过风险投资基金来进行投资，这些基金一般以有限合伙制为组织形式。

（3）产业附属投资公司。这类投资公司往往是一些非金融性实业公司下属的独立风险投资机构，它们代表母公司的利益进行投资。这类投资人通常主要将资金投向一些特定的行业。和传统风险投资一样，产业附属投资公司也同样要对被投资企业递交的投资建议书进行评估，深入企业做尽职调查并期待得到较高的回报。

链接阅读

龚虹嘉："愿意花钱鼓励突破认知边界的创新"

（4）天使投资人。这类投资人通常投资于非常年轻的公司以帮助这些公司迅速启动。在风险投资领域，"天使投资人"这个词指的是创业企业的第一批投资人，这些投资人在公司产品和业务成形之前就把资金投入进来。

3. 投资对象

风险投资的产业领域主要是高新技术产业。以我国为例，风险投资不断向高新技术企业集聚。2022 年投资于高新技术企业项目 1 490 项，投资金额为 341.5 亿元，占全部投资的比重分别为 47.3%、45.9%，其中，新能源、高效节能技术，半导体以及生物科技领域的投资增长尤为突出，投资金额占比分别为 14.0%、13.9%、8.1%。[②]

4. 投资期限

风险投资人帮助企业成长，但其最终寻求渠道将投资撤出，以实现增值。风险资本从投入被投资企业开始，到撤出投资为止，所间隔的时间长短就称为风险投资的投资期限。作为股权投资的一种，风险投资的期限一般较长。其中，创业期风险投资通常在 7 ~ 10 年内进入成熟期，而后续投资大多只有几年的期限。

5. 投资目的

风险投资虽然是一种股权投资，但投资的目的并不是获得企业的所有权，不是控股，更

---

① 数据来源：《中国创业投资发展报告 2023》。

② 同①。

不是经营企业，而是通过投资和提供增值服务把投资企业做大，然后通过公开上市（IPO）、兼并收购或其他方式退出，在产权流动中实现投资回报。

6. 投资方式

从投资性质看，风险投资的方式有三种：（1）直接投资；（2）提供贷款或贷款担保；（3）提供一部分贷款或担保资金，同时投入一部分风险资本购买被投资企业的股权。但不管是哪种投资方式，风险投资人一般都附带提供增值服务。风险投资还有两种不同的进入方式。第一种是将风险资本分期分批投入被投资企业，这种情况比较常见，既可以降低投资风险，又有利于加速资金周转。第二种是一次性投入。第二种方式不常见，一般风险资本家和天使投资人可能采取这种方式，一次投入后，很难也不愿提供后续资金支持。

7. 风险资本市场

从市场的开放程度和所参与企业的发展阶段来划分，风险资本市场又包含了三个子市场：（1）非正式的私人风险投资市场（Informal Business Angel），它是一个没有中介的市场，是富裕的家庭和个人直接向企业进行股份投资的市场，投资项目的选择、投资过程的管理、投资后的监控和投资的收获等均由投资者完成；（2）风险资本，是一种有组织、有中介的资本形式，风险资本家是资本供给者和资本使用者之间的中介机构，它从资本供给者手中获取资本，再以股份投资的方式投到具有高成长性的新生中小企业中；（3）专门为中小高成长性企业设立的证券市场（Small Stock Market），通常被称为小盘股市场或二板市场，是高新技术企业走向市场、成为公众公司的第一步，它为企业的扩张提供了更为广阔的融资渠道，是风险资本市场的重要组成部分。

8. 退出方式

退出决策就是在风险投资收益最大化的目标下，决定以什么方式和什么时间退出。风险投资从风险企业退出主要有四种方式：（1）首次公开发行；（2）被其他企业兼并收购；（3）股本回购；（4）破产清算。显然，以何种方式退出，在一定程度上是风险投资成功与否的重要标志。能完成首次公开上市发行是风险投资家的奋斗目标，而破产清算则意味着风险投资可能部分损失或全部损失。

【延伸阅读 5-8】

德国的风险投资退出路径以公司回购股权与公司被并购占大部分，因为德国是一个以银行为主的资本市场，而不是以股票证券市场为主，其股市 IPO 市场并不活跃。

二、风险投资运作过程

风险投资的一般运作过程可分为以下六个主要环节：（1）建立风险投资基金和搜寻投资机会；（2）筹集风险资金以备投资；（3）识别和筛选有潜力的投资项目；（4）评估、谈判和达成投资协议；（5）风险投资者和创业者共同合作发展风险企业；（6）策划、实施风险投资退出风险企业。如图 5-3 所示。

建立风险投资基金和寻找投资机会

↓

筹集风险资金以供投资

识别和筛选有潜力的投资项目

评估、谈判和达成投资协议

共同合作发展风险企业：
1. 战略发展
2. 建立有活力的董事会
3. 聘请有关专家
4. 吸引其他投资者
5. 监督和控制

策划、实施退出风险企业：
1. 首次公开发行上市（IPO）
2. 股份回购
3. 被兼并收购
4. 破产清算

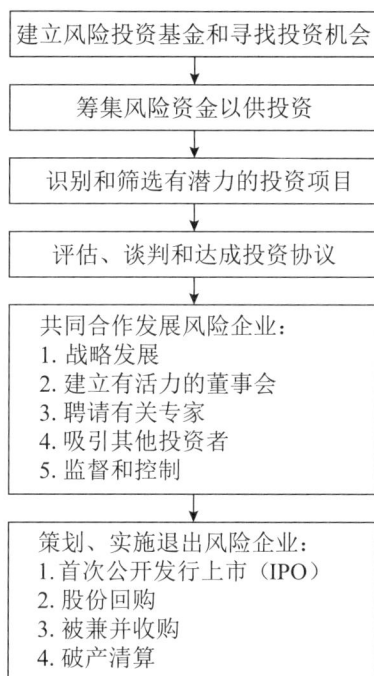

图 5-3　风险投资的基本过程

（一）建立风险投资基金和寻找投资机会

风险投资以基金方式运作。由于风险投资基金承担风险企业的各种风险，因此风险投资基金建立后，为了最大限度降低投资风险，风险投资基金需要寻找一定数量的投资项目，并对寻求投资的投资项目进行非常严格的筛选和评审，从而确定潜质较好的投资项目。在实践中，投资机会获取主要有三种：第一种是企业家主动提出投资申请及相应的商业计划；第二种是推荐，也就是通过银行、投资中介或其他风险投资者，后者可能是出于分散风险的考虑而寻找联合投资者；第三种是由风险投资者通过洽谈会、展览会、学术会议等各种机会主动寻找潜在的投资机会。

（二）筹集风险资金以备投资

风险资金的来源较多，国外主要包括退休基金、保险公司、公司财务基金、银行控股公司、富有家庭和个人、捐赠基金、投资银行及部分非银行金融机构等。而国内比较成熟的出资人主要有三类：机构投资者、政府和企业及富裕的个人。目前，在国内机构投资者中比较有代表性的就是全国社会保障基金理事会，即社保基金。相比社保基金，我国的保险公司、证券公司和商业银行则由于政策原因尚未涉足风险投资基金的出资。而政府出资包括两种：一种是追求投资回报的政府出资，另一种则是带有政府引导性质的财政性出资。

（三）识别和筛选有潜力的投资项目

风险投资者根据企业家提供的项目计划书，对项目进行初次审查，包括创业者的基本素质、投资项目的市场前景、产品技术的可行性、公司管理水平等方面。通过认真、仔细和综合的考察和了解，从大量寻求风险投资加入的风险企业中，筛选出真正具有发展潜力的少数企业，作为公司进行风险投资的初选企业。

（四）评估、谈判和达成投资协议

运用专业方法对初选企业提供的项目计划书和产品市场前景预测，如果风险投资者对申请项目做出肯定的技术和经济评价，双方会进一步进入谈判阶段。谈判时主要解决的问题有：风险投资者投资的数额和股权分配、风险投资的分段投资时间、企业组织结构和管理层职务安排、双方权利和义务的界定等，并最终达成投资协议。

（五）风险投资者和创业者共同合作发展风险企业

协议签订后，风险投资开始进入风险企业，投资生效后，风险投资者便有了风险企业的股份，并在其董事会中占有席位。多数风险投资者在董事会中扮演着咨询者的角色。风险投资者和风险企业需共同解决众多问题，主要包括：建立风险企业的董事会和管理层、制定企业发展战略、设计企业的盈利模式、聘请外部专家、吸收其他的投资者以及企业的监督和控制等。

（六）策划、实施风险投资退出风险企业

退出风险企业是风险投资的最终目标，也是风险投资成功与否的关键。经过投资项目的发展，最初的风险资本已得到增值，投资收益的实现方式就是退出。风险投资应根据实际情况选择退出方式，以保证资金能够顺利循环运作。

三、风险投资项目评价

风险投资基金需要投入大量资金、技术、时间、管理及专家力量，为新创事业提供资金，承担高风险，来支持新产业的创新与发展，并获取高利润。面对竞争日益激烈的产业环境与众多的投资项目，如何正确、高效地选择有发展潜力的项目进行投资，是风险投资成功的关键。

（一）风险投资项目评价体系

对于风险投资项目的评估，主要包括企业家特性、项目特性和企业能力三个层面的评估。如图 5-4 所示。

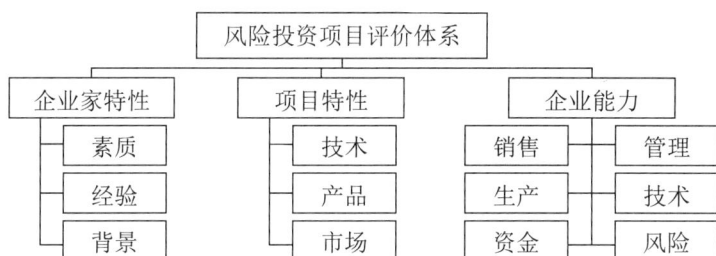

图 5-4　风险投资项目评价体系

1. 企业家特性

企业家及企业家精神日益受到管理专家们的关注，大量的研究表明，企业成功的关键是拥有富有开拓进取精神的企业家。风险企业因为其技术、产品、市场、财务等多方面的不确定性，对企业的管理者和领导者形成巨大挑战，尤其需要企业家精神。企业家特性包括正直诚实、创业动机与责任感以及勤奋创业精神。

2. 项目特性

对项目特性的评价，即对其商业模式的评价，包括产品、技术、市场三个方面。产品方面主要考虑的因素包括：功能独特性、质量可靠性、产品创新度、客户价值及客户认可度等。技术方面考虑的因素包括：有效性、适用性、可靠性、复杂性、先进性、可替代性和易模仿性。市场方面考虑的因素包括：市场规模、市场份额、增长潜力、竞争情况、市场进入情况和有关法规对市场的影响等。国内风险投资的一个误区在于对创意关注过多，却缺乏对项目特性的详细把握。一个项目有了好的创意还不够，还需要独特的商业模式，即商业定位、自身特点和营销战略，好的商业模式才能带来业绩。

3. 企业能力

对企业能力方面的评估，主要包括销售能力、管理能力、生产能力、技术能力、资金能力和风险承担能力。其中销售能力方面主要考虑销售渠道及人员、营销预算及成本等；管理能力方面主要考虑管理战略、管理团队和员工士气；生产能力方面主要考虑生产设备、员工素质、生产经验、生产资源、工艺流程等；技术能力方面主要考虑技术人员素质和后续研发能力；资金能力方面主要考虑融资策略与融资能力等；风险承担能力方面主要考虑风险分散程度和退出障碍。

（二）风险投资决策的特点

1. 主体的契约性

风险投资是一个资本运作和资本增值的循环过程，该过程主要包含三方当事人，即投资者、风险投资公司、风险企业。资金首先从投资者流向风险投资公司；其次，经过风险投资公司的筛选决策，再流向风险企业；再次，通过风险企业的运作，资本得到增值或损失，再通过不同的途径流回风险投资公司；最后，风险投资公司将收益回馈给投资者，如此构成一个资金循环，形成风险投资的周转。在资金周转过程中各方当事人的价值衡量标准和信息拥有量不同，决定了各自相关行为可能对总体利益目标产生消极影响，因此必须通过有效合理的契约安排来协调各方的决策行为。主体间的契约关系安排非常重要，并且体现在决策中。

2. 不确定性

由于风险投资主体间存在着信息不对称，因而风险投资的一系列决策基本上是不确定性的，行为人在决策前均不知以后成功的可能性如何，即空间状态概率分布如何未知；行为人决策前均不知道什么时间投资什么公司或基金最好，即各状态对应的替换行动结果未知。从风险投资的基本含义中也可反映出风险投资决策的显著不确定性，风险投资是对高技术风险企业的投资，企业本身的技术、未来市场、能否盈利等都是不确定的，赖以支持决策因素是未知的，决策本身显然是不确定的。决策的不确定性对决策方法提出更高的要求。

3. 过程的多阶段性

多阶段性是决策过程本身的要求。风险投资运作过程包括六个基本决策阶段，每一个阶段都需要风险投资者做出快速准确的决策。风险投资者采用多阶段进行风险投资决策主要有以下三方面的原因。首先是加快决策速度。风险投资者需要尽快处理收到的众多商业计划书。尽快地处理提案可以缩短风险企业家的等待时间，也可以使风险投资者迅速地发现高质量的风险企业，同时可以将大部分时间和精力投入到对有潜力风险企业的评估上。其次是降低评估成本。对风险企业的评估是多阶段、多角度的，这意味着风险投资者的时间、精力和财力分散在不同决策阶段上的。最后是减少逆向选择。由于风险企业家和风险投资者之间的信息一般是高度不对称的，逆向选择问题难以避免。风险投资家对风险企业多方位、多阶段的评估有利于减少逆向选择。

4. 评价指标的多阶段性

风险企业在不同的发展阶段面临不同的决策内容，不同的决策阶段亦有不同评价指标，风险企业的决策是多阶段的，因而评价指标也是多阶段性的。评价指标的阶段性包含两方面的内容，一是风险企业不同的发展阶段有不同的评价指标，二是决策过程的不同阶段有不同的评价指标。风险企业的生命周期可以分为种子期、创立期、成长期和成熟期，每个阶段有各自不同的特点，评价指标也表现出不同的特点。

（1）种子期，研究与开发（R&D）情况和技术问题成为最主要的评价指标。

（2）创立期，风险企业已经开发出了新的产品或服务方式，评价指标也包括技术方面的、市场方面的和资金方面的等。

（3）成长期，风险企业主要任务是开拓市场，面临的主要风险是增长与转型问题，评价指标也改变为评价企业市场开拓方面的指标：企业的组织结构、财务状况、激励机制等指标显得尤为重要。

（4）成熟期，风险投资资本要通过 IPO 退出，企业的主要目的是引进知名的大股东，找到知名的证券公司，为股票公开上市做准备。成熟期的特点决定评价指标全面丰富，包括各种财务、市场能力、企业规模、治理结构、管理者素质等指标。

（三）风险投资决策方法

在风险投资项目的评价方面，常用以下几种风险投资决策分析方法。

1. 传统的常用方法

传统的项目评价在相应的优化标准对应下采取一系列静态和动态的评价方法。静态评价方法没有考虑资金的时间价值，现阶段对风险项目的评价大部分沿用其中的动态评价方法，在此简要介绍两种主要的动态评价方法。

（1）净现值法（NPV）

净现值的计算方法是用项目寿命期内的资金流入量减去流出量得出年净额，然后按某一折现率用现值复利公式逐一计算其现值，再将所有现值加总。单一项目评价时，NPV大于零，方案可取；多方案比较时，NPV越大，方案越优。

（2）内部收益率法（IRR）

内部收益率法指的是使方案在研究期内一系列收入和支出的现金流量净现值为零时的折现率。在方案评选中，内部收益率大于基准收益率，方案可行，且内部收益率越大越好。反之不可行。

用传统方法对风险投资决策分析进行评价时有一定的缺陷。首先，折现率或基准收益率的选取具有主观盲目性，风险投资的回报率要求远高于传统项目，用行业平均收益率来确定风险投资收益率不太合适。其次，风险投资具有高度的不确定性，运用传统评价方法时，不确定性越高，折现率越大，投资项目的价值越小，也就否认了风险投资的特点。风险投资是一种高风险伴随高收益的投资形式，带来的预期现金流不确定，数十倍、数百倍的投资回报也是常有的事，很难获得准确的收益值，因此在做风险投资决策分析评价时还可以采用以下方法。

2. 实物期权法（Real Options）

期权是一种选择权的契约，其持有者拥有在未来一段时间内以一定的价格（执行价格）向对方购买或出售一定的资产（标的资产）的权利。在资本市场上，期权赋予投资者权利而不是义务去以某一指定价格购买或卖出金融资产。相应地，拥有实物期权的投资者也有权利而不是义务去选择能使投资得到较好回报的决策。这里的实物期权指的是应用于现实资产时的期权。

实物期权法认为投资项目的价值不仅来自单个投资项目所直接带来的现金流，还来自成长的机会。由于风险投资项目通常属于不成熟行业，项目不确定性较高，风险投资者在进行风险投资时，不可能一投到底。他们拥有在哪个阶段投资、是否再进行下一轮投资、以什么方式投资的选择权。也就是说，风险投资者具有相机选择权，他们通常在每一投资阶段结束后对项目进行评估，以决定是否进行下一轮投资或终止投资。是否进行风险投资是风险投资者的一种期权，一个投资项目是若干个不同阶段的实物期权的组合，投资问题也就转化为对实物期权的定价问题。风险投资项目的价值可以由项目的净现值和选择权价值构成，即

$$期权调整 NPV = 传统（NPV）+ 选择权价值（VO）$$

其中"选择权价值"可以用期权溢价（即期权价值和期权费用之差）表示。由此可见，传统的净现值法忽视了风险投资的高风险性和不确定性，有可能造成项目价值的低估；而期权定价的方法注重风险投资的特点，并用合理的模型求解，体现了良好的适用性。

在实际操作中，风险投资者对实物期权法的运用有五种形式：（1）投资延迟期权。在投资环境不佳、项目状况不好时，可推迟投资时间，持观望态度。（2）投资缩减期权。在项目运营状况出现问题时，可减少投资。（3）投资撤销期权。在项目运营状况极差时，可退出投资。（4）投资转换期权。当新情况出现时，可将原投资转换为合适的新状态。（5）投资扩展期权。当项目出现利好状况并且市场预期较乐观时，可以扩大投资。

3. 层次分析法（AHP）

前两种评价方法均是从项目的利润水平方面考虑的，然而，如果仅从利润方面考虑，风险投资项目是难以成功的。层次分析法是一种多目标评价决策方法。其基本原理是将复杂的问题分解为若干要素，据它们的相互关联度和隶属关系组成一个多层次分析结构模型，并在各要素中比较、判断、计算，以获得不同要素的权重，为方案决策提供依据。风险投资项目的影响因素有产品新意、市场前景、管理能力和环境适应性四大类。层次分析法根据所列的四大类因素建立了层次分析模型，然后求出各因素的权重，最后进行层次总排序，从而得到结果。

链接阅读

联想创投与"新质独角兽"

复习思考题

一、在线测试题（扫描书背面的二维码获取答题权限）

扫描此码 自我测试

二、简答题

1. 简述私募股权投资基金的概念与分类。
2. 简述私募股权投资基金的运作流程。
3. 简述私募股权投资基金协助企业转型的模式及其策略性角色与功能。
4. 简述风险投资的概念与特点。
5. 风险投资体系由哪些要素构成？
6. 风险投资的运行机制是什么？
7. 如何对风险投资项目进行评价？

第六章 并购

内容提要

并购是企业资本运营的主要方式，是企业实现自身战略意图、实现低成本扩张的根本途径，也是资本市场实现资源优化配置和提高效率的重要手段。本章第一节概述了并购的基本含义、动机、分类及其发展历程，第二节和第三节阐述了并购的行为决策和定价决策，第四节介绍了反并购的相关策略，第五节介绍了跨国并购。

学习要点

- 掌握并购的基本含义与主要分类；
- 熟悉并购的动机；
- 了解并购的发展历程；
- 了解企业的并购战略和定价策略；
- 掌握反并购的策略；
- 了解跨国并购含义、动因、流程与风险管理。

并购

第一节　并　购　概　述

一、并购的含义

并购，即兼并与收购（Merger & Acquisition，M&A），是一个习惯联用的专业术语。参照国内外相关并购的界定和《中华人民共和国证券法》（以下简称《证券法》）及《中华人民共和国公司法》（以下简称《公司法》）等法规，本书认为并购包含兼并（合并）与收购，是这两者的总称。如图 6-1 所示。

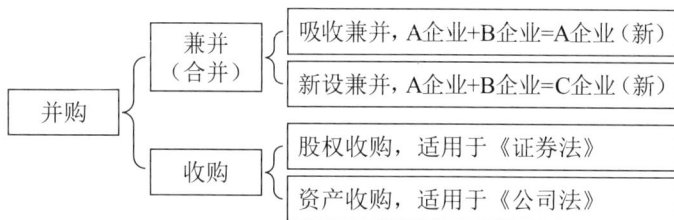

图 6-1　并购、兼并（合并）与收购的关系

（一）兼并

在我国的法规中，兼并和合并两个词都有出现。1989 年 2 月 19 日颁布的《关于企业兼并的暂行办法》规定："本办法所称企业兼并，是指一个企业购买其他企业的产权，使其他企业失去法人资格或改变法人实体的一种行为。不通过购买方式实行的企业之间的合并，不属于本办法规范。"2006 年 1 月 1 日实施的《中华人民共和国公司法》只提及"合并"，并规定："公司合并可以采取吸收合并或者新设合并。一个公司吸收其他公司为吸收合并，被吸收的公司解散。两个以上公司合并设立一个新的公司为新设合并，合并各方解散。"[①]《国务院关于促进企业兼并重组的意见》（国发〔2010〕27 号）又用到了"兼并"一词。本书认为，从广义的角度来看，兼并的概念与我国《公司法》中的合并概念等同。在表述上则遵从习惯，以兼并称之，即两家或两家以上的公司，为了达成某种目的而结合为一家公司或另设一家新公司。兼并按存续消灭可分为"吸收兼并"与"新设兼并"两类。

1. 吸收兼并

吸收兼并又称存续合并，意指两个或两个以上的公司合并，其中一家公司会存续，存续公司概括承受被消灭公司的资产、负债、权利、义务，而其他公司消灭。近年来中国台湾地区的兼并都是走吸收兼并的模式，因存续公司多为上市公司，采用吸收兼并享有存续公司旧挂牌交易的利益。

2. 新设兼并

新设兼并又称新设合并或设立合并，意指两家或两家以上的公司组合，将原来所有公

---

① 2024 年 7 月 1 日起实施的《中华人民共和国公司法》第二百一十八条做了同样的规定。

司消灭，另外登记成立一家新公司。新成立的公司承受被消灭公司的资产、负债、权利、义务。

（二）收购[①]

收购是指一家企业通过主动购买方式购买其他企业的全部或部分股权或资产，或通过股权与证券交换方式获取被收购公司实际控制权的行为。收购的目的是获得被收购企业的全部或部分所有权，其实质是取得被收购企业的控制权。通常收购后两家企业都仍然存在，但控制权往往由一个控制人掌握。收购可以采用股权收购和资产收购两种方式。

1. 股权收购

股权收购指收购方以直接或间接的方式收购目标公司部分或全部的股权，使目标公司成为收购方的投资事业，进而控制其经营与策略，收购者必须承受目标公司的权利、义务。

《中华人民共和国证券法》第六十二条规定："投资者可以采取要约收购、协议收购及其他合法方式收购上市公司。"

要约收购是指收购人通过向目标公司的股东发出购买其所持该公司股份的书面意见表示，并按照依法公告的收购要约中所规定的收购条件、价格、期限以及其他规定事项，收购目标公司股份的收购方式。收购价格，通常比目标公司当前股价高，有一个较大的溢价，而且常以现金支付。要约收购是各国证券市场最主要的收购形式，它通过公开向全体股东发出要约，达到控制目标公司的目的。

根据2020年修订的《上市公司收购管理办法》第二十三条规定："投资者自愿选择以要约方式收购上市公司股份的，可以向被收购公司所有股东发出收购其所持有的全部股份的要约（以下简称全面要约），也可以向被收购公司所有股东发出收购其所持有的部分股份的要约（以下简称部分要约）。"第二十六条规定："以要约方式进行上市公司收购的，收购人应当公平对待被收购公司的所有股东。持有同一种类股份的股东应当得到同等对待。"

协议收购是指投资者在证券交易场所之外与目标公司的股东（主要是持股比例较高的大股东）就股票价格、数量等方面进行私下协商（相对公开市场而言，而非黑市交易），以协议方式进行股权转让的收购。这种收购通常是一种友好收购。

《上市公司收购管理办法》第四十七条规定："收购人拟通过协议方式收购一个上市公司的股份超过30%的，超过30%的部分，应当改以要约方式进行。"但符合第六十二条、第六十三条规定情形的，投资者及其一致行动人可以免于发出要约。

2. 资产收购

资产收购指收购方依据企业本身需求，直接或间接收购目标公司全部或部分资产，如厂房、设备等。由于其属于一般的资产买卖行为，并不涉及股份，因此不必承受目标公司相关的权利义务及负债风险。资产收购是公司寻求其他公司优质资产、调整公司经营规模、推行公司发展战略的重要措施。

---

① 英语里有两个词用来表达"收购"，Acquisition 和 Takeover。Takeover 的实际词义是接管。在英国，Takeover 指收购上市公司，而 Acquisition 指收购私有公司。其他英语地区没有此分别。

资产收购具有以下法律特征：资产收购协议的主体是作为买卖双方的两家公司，而不包括公司股东在内；资产收购的标的是出售公司的某一特定资产，且不包括该公司的负债；资产收购行为完成后，收购公司与目标公司各自保持自己的独立法律人格；资产收购的法律关系虽然较为简单，但也可能发生相应的交易成本。

（三）兼并与收购的区别与联系

由上所述，兼并与收购存在一些区别，表 6-1 从五个方面进行了对比。

表 6-1　兼并与收购的区别

	兼并	收购
主体	法人	法人或自然人
是否协商	必须	不必
后果	被兼并方解散、法人资格丧失	公司控制权的转移
债务承担	合并后的存续公司承担	以其控股比例承担
法律依据	公司法	证券法

但兼并与收购往往交织在一起，很难严格区分开来。兼并和收购是为了获得其他企业的控制权而进行的产权交易活动，其交易都是以企业为对象的；它们都是企业产权的有偿转让，都是企业间的买卖，所不同的只是买卖的方式而已；它们都是企业在谋求自身扩张时采取的战略，通过这种扩张战略，能加强企业的竞争能力，扩充实力，提高效益。因此，学术界和实务界都习惯于将二者合在一起使用，简称并购。除非特别说明，对二者不加以区分。

二、并购动机

（一）成长

企业发展理论认为，企业实现发展有两种途径：一是自身积累成长，二是外延成长。相比而言，外延成长效率更高，即采取并购的扩张方式要比内部积累成长的扩张方式更加省时，速度更快。企业通过并购获得了被并购方的供销渠道、市场占有率等，能在第一时间掌握市场生产及消费的脉动，而且也产生了学习经验曲线效应这种无形的优势。

（二）协同效应

两家公司合并组成一家新公司，如果新公司的生产力及价值超过这两家公司个别生产力及价值的总和，则合并具有协同效应，对原来两企业的股东都是有利的。协同效应包括管理协同效应、经营协同效应和财务协同效应。管理协同效应是指并购提高了企业的管理水平，进而增加企业的收益。经营协同效应是指并购提高了企业经营能力，进而增加营业收入。协同效应有两个方面的因素：①规模效应。在扩大经济规模的过程中，由于生产成本和经营成本的降低而形成的成本优势。②资源互补。并购双方优劣互补，实现多元化经营。财务协同效应是指税法、会计处理以及证券交易对于并购的有关规定而产生的有利效应。一方面是指企业并购具有避税优势；另一方面是指证券市场利用市盈率提高每股收益，以及股票价格。

（三）税负考虑

一家获利并适用高税率级距的公司并购另一家有巨额累积亏损的公司，这项亏损可立即用于节税，而非留待未来年度进行税额抵免。按照美国税法规定，企业可以利用税法中的亏损递延条款进行合理避税，对于拥有较大盈利的企业往往会把那些拥有相当数量累计亏损的企业作为并购对象，纳税收益作为企业现金流入的增加，可以增加企业的价值。因此，如果被并购企业无法维持经营而出售，由于亏损可以在若干年内税前弥补，一个高额盈余的企业并购这个亏损的企业，无疑就会使企业据此条款，采取某些恰当的财务处理方法达到合理避税的目的。基于以上税收政策的优惠，对于那些内部投资机会短缺而现金流动又很充裕的企业而言，无疑会成为其并购目标企业的直接动机。

（四）以低于重置成本的价格收购资产

资产的重置成本经常高于其市价，因此企业可通过并购达到收购低价资产的目的。企业并购的主要原因往往在于目标企业的价值被低估，而低估的主要原因有以下几点：①企业的经营管理能力并没有发挥应有的潜力；②并购企业发现由于某些原因造成目标企业的股票市场价值低于重置成本，并购企业知道一些外部市场所不知道的信息而认为目标企业价值被低估，认为通过并购会得到收益时，就会采取并购手段。

（五）资产多元化

企业并购可通过资产多元化来稳定盈余并达到分散风险的目的。多元化发展既是企业并购的重要手段，也是降低企业发展单一业务、回避业务萎缩和获得整体规模优势的重要途径。由于并购是企业扩张的捷径，也是企业实行多元化经营的最常见办法，因此实现多元化发展，不仅可以使企业的自身风险降低，而且还可以在一定条件下增强企业核心能力的稳固性和降低企业收益的不稳定性，从而达到其竞争优势的目的。

（六）管理者个人诱因

企业决策是基于企业价值最大化目标而拟定的，而在实务中许多企业决策是基于管理者个人的诱因而决定的。对于企业管理者来说，通过成功的企业并购来实现企业业务领域的扩张，达到企业市场价值的提升，从而可以提高企业管理者自身在社会上的地位和市场上的价值。通常而言，目标企业被并购后，其股票的市盈率会维持在一个较高的水平，股价也会随之上升，每股收益也会得到改善，股东的财富得到了增加。这种通过并购方式所产生的财务预期效应，最终使得企业市场价值得到提升。

（七）资产分离价值

企业可依其账面价值、经济价值或重置价值来评估其价值。如果企业各项资产的分离价值之和大于其整体价值，则通过并购途径取得其他企业，再分别出售其所属各项资产，将有利可图。

链接阅读

格力电器并购珠海银隆，身陷局中局

三、并购的分类

（一）按并购双方行业关系来划分

1. 横向并购

横向并购，也称水平并购，是指同属于一个产业或行业、生产经营同类或相似产品的公司之间发生的并购行为。

横向并购的优点是可以扩大同类产品的生产规模，扩大市场份额，降低生产成本，产生规模效益，是企业进入新的市场领域的一种快捷方式；可以增强公司的市场支配能力与控制力，减少同行业竞争对手，有利于取得行业的相对垄断地位与垄断利润；可以发挥经营管理上的协同效应，便于在更大范围内进行专业分工，采用先进的技术，形成集约化经营，大大提高效率。其缺点是容易破坏自由竞争，形成高度垄断的局面，从而降低整个社会经济的运行效率。因此，对横向并购的管制一直是反托拉斯法的重点。

2. 纵向并购

纵向并购，也称垂直并购，是指生产过程或经营环节处于产业链上游和下游之间，或是处于同一产品相继的不同生产经营阶段，在工艺上具有投入产出关系公司之间的并购。通常纵向并购的企业之间不是直接的竞争关系，而是供应商和需求商之间的关系。纵向并购又可细分为：前向并购，是指与产品销售公司（买主）的并购；后向并购，是指与原材料供应商的并购；双向并购，是指同时与产品销售公司、原材料供应商进行并购，将产、供、销结为一体。

纵向并购通过市场交易行为内部化，有助于减少市场风险，节省交易费用，同时易于设置进入壁垒；可以加强生产过程各环节的密切配合，利于协作化生产，减少对外部的依赖，增强经营的稳定性。其缺点是容易导致"小而全、大而全"的重复建设；企业将风险集中于一个产业，生存发展受市场因素影响较大。

3. 混合并购

混合并购，又称复合并购，是指处于不同的产业部门、不同的市场，且这些产业部门之间没有密切的生产技术联系的企业之间的并购。可细分为：产品扩张型并购，即相关产品市场上企业间的并购；市场扩张型并购，即一个企业为扩大其市场占有率而对它尚未渗透的市场提供同类产品的企业进行并购；纯粹混合并购，即生产和经营彼此之间毫无联系的产品或服务的企业之间的并购。

混合并购的主要目的是进行多元化经营，有助于分散因处于一个行业所带来的风险；

能使公司尽快适应市场结构调整，降低企业进入新的经营领域的困难，增加进入新行业的成功率，从而有助于企业实行战略转移。其缺点是涉足自己不熟悉、不专业的领域，一旦经营不善，容易导致经营风险加大；可能导致公司财力分散，难以管理。

（二）按公司并购的具体实现方式分类

1. 现金购买式并购

现金购买式并购是指并购企业使用现金购买目标企业部分或全部的资产或股权而实现的并购。用现金购买资产，是指收购公司以现金，或相当于现款的对价，购买目标公司大部分或全部资产，以实现对目标公司的控制。用现金购买股票，是指并购企业以现金或相当于现金的对价购买目标公司大部分或全部股票，实现对目标公司的控制。

现金购买式并购的优点是交割时间短、手续简单，常受到卖方的欢迎。其缺点是现金筹集量大，收购方的现金压力大；卖方接受大量现金常需要缴纳所得税，转让净收益将比协议收购对价减少。

2. 承担债务式并购

承担债务式并购，通常是在目标企业资不抵债或债务负担过重但其产品还有发展前途的情况下，并购企业以承担目标公司的部分或全部债务为条件，取得目标企业的资产所有权和控制权，从而实现并购的方式。

承担债务式并购的优点是交易不以价格为准，而是以债务和整体产权价值比而定，可以减少并购企业在并购时的现金支出。其缺点是可能影响并购企业的资本结构。

3. 股权交易式并购

股权交易式并购是指并购企业以本企业发行的股票换取目标企业的部分或全部资产或股权而实现的并购。其中，以股票交换资产是指收购公司向目标公司发行收购公司自己的股票，以交换目标公司的大部分或全部资产，并购企业在有选择的情况下承担目标企业的部分或全部债务责任；用股票交换股票，也称"换股"，是指并购企业以本企业的股票直接交换目标公司的大部分或全部股票，达到控制目标企业、实现并购的目的。

股权交易式并购是非现金并购方式，其优点是不需要支付大量现金，股权式并购完成后，目标企业变成并购方的子公司。其缺点是在股权交易式并购中，如果资信机制不健全，并购方须承担目标企业的或有负债和不确定负担，具有高风险。

4. 综合证券式并购

综合证券式并购是指并购企业对目标公司提出收购要约时，其出价是由现金、股票、认股权证、可转换公司债券等多种支付工具组成的一种并购方式。由于单一的支付方式具有不可避免的局限性，而把各种支付工具组合在一起，则能够分散风险，取长补短。但在运用这种策略时也应注意支付工具的搭配，以免适得其反。

（三）按并购双方是否友好协商分类

1. 善意并购

善意并购，又称友好并购，是指并购企业事先与目标公司协商，征得其同意并通过谈判制定出并购协议而完成并购活动。在西方，善意并购被形象地称为"白衣骑士"（White Knight）。善意并购有利于降低并购风险和额外支出，并且并购双方均有合并意愿，这类并购成功率较高。但在进行善意并购时，有时要放弃并购企业的部分利益，以换取目标公司的合作。

2. 敌意并购

敌意并购是指并购企业事先不与目标公司协商，在目标公司对其收购意图尚不知晓或持反对态度的情况下，对目标公司强行收购。在西方，敌意并购被形象地称为"黑衣骑士"（Black Knight）。被并购公司在得知并购企业的并购意图后，往往不能接受并购企业的突然行动或苛刻的并购条件，可能会采取一系列反并购措施。

（四）按照并购的行为方式划分

1. 直接并购

直接并购是指并购企业直接向目标公司提出并购要求，双方通过一定程序进行一定的磋商，共同商定完成并购的各项条件，进而在协议的条件下达到并购的目的。直接并购又可分为前向并购与反向并购两类。前向并购是指目标公司被买方并购后，买方为存续公司，目标公司的独立法人地位不复存在，目标公司的资产和负债均由买方公司承担；反向并购是指目标公司为存续公司，买方的法人地位消失，买方公司的所有资产和负债都由目标公司承担。

2. 间接并购

间接并购是指并购公司并不直接向目标公司提出并购要求，而是在证券市场上大量收购目标公司的股票，从而达到控制该公司的目的。间接并购通常是通过投资银行或其他中介机构进行的并购交易。在具体的运作中，通常是并购企业首先设立一家控股公司或了公司，然后以控股公司的名义并购其他企业。

四、并购的发展历程

（一）西方发达国家并购发展历程

在西方国家的并购发展历程中，美国公司的并购活动最具代表性，从 19 世纪末 20 世纪初发展至今，已经历了六次并购浪潮。见表 6-2。

表 6-2　美国企业并购的发展和演变过程

并购浪潮阶段	1897—1904年	1922—1929年	1940—1968年	1976—1988年	1990—2001年	2003—2007年
宏观经济背景	交通运输业发展，1903 年经济进入衰退期	1922 年步入上升期，1929 年进入衰退期	《塞勒－凯佛维尔反兼并法》的修改	1974—1975 年的经济衰退后，经济进入一个高增长期	经济进入一个连续的稳定增长期	经济全球化、贸易与投资自由化、全球竞争加剧

续表

并购浪潮阶段	1897—1904年	1922—1929年	1940—1968年	1976—1988年	1990—2001年	2003—2007年
并购的直接促动因素	追求规模经济、垄断，资本市场的支持	运输、通信等有较大发展，1914年美国反垄断的《克莱顿法》颁布	管理与计算机技术、所有权与经营权分离，政策放松	产业竞争加剧，金融工具创新，提高效率，放松管制	企业国际化需要，新经济的出现等	信息技术的发展，顺应全球产业结构软化趋势
并购模式	横向并购，近60%通过股票市场得以进行	纵向并购	混合并购	杠杆并购	战略并购	全球产业整合
发生并购的行业	钢铁、化学和橡胶等	石油、金属、食品、零售业、银行等	行业较多，如航空、机械和汽车等	制造业进一步调整，并购深化	金融服务业、通信业和汽车制造业等	信息、金融、食品、计算机、交通等产业
并购的效果	造就了垄断，形成了现代企业组织的雏形	美国经济进一步深化	先进的管理技术得到推广，企业现代体制形成	企业经营和资本市场进一步成熟，竞争力增强	企业国际化、经济全球化进一步加剧	高新技术产业群成为带动新一轮全球经济增长的龙头

并购浪潮也带来了许多启示：

（1）横向并购→纵向并购→混合并购→杠杆并购→战略并购→全球产业整合的演进历程是公司并购演变进程的一般规律。

（2）并购极大地推动了大型企业的快速成长。

（3）经济波动和新技术革命为企业并购活动提供了一个广阔而丰富的舞台。

（4）公司并购有助于推动经济结构与产业结构发生深层次变革。

（二）我国企业并购的发展历程

1. 起步阶段

我国的第一次企业并购浪潮始于1984年，至1992年结束。第一起企业并购事例是1984年7月保定纺织机械厂以承担债务方式，兼并了连年亏损、几乎停业的保定市针织器材厂。1989年2月19日，国家体改委、国家计委、财政部、国家国有资产管理局发布《关于企业兼并的暂行办法》，中央和地方政府积极推动第一次并购浪潮。这次并购浪潮的特点是行政性、盲目性和简单化比较突出。

2. 循序渐进阶段

1992年以后，我国市场经济步伐加快。与此同时，我国企业并购的第二次浪潮出现。1993年仅天津、上海、武汉、深圳等16个城市就有2 900多家企业被并购，转移存量资产达60多亿元。1994年国家选择了18个城市进行优化资本结构试点，企业并购一下子推开，18个城市全年累计并购企业127家。

随着我国证券市场的发展，上市公司并购成为这次并购浪潮中的一大热点。1993年9月宝安收购延中实业，以及后来的恒通集团收购棱光实业、浙江康恩贝制药股份有限公司控股浙江凤凰化工有限公司等事例反映了中国企业并购进入多样化、证券化发展方向。另一大亮点是我国企业的跨国并购开始出现。如1992年广西玉柴股份有限公司出资2500万美元购买美国福特汽车公司的巴西柴油机厂；日本五十铃汽车公司与伊藤忠商事株式会社参股北旅汽车制造有限公司等。

3. 发展扩大阶段

进入21世纪以来，并购已成为我国市场经济活动中一种常见的现象，主要表现为以下几个特征：

（1）企业并购的规模日益扩大，强强联合、大型并购逐渐增加。

（2）并购的质量有所提高，企业并购的动机开始趋向优化资产存量结构，合理配置资源，提高市场竞争力，追求经济效益和社会效益。

（3）企业并购方式多样化发展，既有承担债务式并购，也有购买吸收、控股兼并等方式。

（4）企业并购的环境逐渐有所改善，一系列鼓励规范企业并购的法律法规出台，产权交易市场普遍兴起，产权交易机构日益增多。

第二节　并购行为决策

一、企业并购的程序

一般情况下，从刚开始有并购意向，到制定并购战略，再到成功完成并购，需要经历制定并购策略、并购准备、并购实施和并购后整合四个阶段，具体步骤如下。

（一）制定并购策略

1. 企业应根据自身发展战略制定并购策略

企业并购的动机通常有扩大市场份额、排挤竞争对手、提高利润率、分散投资风险、获取品牌和销售渠道等。首先，并购动机一定要符合企业整体的发展战略。其次，企业董事会或股东大会对企业并购要形成一致意见，做出相应决议。

2. 组织并购班子

成立内部并购小组，内部并购小组应由公司领导挂帅、各有关部门领导组成，以保障快速应变和决策及对外联络的畅通。选择并购投资总顾问和专业人员，决定他们参与的范围和费用。

（二）并购准备

1. 筛选目标企业

了解目标企业的经营、盈利、出售动机，以及竞购形势和竞购对手情况。对收购项目进行初步评估，包括对行业市场、目标公司的营业和盈利、对收购后的设想和预期值、资金来源和收购程序，以及批准手续等进行评估，初步确定收购定价。比较本企业和收购对象的长处和短处，如何优化配置双方资源，发挥互补效应，筛选出并购目标。

2. 深入尽职调查

从财务、市场、经营、环保、法律、税务和人力资源等方面对目标企业进行尽职调查。通过直接查阅目标企业的文件、听取经营者的陈述、提问对话等形式，了解目标企业经营状况、市场份额、行业前景和竞争形势、人力资源配置和福利情况、管理人员的能力及员工对收购的态度等。从法律方面了解目标企业的基本情况和存在的法律障碍。基于目标企业的尽职调查，形成目标企业评估报告。

（三）并购实施

1. 确定并购具体方案

确定收购方式，是股权收购还是资产收购，是整体收购还是部分收购；以评估价为基础，研究确定收购底价及谈判价格区间；明确收购资金来源和可能性。由律师起草、并购团队审核（或由并购团队起草、律师审核），形成并购转让协议和并购后的公司章程初稿，连同本方案报经收购方内部权力机构初审后，作为正式谈判的基础法律文件。

2. 谈判与签约

买卖双方就并购价格和报告方式等核心内容展开协商与谈判，就并购的主要事宜进行充分协商并达成一致意见后，即可安排签署合同。然后，按照所有者权限，由双方各自报经所有者审批。所有参与谈判的人员都要恪守商业机密，以保证即使并购不成功，并购方的意图不会过早地被外界知道，目标公司的利益也能得到维护。

3. 报请主管部门审批及相关方通过

签署后的合同还将根据国家的相关法律进行审批。国有企业被并购或涉及国有资产，应由具有管辖权的国有资产管理部门批准。并购国有企业还须经职工代表大会审议通过。并购股份制企业或收购其主要股东的股份，按照其公司章程规定的程序履行相关行政和法律手续。某些特殊行业可能还需要办理工商登记变更前的准入前置审批。

4. 支付价款及办理变更登记

经履行法律审批手续后，并购双方按照协议支付转让价款，同时办理产权变更登记、并购后企业法人的工商登记或变更登记。

5. 发布并购公告

并购完成后，将并购的事实公之于众。可以在公开报刊上刊登，使各方知晓并购事实。

（四）并购后整合

产权交割后，并购方在业务、人员、技术、管理等方面对企业进行全面整合。要注重协助新企业的正常运行，协助制定企业内部规章制度，办理企业纳税申报，劳动合同的签订，办理相关保险，理顺各种业务关系。整合是并购程序的最后环节，也是决定并购能否最终成功的关键环节。

二、并购的资金筹措

（一）内部融资

1. 自有资金

自有资金是企业在发展过程中所积累的、经常持有的、按规定可以自行支配且不需要偿还的那部分资金。企业自有资金是企业最稳妥、最有保障的资金来源。通常企业可用内部自有资金主要有税后留利、闲置资产变卖和应收账款等形式。

2. 未使用或未分配的专项基金

专项基金主要是指更新改造基金、修理基金、生产发展基金、后备基金等。从长期的平均趋势看，这是企业内部能够保持的一部分较为稳定的资金流量，具有长期占有性，在一定条件下，也可以用来进行并购活动。

3. 公司应付账款和利息

这部分资金不能长期占有，到期必须对外支付。但从长期平均趋势看，它也是公司内部筹资的一个来源。

（二）外部融资

1. 权益融资

在并购中最常用的权益融资方式即股票融资，包括普通股融资和优先股融资两种。当并购企业需要大量现金来并购目标企业时，并购企业可以发行普通股或优先股来筹措现金。发行普通股最大的缺点是分散了公司控制权。因此，大股东可能会出于保持控制权的考虑，宁愿增加借款，而不愿扩股。

2. 票据和债券融资

商业票据是企业在进行延期付款商品交易时开具的、反映债权债务关系的单据。用票据为企业并购进行融资可以有两种途径：其一，票据本身可以作为一种支付手段直接进行融资；其二，可以在并购前出售票据，以获取并购所需资金。

债券融资可以通过发行抵押债券、信用债券、可转换公司债券等来筹措资金。债券融资因其利息在税前支付，可以获得税收屏蔽效果，因而其资本成本较低，且债权人无权参与企业经营管理。但债券融资要到期还本付息，对企业来说是一种硬约束。

3. 贷款融资

贷款是指企业根据借款协议或合同向银行或其他金融机构借入的款项，通常的银行贷款方式有定期贷款和循环信用贷款两种。由于银行贷款需要提前向可能提供贷款的金融机构提出申请，且金额大、期限长、风险高，所以贷款前需坦诚地与其进行较长时间的磋商。在西方企业并购中常见的贷款方式还有过渡贷款，它主要是指投资银行为了促使并购交易迅速达成而提供的贷款，这笔贷款日后由并购企业公开发行新的高利率、高风险债券所得款项，或以并购完成后收购者出售部分资产、部门或业务等所得资金进行偿还。

4. 租赁融资

租赁融资是所有权与使用权之间的一种借贷关系，通常理解为物权所有人（或出租人）按契约规定，将其所有的财产租给承租人使用，承租人根据契约按期向出租人交付租金，出租人对财产始终保有所有权，承租人只享有使用权的经济行为。租赁开辟了新的融资渠道，能减少资金占用、提高资金流动性，增强企业营运资金的灵活运用能力。企业可以通过售后回租等租赁手段获取并购所需资金。

（三）其他特殊融资方式

1. 杠杆收购（Leveraged Buy-out，LBO）

杠杆收购是指公司或个体利用自己少量的资产为基础，以目标公司资产做抵押而进行大规模举债融资，收购目标公司的股票或者资产，取得目标公司的产权，且从后者未来的现金流量中偿还负债的收购方式。收购者不需要投入全部资金，只需要少量资本代价，即可完成收购，故称为杠杆收购。

杠杆收购的突出特点是，收购方为了进行收购，大规模融资借贷去支付（大部分）交易费用，通常为总购价的 70% 或全部。同时，收购方以目标公司资产及未来收益作为借贷抵押，借贷利息将通过被收购公司的未来现金流来支付。但杠杆并购也往往使公司面临巨大的偿债压力，隐含着巨大的财务风险。成功的杠杆收购，通常需要具备如下几个基本条件：收购后的公司管理层有较高的管理技能；公司经营计划周全合理；收购前公司负债较低；公司经营状况和现金流量比较稳定。

通常组织杠杆收购的投资者有以下几类：专业并购公司，以及专门从事并购业务的投资基金公司；对并购业务有兴趣的机构投资者；由私人控制的非上市公司或个人；能通过借债融资收购目标公司的内部管理人员。

杠杆收购通常有两种做法：一是并购方以目标公司的资产为抵押，取得贷款，购买目标公司股权；二是并购方先行从风险资本家或投资银行借一笔"过渡性贷款"，成立一家置于完全控制之下的"空壳公司"，在空壳公司取得目标公司控制权以后，以目标公司的股权、资产及其未来收益作抵押或担保，进行商业性借款，或发行债券，并把筹集到的资金用来偿还"过渡性贷款"。

2. 管理层收购（Management Buy-out，MBO）

当运用杠杆收购的主体是目标公司的管理层时，就变成了管理层收购。简言之，管理层收购是指公司的管理层利用借贷所融资本或股权交易收购本公司的一种行为。通过收购，企业的经营者变成了企业的所有者。

管理层收购的特点是主要投资者为目标公司的经理和管理人员，他们往往对该公司非常了解，并有很强的经营管理能力。通过 MBO，他们的身份由单一的经营者角色变为所有者与经营者合一的双重身份。但对管理层的要求还要有很强的融资能力，也要求目标公司内存在大规模节约代理成本的可能性。

链接阅读

恺英网络管理层收购公司董事长金锋成为实控人

3. 卖方融资

卖方融资是指并购企业暂不向目标公司支付全额价款，而是作为对目标企业所有者的负债，承诺在未来一定时期内分期、分批支付并购价款的方式。这是在卖方急于脱手情况下的支付方式，与通常的"分期付款方式"相类似。这样既可以拉近双方在并购价格认定上的差距，而且由于减少了并购当时的现金负担，还可以使并购公司获得税收递延支付的好处。不过这要求并购企业有极佳的经营计划、良好的资本结构和较强的风险承受能力，才能取得"卖方融资"。

三、并购后整合

（一）并购后整合的含义

并购后整合是并购企业在对目标企业兼并或收购后，并购双方对企业要素进行系统性融合与重构，在发展战略、资产债务、生产经营、组织结构、人力资源和企业文化等多方面进行的调整匹配，以培育和提高并购后企业的竞争能力，从而实现并购增值的一系列活动的总称。并购后整合是外部资源内部化的过程。外部资源内部化就是指把新获得或新构建的资产与现有资产有机地整合，灵活地组织起来，产生可持续的竞争优势。对并购企业来说，并购不仅获得某些资产，而且通过获得这些资产来增强或更新企业的竞争优势。从并购整合的过程来看，并购是一个长期持续的多维度整合过程，并购的价值创造源自战略能力的转移，竞争优势通过并购双方不同组织层次间的相互作用形成。在资本市场上，并购整合效果通常可以用股价收益衡量。

（二）并购后整合的主要内容

1. 战略整合

如果被并购的企业战略不能与收购企业的战略相互配合、相互融合，那么两者之间很难发挥出战略的协同效应。因此，在并购以后，必须根据整个企业的战略，规划目标企业在总体战略中的地位与作用，然后对目标企业进行调整，使整个企业中的各个业务单位之间形成一个相互关联、互相配合的战略体系。

2. 生产经营整合

生产经营整合主要是并购公司按照并购动机，在战略整合的基础上，对企业的经营方向、企业职能的协同与匹配、生产作业、经营业务等进行整合，根据其在整个体系中的作用及其与其他部分的关系进行重新配置。在并购发生前，并购公司和被并购公司是两个独立的公司，其业务不可能完全相同。因此，必须针对具体情况，把并购双方的潜在优势结合起来，合理利用资源，优化资源配置。

3. 资产整合

资产整合在并购中占有重要地位，对于被并购公司的资产，应将其与原有资产进行有效配置，使公司资产得到充分利用。通过资产整合，可以剥离非核心业务，处理不良资产，重组优质资产，提高资产的运营质量和效率。

资产整合通常有两种策略：（1）剥离不良资产。不良资产有如下特点：阻碍企业的核心竞争力；耗费企业现金资源；耗费企业管理资源；不产生净现金流；通常不盈利或少量盈利。不良资产的剥离可以通过出售、出租、承包经营和原股东回购等方式进行。（2）整合优质资产。在剥离了不良资产后，对剩下的优质资产要根据不同情况分别予以处理。对于不属于企业核心业务但盈利能力较强的资产，可以由原来的经营股东继续经营。对于符合企业发展战略、收益水平较高的资产，可以由并购方直接经营。对于和并购方有很强的关联性和互补性的资产，并购方可以进行资产置换。

4. 财务整合

财务整合是指并购方对被并购方的财务制度体系、会计核算体系统一管理和监控。企业并购的目标是通过核心能力的提升和竞争优势的强化创造更多的新增价值。因此，在财务整合过程中，企业也必须紧紧围绕这一目标，以成本管理、风险控制和财务管理流程的优化为主要内容，通过财务管理目标导向、财务管理制度体系、会计核算体系、现金流转内部控制以及并购公司权责明晰的整合，力求使并购后的公司在经营活动上统一管理，在投资、融资活动上统一规划，最大限度地实现并购的整合和协同效应。为此，企业并购后的财务整合应遵循及时性、统一性、协调性、创新性和成本效益等原则。

5. 人力资源整合

企业并购能否成功，在很大程度上取决于能否有效地整合双方的人力资源。人力资源整合是指依据战略与组织管理的调整，引导组织内各成员的目标朝组织目标靠近，优化人力资源配置，提高组织绩效的过程。

人力资源整合策略主要有：

（1）稳定策略。并购活动会给并购双方人员的工作和生活带来较大的影响，尤其是目标企业的人员。因此，并购企业如何稳定目标企业的核心人力资源，尽快消除其心理压力，成为人力资源整合的首要问题。公司并购后的人员，要做到"该留的留，不该留的不留"。对于目标公司的人才，在并购前后，应与之沟通，设法留住。

（2）培训策略。在充分沟通并了解目标企业的人员文化状况后，并购企业可制定针对原有人员的调整政策，移植培养并购企业成功的企业文化和经营模式，以提高两企业的战略协调作用。

（3）激励策略。并购活动中人力资源整合策略的关键在于要采取实质性的激励措施，为有能力的人才提供更好的前景和发展机会。仅留住人才是不够的，这只是前提条件，要引导人才为企业发展作出积极贡献才是整合活动的实质。

6. 组织结构整合

组织结构整合是指并购后的企业在组织机构和制度上进行必要的调整或重建，以实现企业的组织协同。并购后公司要进行组织整合，重建企业的组织指挥系统，以保证企业有健全的制度和合理的组织结构，从而实现重组双方最佳的协同效应，降低内耗，提高运作效率。组织结构整合是企业最常用的组织结构变革方式，是一种计划式变革。

其调整的内容主要包括：公司各级生产经营部门的人员搭配、管理人员的结构、知识结构；组织体系中，上下沟通渠道的调整；组织部门中，部门增减、权责增减、分布搭配等的调整；各部门力量搭配的调整等。

组织结构的整合通常要遵循以下一些原则：

（1）岗位设置讲求实效。要坚持"因事设岗"，而不是"因人设岗"，使组织目标能落实到具体的岗位和部门。

（2）权责对等统一。在组织整合中，不但要对每个部门的岗位责任做出明确规定，还要就这些部门取得和利用人、财、物以及信息等的权力，做出详细说明。

（3）统一指挥。统一指挥是组织整合中的一个重要原则，企业内部的分工越细、越深入，统一指挥原则对于保证企业目标实现的作用就越重要。

7. 文化整合

并购双方的文化整合，是影响公司并购战略与长期经营业绩的关键因素，它经常被看成影响企业并购成功的最终标志。文化整合包括三个层次的整合。

（1）企业物质文化层次的整合。企业物质文化是由企业员工创造的产品和各种物质设施等构成的器物文化，它是一种以物质形态存在的表层企业文化。因此，应该在企业形象、厂房设施、生活环境、员工形象等方面作出相应调整，让员工认识理解新企业的文化，增加对新企业文化的认同与接受。

（2）企业制度文化层次的整合。企业制度文化是人与物、人与企业运营制度的结合部分，主要包括领导体制、组织机构和管理制度三个方面。对于并购后的新企业来说，要求对制度文化进行相应调整。相应的变动也势必会触动到组织成员与团体的某方面利益，所以始终保持谨慎而坚定的态度，以不断持续推进文化整合的进程和力度。

（3）企业精神文化层次的整合。企业精神文化是用以指导企业开展生产经营活动的各种行为规范、群体意识和价值观念，是以企业精神为核心的价值体系。并购后文化冲突的焦点主要体现在价值观方面。因而，对于整个企业的经营管理理念、道德风尚、价值观念以及管理风格，都应该适时加以调整，以最终提高整个企业的竞争力与综合实力。

第三节　并购定价决策

一、目标公司的价值评估方法

目标公司的价值评估，是指对目标公司的股权或资产做出价值判断。在并购过程中，对目标公司的价值评估，是并购要约的重要组成部分。从并购的程序看，目标公司的价值评估是决定并购的先决条件。理论上，只要价格合理，交易总是可以达成的。因此对目标公司的价值评估，是能否成交的价值基础，也是谈判的焦点。正确评价目标公司的价值，可使交易价格相对公平合理，有助于提高交易成功率，避免决策失误。

目标公司价值的评估方法很多。一般而言，目标公司价值评估取决于并购公司对其未来现金流的预期。由于未来预期的不确定性，对目标公司的估价应根据并购后目标公司是否继续存在以及资料信息的充分与否等因素来确定采用何种估价方法。通常，评估目标公司的价值有如下三种方法：资产基础价值法、收益法和贴现现金流量法。

（一）资产基础价值法

资产基础价值法是指通过对目标公司的资产进行估价，来评估目标公司的价值。要确定目标公司的资产价值，选择合适的资产评估标准很重要。目前通用的资产评估价值标准有以下五种。

1. 账面价值

当目标公司经营困难时，收购公司可以以账面价值作为收购价格。它不考虑资产的市场价值波动，也不考虑资产收益情况，因而是一种静态的估价标准。

在我国企业并购活动中，有不少收购方是以账面价值作为收购价格的。也有一些企业会计资料不全，加上经营环境变化快，计算未来现金流量非常困难，因此常以实际价值加上"商誉"，然后减去负债来商定成交价格。

2. 市场价值

市场价值，是指在市场上供求关系平衡状态下确定的价值。确定公司市场价值最著名的是托宾（Tobin）的 Q 模型。在 Q 模型中，公司市值由以下公式计算：

$$公司市值＝资产重置成本＋增长机会价值＝Q×资产重置成本$$

其中，Q 值是一个公司的市值与其资产重置成本的比率：

$$Q＝公司市值 / 资产重置成本$$

但是，Q 值的选择比较困难，因为即使从事相同的业务，其资产结构也会有很大的不同。公司的增长机会价值不易确定。

所以，在实践中，广泛使用 Q 的近似值：

$$价值比率＝股票市值 / 公司净资产$$

不过，这种方法，在我国股票市场中还难以采用。因为绝大多数上市公司的估价远远偏离其实际价值。例如，A 股的价格，大大高于相应的 H 股。

3. 清算价值

清算价值是在公司作为一个整体，已经丧失增值能力情况下的资产评估方法。具体而言，清算价值是指在企业出现财务危机而破产或歇业清算时，把企业中的实物资产逐个分离出来单独出售的资产价值。公司的清算价值是清算资产偿还债务后的剩余价值。

4. 续营价值

续营价值是指目标公司作为一个整体，仍具有增值能力，以未来的收益能力为基础来评估目标公司的价值。

5. 公允价值

公允价值是将目标公司在未来持续经营的情况下的预期收益，按照设定的贴现率（市场资金平均利润率或平均收益率）折算出的现值。它把市场环境和企业未来的经营状况，与目标公司的价值联系起来，更适合评估目标公司的价值。

上述五种资产评估价值标准各有侧重。如果并购公司的目的在于目标公司未来收益的潜能，那么公允价值是最重要的标准。如果其目的在于获得某项特殊的资产，那么清算价值或市场价值可能更为恰当。

（二）收益法（市盈率模型）

1. 收益法的含义

收益法是指根据目标公司的收益水平和市盈率确定其价值的方法，也称为市盈率模型。市盈率常被认为是衡量公司绩效的一个重要的股票市场指标，其确定非常复杂，它依赖于公司的未来收益水平（包括成长性）、投资者希望从中得到的收益率、公司投资的预期回报及其趋势等。

2. 收益法评估的步骤

收益法（市盈率模型）评估的步骤如下。

1）检查、调整目标公司近期的利润业绩

考虑使用并购公司的会计政策，必要时，调整目标公司已公布的会计报表，使其与并购公司的政策一致。例如，并购公司可以注销目标公司所有的研究与开发费用，将夸大的报表利润降下来。

2）选择、计算目标公司的年收益估计

考虑到经营的波动性，尤其是经营活动具有明显周期性的目标公司，采用最近三年税后利润的年平均值，作为年收益估计，较为适当。

年收益估计还应当更多地注重被并购后的收益状况。如果并购公司在管理方面很有优势，且目标公司在有效的管理下，也能获得同并购公司同样的资本收益率，那么据此计算出的税后利润，作为年收益估计，可能对公司并购决策更具指导意义。这种年收益估计，称为目标公司并购后的年收益估计。

3）选择标准市盈率

目标公司可能是上市公司，也可能是非上市公司，通常可选如下几种：并购时点的市盈率、与目标公司具有可比性的公司市盈率，或目标公司所处行业的平均市盈率。

对于非上市公司，在实际中通常选择一组公司作为参照物。在经营和财务方面，这组公司的各个公司与目标公司都是可比的，通过分析这些可比公司的财务和股票绩效来确定一个适合于目标公司的市盈率。

4）估算目标公司的价值

目标公司的最低收购价，应该是目标公司的当前市值。目标公司的最高收购价估计，应该是上述目标公司并购后的年收益估计乘以目标公司并购后的市盈率估计。年收益估计的选择不同，将大大影响目标公司的估价。并购公司应根据实际情况，尽可能选择合理的估计，以降低并购风险，提高并购的收益。

（三）贴现现金流量法

1.贴现现金流量法的含义

贴现现金流量法是通过估算目标公司未来预期的现金流量，再用某一个选定的贴现率将预期的未来现金流量折为现值，从而确定目标公司价值的一种方法。

在使用贴现现金流量法估算目标公司价值时，需要考虑以下几个因素：①现金流量包括净利润，加上折旧、摊销以及其他非付现费用，减去再投资所需资金、债务及其他债务偿还、红利和营运资金变化；②预测期间；③贴现率。

2.贴现现金流量法对目标公司价值估算的步骤

1）未来现金流量的预测

目标公司的未来现金流量，常依据拉巴波特模型（Rappaport Approach）来预测。计算公式如下：

$$C_t = S_{t-1}\left(1+g_t\right)^{r_t}\left(1-T_t\right)-\left(S_t-S_{t-1}\right)\left(F_t+W_t\right)$$

其中，C_t 是 t 年度现金流量；S_t 是 t 年度年销售额；g_t 是 t 年度销售额年增长率；r_t 是 t 年度销售利润率；T_t 是 t 年度所得税率；F_t 是 t 年度销售额每增加 1 元所需追加的固定资本投资（全部固定资本投资扣除折旧）；W_t 是 t 年度销售额每增加 1 元所需追加的营运资本投资。

预测时，应该检查目标公司的历史现金流量表，并假定并购后目标公司营运将发生变化。对特定的目标公司而言，只要知道了 4 个变量（g_t、r_t、F_t、W_t），就可以对未来现金流量进行规划。

2）估计贴现率或加权平均资本成本

这需要对各种长期成本要素进行估计，包括普通股、优先股和债务等。对于目标公司历史股本的成本估计，许多文献采用如下的资本资产定价模型法：

$$R_i = R_F + \beta_i\left(R_M - R_F\right)$$

其中，R_i 是第 i 种股票的预期收益率；R_F 是无风险收益率（如国库券收益率）；R_M 是股票市场的平均收益率；β_i 是第 i 种股票的贝塔系数；$\left(R_M - R_F\right)$ 是股票市场的风险报酬率；$\beta_i\left(R_M - R_F\right)$ 则是第 i 种股票的风险报酬率。

第 i 种股票的预期收益率 R_i，也即要确定的单个元素的资本成本 K_i。估计了各单个元素的资本成本后，即可根据并购公司预计的并购后资本结构，计算加权平均资本成本。其公式为

$$WACC = \sum_{i=1}^{n} K_i w_i$$

其中，$WACC$ 是加权平均资本成本，K_i 是第 i 项资本的资本成本，w_i 是第 i 项资本的比重。

3）计算现金流量现值，估计购买价格

根据目标公司自由现金流量，对其估价为

$$V = \sum_{t=1}^{T} \frac{y_t}{(1+WACC)^t} = \frac{V_T}{(1+WACC)^T}$$

其中，V 是并购后目标公司价值，y_t 是第 t 年目标公司的现金流量，V_T 是第 T 年目标公司的终值。

4）估值的敏感性分析

并购公司还应进行目标公司估价对各变量预测值的敏感性分析。这种分析会揭示出在现金流量预测中存在的问题，特别是需要并购公司关注的重大问题。贴现现金流量法易受预测人员主观（乐观或悲观）的影响。合理预测未来现金流量，以及选择贴现率（加权平均资本成本）的困难，可能影响贴现现金流量法的准确性。

二、公司并购的成本分析

公司并购包含一系列工作，其经营成本不只是一个普通的财务成本概念，而应该是由此发生的一系列代价的总和。这些成本，既包括并购完成成本，又包括并购后的整合成本；既包括并购过程中发生的有形成本，又包括并购过程中发生的无形成本。为了实现低成本扩张，公司必须了解和把握并购的各项成本要素。并购的各项成本要素如下。

（一）完成成本

并购完成成本，是并购行为本身所发生的直接成本（并购直接支付的费用）和间接成本。其中，间接成本包括：

（1）债务成本：在承担债务式并购、杠杆收购等并购中，开始很少实际支付收购费用，但必须为债务逐期支付本息，背上未来还本付息的负担。

（2）交易成本：并购过程中发生的搜寻、策划、谈判、文本制定、资产评估、法律鉴定、公证等中介费用，发行股票还需要支付申请费、承销费等。

（3）更名成本：并购成功后发生的重新注册费、工商管理费、土地转让费、公告费等。

（二）整合与营运成本

整合与营运成本，是指并购后为使被并购企业健康发展而需支付的长期营运成本，主要包括如下两项。

1. 整合成本

如调整人事机构、经营方式、经营战略、产业结构、销售网络。为此要派遣人员进驻、建立新的领导班子、安置原有领导班子和富余人员、剥离非经营性资产、淘汰无效设备、进行人员培训等。

2. 营运成本

公司进行并购决策时，应切实分析目标公司的资源潜力与管理现状，明确并购双方公司管理资源的互补性、充分估计并购方在现有基础上是否能对其实施有效的管理投入、资金投入，是否能通过有效的整合措施，使被并购公司实施制度创新、机制创新。

如果双方的资源缺乏有效的互补性，或被并购公司的管理资源过于缺乏，并购方的管理成本将相当巨大。整合与营运成本，具有长期性、动态性和难以预见性。所以，在并购决策中，应特别关注营运成本。

（三）退出成本

并购的退出成本，是指企业在退出该并购项目，或者并购不成功时，企业已经发生的沉没成本。并购企业应该未雨绸缪，预先考虑到，如果并购不成功，企业应该采取何种对策。

（四）机会成本

并购的机会成本，是指由于并购的实际成本费用支出，而丧失的其他项目的投资收益。

三、公司并购的风险分析

公司并购是一种高风险的资本运营方式，在制定并购决策时，应重视并购过程中的各种风险分析。

（一）市场风险

市场需求以及市场竞争环境的多变性，会给企业并购带来一定的风险。首先，市场需求变化。由于科学技术的高速发展，新技术、新产品日新月异，由此可能导致众多替代品出现，使原有需求逐渐消失，从而使并购企业的产品销售受到冲击。同时，需求市场本身具有多变的特点，这也使企业对市场需求的预测带有一定的不确定性。其次，竞争环境的变化。在市场经济条件下，利润最大化目标自动调节生产经营者的投资与经营方向，使得竞争者的加入与退出日趋频繁。此外，经济全球化的发展趋势使得竞争环境变得更为复杂，更加难以把握。最后，要素市场的变化。要素市场担负着提供生产要素的重任，要素市场的资源可供量、价格变化以及国际要素市场的变化均在一定程度上影响着并购企业的生产成本，从而导致并购企业收益的不确定性。

（二）产业风险

企业所处的产业或所要进入的行业或产业现状及前景，对企业生存发展至关重要，尤其是产业前景的不完全确定性会给并购后的企业发展带来一定的风险。此外，目前企业并购已成为许多企业进入新行业、新产业，尤其是高新技术领域的一条重要途径，而高新技术领域本身具有高风险与高收益并存的特点，这更加大了并购的风险。因此，在并购前，必须对不同并购方案中的目标企业所处产业或行业中存在的风险进行充分估计。国家产业政策的导向会对一个产业的发展起到至关重要的作用，故国家产业政策的变化也会对企业并购产生一定的风险。并购企业应评价其产业在国家产业政策体系中的位置，国家是否扶持或支持、产业的竞争是否激烈、行业增长是否缓慢等问题，以确定该产业环境是否有很大的风险。

（三）信息风险

真实和及时的信息，可以大大提高并购行动的成功率。但是，如果缺乏必要的信息，或者信息失真，就会因盲目并购造成损失。如果并购企业对目标企业了解不够或目标企业故意隐瞒有关信息，常常会导致错误的并购。影响并购企业对目标企业进行正确评价的不利因素包括：虚构或错误的财务报表、某些隐蔽的经营问题以及不宜公开的企业内部问题等。尤其在跨国并购中，因涉及的企业距离遥远，各国的有关法规、会计标准、习惯差异很大，很容易形成某些信息假象，掩盖目标企业的真实面目，从而给并购企业带来损失。

（四）并购后整合风险

企业并购后的效益在很大程度上是通过有效的整合来实现的。首先，由于不同企业文化中的员工的价值观、经营理念等的差异所形成的冲突；其次，并购使企业规模扩大，企业组织结构及人事关系变得复杂；最后，跨行业并购中对技术、市场的不熟悉。这些都可能增加管理难度，给并购带来管理上的风险。企业在并购前，应充分估计和评价不同并购方案中目标企业的管理层素质与管理水平、组织结构的合理性、两个企业之间的文化差异及管理的协调难度与成本、跨行业并购后的管理承受能力等，以确定并购的管理风险对并购结果产生的影响。

（五）财务风险

并购过程的前、中、后都有可能产生财务风险。并购前由于审计、会计信息及经验等方面的缺陷，使评价目标企业的财务状况不全面、不准确，如潜在亏损、负债水平、资产结构考虑不周全。并购中，不同的支付方式对不同的企业会有不同的财务风险。通常情况下，负债并购比现金并购的风险要高；杠杆式并购因其以高负债的形式并购企业，所以比其他形式的并购具有更高的财务风险。并购后，企业的融资及财务状况可能会带来新的财务风险。为此，企业在并购前需周密慎重地对目标企业的财务状况、财务比率、资产结构进行评价；对并购所采用的支付方式将给企业带来的财务风险进行分析预测；对并购后企业财务状况的其他方面进行充分估计，以确定各并购方案财务风险的大小。

（六）法律风险

为了规范并购活动，许多国家都制定了有关并购（或收购）活动的法律法规及其细则。在我国目前的收购规则中要求，如果一家上市公司的收购方不是该公司的发起人，那么当其持有该公司 5% 以上股票时，就必须公告并暂停买卖。以后每递增 5% 就要重复该过程，当持有 30% 股份后，就被要求发出全面收购要约。这套程序使收购成本增高、风险增大，收购过程更复杂，但却是有利于反收购方的。并购的法律风险还存在于并购诉讼引起的信息不对称、产权不明等。如由于历史原因，我国一些企业产权模糊，债权、债务不明晰。并购这样的企业，容易引起债权、债务方面的法律纠纷以及目标企业某些资产处理上的法律纠纷，给预期并购目标的实现带来了很大障碍。并购前评价目标企业的产权是否明晰，现代企业制度是否建立，对于我国的企业来说十分重要。法律责任风险很难预料，并购企业应尽可能地进行充分的事先估计。

（七）体制风险

部分并购行为存在政府干预。尽管大规模并购活动需要政府的支持和引导，但并购行为毕竟应该是企业基于激烈的市场竞争，而主动选择的发展战略，是一种市场化的行为。政府干预会形成多头管理。并购中参与决策的部门太多，认识分歧过大，常常会出现延误并购时机的问题，即使各部门认识能够统一，但层层审查，手续也相当复杂，会对兼并的实际操作形成障碍，不利于企业并购及时、有效地进行。

第四节　反并购策略

美国是在敌意并购活动盛行已久后，才通过立法以及司法判决厘清相关规范，其中以 1968 年通过的 Williams Act 为代表。20 世纪 80 年代美国出现历史上第四波并购风潮，起因于美国企业大型化后生产力衰退，要借企业并购方式重整企业体制，此时也是美国企业广泛使用公开收购的开始。当时因客观环境条件有利于收购人，因此出现许多未经目标公司董事会同意的敌意并购现象，随敌意并购数量剧增对现任经营者产生重大威胁，目标公司发展出各式应对敌意并购的防御策略，以抵御收购人取得公司经营控制权。

对抗敌意并购的防御措施大致可分为两大类：一类是公司平时已逐步设置，在面临具体敌意并购威胁时，正式启动必要的防御措施的"有备无患型"，即预防型策略；另一类是在并购方已对公司发动敌意并购后，才紧急思考防御措施的"临时抱佛脚型"，即反应型策略。

一、预防型策略

预防型策略，是在企业面临被并购的境地前，通过预先设计企业的股权结构、章程和合同条款，设置并购者并购的法律障碍，加大并购成本。常见的预防型策略有以下几种。

（一）毒丸计划（poison pills）

美国著名律师 Martin Lipton 于 1982 年发明了这一反并购防御措施，由于效果强大，1983 年一家投资银行在接受《华尔街日报》访问时，将该措施称为毒丸。1985 年特拉华州最高法院在 Moran 一案中承认毒丸计划合法性后 [①]，许多公司开始采用该防御措施。该措施有效地给目标公司董事会较长时间针对敌意并购做出回应，且可最大化股东价值，有

---

① 毒丸计划在美国盛行的原因与美国的法律环境有关，根据美国普通公司法的规定，美国公司只要在其公司章程中有明确授权，即享有各种类别股份的发行权而无须其他审批，因此，毒丸计划在美国很有市场。但同为英美法系的英国却没有这样的土壤，因为在英国公司法中明确指出采用毒丸计划作为反并购手段不合法。

助于目标公司董事对抗敌意并购。其设计是赋予股东认股权，因此被称为认股权证派息计划（warrant dividend plan），又被称为"股东权利计划"（shareholder rights plan）。其制度设计，主要是平时赋予股东新股认购权。而触发毒丸的条件，通常指敌意收购人取得一定比例持股时（如敌意收购人持有股份达 20% 以上），除了敌意并购方股东外，其他股东都可行使认购权，以低价取得目标公司股票。此时会造成敌意并购方持股比例被稀释，必须付出更多代价，才能完成并购目的，像是吃下一颗毒药丸一般。

毒丸计划在本书中被归类为事前预防型防御策略，但事实上，目标企业既可以在恶意收购发生前，也可以在恶意收购发生后制订该计划，因此毒丸计划具有较高灵活性。常见的毒丸计划有内翻式毒丸（flip-in pill）及外翻式毒丸（flip-over pill）两种基本类型：若认购权对象的股份是目标公司本身的股份，则称为内翻式毒丸；若股东要行使认购权对象为敌意收购人股份时，则是外翻式毒丸。

毒丸的存在是在保护公司及股东权益而面临对股东及公司有利的并购时，毒丸必须有办法解套，避免防御措施因无法解除而造成股东及公司权益受损，因此有弹性赎回条款（redemption provisions）。该条款给予董事会以少许成本赎回毒丸的权利，以便让未来可能发生的合意并购得以进行。不过赎回条款设计使敌意收购人先以征求委托书的方式取得公司多数董事席次，再由新的董事会赎回其毒丸，待毒丸计划被赎回后，接着收购目标公司股份，完成敌意收购。这种方式因为没有收购目标公司股份，不会触发毒丸的启动事由。为了不让毒丸计划遭敌意收购人以委托书方式规避操作，其有关赎回部分发展出连任董事条款（continuing directors provision）、延期赎回条款（delayed redemption provision）及不得赎回条款（non-redeemable provision），限制新当选董事赎回其毒丸的权限等。

连任董事条款限定只有采取毒丸计划的董事或其挑选的继任董事，才有权赎回其毒丸，又称为阴魂条款（dead hand provision）；延期赎回条款则是限制多数由敌意收购人提名当选的董事所组成的新董事会在一段时间内（如 6 个月内），不得赎回或修改毒丸计划，又称为缓交条款（slow hand provision）；不得赎回条款则规定新董事会若有多数董事是由敌意收购人所提名而当选者，此新董事会就丧失赎回或修改毒丸计划的权限，又称为不交条款（no hand provision）。

一般而言，毒丸有三个效用：依据相关股东权利计划所赋予的新股认购权平时并不能使用，仅于敌意并购发生时启用，因此，对于企业平时价值或股价，并不会发生不利影响；面对不当敌意并购时，可借此维护公司、股东、利害关系人的权益；收购人为降低收购成本，将被迫与目标公司商谈并购事宜，使目标公司董事得以为股东争取更有利的并购条件。有实证研究显示，因股东权利计划存在，使股东在敌意并购时可多获得 10% 左右的利益。

毒丸计划经过国外（主要是美国）的不断实践，已经成为最有效的反并购措施之一，但是由于我国目前仍采取法定资本制以及此前长期以来采取证券市场股票发行核准制，使得这一反并购措施在我国几乎没有适用空间。2022 年我国开始全面推行股票发行注册制，且 2024 年 7 月 1 日起开始实施的新修订的《中华人民共和国公司法》引入了授权资本制，这就给毒丸计划在我国资本市场的适用提供了制度土壤。

【延伸阅读6-1】 新浪通过"毒丸"计划反击盛大收购

2005年2月18日19:00（北京时间2月19日8:00），盛大（Nasdaq：SNDA）于美国当地时间周五透露，截至2005年2月10日，该公司同控股股东地平线媒体有限公司一起通过公开股票市场交易收购了新浪公司（Nasdaq：SINA）大约19.5%的已发行普通股。而且，盛大已经按照美国证券法向美国证券交易委员会提交了Schedule 13 D报告，该公司在报告中表明了对所持有新浪股票的受益所有权，同时还公布了相关交易以及其他需要在Schedule 13 D中报告的特定内容。紧接着，2月19日23时，新浪CEO兼总裁汪延代表管委会发给全体员工一封信，表明了新浪不被控制、不受影响的态度。2月24日，新浪正式表态，不欢迎通过购买股票的方式控制新浪，同时其管理层抛出"毒丸"计划，以反击盛大收购。股权价格大约在35美元，新浪毒丸计划就是让另外80%的股东以15美元左右的价格买新浪的股票，所以如果一旦盛大持有20%的股权，这个毒丸计划立马生效，另外80%的股东以15美元买新浪网增发的股票，盛大的比例马上就会掉到20%以下。新浪的毒丸计划的作用实际上是威吓，至少告诫盛大：如果盛大要强行收购，那么它将付出的则是一个天文数字，根据计算，至少需要60亿美元。Nasdaq数据显示，盛大此时的市值约为21.3亿美元，新浪是12.9亿美元。最终盛大只能无奈放弃新浪。

盛大对新浪的股票收购，"这是在美国资本市场上第一次一个亚洲公司对另一个亚洲公司进行'没有想到的'收购。无论对法律界还是投资银行界来说都是里程碑式的事情。"

参考资料：证券市场周刊《盛大新浪攻防术》，中国证券报《借道"新浪"盛大造梦　可能选择与新浪合并》。

（二）黄金股（golden shares）、多数表决权股（super voting stocks）、空白股（blank check）

1. 黄金股（golden shares）

黄金股又称特别优先股，指该股持有人，在特定事项如董事解任或企业并购时，享有否决权。因此，如果能对自己友善之人发行黄金股，董事将可对抗未经同意的敌意并购。

2. 多数表决权股（super voting stocks）

多数表决权股指的是特定股东所持有的股份，一股拥有多数表决权，但通常只有较少的股利分配和剩余财产分配请求权，与一般普通股不同。多数表决权股必须经公司章程的授权才可发行，因此需要股东会同意。多数表决权股不能只由一群特定人受让，但可随时转换成普通股，再转让给一群特定人。通常章程中会限制，多数表决权股转售对象须为公司经营层，或其他特定对象，因此，收购人通常只能取得目标公司普通股。发行这种股份的具体做法，是将公司资本划分为两个等级，拥有不同表决权，目的在于使董事或其家族拥有较多的表决权，而非一股一表决权。因此这种防御措施又被称为双重股权重组（dual class stock recapitalization）。

3. 空白股（blank check）

空白股指董事会针对公司设立或章程变更后的情势与公司需求，发行适当内容的特别股。若该空白股内容与敌意并购有关，自然也就成为目标公司防御措施的一种。

【小资料】

空白股最早源自 1983 年，由雷诺克斯公司（Lenox）所设计的类似空白支票的特别股，该特别股的权利内容并未在公司章程内详细规定，而是交由目标公司董事会于发行时才做决定，且发行该股票不要求股东任何行为，因此具有类似于空白支票的特性。而雷诺克斯以分派特殊股息的方式，将无表决权的可转换特别股作为股息分派给普通股股东，其配发比例为持有每 40 普通股的股东可获配 1 股特别股。将来一旦雷诺克斯被其他公司合并，该特别股即可以低于市价的条件转换成目标公司股东的股份，如此一来，会对目标公司造成资产负债表上的负面影响并稀释原有股东股份，降低雷诺克斯的吸引力；之后雷诺克斯将此发展为著名的外翻式毒丸计划，而现在的外翻式毒丸计划不再以特别股方式进行，而是以发行认股权的方式，按比例分派给普通股股东。

（三）黄金降落伞（golden parachute）、锡降落伞（tin parachute）

1. 黄金降落伞（golden parachute）

黄金降落伞指存在于目标公司与高级经理人之间的特别补偿协议，通常约定当公司发生控制权变动（change in control）时，若高级经理人因此被解雇或其他特定情况下（如公司并购）自动辞去职位，目标公司应给予高级经理人薪资补偿或特定利益，而给付方式可能维持一段时间的继续性给付或一次性全部给付，如此一来，既可增加并购者的并购成本，又能降低目标公司的经济动机。黄金降落伞有其三个主要构成要素：（1）经营控制权变更条款，即说明该条款发生效力的前提要件于何时完成；（2）终止条款，说明由高级经理人决定何时终止与其公司的雇佣契约，并获得该条款所定利益；（3）补偿条款。对于这种防御措施，有其支持者也有反对者，支持者认为黄金降落伞有三大优点，分别是：（1）可提高高级经理人工作安定性，并降低敌意并购后，可能会由于被解雇而遭受损失，借此吸引及留任优秀人才；（2）由于高级经理人得到充分保障，可促使其在面临敌意并购时，考虑股东利益，以确保决策的客观性；（3）通过增加并购成本的方式，抵抗敌意并购。反对者则批评：（1）高级经理人所得报酬已合理补偿其失业风险，无须为了留任经理人而提供特别保障，过度保障反而无法提高经理人的工作表现；（2）由于并购成败对高级经理人并无任何影响，反而无法确保其决策的客观性，且原本公司给予经理人的报酬已提供足够保障，黄金降落伞是过度且不必要的意外之财；（3）黄金降落伞的存在，通常增加小额并购成本，对于并购成本动辄数十亿美元的敌意并购而言，并无威胁性。

2. 锡降落伞（tin parachute）

其原理与黄金降落伞相同，差别在于目标公司签订的补偿协议对象为公司全体员工，其具体做法是先与公司缔结报酬契约（compensation agreement），约定如在任期内无论是自动离职或是被动解雇，皆可从公司领取高额离职津贴，称之为锡降落。

黄金降落伞、锡降落伞都可能涉及利益冲突或浪费公司资产的情形，美国司法实务视保障对象是否涉及董事及受保障的董事是否参与表决，而分别依商业判断原则或整体公平原则进行审查，并视降落伞通过董事会的时点，是否已有敌意并购出现而对其审查标准有异，若已有敌意并购出现，则黄金降落伞将被视为防御措施，而适用 Unocal/Unitrin 标准进行审查，若无，则以商业判断原则为审查标准。

【小资料】

Unocal/Unitrin 标准是由两个重要判决确立的在美国公司法上具有历史性意义的新标准。Unocal 标准一方面注意到了董事会在抵抗要约收购中固有的利益冲突——公司被收购，董事们也有可能要下课，因而，传统的商业判断标准不足以防范董事会的自利行为。但另一方面，面对真的会给公司造成伤害的胁迫性收购条件，假如严格适用完全公平标准又可能令董事会失去抵御能力。

于是，Unocal 标准采取了分两步走的折中方案。第一步，对要约收购采取抵抗措施的董事会必须证明"合理相信收购对公司的经营方针及有效的经营活动构成威胁"。为此，董事会要证明采取抵抗措施的主要目的不是保住自己的职位，以及其在采取措施之前已经经过调查，掌握了充足的信息。第二步，董事会还需要证明：根据收购具有的威胁程度，其为抵抗收购采取的措施具有合理性。不过，对于何谓收购带来的威胁，法院列举了一系列因素，包括价格是否公允、时机是否得当，甚至还包括对股东以外的债权人、雇员、顾客乃至所在社区的影响。

Unitrin 标准进一步解释了 Unocal 标准：如果管理层的措施胁迫现有股东必须做出管理层所提出的防御措施，而没有别的选择，那么这样的防御措施与受到的威胁不匹配，因此不符合 Unocal 标准。

参考资料：唐林垚 . 论美国敌意收购中商业判断规则适用之实践，《社会科学》2019 年第 8 期。

（四）白衣护卫（white squire）

目标公司可发行一笔数量可观的股票给友善第三人，借由增加目标公司董事可掌控的表决权及稀释敌意收购人持股的方式，提高并购难度，此时该友善第三人若仅有兴趣投资目标公司，但无意取得目标公司经营权者，即为白衣护卫。因此，公司会与其白衣护卫签订维持现状契约（standstill agreement），防止敌意并购发生时，白衣护卫转而支持收购人，而有时第三人白衣护卫角色是由公司员工所共同成立的员工持股计划（Employee Stock Ownership Plan，ESOP），此时因员工与公司利益产生休戚与共的关系，当敌意并购可能对员工权益造成危害时，员工持股计划所持有的股份，即会支持公司现任董事的决定；另有投资银行的过桥贷款（bridge financing）来担任白衣护卫，采用这种方法的好处在于快速取得，资金有助于短期内取得目标公司股权、提高成功率，而投资银行也能快速回收本金以及赚取顾问相关费用。

白衣护卫的典型案例是 1984 年卡特·霍利·黑尔百货（Carter Hawley Hale Stores, Inc.）出售可转换优先股给通用制片公司的交易，这一交易使得通用制片公司掌握了 CHH

公司 22% 的投票权，从而有效地防范了其他公司对 CHH 公司的觊觎。沃伦·巴菲特与许多公司达成过白衣护卫协议，譬如 1989 年他购买了吉列公司价值 60 亿美元的优先股，该优先股可以转换成该公司 11% 的普通股。

【小资料】

纽约证交所管理规则要求在其证交所挂牌上市公司，在一次发行超过已发行股份总数 20% 的新股时，须事先经过董事会同意，因此在纽约证交所上市的目标公司，为避免召开股东会烦琐过程，以便董事可即时做出决策，通常发行给白衣护卫的新股比例会低于 20%，借此规避纽约证交所管理规则。

（五）鲨鱼驱逐（shark repellent）

"鲨鱼驱逐"是借由公司章程或内部细则（bylaw）的规定，增加收购人取得目标公司经营控制权的难度以抵抗敌意并购。将鲨鱼驱逐条款设计于章程内比较有效，因为细则通常容易由股东修改而无须经董事会事先同意。不过相对地要修正章程以置入鲨鱼驱逐条款尚须经过股东会同意，因此目标公司在提议在章程中采取鲨鱼驱逐条款前，仍须事先考虑股东同意的可能性。鲨鱼驱逐条款类型主要包括：绝对多数（super majority）条款、分期分级董事会（staggered board）、合理价格（fair price）条款等。

1. 绝对多数条款

公司重大决策（如变更章程、主要资产让与、解散公司等）均须经过股东会决议，通常股东会绝对多数门槛为过半数股东投票同意，如果在章程中设定绝对多数条款，则要求更高的表决权数。绝对多数条款订立决议的表决权数通常要求 60% ～ 80% 的高表决权门槛，在少数例子上有高达 90% 的情形。如果收购目标公司的目的，是与目标公司合并或其他重大交易，即便收购人取得公司经营权，未必能达到绝对多数的要求，因此在考虑取得绝对多数的困难及所需成本时，收购人可能会放弃敌意并购。

为避免绝对多数条款妨碍目标公司与其合意并购的进行，目标公司会在制定绝对多数条款时，附加允许董事会在特定情况下不受该条款限制的规定，然而此类例外条款的设计在文字上应特别注意及谨慎，避免被潜在收购人通过取代现任董事会的方式，规避绝对多数条款的效力。但是收购人可能借由修改章程中的表决权数条款，而破坏绝对多数条款的效力。因此，在目标公司章程中可另外规定"绝对多数锁定"（supermajority lock up）条款，提高修改章程的表决权门槛。一般而言，绝对多数条款可保护少数股东免于敌意并购的损害，同时也给少数股东剥夺多数股东表决权的权利，进而达到保护少数股东效果。然而这个条款虽可作为敌意并购的防御措施，其所带来的防御效果，却可能同时减少目标公司接受合意并购要约的机会，因此可使不适任的董事保其权位，且少数股东反而得以取代多数股东的意见，决定是否与其他公司合并，似有违反多数原则之虞；更何况要避免收购人仅因单纯取得目标公司多数表决权，即可控制公司或侵害少数股东的权利，尚有其他更有效的防御措施可以采用，这是绝对多数条款可能产生的负面效应，值得注意。

2. 分期分级董事会

分期分级董事会，又称董事会轮选制，是指交错董事的任期，每年仅改选部分董事成员，其较经典的类型为每年股东会仅改选三分之一的董事，使敌意收购人无法在一年内取得董事会的多数席次。然而股东常有权利提前解任董事，因此收购人可在目标公司股东会中，提前解任任期未满的董事，破坏其董事分期分级改选的防御效果。

> **【小资料】**
>
> 为避免股东任意解任董事，降低分期分级董事会的防御功能，美国特拉华州公司法禁止股东无正当理由解任董事，或目标公司于章程中规定：（1）欲废止分期分级董事会制度，须经过股东会绝对多数决议通过后，才可以进行；（2）赋予董事单独决定董事会人数的权利，避免之后增加新成员稀释现任董事的力量；（3）授予董事决定并填满董事缺额的权限等。如此，股东会如未经现任董事的同意，就难以废止分期分级董事会制度，间接降低股东会的力量，也剥夺股东可无任何理由解任董事的权利，是备受学者批评的防御措施类型。

3. 合理价格条款

合理价格条款主要是在两阶段要约收购（two-tiered offer）时发挥功效，即收购人通常在第一阶段以较高价格收购目标公司一定比例股份后，再以较低收购价格逐出目标公司的少数股东，借此压迫股东尽早在第一阶段卖出其股份，而合理价格条款就是移除收购人采用双重要约收购的经济上的诱因，即要求第二阶段的收购价格不得低于第一阶段的收购价格。而合理价格条款也可能与上述绝对多数条款结合，如公司章程规定排除大股东支付给少数股东的收购价格高于或等于其在并购目标公司之前收购目标公司股份的价格，否则该并购必须以绝对多数的方式表决通过后才可以进行。此外，合理价格条款虽在一定程度上可阻碍双重要约收购的产生，然而如果没有其他防御措施配合，其本身并非一种有效的敌意并购防御措施，因为该条款仅单纯要求收购人支付公平价格以收购目标公司股份，对于财力雄厚的并购者而言，威胁性似乎不影响其收购。

二、反应型策略

上述各种类型的防御措施，大多是公司平日就构建完成的防御措施。以下介绍的防御措施类型则是目标公司董事在突然面对具体的敌意并购威胁时，临时起意所构建的防御措施。下文就反应型防御措施，予以介绍并说明。

（一）白马骑士（white knight）

面对敌意并购时，目标公司董事借由引进对公司较为友善的第三人作为白马骑士，以对抗敌意并购。虽此防御措施会导致目标公司成为其他公司的关系企业或子公司而丧失独立性，但通常友善第三人多会提出比较有利的并购条件，或允诺现任董事及员工在并购后依旧可继续留任，并支持公司现行经营策略，使得董事等有寻觅此类白马骑士的诱因。不少目标公司为吸引白马骑士，会给白马骑士一些好处或是增加其竞争力，如锁定选择权、禁止接触以及终止赔偿等。另外可能会有合并契约，但契约中不会包含受任人决定及禁止高价出售条款。

1. 锁定选择权（lock-up option）条款

锁定选择权条款是由目标公司与友善第三人所签订，赋予该友善第三人一个选择权，使其在特定情况下得以行使选择权，以较便宜的价格购买目标公司资产或股票等。若该选择权与资产联结则可称之为"锁定资产选择权"（asset lock-ups option），反之，若该选择权与股票联结，就称之为"锁定股票选择权"（stock lock-ups option）。其中锁定资产选择权指友善第三人在一定条件下（如当敌意收购人取得目标公司一定比例股权，或目标公司与其他公司进行并购交易时），得以低于公平市场交易价格取得目标公司主要资产的选择权，通常该资产是目标公司中最具价值者，其存在与否对目标公司继续营运的财务状况有重大影响，重要性如同皇冠上最珍贵的宝石，故该资产又可称作"皇冠上的宝石"（crown jewel），因此，该种选择权有时也被称作"皇冠宝石选择权"（crown jewel option）；而有时选择权所联结的资产正是敌意收购人对目标公司感兴趣的主因，当友善第三人行使选择权时，该资产不复存在于目标公司，因此减少目标公司价值，使敌意收购人对于并购目标公司的诱因丧失。另外，锁定股票选择权则指当目标公司最后选择与其他更高出价者合并时，原先的友善第三人以不行使选择权为代价，向目标公司请求支付更高出价与行使选择权之间的价差乘以可认购股份总数的金额，以作为补偿；或者友善第三人在一定条件下（通常指在敌意收购人取得目标公司一定比例股权，或目标公司与其他公司进行并购交易时），以较便宜价格取得目标公司股票选择权，此时，友善第三人可行使因购买股票而取得的表决权，促使其与目标公司并购交易通过股东会决议，并稀释敌意收购人持股比例。

值得注意的是，该选择契约通常约定可认购股份总数不会超过目标公司已发行股份总数的20%，在部分证交所上市规则要求下，公司发行新股的股数超过已发行股份总数的20%时，应经股东会同意，比较耗时且欠缺弹性。

【延伸阅读 6-2】 "露华浓规则"（Revlon Mode）

特拉华州最高法院在 Revlon, Inc. v. MacAndrews & Forbes Holdings, Inc. 一案中创设的"中间标准原则"来判断控制股东是否违反了信义义务。"中间标准原则"又被称作"露华浓规则"（Revlon Mode）。所谓中间标准原则，就是在企业并购时，公司的经营者应当确保股东利益的最大化。在该案中，特拉华州最高法院认为，在个别情形下，如公司面临无法避免的并购或分立时，此时目标公司董事的角色从企业的捍卫者转变为在公司出售时为股东获得股票最佳价格的拍卖人，他们唯一的义务是确保股东利益的最大化。

Revlon, Inc. v. MacAndrews & Forbes Holdings, Inc. 案起源于 1985 年，特拉华州最

高法院认为，锁定资产选择权虽然不是非法（not per se illegal）的，然而 Revlon 公司董事会以 Forstmann Little 公司为合意并购对象的主因在于，Forstmann Little 公司将承受 Revlon 公司之前为抵抗 Pantry Pride 公司并购所采取的票券权利买回计划而产生的票券债务，且因此免除董事对于票券持有人的责任。然而当公司出售已不可避免，董事应为公司股东的最佳利益而努力获取最高的拍卖价格，因此 Revlon 公司董事会不能偏袒票券持有人而忽视股东的利益。本案最高法院除了适用 Unocal 案中更严格的标准外，还以目标公司董事特别的忠实义务，在交易造成变更经营控制权或出售公司的结果时，董事们必须履行特别的忠实义务，也就是董事必须为股东寻求最好价格，以使其防御措施正当化。然而，Revlon 公司董事会因考虑其他因素，而无法最大化股东利益，进而出售 Revlon 公司，最后造成股东利益受损。Revlon 公司董事会所采取的防御措施已经违反董事应尽的注意义务，因此无法受商业判断原则的保护。

案例事实：Pantry Pride 公司对目标公司 Revlon 展开公开收购，且其目的在收购 Revlon 公司后，解散公司并将资产出售以获利；Revlon 公司董事会认为 Pantry Pride 公司的收购条件并不合理且该收购对公司造成威胁，因此寻求白马骑士 Forstmann Little 公司的协助并赋予其锁定资产选择权（Asset Lock-Ups Option），约定当任何第三人收购 Revlon 公司股份达 40% 以上时，Forstmann Little 公司有权行使选择权买下两个 Revlon 公司最有价值的核心部门，此外，还订立了禁止接触条款与终止费条款。

2. 禁止接触条款（no-shop, no-talk or no-solicitation provision）

禁止接触条款是为了避免之后出现其他意图以更好的收购条件收购目标公司所订的条款。"no-shop"条款即典型的禁止接触条款，是禁止目标公司主动地去诱发其他与原本友善第三人所签订并购契约具有竞争关系的交易，或与其他竞争出价者协商、讨论的行为，但目标公司可能最终仍被动地接受其他合意并购要约，放弃原本的并购协议。而这种条款限制了目标公司董事会向股东推荐其他并购要约能力，但未直接限制股东表决权，主要功能即在禁止目标公司与其他潜在收购人暗中勾结的行为，确保原本并购契约顺利完成。另一种限制更严格的禁止接触条款称为"禁言条款"（no-talk），通常在此条款的限制下，目标公司除不能主动寻求其他更佳的并购条件交易外，还被禁止被动地接受其他并购要约或其他竞价者进行协商。这种条款使得目标公司与其他竞价者进行合意并购成为不可能，其他人仅能以敌意并购方式与目标公司进行商业结合。由于这种禁言条款过于严苛，在实务中通常会搭配"受任人义务逸脱条款"（fiduciary out），以增加该条款的正当性。也就是说，"受任人义务逸脱条款"允许目标公司董事会在有较佳确定要约提出时，可基于其为股东寻求最佳利益的受任人（受托）义务，选择该较佳要约以满足其受任人（受托）义务的要求，而此时对原先洽谈交易的违约或放弃即可不构成违约责任。

【延伸阅读 6-3】 露华浓案中的禁止接触条款

Revlon, Inc. v. MacAndrews & Forbes Holdings, Inc. 案例事实已在前面简述过。以下

直接就法院针对禁止接触条款所表示的法律见解加以介绍：法院认为禁止条款非当然违法，当公司出售已不可避免时，而董事角色转变为拍卖主导人，禁止接触条款使董事无法将公司出售予最高出价者，终结了董事在竞价程序中寻找最高出价者的可能性，因此违反董事为股东最佳利益而努力的义务，故该条款无法通过 Unocal 标准审查，应为无效。

3. 终止费条款（termination fee or break-up fee）

与其他类型的交易保护措施一样，终止费条款通常包含在合并契约中，功能在于确保交易完成或降低并购失败的损失，也称为分手费条款（break-up fee）。此类条款会列举触发条件及所需支付的总额，该总额通常为整个并购交易价值的 1% ～ 5% 或单纯为一个特定数额，而触发条款大致可分为四种：（1）目标公司董事会履行了受任人义务逸脱条款，因而终止并购契约；（2）目标公司违反任何曾给予的保证或承诺，但未做到；（3）该并购契约最终未能获得目标公司的股东会同意；（4）目标公司最终接受了其他并购要约。上述四种情形的共同之处在于，当事人一方故意违约或过失地未设法满足完成该并购契约所需的要件，也就是说，若并购失败因素非目标公司所可掌控或仅为偶发事件时，目标公司就没有给付终止费的义务，而很多时候此条款是同时约束双方当事人的互惠条款。另一种特殊形式终止费条款则为两阶段（two-tier）的终止费条款，如当目标公司未能说服其股东决议通过该并购议案时，目标公司须付第一阶段终止费给该契约的相对人，总额可能为其并购交易价值的 1%，之后在一定期间内，若目标公司与其他第三方达成并购交易，目标公司须再给付第二阶段终止费，总额可能为当初的并购交易价值的 2%。

终止费条款与其他类型的交易保护措施有所不同。首先，目标公司董事可以为了履行受任人义务逸脱条款，放弃执行当初的交易保护措施，但目标公司董事因履行受任人义务逸脱条款而终止并购契约，是终止费条款的触发条件之一；其次，在终止费条款触发条件达到后，会自动地使目标公司负有金钱债务，虽然锁定选择权条款会使目标公司负有债务，但选择权人也因此须支付行使选择权的对价，与目标公司单方面地负有支付终止费的意义不同。

【延伸阅读 6-4】　　　露华浓案中的终止费条款

Revlon, Inc v. MacAndrews & Forbes Holdings, Inc. 案例中法院针对禁止接触条款所表示的法律见解加以介绍：Revlon 公司赋予 Forstmann Little 公司锁定资产选择权及金额为 2500 万美元的终止费条款的目的，在于排除 Pantry Pride 公司采取进一步并购行为。虽然在一般并购交易下，终止费条款并不寻常，不过由于其目的仅在于提高 Pantry Pride 公司的并购成本，与锁定资产选择权这一防御措施结合后，完全阻碍 Pantry Pride 公司参与竞价，并忽略 Pantry Pride 公司之后提出较高出价的事实，该终止费条款与选择权契约皆无法通过 Unocal 审查标准，应为无效。

4. 表决权拘束契约或表决权信托（voting agreement or voting trust）

所谓表决权拘束契约，是基于股东支配公司的目的，认为仅以自己持有的表决权将无济于事，而以契约结合多数股东的表决权，希望能通过股东会的决议以支配公司；另外，表决权信托则借由形式上股份所有权转予受托人，并由受托人依据信托条款享有股份表决权。而在并购交易情况下，友善第三人可借由要求目标公司股东签订表决权拘束或表决权信托契约方式，约定股东在行使表决权时，必须投票赞成该并购契约，如此一来，即可确保该并购交易顺利完成；若并购契约除包含上述限制表决权行使的约定外，还包含"强制提出表决条款"（force the vote provisions），即董事会有义务将该并购议案提出于股东会以进行表决的条款，在两者结合后，即使之后目标公司董事会不再支持该并购交易，仍应将该并购议案提出于股东会进行表决，加上表决权拘束或表决权信托契约的效力，使得其他竞价者就算提出较佳的并购条件，也无法与目标公司进行交易，其效果具有保护交易的措施。

（二）帕克曼防卫术（Pac Man defense）[①]

帕克曼防卫术指目标公司在已经发生或预期将会发生敌意并购时，反守为攻，反过来对收购者提出收购要约，令其成为目标公司的子公司或关系企业。而当目标公司采取这种防御措施时，不论是目标公司或原本敌意并购公司的股东，都必须面对究竟要被对方收购并获得收购溢价，还是支出一笔可观的收购溢价费用以收购对方公司，二者中谁能创造公司最大价值的问题。

【延伸阅读 6-5】　美国并购史上最有名的帕克曼式防御战

美国本迪克斯公司（Bendix）、马丁公司、联合技术公司（UTC）和联合信号公司四家曾有一场收购与反收购的四角大战。1982 年，始作俑者 Bendix 公司对马丁公司发动恶意收购，以每股 43 美元溢价收购马丁公司 45% 的股份（报价时已持有后者 5% 的股份，股票市价是每股 33 美元）。作为反击，马丁公司反过来以每股 75 美元对 Bendix 公司提出了收购报价（该公司股票当时的市价为每股 50 美元）。与此同时，UTC 公司也虎视眈眈，加入了恶意收购 Bendix 公司股份的行列。Bendix 公司自食恶果，不得已从收购他人转为防卫自己。最后是联合信号公司作为"白马骑士"以 13.348 亿美元收购了 Bendix 公司，而马丁公司则得以保持独立。

根据当时证券交易委员会披露的资料，有 20 家美国国内银行和 4 家外国银行贷款给 Bendix 公司共 6.75 亿美元，以购买马丁公司的股份。有 13 家银行共融资 9.3 亿美元给马丁公司以购买 Bendix 公司的股份。另外，有 14 家美国国内银行和 8 家外国银行为联合信号公司提供了 20 亿美元的贷款来收购 Bendix 公司。有趣的是，其中 15 家银行至少涉及其中 2 家公司的活动，而有 3 家银行则参与了 4 家公司中至少 3 家的收购活动。对银行来说，谁收购谁反收购是无所谓的，只要有利可图，敌对双方它都给予金融支持。

资料来源：王明夫：《投资银行并购业务》，企业管理出版社，1999 年版。

---

① 这一反并购术来源于美国，"帕克曼"此名取自 20 世纪 80 年代初期任天堂颇为流行的一种电子游戏，游戏中的电子动物相互吞噬，最后未能吃掉敌手的动物都将遭到自我毁灭。想要在游戏中存活，进攻就是最好的防御。

【小资料】

美国部分州的公司法禁止子公司行使其所持有的母公司股份表决权。若目标公司与敌意并购公司皆成功收购对方多数股份时，彼此形成交叉持股且互为母、子公司的关系。这样将可能导致双方所持有的对方股份皆无表决权，从而无法撤换对方董事而形成僵局。此时经营权将落于未出售持股的少数股东手上。

（三）股份回购（share repurchase）

目标公司可通过私下协商或在公开市场买回自己股份的方式，阻碍敌意并购。也就是说，通过买回目标公司自己流通在外股份的方式，减少敌意收购人可取得经营控制权股份数，增加其并购难度，且在买回自己公司股份时，股价可能因此上涨，增加敌意收购人的并购成本；然而这种防御措施可能产生反效果，如敌意收购人已是目标公司大股东，此时若目标公司买回自己流通在外的股份，致使该股份成为库藏股而无法行使表决权，反而会增加敌意收购人持有目标公司持股比例，使其更容易取得目标公司的经营控制权。若目标公司以高于市价的价格，向敌意收购人买回自己的股份，称之为"绿色邮件"（green mail），通常在施行此防御措施时，目标公司会与该敌意收购人签订中止性协议（standstill agreement），约定在一定时间内该敌意收购人不可再收购目标公司，以免敌意收购人事后反悔而再次收购该目标公司股份。

链接阅读

Unocal 规则

（四）"焦土战术"（scorched earth）

这是一种激烈的防御策略，是目标公司在受到并购威胁并无力反击时所采取的一种两败俱伤的策略。此法可谓"不得已而为之"，目标公司不仅将引起并购公司兴趣的资产出售，还把其他一些资产贱卖以减少公司价值，或增加大量与经营无关的资产，或进行低效益的长期投资，使目标公司短期内的资本收益率下降。这种策略使得目标公司原有"价值"和吸引力不复存在，进而打消并购者的兴趣。

链接阅读

玉郎国际使用"焦土战术"击退恶意收购

总之，反收购策略与手段层出不穷，除经济、法律手段以外，还可利用政治等手段，如迁移注册地、增加收购难度等。企业应该根据并购双方的力量对比和并购初衷，选用一种策略或几种策略的结合。

【延伸阅读6-6】　　派拉蒙的反并购与露华浓规则

派拉蒙（Paramount）公司在20世纪80年代末期因为娱乐与通信市场的快速变迁，开始寻找可并购的事业以扩大自己，而收购时代（Time）公司计划失败，不久开始与维亚康姆（Viacom）公司接触洽谈并购事宜，但未达成协议，在 1993 年初时，QVC 公司也曾向派拉蒙公司表达合并的意愿，然而未达成合意。直至同年 8 月，派拉蒙公司与维亚康姆公司重新展开交易磋商，并于 9 月 12 日派拉蒙公司董事会决议通过与维亚康姆公司的合并议案。在合并契约中，为防止可能的竞争收购者介入，还约定了三项交易保护措施，包含禁止接触条款、终止费条款及锁定股票选择权。其中股票选择权的内容为，当终止费条款的触发条件发生时，维亚康姆可以每股 69.14 美元的价格，购买派拉蒙公司 19.9% 已发行的普通股（约 2 370 万股），且包含两种极为有利的条款：（1）维亚康姆可选择以次级债券作为购买股份的对价（the Note Feature）；（2）维亚康姆可要求派拉蒙以现金补偿自己，其总额为上述 2 370 万股乘以市价与每股 69.14 美元的价差，且未设定补偿上限。然而，QVC 未理会这些防御措施，仍于同年 9 月 21 日宣布将以每股 80 美元的价格，现金收购派拉蒙 51% 的已发行股份，而派拉蒙剩余股份将以 1 股换取 1.42857 股 QVC 股份的比例进行第二阶段的合并。为抵制 QVC 的敌意并购，维亚康姆与派拉蒙随即修正合并契约，决定以同样每股 80 美元的价格，公开收购派拉蒙公司股份，且仍保留前述三项交易保护措施条款。由于派拉蒙公司董事会一直以维亚康姆公司是较佳的合并对象为由，拒绝 QVC 的收购要约，QVC 因此向特拉华州法院提出诉讼，要求禁止派拉蒙公司与维亚康姆公司的合并案及相关防御措施。

特拉华州法院认为，一般情况下法院与股东均不得干扰董事的经营决策，而商业判断原则隐含尊重公司董事的经营决定权。然而在出售或改变公司经营控制权交易，以及目标公司采取防御措施抵抗敌意并购时，法院对目标公司董事行为加强司法审查的主要特征在于：（1）法院决定董事决策过程的适当性（包括董事决策所依据的信息）；（2）法院审查董事行为在当时情况下的合理性，而董事应证明其行为已尽调查之能事并具备合理性。法院进一步认为，派拉蒙公司董事未付出足够注意去检视锁定股票选择权可能造成的后果，且在后续有机会修正合并契约时，仍未排除或修改该选择权条款，加上锁定股票选择权所附加的两种优惠条款过于不寻常，这些条款与禁止接触条款和终止费条款都阻碍目标公司寻求更高出价的可能，不符合露华浓规则，因此是无效的。

第五节 跨 国 并 购

一、跨国并购的概念及分类

（一）跨国并购的含义

跨国并购是并购在内涵外延上的拓展，是并购在空间上的跨越国界，涉及两个或两个以上国家的企业、两个或两个以上国家的市场和政府控制下的法律制度。基于对并购概念的认识，本书认为跨国并购是跨国兼并和跨国收购的总称。见图 6-2。

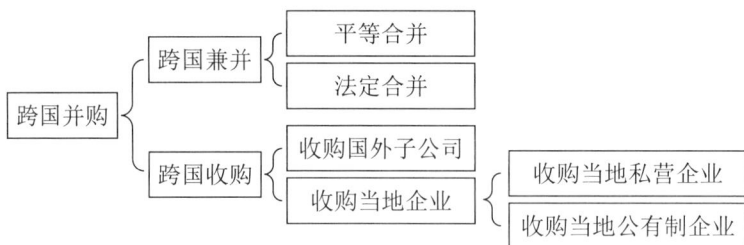

图 6-2　跨国并购的结构

跨国并购是一国企业为了实现某种目标，通过一定的渠道和支付手段，将另一国企业的所有资产或足以行使运营活动的股份收买下来，从而对另一国企业的经营管理实施实际的或完全的控制行为。可见，跨国并购涉及两个或两个以上国家的企业，上述的"一个企业"或称为"母国"企业，是并购企业，一般是实力较为强大的跨国公司，是跨国并购的主体；"另一国企业"或称为"东道国"企业，是被并购企业，也称为目标企业。跨国并购所用的支付手段，包括现金、贷款、以股换股和发行债券等方式。

（二）跨国并购与国内并购的区别与联系

国内并购与跨国并购同属并购范畴，在本质上是一致的。但跨国并购是跨越国界的行为，与国内并购相比具有不同的特点。

（1）跨国并购与国际因素密切相关。跨国并购的动因与国际因素有较大的相关性，如世界市场的竞争格局、贸易与投资的自由化进程、世界经济一体化、区域化集团化趋势、跨国投资的国际协调等，这些都给跨国并购带来了影响。因此，对跨国并购的动因分析必须将其放在世界经济范围内进行。

（2）跨国并购的主体大多数是跨国公司，而跨国公司实施并购计划更多的是从全球发展战略的角度来考虑经济利益的得失问题，这就使得跨国并购理论与一般的并购理论有了较大的不同。

（3）跨国并购具有比国内并购更多的进入障碍，使得跨国并购的实施更为复杂。如母国与东道国之间的经济利益及竞争格局、公司产权及管理模式、外资政策及法律制度、历史传统及文化语言等方面的差异。

（4）跨国并购在对市场的影响方式和范围方面与国内并购不同。国内并购非常直观地表现为市场份额的改变和市场集中度的提高。而跨国并购对于母国市场与东道国市场而言，并未直接表现为市场份额和市场力量的改变，而是表现为并购者对市场份额的占有程度和市场竞争力的扩展，表现为世界市场份额和市场集中度的改变。

（5）跨国并购中主要是跨国收购，而跨国兼并相对较少。跨国兼并意味着两个以上的法人最终变成一个法人，不是母国企业的消失，就是目标国企业的消失，这种情况在跨国并购中并不多见。

（三）跨国并购的分类

本章第一节对并购的分类进行了详细的说明，其分类原则也同样适用于跨国并购的分类。本节依据前述分类原则，简要说明跨国并购的分类。按跨国并购双方的行业关系，跨国并购可以分为横向跨国并购、纵向跨国并购和混合跨国并购。

1. 横向跨国并购

横向跨国并购是指两个以上国家生产或销售相同或相似产品的企业之间的并购。其目的是扩大世界市场的份额，增加企业的国际竞争力，直至获得世界垄断地位，以攫取高额垄断利润。在横向跨国并购中，由于并购双方有相同的行业背景和经历，所以比较容易实现并购整合。横向跨国并购是跨国并购中经常采用的形式。

2. 纵向跨国并购

纵向跨国并购是指两个及以上国家处于生产同一或相似产品但处于不同生产阶段的企业之间的并购。其目的通常是稳定和扩大原材料的供应来源或产品的销售渠道，从而减少竞争对手的原材料供应或产品的销售。并购双方一般是原材料供应者或产品购买者，所以对彼此的生产状况比较熟悉，并购后容易整合。

3. 混合跨国并购

混合跨国并购是指来自两个及以上国家且处于不同行业的企业之间的并购。其目的是实现全球发展战略和多元化经营战略，减少单一行业经营的风险，增强企业在世界市场上的整体竞争力。

二、跨国并购的动因

许多跨国并购的动机与国内并购的动机相似，而其他动机则是跨国并购所独有的。这些动机[①]包括如下内容。

（一）成长

这种观点认为，追求企业成长是跨国并购的重要动因。成长对企业的生存和发展是至关重要的。促进企业从事跨国并购以追求企业增长的主要因素包括：（1）实现长期战略目标。在缓慢增长的经济中，盈利企业将其富余的资金投资于增长更快的海外经济体，比投资于缓慢增长的国内经济更合理，从而实现其长期盈利的战略目标。（2）寻求饱和的国内市场能力之外的成长。母国市场可能已经饱和，或者母国市场容量太小，而不能容纳母国公司巨型企业化的成长。如皇家荷兰壳牌公司、荷兰联合利华公司等，这些企业的巨额销售量和增长必定来自荷兰经济之外。（3）市场向国外扩张并保护国内市场份额。国内领先企业可能由于规模经济而具有较低的成本。向国外扩张可以使中等规模企业实现提高竞争力所必需的规模。（4）有效的全球竞争所需要的规模和范围经济。在世界经济的全球化背景下，要获取范围经济的收益，一个绝对的企业规模水平是必需的，一定的规模也是实施有效全球竞争战略所必需的。

---

① J. 弗雷德·威斯通，S. 郑光，胡安·A. 苏. 接管、重组与公司治理 [M]. 李秉祥，等译. 大连：东北财经大学出版社，2000：450-455.

（二）技术

这种观点认为，技术方面的考虑对跨国并购的影响主要包括两个方面：（1）利用技术性知识的优势，技高一筹的企业可能会进行跨国并购以利用技术优势；（2）获取欠缺的技术，技术上逊色的企业可能收购技术先进的国外目标企业以提高国内外的竞争地位。

（三）差异化产品的拓展优势

所谓产品差异化，是指企业在其提供给顾客的产品上，通过各种方法造成足以引发顾客偏好的特殊性，使顾客能够把它同其他竞争性企业提供的同类产品有效地区别开来，从而达到使企业在市场竞争中占据有利地位的目的。汽车的差异化特征比较明显，各国消费者对品牌、性能的看重也给各汽车公司提供了差异化经营的机会。各国汽车公司基于品质、性能等方面的差异化，纷纷向国外市场拓展。

【延伸阅读 6-7】

20世纪20年代美国汽车产业还处于发展初期，大量汽车被出口到欧洲。后来这种局面被打破，为首的是德国大众汽车公司进入美国，接着是日本汽车在美国颇受欢迎，国外制造商进而在美国建立了制造业务。

（四）政府政策

政府政策，如管制、关税和配额，能够在一些方面影响跨国并购。出口尤其容易受到关税和配额、非关税壁垒的影响。特别是在要保护的市场规模很大时，跨国公司通过跨国并购，可以绕过保护性关税、配额、非关税壁垒等，获得海外市场。

（五）汇率方面的考虑

这种观点认为，一国的外汇汇率对跨国并购有很大影响。本币的坚挺或疲软能影响交易的支付价格和融资成本，也能影响被收购企业的经营成本，以及汇回母国的利润价值。管理外汇风险也成为跨国公司的又一项经营成本。本币坚挺国家的企业，出于成本的考虑，将会积极地兼并收购外国企业。而货币疲软国家的企业，则可能会成为强势国家企业兼并的对象。

（六）政治和经济的稳定

企业通常偏向于在安全、可预测的环境中投资。政治和经济的相对稳定是吸引外国收购者的重要因素。跨国公司必须估计政府鼓励性干预和压制性干预的可能性。在政治方面必须考虑战争、政府变动、政权移交等情形。在经济方面考虑劳资关系、市场规模、金融市场的广度与深度、基础设施，等等。

（七）有差异的劳动力成本、劳动力生产率

东道国相对较低的劳动力成本和相对较高的劳动力生产率是吸引跨国并购的一个重要因素。通过跨国并购，获取低成本和高效率的劳动力，可以直接降低企业的生产成本，从而增加跨国公司的利润，提升其竞争优势。

（八）追随客户的需要（银行尤其如此）

这种观点认为，在包括银行业、会计师事务所、律师事务所和广告等在内的服务业中，为了与客户保持长期稳定的关系，有可能会采取跨国并购的行动。长期银行业务关系的重要性是银行跨国并购的一个重要因素。如果银行有足够的客户移居到国外，那么银行也向国外扩张以保持与客户的长期合作关系，在经济上是合理的。

（九）多样化

跨国并购能在地理上以及通过生产线实现多样化。各国经济通常不是完全相关，通过跨国并购在多国拥有企业，可以获得多样化组合投资分散系统性风险的效应。跨国并购也能在全球范围内获得协同效应，即产生"1+1>2"的效果。

（十）资源贫乏的国内经济获取有保证的资源供给

这种观点认为，在垂直兼并中，尤其是对于国内资源短缺的兼并方，保证原料来源可能是促使其从事跨国并购的重要原因。跨国并购是对付原料进口贸易壁垒的重要手段。通过跨国并购，直接参与当地的资源生产与开发，然后输回国内是保障资源长期、有效和稳定供应的有效途径。

【延伸阅读6-8】 海尔智家7个月内两次跨国并购

2024年7月18日，海尔智家与瑞典伊莱克斯集团签订相关交易文件，以24.5亿南非兰特（折合约9.8亿元人民币）的企业价值，收购后者旗下Electrolux South Africa Proprietary Limited（以下简称"ESA"）的100%股权并接收其家电业务人员。ESA是南非领先的热水器制造商，旗下拥有百年热水器品牌Kwikot，致力于为用户提供包括储水式电热水器、太阳能热水器、多能源解决方案、燃气热水器、热泵以及多能源解决方案等多样化产品。Kwikot拥有当地行业完善、强大的销售/安装渠道和售后服务体系，具备优秀的响应速度和服务质量。

这是海尔智家在7个月内宣布的第二笔跨国并购。2023年12月14日，海尔智家发布公告，拟以约6.4亿美元（约45.59亿元人民币）收购美国开利集团旗下商用制冷业务。海尔智家的全球化布局因此从家庭制冷进一步拓展到零售、冷库等商用制冷领域。

海尔智家在如此短时间内密集宣布两起跨国并购的背后，是当下中国家电企业普遍面临的增长焦虑。受消费不旺和房地产市场下滑等影响，家电产业且看来受到的冲击不小。

国内零售端不景气，大部分家电巨头都将海外市场和 B 端市场作为新的业绩增长点。

接连收购美国开利集团旗下商用制冷业务和瑞典伊莱克斯集团旗下 ESA，也是海尔智家发力 To B 业务的调整之一。海尔智家在收购瑞典伊莱克斯集团旗下 ESA 的公告中表示，本次收购是海尔智家战略性布局非洲市场的重要举措。通过此次并购，海尔智家将借助 Kwikot 在南非广泛覆盖的暖通渠道以及完善的售后网络，并通过产品、供应链等方面的协同，进一步丰富 Kwikot 热水业务产品阵容，支持其更好地发展太阳能热水器、净水器等。收购完成后，海尔智家也将借助 Kwikot 的渠道优势，拓宽海尔冰箱、洗衣机等其他白电产品在南非市场的发展。

参考资料：新青记《青岛巨头跨国并购再出手》，长江商报《海尔智家 9.8 亿收购抢占非洲市场 资产 6 年增千亿营收净利 8 年双增》。

三、跨国并购的流程

跨国并购的流程从企业层面而言，主要分为三个阶段：准备阶段、谈判与实施阶段和整合阶段，每个阶段工作的侧重点各不相同。见图 6-3 所示。

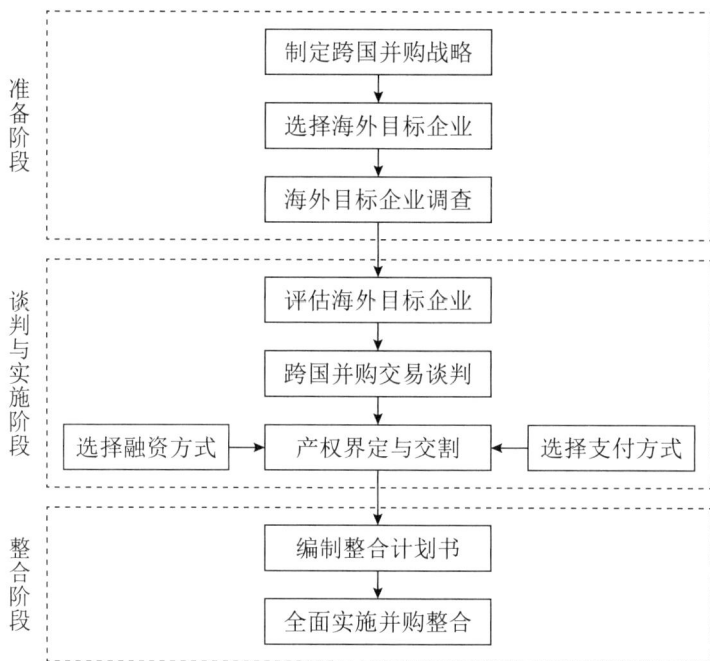

图 6-3　跨国并购交易流程图

（一）准备阶段

跨国并购战略的制定是整个并购的首要环节，它对以后将要进行的并购行为有着总体指导意义。所有的跨国并购行为以及形成的文件、方案等均需符合并购战略。因此，跨国并购战略要在考虑企业使命、企业生产经营总体战略、内部环境和外部环境等因素的基础上来制定。

跨国并购目标企业的选择在很大程度上决定了并购的成功与否。目标选择不当，可能直接导致并购交易失败，或者导致交易后的并购整合过程困难重重。目标企业选择实际上可以分为两个步骤：搜寻相对合适的潜在目标企业，从中选出最合适的并购目标；在选择目标企业过程中，对潜在目标企业的详尽调查是非常重要的一环，它直接影响下一步对并购目标企业的价值评估。

（二）谈判与实施阶段

在交易实施阶段，首先是评估目标企业的价值。在并购时，交易价格往往是以目标企业的评估价值为基础来确定的，这个评估价值需要交易双方都认可，因此评估价值必须是公允的。确定目标企业后，接下来就进入谈判阶段。通常要组建谈判小组，通过谈判，并购双方需要对交易的具体细节、并购后的整合计划、法律程序等进行协商并达成一致。

企业在并购过程中要充分考虑并购的融资方式，一般情况下资金有以下四种来源：企业自有资金、对外发行股票融资、对外发行债券融资和向金融机构贷款。确定好融资方式后，还需要考虑并购款项的支付方式。目前有四种支付方式可供选择：现金支付、股票支付、债券互换、综合证券混合支付。

产权界定与交割是完成并购交易实施阶段的最后一个环节，它是指并购双方明确并购方对目标企业资产所有权归属的一种法律行为。并购方应当严格按照目标企业所在国家的法律法规，进行资产清查与交割，报请当地政府部门审批，履行产权交割过户。

（三）整合阶段

跨国并购交易完成后，就进入了整合阶段。而整合阶段的第一步就是要选择合适的人员来组成海外并购整合工作组。并购整合工作组是一个专门进行并购交易后整合工作的团队，后续的文化整合、人力资源整合和业务整合的具体实施方案，以及具体的整合实施工作等都交由并购整合工作组来完成。

全面实施整合时，主要关注文化整合、人力资源整合以及业务整合三个方面。并购方应当对这三个方面进行整体性、系统性的安排，使得并购后的目标企业能够达到海外并购战略目标的要求。

跨国并购最终能否成功，整合阶段是关键。大多数跨国并购失败案例显示，主要原因就是整合工作的失败。跨国并购不仅仅是一种财务活动，只有在整合业务上取得成功，才是一个成功的并购；否则只是在财务上的操纵，这将导致业务和财务上的双重失败。

四、跨国并购风险及防范

（一）跨国并购风险

本章第三节阐述了并购的市场风险、产业风险、信息风险、整合风险、财务风险、法律风险以及体制风险等。许多跨国并购的风险与国内并购面对的风险相似，而其他风险则是跨国并购所独有的。这些风险包括以下四种。

1. 政治与社会风险

跨国并购涉及两个国家或地区。在全球实务中，政治与经济密不可分，政治风险包括政治环境的不确定性、政治力量的更迭、政策的不连续性等。许多国家将经济作为政治的延续，常将市场行为作为国家行为来对待。国家间发展程度的差异以及历史事件也会引发一些国家国民对跨国并购的民族情绪，进而对跨国并购造成伤害。例如，2006 年 12 月开始的持续 8 个月的中海油并购优尼科失败案例就是政治因素导致并购失败的经典案例。

2. 汇率风险

跨国并购的支付涉及跨国支付，通常需要使用大量目标企业所在国的货币进行支付，并购企业需要筹集外汇。汇率的变化和不确定性会带来一定的风险。

3. 跨文化管理风险

所谓跨文化冲突，是指不同形态的文化或者文化因素之间由于存在较大差异而导致的相互对立、相互排斥的过程。由于跨国并购涉及两个不同国家和民族之间的文化整合，文化冲突对跨国并购成败的影响尤为明显。在全球范围内，80% 左右的并购失败案例都是源于直接或间接的新企业文化整合的失败。

4. 跨国法律风险

跨国并购的过程其实就是一个法律过程，涉及事前、事中与事后三个阶段。事前的法律过程一般涉及公司法、证券法、银行法、会计法、反垄断法、劳动法、外汇管理条例等；事中的法律风险主要来自目标公司所在国对并购项目的反垄断审查，同时也会面临各种以国家安全为由的审查；事后的法律风险主要来自劳动法、环境法、知识产权法等方面。并购企业如果处理不当，就有可能产生隐患和风险。

（二）跨国并购风险的防范

1. 全面搜集信息并审慎审查

跨国并购风险的诱因之一就是信息不对称和信息不完全。因此，并购企业在制定并购战略和实施并购行动之前，需要拓宽各种渠道全面了解目标企业所在国的社会文化、政治状况、法律规定、市场环境等信息，以及目标企业的各种信息，并对各种信息进行认真、慎重的审查，做好各种预案，以减少跨国并购中的政治风险和社会风险的影响。

2. 防范跨文化管理风险

在并购准备阶段就要对并购双方的企业文化进行诊断，找出差异，设定解决预案。在文化整合过程中，采取适合企业自身特征的文化整合模式，尊重各国文化传统，提倡求同存异，增进彼此信任和了解，使双方在未来企业的价值、管理模式、制度安排等方面达成共识，建立双方员工都能接受的企业文化。

链接阅读

天齐锂业跨国并购
遭遇危机

3. 防范跨国并购中的法律风险

防范跨国并购中的法律风险，需要在事前寻求目标企业所在国专业机构的支持，获得及时的法律服务；事中需要专业机构提供法律意见，避免与当地法律冲突；事后要通过专业机构的帮助避免劳工、知识产权等方面的纠纷。同时，还需要大力提高企业内部的法务处理能力，引进和培养法务人员。

复习思考题

一、在线测试题（扫描书背面的二维码获取答题权限）

扫描此码　自我测试

二、简答题

1. 概念：并购、兼并与收购、要约并购、敌意并购。

2. 并购的动机有哪些？

3. 试述并购的发展历程。

4. 企业并购的程序有哪些？

5. 目标公司价值评估常用的方法有哪些？试简要比较分析这些方法的优缺点。

6. 反并购策略有哪些？各自有什么特点？

7. 试述跨国并购的动因。

8. 跨国并购的风险有哪些？如何防范？

第七章　资本收缩

内容提要

　　资本收缩是指企业把自己拥有的一部分资产、子公司、内部的分支机构转移到公司之外，从而缩小公司的规模。企业通过资本收缩，对企业规模或主营业务进行重组，其根本目的是调整资源配置，规避风险，提高竞争力。资本收缩运营是扩张性资本运营的逆操作，本章主要讲述资本收缩的四种基本模式，其中第一节主要介绍资产剥离；第二节主要介绍公司分立；第三节主要介绍分拆上市；第四节主要介绍股份回购。

学习要点

- 掌握资本收缩四种基本模式的含义；
- 掌握资产剥离的类型；理解资产剥离的动因；了解资产剥离的程序；
- 理解公司分立的动因；了解公司分立的程序和评价；
- 理解分拆上市的动因；了解分拆上市的程序和评价；
- 了解股份回购的动因、程序和评价。

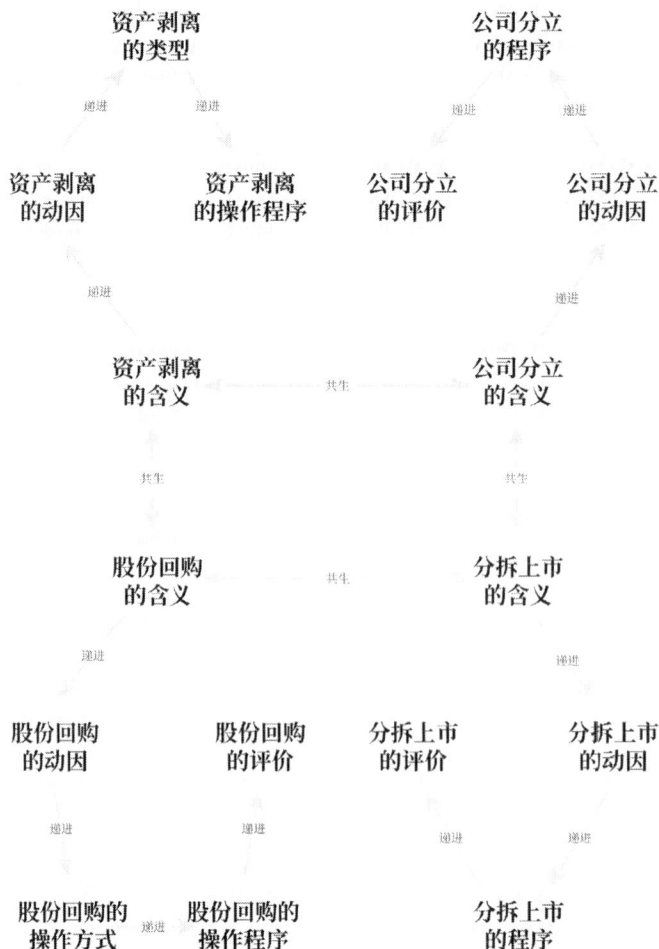

资产剥离 的类型		公司分立 的程序	
递进	递进	递进	递进
资产剥离 的动因	资产剥离 的操作程序	公司分立 的评价	公司分立 的动因
递进		递进	
	资产剥离 的含义	公司分立 的含义	
	共生	共生	
	股份回购 的含义	分拆上市 的含义	
	递进	递进	
股份回购 的动因	股份回购 的评价	分拆上市 的评价	分拆上市 的动因
递进	递进	递进	递进
股份回购的 操作方式	股份回购的 操作程序	分拆上市 的程序	

资本收缩

第一节 资 产 剥 离

一、资产剥离的含义

在西方市场经济发达国家的第三次兼并与收购浪潮中，混合并购占据重要的地位。受多元化战略的影响，这一时期的兼并与收购多为毫无关联的企业之间的并购，结果是形成了许多无关多元化经营。但从 20 世纪 70 年代开始，出现了越来越多的剥离、分立、出售资产等现象。进入 80 年代后，企业的多元化战略也开始转向注重企业的核心竞争力。越来越多的企业认识到，通过剥离、分立、出售那些不适合企业长期战略、没有成长潜力或影响企业整体业务发展的子公司、部门或产品线，可以使自己更加集中于某种经营重点，从而更具竞争力。企业通过剥离、分立等方式，可以使企业所拥有的资源得到更有效的配置，从而提升企业的资产质量和资本价值。

（一）资产剥离的定义

目前理论界对于资产剥离有两种不同的界定方法：一种是狭义的方法，认为资产剥离是指企业将其所拥有的资产、产品线、经营部门、子公司出售给第三方，以获取现金、股票或现金与股票混合形式回报的一种商业行为。弗雷德·威斯通等认为，资产剥离意味着把公司的一部分出售给第三方，出售资产、生产线、子公司或者部门是为了获得现金或是证券或是二者结合。[①] 我国学者干春晖也认为，资产剥离就是指公司将其现有的某些子公司、部门、产品生产线、固定资产、债权等出售给其他公司，并取得现金或有价证券的回报。[②]

另一种是广义的方法，该方法认为资产剥离除了资产出售这一种形式以外，还包括企业分立和股权切离等形式。桑德萨那姆认为，资产剥离是收购的另一面，即公司将其分支或附属机构出售给其他公司，并认为公司资产剥离的形式包括公司出售、分立（spin-offs）、切股（equity-carve out）、管理层收购（MBO）等。[③]

从实践的角度来看，目前我国资本市场发育仍不完善，上市公司所进行的资产剥离主要是以资产出售为主，狭义的资产剥离更接近人们使用该词的本义。因此，本书采用狭义的资产剥离概念，即资产剥离是指企业将其所拥有的资产、产品线、经营部门、子公司出售给第三方，以获取现金、股票或现金与股票混合形式回报的一种商业行为。资产剥离并非企业经营失败的标志，而是企业发展战略的合理选择。企业通过剥离不适于企业长期战

[①] J. 弗雷德·威斯通，S. 郑光，胡安·A. 苏 . 接管、重组与公司治理（第二版）[M]. 李秉祥，等译 . 大连：东北财经大学出版社，2000.

[②] 干春晖 . 资源配置与企业兼并 [M]. 上海：上海财经大学出版社，1997.

[③] P. S. 桑德萨那姆 . 兼并与收购 [M]. 北京：中国人民大学出版社，1997.

略、没有成长潜力或影响企业整体业务发展的部门、产品生产线或单项资产，可使资源集中于经营重点，从而更具竞争力。同时，资产剥离还可以使企业资产获得更有效的配置，提高企业资产的质量和资本的市场价值。因此，资产剥离交易可以用图 7-1 来表示。

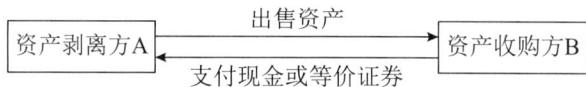

```
                          出售资产
┌──────────────┐ ─────────────────▶ ┌──────────────┐
│  资产剥离方A  │                    │  资产收购方B  │
└──────────────┘ ◀───────────────── └──────────────┘
                      支付现金或等价证券
```

图 7-1　资产剥离交易示意图

（二）资产剥离的特点

1. 资产剥离操作比较便捷

资产剥离是最简捷的公司紧缩手段，不涉及公司股本的变化。通常，股本的变化要得到股东大会和债权人的同意才能进行，而且受到的法律约束比较多。剥离只是公司出售其资产的一部分，公司的经营决策层可以自主决定，不必征求股东大会与债权人的同意。因此，剥离操作起来比较便捷。我国有些上市公司为了年底的利润包装，也常采用资产剥离这一重要工具。

2. 资产剥离方式比较灵活

资产剥离可以向公司外的机构与个人出售，也可以向公司的管理层或员工出售，即管理层收购与员工持股计划。

3. 资产剥离直接获得现金较有吸引力

通过剥离出售公司部分非核心或非相关业务，可以直接获得现金或等量的证券收入，这对急需现金的企业具有较强的吸引力。

4. 资产剥离的会计处理较为简便

资产剥离时，如果出售的是其下属控股公司，应根据收到的现金（或其他资产）与长期股权投资的账面价值之间的差额确认"投资收益"。如被剥离的资产是企业内部无独立法人地位的部门或产品生产线，应视为资产处理。

（三）资产剥离交易的确认与计量

资产剥离交易的确认与计量包括三项内容：一是为资产剥离建立判断标准；二是何时确认并计量资产剥离信息；三是怎样计量资产剥离信息。

1. 资产剥离的确认标准

资产剥离应具备三个特点：

（1）企业依据一个单独的资产剥离计划来剥离企业的一部分，剥离方式是整体转让而不是零星处置。

（2）被剥离的部分作为一个整体具有一定的组织功能，该功能具有相对独立性。

（3）能从经营上或财务报告的目的上加以区分。具体地说，就是被剥离部分的资产和负债相对独立；归属被剥离资产的经营收入可以辨认，或能够与其他收入相区分；归属被剥离资产的经营费用，大部分能够直接辨认。

2. 资产剥离的确认时间

根据及时性原则，当有确凿的证据表明企业要实施资产剥离时，就应当从会计上分离资产剥离信息。以下事项发生时，可以认定证据已经充分，应当开始分离、核算资产剥离信息，并在当期的财务报告中开始披露。

（1）企业签订了具有法律效力的资产剥离协议。

（2）董事会或其他类似权力机构已经批准并宣布了详细的、正式的资产剥离计划。

3. 资产剥离的计量

（1）为拟剥离部分建立子信息系统。当有确凿的证据表明企业要实施资产剥离时，会计人员就应当在账簿体系中有意识地将拟剥离部分分离出来，并以它为对象归集新的信息，包括确认其资产、负债的账面价值及变动情况，归集正常经营过程中属于它的收入、费用、所得税和现金流量信息，计量资产剥离的交易费用。

资产剥离的交易费用是指从确定企业要实施资产剥离开始到资产剥离实际完成为止所发生的交易费用。包括中介服务费、考核费、签约费、公告费、过户费和交通费等。从理论上说，这部分费用一般只包括资产剥离过程中的交易费用，未包括资产剥离前的准备成本和资产剥离后的后续成本。

（2）拟剥离资产的期末计价。期末，拟剥离资产应当按照成本与可收回金额孰低计价。这种计量观与中国新会计制度的精神一致。对拟剥离资产按成本与可收回金额孰低计价时，企业应估计拟剥离资产的可收回金额，将可收回金额低于成本的差额确认为减值准备。这些损失或收益应当作为"拟剥离资产持产损益"在利润表中单独反映，因为它属于非持续经营部分的损益，这样做符合分开披露原则。

另外，由于资产剥离意味着将资产整体处置，所以拟剥离资产的可收回金额应当按整体确定，由此确认的减值准备应根据成本在拟剥离的各项资产中平均分配。

（3）资产剥离的利得或损失。企业应当在资产剥离交易完成时，将实际成交价格扣除实际交易成本后的净额与被剥离资产的账面价值（成本与可收回金额中较低者）的差额确认为当期损益，作为"资产剥离损益"在利润表中单独反映。其公式为：资产剥离损益＝实际成交价格－被剥离资产的账面价值－交易费用。

如果有确凿的证据表明企业将实施资产剥离，那么企业就应当开始披露资产剥离信息。由于资产剥离交易持续的时间可能较长，所以在资产剥离实际完成之前还要追踪披露。信息披露主要在企业的定期财务报告和临时公告中进行，如果是重大资产剥离交易，企业还应当披露模拟历史信息。

二、资产剥离的动因

（一）增加企业的收益

1. 通过向更合适的公司出售资产而获益

资产的出售可以直接为企业带来现金收入或资产价值增值。卖方企业的资产能够出售，一个重要的原因是被剥离的资产在买方企业可能是稀缺资源，能发挥更重要的作用，创造更大的价值。因此，资产能被出售，并给卖方带来经济回报。一些企业将自己的一些非核心业务或一些弱小的部门剥离后，转为投资于另一个期望收益更大的业务或项目，从而增加企业的获益空间。

2. 收获过去的成功

一些资产的剥离是对成功投资的收获，这些投资是由有利的市场条件促成的。这种剥离旨在使财务和管理资源可用于开发其他机会。公司将自己成功的项目或业务出售而获得收益，然后再开发其他项目或业务，成功一个出售一个，如此循环，企业获得巨大的经济收益。

母公司可能觉得如果被剥离的部分是一个"独立实体"，它在股市的估价将会更高。因为市场会得到更多关于被剥离"独立实体"的信息，这增加了将该实体估价更高的潜力，从而增加"独立实体"股东的财富。

（二）适应经营环境变化，调整经营战略

1. 优化资产结构

母公司的战略重点可能已经转变，而被剥离的部分与新战略不太符合。公司可能希望专注于最具竞争实力的领域，这个过程被称为扬长避短。被剥离的部分或下属公司可能在运作上不如该行业其他竞争者，或跟不上剥离者组合之内的其他业务。

2. 纠正战略错误

母公司可能涉面过广，导致对各分部的监控难以进行。被剥离的部分可能表现不错，但它在行业内所处的情形可能使它缺乏长期的竞争优势，因此，母公司可能判定它获得较强的竞争地位的前景不佳。

（三）提高资产的流动性

1. 直接获取现金

企业需要大量现金来满足主营业务扩张或减少债务的需要，而通过贷款或发行股票、债券等方式来筹集资金可能会出现一些障碍，此时通过出售企业部分非核心业务来筹集资金，不失为一种有效的选择。被剥离的业务可能曾作为收购的一部分被购进，但母公司可能需要筹集资金支付收购。

2. 剥离不良资产

实现利润增长、企业价值升值是企业发展追求的目标。一些利润水平低或正在发生亏损，以及达不到初期利润增长预期的业务部门或子公司，往往成为被剥离的首选目标。

（四）降低运营风险

1. 消除负协同效应

被剥离的部分可能因为吸收了数量不相称的管理资源，加重了管理上的不协调性，表现为失控与管理效率低下。有时企业的某些业务与企业的其他营利性业务相抵触，明显干

扰企业业务组合的运行，产生所谓的负协同效应，即"1+1<2"。在这种情况下，可以选择剥离这些不适宜的业务，以便降低生产效率下降的风险。

2. 避免恶意并购风险

剥离也可以被用作对付恶意收购的一种防御，如"皇冠珠宝"的出售，从而起到防范被接管的作用，避免被其他企业收购，降低被收购的风险。

3. 降低财务风险

母公司可能遭遇财务困境，需要现金来缓解，以避免最终倒闭。这类企业一般是亏损较为严重，或经营状况尚可但负债比例过高的企业。为避免破产，或迫于债权人的压力，往往不得不通过出售资产套取现金，以偿还债务。

三、资产剥离的类型

（一）按剥离是否符合企业的意愿分类

按剥离是否符合企业的意愿分类，可以分为自愿剥离与非自愿剥离。自愿剥离是指企业出于自身发展需要、符合企业自身意愿而主动进行的资产剥离。非自愿剥离是指由于违背了政府的相关政策或反垄断法，在政策或法律的压力下不得不实施的资产剥离。例如，企业在规模扩张后可能产生垄断，为了恢复市场竞争，政府要求处于垄断地位的企业出售部分业务。

（二）按剥离出售资产的形态分类

按照剥离业务中所出售的资产形式，可分为出售有形资产、出售无形资产、出售子公司。有形资产主要包括部分场地、设备等固定资产，以及产品生产线等；无形资产主要包括专利权、商标权等。出售子公司，通常是将一个持续经营的实体出售给其他公司，这时，在剥离中不仅包括产品线、场地、专利等有形资产和无形资产，还包括相关的职能部门及其职能人员。

（三）按出售资产的交易双方关系分类

按剥离中的交易双方关系，可以分为关联方资产剥离、非关联方资产剥离。在关联方资产剥离方式下，进行资产剥离的双方有着较为密切的产权关联，这种方式在上市公司中表现极为普遍，其原因主要在于交易双方有关联，交易容易达成，可以节约交易成本；交易方式和支付方式较为灵活；相对于出售给非关联方带来的竞争和威胁，出售给关联方带来的竞争和威胁要小得多。非关联方剥离方式是指企业将资产出售给与企业不存在关联的外部经济主体。

（四）按资产剥离的实现方式分类

按资产剥离的实现方式，可以分为纯资产剥离和资产负债剥离。纯资产剥离是指企业只对其所拥有的部分资产进行剥离，接受方以现金或等价物交换。资产负债剥离是指企业将部分资产和负债一同剥离，差额部分由接受方以现金或准现金资产支付。

（五）按剥离的程度分类

按剥离的程度（即剥离企业是否还保有其他经营部门）分类，可以分为部分剥离和全部剥离。部分剥离是指企业只出售一部分资产或部门或产品线，主要用来对以前收购的某个部门或产品线进行"逆收购"。全部剥离是指企业将所有的资产都卖掉（可以整体出售，也可以分开出售），企业法人地位消失，它实际上就是企业清算（包括自愿清算和强制清算）。

（六）按剥离的内容分类

按剥离的内容分类，可以分为经营性资产剥离和非经营性资产剥离。经营性资产剥离是指企业将其用于生产和经营的固定资产和流动资产直接对外出售，它主要是针对那些与本企业主业相关度较小或营利性差的资产。非经营性资产剥离是指将非经营性资产从企业中剥离出去，剥离后的非经营性资产可向社会公开。

（七）按是否与公司层战略或事业层战略相关分类

按是否与公司层战略或事业层战略相关分类，可以分为战略性剥离和非战略性剥离。公司层战略是企业最高管理层指导和控制企业一切行为的最高行动纲领，它主要解决公司应当从事什么样的事业组合；事业层战略是在公司战略指导下，设计怎么在每一种事业领域内竞争。退出某一行业的剥离、回归主业和退出主业的剥离、在某一行业内对公司产品进行重新组合的剥离等一般属于企业战略决策。

四、资产剥离的操作程序

资产剥离既可以是企业自身发起，也可以由买方发起。第一种情况，在剥离之前要制定详细的剥离方案，确定要出售的资产。在执行方案过程中，主要是寻找买主、商定交易价格、完成剥离。剥离后，如有必要还要帮助买方度过其过渡期，如有遗留问题，则要加以妥善处理。第二种情况，通常是有兴趣购买资产的企业发出购买要约，双方协商成交价，完成交易。企业资产剥离的具体操作程序见图7-2。

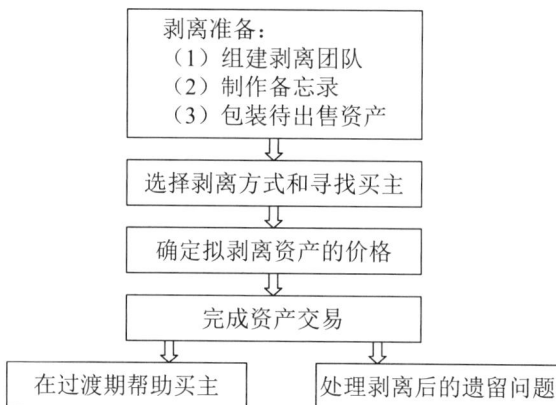

图 7-2　企业资产剥离的具体操作程序示意图

（一）剥离准备

在准备阶段，首先要组建剥离团队，在选择操作人员时既可以选择本公司内部的工作人员或者负责该业务的部门，也可以从外部聘请专业人员为本公司制订资产剥离方案，一般来讲，团队成员由运营经理、财务总监、投资银行家、律师、会计师等组成，直接向负责拟剥离部门的经理报告。其次要为资产剥离制作备忘录，备忘录应当包括：企业资产剥离的原因，企业的历史和背景、企业现状、企业的未来发展潜力、企业产品生产线状况、企业的服务能力、企业的财务状况等。最后是对出售资产进行包装，使其可以获得最大利润，如维修计划、关键资本支出等可以增加拟出售资产的吸引力。

（二）选择资产剥离方式和寻找买方

企业可以根据每种资产剥离方式的特点和局限性，并结合拟剥离资产的特征选择合适的剥离方式。

寻找买方的途径主要是通过经纪人、投资银行等中介组织、银行、律师、会计师等寻找，也可以通过广告寻找。找到潜在的买主后，要对其能力进行认真的评估，包括审查买方的财务状况、资金来源、经营能力等。

（三）确定拟剥离资产的价格

企业在估算其价值时，通常是采用现金流折现法（DCF）。其精髓在于将企业资产的各期净现金流按照折现率折现，通常用净现值（NPV）来反映其价值。折现率的确定通常采用资本资产定价模型（CAPM）和资产的加权平均成本（WACC）方法。传统的价值评估方法还有基于收益的模型，即通过会计利润的某种比率（如市盈率）测量价值；基于资产的模型，即通过直接投资项目的实物资产和金融资产的销售价值或重置价值来测量价值。理论上，净现值是在理性的经济框架下计算出来的，现金流折现法具有将所有估价过程中所做的假设明确化的优点。因此，现金流折现法被广泛使用。

在确定要价时，还要考虑买卖双方的博弈关系。如果卖方想在短时间内出手，开始的要价要合理；如果买方有强烈的愿望收购资产，卖方的要价可以适当提高。

（四）完成资产交易

买卖双方在完成对拟剥离资产或部门或子公司的调查、评估、谈判后，就必须请律师为买卖双方各拟一份合同草案。在达成正式合同的过程中，通常会出现许多需要进一步协商的细节性问题。如果一切顺利的话，完成交易之日最终就会到来。产权交割之日，各种文件的交割，由买卖双方的律师和董事长执行。一般来说，需要交割的文件有以下几个。

股票出售：（1）股票买卖协议书；（2）交易合法性评审意见书；（3）转让公司控制权的股权证书；（4）期票和有价证券工具；（5）董事会决议；（6）财产转让证书以及第三方的承诺。

资产出售：（1）资产买卖协议书；（2）交易合法性评审意见书；（3）卖契；

（4）期票、抵押和有价证券工具；（5）财产转让证书以及第三方的承诺。

根据及时性原则，当有确凿的证据表明企业要实施资产剥离时，就应当从会计上分离资产剥离信息。当企业签订了具有法律效力的资产剥离协议，或者董事会已经批准并宣布了正式的资产剥离计划时，就可以认定证据已经充分，应当开始分离、核算资产剥离信息，并在当期的财务报告中开始披露。

（五）在过渡时期帮助买方

在资产、部门或子公司向买方转移的过渡过程中，买方通常需要卖方的帮助。需要帮助的方面包括管理、财务、制度或者公司的其他活动，如总体经营管理。有时候，买卖双方可能会派出专家共同工作，使交易在每一个领域都能有序地进行。

（六）处理剥离后的遗留问题

剥离一个正在经营的企业，通常会在剥离完成后的一段相当长的时期内产生许多遗留问题。出售之日要转移责任，就要对部门进行彻底切割，这会使许多有问题的交易浮出水面，尤其是在应收、应付账款方面。这些应收、应付账款有可能引起卖方、买主、客户三方之间的争端，要加以妥善解决。

链接阅读

海正药业资产剥离
案例分析

第二节 公司分立

一、公司分立的含义

（一）公司分立的定义

在我国，公司分立是指一个公司通过依法签订分立协议，不经过清算程序，分为两个或两个以上公司的法律制度。从企业的行为角度看，是指一个企业分成两个或多个企业的行为。公司分立时，其财产应做相应的分割。按照分立后原企业是否持续，企业分立可以分为存续分立和解散分立。

《中华人民共和国公司法》并没有对公司分立的形式进行规定。关于公司分立形式的立法规定只能详见于《关于外商投资企业合并与分立的规定》第四条的规定，具体为："公司分立可以采取存续分立和解散分立两种形式。存续分立，是指一个公司分离成两个以上公司，本公司继续存在并设立一个以上新的公司。解散分立，是指一个公司分解为两个以上公司，本公司解散并设立两个以上新的公司。"

1. 存续分立

存续分立又称派生分立，是指一个公司按照法律规定的条件和程序，将其部分资产或业务进行分离，另设一个或数个新的公司或分支机构，原有公司继续存在的公司分立形式。

存续分立方式，本公司继续存在但注册资本减少。原股东在本公司、新公司的股权比例可以不变。在实践中，总公司为了实现资产扩张，降低投资风险，往往把其分公司改组成具有法人资格的全资子公司。此时总公司亦可转化为母公司。母公司仅以其投资额为限对新设子公司债务负有限责任。

2. 解散分立

解散分立又称新设分立，是指一个公司将其全部财产分割，解散原公司，并分别归入两个或两个以上新公司的行为。在新设分立中，原公司的财产按照各个新成立的公司的性质、宗旨、业务范围进行重新分配组合。同时原公司解散，债权、债务由新设立的公司分别承受。新设分立，是以原有公司的法人资格消灭为前提，成立新公司。

（二）公司分立的特征

1. 公司分立是在原有公司基础上的"一分为二"或"一分为多"

公司分立与公司合并恰好是反向操作，既不是"转投资"设立子公司或参股公司的行为，也不是为拓展经营而设立分公司的行为。原公司与分立后的公司之间、分立后公司相互之间，既无公司内部的总公司与分公司的管理关系，也不是企业集团中成员相互间控股或参股的关系，而是彼此完全独立的法人关系。

2. 公司分立是公司组织法定变更的一种特殊形式

公司的分立不是公司的完全解散，无论是新设分立还是派生分立，均无须经过清算程序而实现在原公司基础上成立两个或两个以上的公司。分立后的企业是独立法人，而不是企业内部的一个分支机构。分立是单个企业的行为，只需本企业的主管部门或股东进行决议就行。从这个意义上说，公司分立是法律设计的一种简化程序，使公司在无须消灭的情况下实现"一分为二"或"一分为多"，因此，公司分立是公司组织法定变更的特殊形式。

3. 公司分立是依照法定条件和程序进行的行为

由于公司分立会引起分立前公司主体和权利义务的变更，而且也必然涉及相关主体的利益，为了保护各方主体利益，分立行为必须严格依照公司法所规定的条件和程序来进行。

（三）西方国家对公司分立的界定 [①]

公司分立最早出现在法国，1966年法国公司法首次采用分立这一制度，并逐步传播到欧洲大陆及其他国家。

1. 公司分立的标准形式

一个标准模式的公司分立是指一个母公司将其在某子公司中所拥有的股份，按照母公司股东在母公司中的持股比例，分配给现有母公司的股东，从而在法律和组织上将子公司的经营从母公司的经营中分立出来。这会形成一个与母公司有着相同股东和持股结构的新公司。在分立过程中，现有股东对母公司和分立出来的新公司同样保持着他们原有的权利，不存在股权和控制权向母公司和其他股东之外的第三方转移。

---

① 俞铁成.公司紧缩 [M].上海：上海远东出版社，2001：158-163.

如图 7-3 所示，图中的实线箭头代表持股关系，虚线箭头代表股份分配关系。分立前，股东 A 和股东 B 共同持有甲公司的股份，甲公司是乙公司的母公司。虚线箭头代表甲公司准备把其在乙公司的全部股份按 A、B 持有甲公司股份的比例同等地分给股东 A 和 B。分立交易后，股东 A 和 B 同时持有了甲和乙两个公司，而甲公司不再是乙公司的母公司，两者为共同的股东所持有，两者的股权结构也一样。

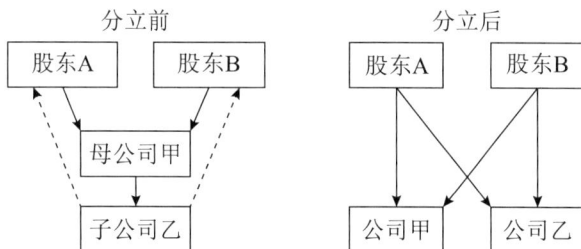

图 7-3　公司分立的标准式示意图

2.公司分立的衍生形式

除了公司分立的标准式以外，还有多种新式的变体，主要有换股分立和解散分立两种衍生形式。

（1）换股分立

换股分立是指母公司把其在子公司中占有的股份分配给母公司的一些股东，而不是全部母公司的股东，交换其在母公司中的股份。它不同于纯粹的分立，在换股分立中，两个公司的所有权比例发生了变化，母公司的股东在换股分立后甚至不能对原子公司行使间接的控制权。换股分立不像纯粹的分立那样会经常发生，因为它需要一部分母公司的股东愿意放弃其在母公司中的利益，转向投资于子公司。实际上，换股分立也可以被看成一种股份回购，即母公司以下属子公司的股份向部分母公司股东回购其持有的母公司股份。在纯粹的分立后，母公司的股本没有变化，而在换股分立后母公司的股本减少了。

如图 7-4 所示，在换股分立的交易中，股东 B 把其在母公司甲中的股份与甲公司在乙公司中的股份进行交换，结果股东 B 由原来直接持有甲公司股份变成直接持有乙公司股份，而不再持有甲公司股份。分立后，甲公司也不再持有乙公司的股份。

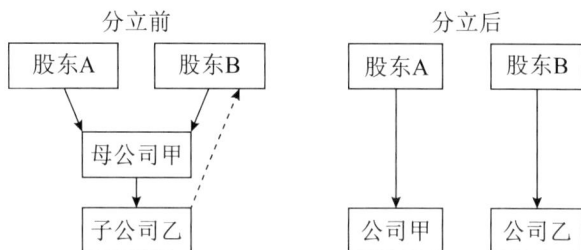

图 7-4　换股分立示意图

（2）解散分立

解散分立与标准式分立较为相似，是指母公司将子公司的控制权移交给其股东。在解散分立中，母公司所拥有的全部子公司都分立出来，因此，原母公司不复存在。在拆股后，除管理队伍会发生变化外，所有权比例也可能发生变化，这取决于母公司选择怎样的方式向其股东提供子公司的股票。

如图 7-5 所示，甲公司的全部资产都由乙公司和丙公司承担，然后进行分立，分立后股东 A 和股东 B 同时持有乙公司和丙公司的股份。甲公司不复存在。

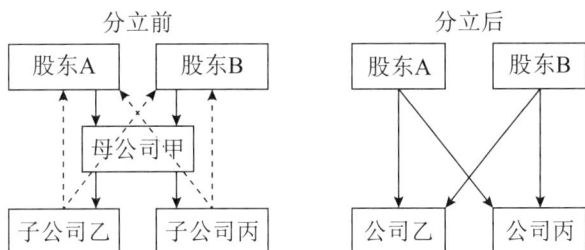

图 7-5　解散分立示意图

二、公司分立的动因

（一）实施管理激励

从激励机制来分析，公司分立能够更好地把管理人员与股东的利益结合起来，因此可以降低代理成本。特别是当子公司的情况与母公司很不一致的时候，比如母公司处于成熟产业而子公司处于高速成长产业，或者母公司处于非管制产业而子公司处于受管制产业，激励问题会显得更加突出。公司分立后，管理人员能够更好地集中于子公司相对较少的业务。就直接报酬而言，分立出来的公司管理人员可以通过签订协议，使其报酬的高低直接与该业务单位的股票价格相联系，而不是与母公司的股票价格相联系，从而对他们起到激励作用。诸如股票期权等报酬协议能够对他们产生更大的激励作用。就间接利益而言，他们比在一个较大公司的某个部门工作时有了更大的自主权和责任感，也因此可以得到更高的经济收入。

（二）提高管理效率

业务范围大且广、部门多且杂是企业走向多元化道路的普遍结果，即使是最优秀的管理队伍，随着他们所控制的资产规模和范围的增大，也会达到收益随之递减的临界点。当管理的边际成本超过其边际收益时，对于企业来说不仅无规模效益可言，还会导致企业价值下降。这往往是由于在庞大的企业当中，并非所有的业务都具有紧密的相关性，甚至根本无相关性可言，这使企业管理难度陡增。对于规模过大、机构臃肿、管理线很长的公司来说，分立不失为一个好方法。将一个公司拆分为两个或多个公司，责任分化，有利于管理行为简单化、精简公司的机构；同时，原来的一个经营者也变为两个或多个经营者，有利于管理幅度的缩小，管理专业化的提高，从而能提高经营管理的效率。

（三）解决内部纠纷

公司分立不仅可以应用于大型公司，即使在规模较小的公司中也可能到有效应用。当股东准备结束共同经营而各自经营的时候，当股东之间发生对公司经营权行使纠纷的时候，就可以通过公司分立，将公司分为数个公司。此时作为解决公司内部纷争的手段，公司分立就非常有效。

（四）反击恶意收购

当企业的多元化经营超过最佳水平，市场价值可能会被严重低估，并容易引起投资集团的收购兴趣。收购方在完成企业收购后，再进行资产出售、分立或股权割售，可以使企业的整体市场价值得到较大提高，从而为收购方带来巨大利益。这迫使实施多元化经营战略的企业在进行反收购防御时，自己采取公司分立手段，在收购方采取行动之前把力量回缩到主业，从而提高自身价值。另一方面，当一个公司的下属子公司被收购方看中，收购方要收购整个企业时，母公司通过把该子公司分立出去，也可以减轻收购方的收购意愿，从而避免被整体收购。

（五）追求税收优惠

在某些分立中，可以获得税收方面的好处。为及时获取税收优惠而进行分立是一个重要的战略计划手段。在西方，公司分立与资产剥离等紧缩方式相比，有一个明显的优点就是税收优惠。公司分立对公司和股东都是免税的，而资产剥离则可能带来巨大的税收负担。公司在资产剥离中得到的任何收益都要纳税，如果这笔钱再以股利的形式发给股东，还要继续纳税。

三、公司分立的程序

分立属于公司的重大法律行为，必须严格依照法律规定的程序进行。如图 7-6 所示。

（一）分立准备阶段

在分立准备阶段，首先，应进行财务可行性分析。撇开分立的其他原因，从财务角度看，只有在分立后创造比分立前更多的利润，才具有经济上的可行性。其次，在财务可行性分析的基础上，由董事会初步达成企业分立的意向。最后，达成初步意向后，应着手提出、起草分立草案，以便提交股东大会讨论。

（二）股东大会作出分立决议

根据《中华人民共和国公司法》的规定，公司分立方案由董事会拟订并提交股东大会讨论决定，有限责任公司作出分立决定，须经代表 2/3 以上的表决权的股东通过；股份有限公司股东大会作出分立决议，必须经出席会议的股东所持表决权的 2/3 以上通过。

```
┌─────────────────────┐
│ 分立准备阶段：       │
│ （1）分立可行性分析  │
│ （2）达成分立意向    │
│ （3）拟订分立方案    │
└─────────────────────┘
          ⇓
┌─────────────────────┐
│ 股东大会作出分立决议 │
└─────────────────────┘
          ⇓
┌─────────────────────┐
│ 原股东订立分立协议   │
└─────────────────────┘
          ⇓
┌─────────────────────┐
│ 依法办理公司分立审批手续 │
└─────────────────────┘
          ⇓
┌─────────────────────┐
│ 实施分立             │
└─────────────────────┘
          ⇓
┌─────────────────────┐
│ 依法办理变更登记手续 │
└─────────────────────┘
```

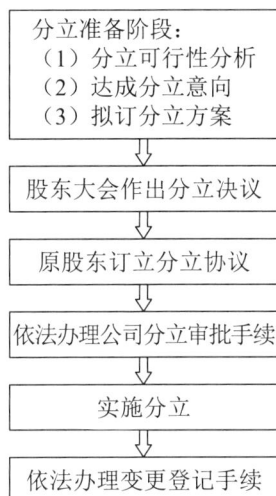

图 7-6　公司分立程序示意图

（三）原股东订立分立协议

由分立各方，即原公司股东就分立的有关具体事项订立协议，并签订分立合同。分立合同一般包括以下内容：分立后原公司是否存在；存续公司或新公司的名称与住所；企业的财产分割方案；原企业债券、债务的处理方案；分立后各方公司的章程；分立时需要载明的其他事项，如公司员工的安置问题等。

（四）依法办理公司分立审批手续

对于外商投资企业的分立需要外商投资主管部门审批，对于上市公司的分立需要证监会审批，对于国有企业的分立需要国有资产管理部门审批。

（五）实施分立

1.所有者权益处理

如果是新设分立，企业的原所有者权益因原企业的分立而需在新企业中体现，每一个新企业应根据其净资产额、原企业股东的股权比例向所有者提供出资证明或股权证、股票等。如果是派生分立，老企业因部分资产分立出去而减少注册资本的，应向所有者出具变更后的出资证明或股权证、股票等。

2.资产的分割和评估

公司发生分立的，应当对财产做相应的分割，但我国对分割的方式是没有具体规定的。分立的各方可以坐在一起，提出自己想要的分割方式，然后进行讨论，再达成协议，确定资产分割的方式。分立的各方应当约定，根据分割方式来分割资产。新设分立方式中被解散的企业资产要在新设企业中分割，企业间要签署协议，明确分割；派生分立中，新老企业间也要对资产分割情况签订协议。

3. 债务的负担与偿还

除非债权人同意，否则在还清债务前企业不得分立。新设分立的，被解散企业的债务要分配给各新设企业负担，由新设企业按原定还债日期或同债权人达成的偿债协议还本付息。派生分立的，老企业的债务可以由老企业独自承担，也可由老企业分出一部分由新老企业偿还。

在签署分立协议时，债务分配情况在协议中应明确载明并通知债权人。包括由原公司编制资产负债表和财产清单，并自股东大会作出分立决议之日起 10 日内通知债权人，并于 30 日内在报纸上或者国家企业信用信息公示系统公告。债权人自接到通知书之日起 30 日内，未接到通知书的自第一次公告之日起 90 日内，有权要求公司清偿债务或者提供相应的担保。不清偿债务或者不提供相应担保的，公司不得分立。

（六）依法办理变更登记手续

因分立而存续的公司，其登记事项发生变化的，应当申请变更登记；因分立而解散的公司，应当申请注销登记；因分立而新设立的公司，应当申请设立登记。公司应当自分立决议或者决定作出之日起 90 日后申请登记。

四、公司分立的评价

（一）公司分立的优点

（1）激发经营积极性。公司分立可以激发企业家的经营积极性，特别是对于那些在大公司中可能感到压抑的子公司雇员。

（2）提高管理效率。对于规模过大、机构臃肿、管理线很长的公司来说，分立有利于管理行为简化，精简公司机构，并有助于缩小管理幅度，提高管理专业化水平，从而提高经营管理效率。

（3）解决内部纠纷。公司分立可以有效解决股东之间的纠纷，特别是当股东之间对公司经营权的行使存在分歧时。

（4）税务优势。公司分立通常伴随着税收优惠，相比之下，资产剥离等其他紧缩方式可能会带来巨大的税收负担。

（5）保留股份价值。公司分立能够让股东保留他们在公司的股份，因此，公司在未来的发展中都能使股东获利。

（二）公司分立的缺点

（1）管理责任分散。分立后的公司虽然能够独立运营，但同时也意味着管理责任的分散，可能会导致决策效率降低。

（2）股东价值减少。在某些情况下，公司分立可能会导致股东价值的减少。例如，如果分立后的公司无法实现预期的业绩增长，或者市场对分立后的公司估值不高，都可能导致股东价值的下降。

（3）法律和程序复杂。公司分立涉及复杂的法律和程序问题，包括债务清偿、资产分割、税务处理等，这些都需要专业的法律和财务顾问的参与，可能会增加公司的运营成本。

综上所述，公司分立既有可能带来积极的影响，也有可能带来消极的后果。企业在考虑是否进行分立时，需要综合考虑自身的具体情况和发展战略，以及分立可能带来的各种影响。

链接阅读

公司分立决策案例

【小资料一】公司分立与资产剥离具有相同的理论基础

1. 代理理论

并购与公司的剥离、分立都与代理问题密切相关。资产剥离与公司分立则被认为是能为管理层带来利益的手段。代理人即管理层为了追求自身目的，会在自身权利范围内进行符合自身需求的并购行为，以期使他们成为企业不可或缺的组成部分。如果某部分资产或业务不能给他们带来"保护伞"作用，甚至成为管理层发展自身的累赘，管理层就会"卸包袱"，将这些业务分立或剥离出去。但是这些分立与剥离行为并非都符合委托人的利益需求，最主要的还是给管理层带来好处。

2. 效率理论

效率理论主要基于规模经济和协同效应理论。规模经济理论认为，在一个行业中存在一定的规模经济。协同效应即为"1+1>2"。

任何事物都是辩证的，都有一个临界值，超过临界值后将会朝相反方向发展，过犹不及。企业规模过大，会导致规模不经济；企业在不断扩张的过程中还有可能产生负的协同效应。规模不断加大，涉及领域不断增多，企业复杂化程度加深，主营业务模糊，这些都将导致企业管理复杂、机构冗繁、核心竞争力不能够凸显等问题。这时采用剥离或分立手段，能够肃清主营业务，提高企业管理效率，提高企业价值。

3. 竞争优势理论

竞争优势理论由美国哈佛大学迈克尔·波特（Michael E.Porter）教授提出。竞争优势理论同样对分立有所指导。波特在阐述协调的横向战略该如何制定时说道，如果企业中存在的业务单元有如下情况之一就应该将其进行剥离或分立，情况包括：（1）这些业务单元与其他业务单元没有紧密联系；（2）对于这些业务单元来说，要使其与其他业务单元有紧密联系要克服很多难题。从企业发展的长远角度考虑，要把不与企业主步调一致的部分剥离或分立出去，这样才有利于企业持续成长。

4. 归核化理论

归核化即归回核心，指企业在其核心领域集中所有的人财物力，凝聚精力发展其优势领域。其方法就是把多元化经营企业中与其核心业务联系不紧密的资产或业务剥离出去或分立出去，从而实现集中主要力量发展自身优势。归核化理论是相对于多样化经营理论而言的，多样化经营相当于"不把鸡蛋放在一个篮子里"，从而分散经营风险，并且通过产业互补实现稳定收益。学者们近年来的研究发现，企业的专业化程度越高，其托宾Q值越高，经过风险调整后的长期市场回报率也就越高，多元化企业存在折价现象。因此，通过归核化，能提升企业价值。

【小资料二】公司分立与资产剥离的区别

1. 现金流的不同

在资产剥离中，企业对于出售的部分资产，可以采取现金交易，也可以采取股权等其他方式交易。因此，在资产剥离中有正的现金（或等价物）流入。在公司分立中，按照我国法律，公司分立可以选择按账面价值分立，也可以按公允价值分立，但典型的分立不会为企业产生现金流，因为分立本身只是权益在两个或几个实体之间划分。

2. 控制权不同

资产剥离完成后，企业的股东不再对剥离出去的资产保有控制权，即丧失了在经营与财务上的控制权。分立完成后，母公司与子公司变成两个独立的公司，但股东还是持有两个公司的股份，依然对两个公司具有控制权。

3. 税收方面的不同

根据资产剥离的定义和交易结构，在所得税处理中可以将资产剥离分为两类：部分资产剥离和整体资产剥离。部分资产剥离要根据出售价格与账面净资产确认资产剥离的损益，缴纳所得税；整体资产剥离，根据我国税法，一家企业不需解散而将其经营活动的全部或其独立核算的分支机构转让给另一家企业，以换取代表接受企业资本的股权的，原则上应在发生交易时，将其分解为按公允价值销售全部资产和进行投资两项业务进行所得税处理，并按照计算确认资产转让损益。在典型的分立中，不存在非股权支付，按照现行法律不需要缴纳所得税。

4. 债权人利益不同

在实践中，企业常常为减轻负担，将不良资产剥离出去，但可能会伤害到债权人的利益，因为资产剥离改变了债券抵押品的性质。在公司分立中，被分立企业的负债在分立企业之间进行划分，不同的划分也可能使得债权人利益受到伤害。但分立只是减少了债权所有者最初所依赖的抵押品的数量。

5. 所有权的变化

剥离与另一方或多方发生联系，最终使转让资产的所有权发生变化。剥离一般意味着企业规模缩小，剥离中整体产权出售（如子公司）导致一个企业消亡。分立行为不涉及他方利益。分立是新企业诞生的一种方式，可以认为是一种变相的扩张。

资产剥离与公司分立的主要差异如表 7-1 所示。

表 7-1　资产剥离与公司分立的主要差异

收缩方式	资产剥离	公司分立
母公司的现金流	产生现金流	不产生现金流
母公司的控制权	无	有
母公司纳税情况	增加税负	典型分立无额外税负
债权人利益	影响大	有影响
所有权的变化	丧失被剥离资产的所有权	持有分立公司的股份

第三节 分 拆 上 市

一、分拆上市的含义

（一）分拆上市的定义

分拆上市，又称股权切离，是指母公司将资产的一部分转移到新设立的公司，再将子公司股权对外出售，在不丧失控制权的情况下给母公司带来现金收入的方法，从法律意义上将子公司的经营从母公司的经营中分离出去的行为。认购这些股权的人可以是母公司的股东，也可以不是母公司的股东。母公司的股东在拥有分拆上市方式成立的公司股票后，可以自由改变投资到这两家公司的组合比例，增加投资决策的灵活性。而在此之前，这些股东只能通过母公司的投资才能投资到子公司，其投资活动是单一取向的。

分拆上市相当于母公司全资所有的子公司部门普通股的首次公开发售（initial public offering，IPO），也被称为"子股换母股的IPOs"。一家子公司股权的IPO类似于母公司股权的二次发售，因为两者都能从股票的公开出售中得到现金。按照进行分拆的母公司是否为上市公司，分拆上市有广义和狭义之分。广义的分拆上市包括已上市或者未上市的母公司将其部分业务从母公司独立出来单独上市；而狭义的分拆上市仅指已上市母公司将其部分业务或者某个子公司独立出来，另行公开招股上市。在分拆过程中，股份按比例分给母公司的股东，原母公司的股东在分拆上市后持股比例和绝对持股数量没有变化。

因此，分拆上市是公司分立的一种衍生形式。通常所说的企业分拆上市对母公司而言是一种收缩型资产重组行为，母公司虽然继续对新公司具有控制权，但不再对其进行直接的经营管理。也就是说，分拆上市后虽然增加了母公司所控制的总资产，但是却减少了其实际运作的资产。分拆出来的子公司还能在资本市场上以自身的名义进行独立运作，不但拓宽了公司的融资渠道、提升了管理效率，还提升了母公司资本运作的空间和力度，而且分拆上市成功后，将为母公司的股东带来超额投资收益。

分拆上市是介于资产剥离和公司分立之间的资本收缩方式。它既带来了一笔新的现金流入，又创造了一家新的法人主体。

（二）分拆上市的类型

根据分拆上市前后母公司业务与子公司业务的关联程度以及各自所处的产业链位置，可以将分拆上市分为横向分拆上市、纵向分拆上市和混合分拆上市三种类型。

1. 横向分拆上市

横向分拆上市是对母公司同类资产或业务分离出同质的一部分，将其组建成一个与母公司从事同一业务的子公司，并将其进行股份制改造后进行首次公开募股。上市后的子公司将和母公司从事同类生产和经营，母子公司之间不可避免地形成同业竞争关系。因此，这种类型的分拆上市很难为政策导向所支持，也很难被市场投资者认可。

2. 纵向分拆上市

纵向分拆上市主要是对母公司某一行业产业链上相对独立的某个环节资产分拆出来，成立一家与母公司处于产业链不同环节的股份制公司，并在证券市场发行上市。如石油行业有开采、生产、提炼和向最终消费者销售几个环节，可把销售环节分拆出来。这种分拆上市成功后，母公司由于所在产业链的上下游关系而不可避免地与子公司进行关联交易。尽管这种类型的分拆上市对上市公司的影响没有横向分拆上市导致的同业竞争严重，但在实际运作中同样存在政策障碍，也不易被投资者接受。

3. 混合分拆上市

混合分拆上市是指从事多元化经营的母公司，将与其核心业务关联度较弱的某一行业或某一类型的业务分拆出来单独上市，或将其主业分拆出来单独上市，以便母公司和子公司可以更好地集中优势资源，提高其核心业务的竞争力。混合分拆的情况下，母公司集团内部实际上存在着一个多元化的产业投资组合，这些不同产业之间的资产差异性很大，不存在同业竞争或者是明显的关联交易问题。混合分拆上市本质上就是公司从内部资本市场资源配置转向外部资本市场资源配置。

（三）分拆上市的条件

分拆上市是资本市场优化资源配置和深化并购重组功能的重要手段，有利于公司进一步实现业务聚焦、提升专业化经营水平，更好地服务科技创新和经济高质量发展。分拆上市原则上应当同时满足以下条件。

（1）上市公司股票境内上市已满 3 年。

（2）上市公司最近 3 个会计年度连续盈利，且最近 3 个会计年度扣除按权益享有的拟分拆所属子公司的净利润后，归属于上市公司股东的净利润累计不低于 6 亿元人民币（净利润以扣除非经常性损益前后孰低值计算）。

（3）上市公司最近 1 个会计年度合并报表中按权益享有的拟分拆所属子公司的净利润不得超过归属于上市公司股东的净利润的 50%；上市公司最近 1 个会计年度合并报表中按权益享有的拟分拆所属子公司净资产不得超过归属于上市公司股东的净资产的 30%。

（4）上市公司不存在资金、资产被控股股东、实际控制人及其关联方占用的情形，或其他损害公司利益的重大关联交易。上市公司及其控股股东、实际控制人最近 36 个月内未受到过中国证监会的行政处罚；上市公司及其控股股东、实际控制人最近 12 个月内未受到过证券交易所的公开谴责。上市公司最近一年及一期财务会计报告被注册会计师出具无保留意见审计报告。

（5）上市公司最近 3 个会计年度内发行股份及募集资金投向的业务和资产，不得作为拟分拆所属子公司的主要业务和资产，但拟分拆所属子公司最近 3 个会计年度使用募集资金合计不超过其净资产 10% 的除外；上市公司最近 3 个会计年度内通过重大资产重组购买的业务和资产，不得作为拟分拆所属子公司的主要业务和资产。所属子公司主要从事金融业务的，上市公司不得分拆该子公司上市。

（6）上市公司董事、高级管理人员及其关联方持有拟分拆所属子公司的股份，合计不得超过所属子公司分拆上市前总股本的10%；上市公司拟分拆所属子公司董事、高级管理人员及其关联方持有拟分拆所属子公司的股份，合计不得超过所属子公司分拆上市前总股本的30%。

（7）上市公司应当充分披露并说明：本次分拆有利于上市公司突出主业、增强独立性。本次分拆后，上市公司与拟分拆所属子公司均符合中国证监会、证券交易所关于同业竞争、关联交易的监管要求，且资产、财务、机构方面相互独立，高级管理人员、财务人员不存在交叉任职，独立性方面不存在其他严重缺陷。

二、分拆上市的动因

（一）为子公司获取资金和资源，降低前序、后续融资难度

从上市前后的时间线来区分，分拆上市有可能在前序、后续等多个环节帮助子公司融资，包括提升一级市场关注度、引入战略投资者、打通后续再融资渠道等。

（二）提高业务集中度、改善公司治理、加强组织隔离

从经营的角度来看，业务的分拆有助于公司聚焦主业，促进资源有效整合。同时，分拆后子公司经营的独立性能够获得保障，优化激励机制。

（三）改善财务结构情况，帮助子公司价值发现

对于多元化经营的公司来说，分拆后子公司能够得到独立估值，特别是当子公司的业务占比在母公司中较小时。但同时，分拆对于母公司的财务报表可能会带来不同方向的影响：一方面，对子公司进行分拆上市将会稀释母公司所持有的子公司股权，从而造成母公司合并报表内的归母净利润被稀释，归母净资产也会相应减少，有可能会带来母公司的估值下降；但若分拆的子公司尚未盈利，则归母净利润和归母净资产会出现一增一减的情形，在财务报表上对于母公司的影响也变得较为复杂。

（四）扩大公司主体的海外影响力

对于本土企业来说，在海外进行融资除了为子公司获取资金外，更重要的是提升公司在海外的知名度，因此选择"A拆H"甚至更有针对性的"A拆海外"方式的公司，往往希望在分拆上市过程中能够吸引来自海外的投资人，或是增强其子公司的国际化运营能力。

（五）满足部分国有企业的资产重组需求，助力国企改革

对于国有企业来说，分拆上市能够帮助国企丰富梳理资产结构的手段，有效避免海外上市估值差异带来的股权过度稀释以及国有资产流失。

三、分拆上市的程序

（一）分拆子公司在主板 IPO 上市的流程

一般来讲，分拆子公司在主板 IPO 上市的流程有上市公司和子公司两个层面。子公司首先要进行股改，设立股份有限公司。聘请保荐机构、律师、审计师等中介机构对公司情况出具专业意见，并协助公司根据不同上市板块的具体要求准备上市申请材料，向相应的证券交易所或证监会提交申请材料，交易所、当地证监局出具核查意见。

上市公司层面，针对分拆事项，要召开董事会审议分拆上市议案，披露分拆上市预案，独立董事发表专项意见，股东大会审议分拆上市的议案，披露分拆上市重组报告书，券商、财务顾问出具核查意见。子公司层面和母公司层面走到这一步，相当于改制和辅导阶段已经完成，接下来是证监会的审核阶段，以及子公司的发行上市阶段和后续的持续督导阶段。

在审核阶段，对于子公司就是 IPO 审核，上报证监会或交易所审核，证监会审核后核准批文，交易所审核后报到证监会，证监会给予注册。子公司拿到批文后，进入发行阶段，询价、路演、定价，募集资金到账，开始验资，验资后提交上市申请，最后挂牌上市。在这个过程中，母公司要根据子公司上市进展披露相关信息，比如报到证监会了，要发布关于受理的公告；如果证监会审议通过了，要发布关于分拆上市子公司被证监会审核通过的公告。

子公司上市完成后进入持续督导阶段。对于主板公司来说，是上市的当年剩余时间以及其后的两个会计年度，创业板和科创板是三个会计年度。在这个时间内，保荐机构对它进行持续督导。上市公司层面，需要在子公司上市当年剩余时间和其后一个完整的会计年度内，聘请财务顾问进行持续督导，使得上市公司能够维持独立的上市地位。同时，上市公司要在自己的定期报告里披露相关的子公司情况。

（二）分拆子公司在科创板上市的流程

分拆子公司在科创板上市的流程，在母公司层面是统一的，只是在子公司层面，把上市当年剩余时间及其后三个完整的会计年度作为持续督导期。

分拆上市也是 IPO 的过程，在这个过程中要充分发挥中介机构的力量。因为子公司是由上市公司分拆出去的，所以子公司是否能够顺利分拆上市成功，要取决于上市公司和子公司的规范程度。在这个过程中，要聘请包括独立财务顾问、会计师事务所、律师事务所、资产评估机构等中介机构。

（三）H 股分拆 A 股上市

H 股分拆到 A 股上市，适用港交所的上市规则。它把分拆的主体叫作新公司，在香港上市的公司叫作母公司。要求母公司在香港上市已经满三年；分拆后，母公司要保持上市地位。母公司和新公司之间要有独立性的一些要求。而且，要获得股东的批准，获得联交所、香港证监会的批准，还要发布分拆上市的相关公告。

港交所上市公司分拆为 A 股上市，还会受到境内的监管要求，要关注到是否符合港股关于分拆上市的监管和条件，是否取得港股的许可、同意、豁免等，母公司是否履行了必要的批准程序，母公司及其董事、监事和高级管理人员在上市期间是否受到了香港证监会、联交所或相关管理部门的处罚或监管措施，是否存在违法违规的情况，前述情况是否对本次发行条件构成影响，母公司在香港上市时联交所关注的主要问题、在香港上市后的再融资和并购重组情况，多层架构的合法合规性等问题。H 股分拆 A 股时，母公司要履行董事会程序，决议通过发行上市的事宜，向联交所提交分拆申请，董事会通过批准分拆议案，股东大会通过分拆议案，披露子公司上市的申请获得监管机构的受理，获得联交所的批准，子公司核准注册，挂牌上市，这是 H 股分拆 A 股的流程。

四、分拆上市的评价

（一）分拆上市的优点

首先，分拆上市对于子公司而言，有以下优点：融资方面，分拆后单独上市能够拓展其融资渠道，降低对母公司的融资依赖，除了首发 IPO 外，上市后还可以进行再融资，从而获取更多的资金渠道；估值方面，子公司独立分拆上市，有助于解决因信息不对称带来的子公司价值评估错位，能够使其在资本市场上获取更合理的估值；激励方面，分拆上市后，子公司能够对其管理者实施独立有效的股权激励，从而激发其经营积极性，提升企业经营管理效率；核心竞争力方面，子公司的主业将更加聚焦突出，核心竞争力将更为凸显，也有利于向资本市场传递清晰的企业形象，获取投资者的认可和支持。

其次，分拆上市对于母公司来讲，有以下优点：在治理结构方面，提高企业自身的核心竞争力，分拆上市作为资产重组的一种有效形式，可以改善上市公司的治理结构；偿债能力方面，子公司的融资渠道拓展之后，母公司融资负担也将因此缓解，偿债能力提升；在增强实力方面，分拆后母公司仍控制子公司，母公司股东可受益于子公司业务的加速发展，分拆上市形成股权二次溢价，子公司分拆上市成功后，母公司将获得比原来更大的投资收益率，使得母公司实力更强劲，抗风险能力更强；在市值管理方面，分拆上市有利于提高母公司市值。

最后，分拆上市对资本市场影响意在长远。分拆上市作为公司资产重组的重要方式，可以为资本市场实现更高分拆市值，提高资本市场容量。

（二）分拆上市的缺点

第一，分拆上市可能导致母公司"空心化"、利益输送、关联交易、同业竞争增多、二级市场炒作等。实施不当的分拆上市可能带来母公司业务"空心化"、子公司业务无法实质性独立而关联交易占比过大、母子协同效应削弱、大股东利用分拆上市套现、实施利益输送，损害中小股东利益等问题。分拆上市能够成功的关键在于确保母子公司业务的独立和聚焦。

第二，分拆上市可能损害母公司竞争力。在分拆上市的资本运作中，上市公司往往把估值偏低的优质业务分拆出来，如此可能不利于上市母公司的做大做强，进而损害上市母公司投资者的利益。

第三，分拆上市有"圈钱"的嫌疑。通过发行新股，不仅子公司的权益大幅增厚，已上市母公司的估值也可能得到提升，可能通过分拆上市进行"二次圈钱"。

第四，分拆上市可能存在巨大的道德风险。分拆上市时，上市母公司通常会选择在市场估值较高时分拆相关资产，借以融资，在市场估值较低时再对子公司私有化。在这种情况下，分拆上市面临巨大的道德风险，全靠公司高管层自律，显然没有保障。

总之，分拆上市有利有弊，上市公司需要全面、客观、理性地权衡分拆上市的必要性、可行性，尤其是分拆上市的业务类型和分拆上市的路径选择。

链接阅读
"A拆A"通道正式开启！辽宁成大分拆成大生物案例分析

链接阅读
汇川技术拟分拆联合动力至深交所创业板上市

第四节　股份回购

一、股份回购的含义

（一）股份回购的定义

股份回购是指公司按照一定的程序购回发行或流通在外的本公司股份的行为。股份回购在公司资产重组中属于控制权变更型公司重组的范围，通过一定程序大规模买回本公司发行在外的股份，在国外经常是作为一种重要的反收购措施而被运用，也可以作为一种防御方法用来改善资本结构。同时，在股价过低时，回购股票还是稳定公司股价、维护公司形象的有力途径。

根据我国《上市公司股份回购规则》第二条，"上市公司回购股份，是指上市公司因下列情形之一收购本公司股份的行为：（一）减少公司注册资本；（二）将股份用于员工持股计划或者股权激励；（三）将股份用于转换上市公司发行的可转换为股票的公司债券；

（四）为维护公司价值及股东权益所必需。"股票一旦大量被公司购回，其结果必然使在
外流通的股份数量减少。假设回购不影响公司的收益，那么剩余股票的每股收益率会上升，
使每股的市价也随之增加。因此，通过股份回购，能够有效维护上市公司的投资价值不被
过分低估。国外的经验表明，当公司股价相对于公司净资产甚至现金资产被严重低估时，
它向市场传递的是不利于公司发展的错误信号，公司就有必要采取必要的措施。

（二）股份回购的特征

1. 股份回购的主体是公司股东与公司本身

股份回购的主体是公司股东与公司本身，在股份回购关系中的一方当事人是公司，另
一方当事人是股东，即股份回购是公司股东与公司本身进行的交易，是公司从股东手中买
回自己股份的行为。

2. 股份回购的客体是公司发行在外的本公司的股份

哪些股份可以回购，取决于不同的法律政策。日本、中国香港、新加坡等地禁止股份
回购，英、美、加拿大和一些欧洲国家在附带条件下则是准许的。如美国许多州的公司认
为，仅为维持目前的企业管理层对企业的控制权而取得本企业股票是违法的；如果是维护
企业现行的经营方针而争夺控制权，实质上是为了维护公司利益，则股份回购又是可以被
允许的。

3. 股份回购的结果是公司将回购的股份予以注销或库藏

公司通过股份回购取得本公司股票以后，可以直接办理注销，也可以作为库藏股持有。
根据《中华人民共和国公司法》第一百四十二条规定，公司不得收购本公司股份。但是，
有下列情形之一的除外：（1）减少公司注册资本；（2）与持有本公司股份的其他公司合
并；（3）将股份奖励给本公司职工；（4）股东因对股东大会作出的公司合并、分立决议
持异议，要求公司收购其股份的。公司因前款第（1）项至第（3）项的原因收购本公司股
份的，应当经股东大会决议。公司依照前款规定收购本公司股份后，属于第（1）项情形的，
应当自收购之日起十日内注销；属于第（2）项、第（4）项情形的，应当在六个月内转让
或者注销。公司依照第一款第（3）项规定收购的本公司股份，不得超过本公司已发行股
份总额的百分之五；用于收购的资金应当从公司的税后利润中支出；所收购的股份应当在
一年内转让给职工。公司不得接受本公司的股票作为质押权的标的。

由上可知，公司被允许在一定期限内持有购回的股份，即允许库藏。库藏股，又称"库
存股"，是指由公司购回但尚未注销的股票。库藏股具有以下四个特点：（1）必须是本
公司的股票。库藏持有的其他公司发行的股票，是本公司的参股投资项目，不属于库藏股
范围。（2）必须是已经发行的股票。所库藏的业已印刷、尚未发行的股份属未发行股而
不属于库藏股之列。（3）库藏股必须是没有办理注销的股票。为了核定资本，准备注销
的股票也不是库藏股。（4）库藏股是还可再次出售的股票。

4. 股份回购主要采用支付现金的方式

公司进行股份回购，主要是将可用的现金或公积金分配给股东以换回后者手中所持的
股票；或者公司通过发售债券，用募得的款项来购回本公司的股票。

二、股份回购的动因

我国上市公司股份回购公告中的回购动因主要有以下三种。[①]

（一）注销股份和市值管理

根据《中华人民共和国公司法》对股份回购目的的分类，并没有市值管理这一项，虽然有些公司会在股份回购公告中提出用于市值管理，但是其实际操作还是在回购后注销股份。因此，此处将市值管理并入注销股份进行分析。

上市公司回购股份并注销的目的是提高每股收益和股价。联系 EPS 假说可以得知，当公司回购股份并注销后，总股本减少，每股收益相应提高。此外，回购股份并注销还可能是为了通过减少注册资本降低审计、印花税和信息披露等费用，从而减少企业的成本负担，同时还可以提高公司治理效率，加强决策层的管理能力。

（二）股权激励或员工持股计划

股权激励和员工持股计划逐渐成为股份回购主要动因之一。联系信号传递假说，公司在这一过程中会向市场发布两次公告。首先是以股权激励为目的回购股份，等回购完毕后，选择合适的时机再次发布股权激励或员工持股计划的草案，不断向市场释放利好信号，持续吸引更多的投资者的注意力，调动市场积极情绪。

（三）盈利补偿

盈利补偿通常是被动式的股份回购，是指上市公司和其他关联方在重大资产重组中约定的一种补偿方式。当相关资产实际利润低于预测或发生资产减值时，关联方需要向上市公司或标的资产提供补偿。这种补偿通常通过签订资产补偿承诺协议，并约定一定期限内业绩不达标的补偿方式来实现。补偿方式一般包括现金补偿、股份补偿或现金股份补偿等形式。当业绩承诺方未完成协议约定的业绩并触发股份补偿时，上市公司一般以 1 元的象征性价格进行回购。

但是对于市场而言，回购注销业绩补偿通常被视为利空消息，因为这意味着公司内部对未来经营表现缺乏信心，同时也可能表明公司正在遭受经营困难或面临风险。因此，投资者需要仔细分析相关情况并综合考虑其他因素来做出投资决策。

三、股份回购的操作方式

股份回购起源于 20 世纪 70 年代的美国，经过多年的发展，在发达资本市场上已经比较成熟。概括起来，股份回购操作方式主要有以下几种。[②]

---

① 胡天歌. 上市公司股份回购动因及效应研究 [D]. 中国矿业大学，2023.
② 张丽媛. 上市公司股份回购财务效应分析 [D]. 山西财经大学，2010.

（一）公开市场回购

公开市场回购是一种使用最普遍的股份回购方式，是公司在证券市场以等同于任何潜在投资者的地位，按照公司股票当前市场价格回购股票的行为。在美国，90%以上的股份回购采用这种方式。美国证券交易委员会对实施公开市场回购的时间、价格、数量等方面都有严格的监管规则，制定这些规则的目的是防止价格操纵和内幕交易，尽可能减少股份回购对股票市场价格的影响。

公开市场回购的优点是能够提高公司股票的流动性，给股价以长期的支撑，如果公司无法在短时间内完成回购计划的话，可以持续较长时间进行回购。缺点是由于这种方式很容易推高股价，若不能在短时间内完成回购行为，就会大大增加回购成本，另外交易税和交易佣金方面的成本也很高。

（二）现金要约回购

现金要约回购指公司在特定时间，以某一高出股票当前市场价格的水平发出要约，回购既定数量的股票。现金要约回购可分为固定价格要约回购和荷兰式拍卖回购两种。

1. 固定价格要约回购

固定价格要约回购是指公司在回购要约中以确定的回购价格购买一定数量的股份。其优点是赋予所有股东向公司出售其所持股票的均等机会，而且通常情况下公司享有在回购数量不足时取消回购计划或延长要约有效期的权利；如果股东提供的股票超过了要约回购数量，公司有权决定是否购买全部或部分的超额供给，操作起来较为灵活。其缺点是难以确定恰当的要约价格，使公司既能按照计划回购到既定数量股票，又可以避免为此付出过高的代价。与公开市场回购相比，固定价格要约回购通常被市场认为是更积极的信号，其原因可能是要约价格存在高于市场当前价格的溢价。

2. 荷兰式拍卖回购

荷兰式拍卖亦称"减价拍卖"，它是指拍卖标的的竞价由高到低依次递减，直到第一个竞买人应价（达到或超过底价）时击槌成交的一种拍卖。

荷兰式拍卖回购是先由公司确立计划回购的股票数量，以及愿意支付的最低与最高价格（一般最低价格稍高于现行市场价格且范围较宽）。然后，由股东向公司提出他们愿意出售的股票数量，以及在设定的价格范围内他们能够接受的最低出售价格。在接到股东的报价后，公司将它们按从低到高的顺序进行排列，然后决定能够实现事先设定的全部回购数量的最低价格，这个最低价格将用于支付给那些报价低于或等于该价格的股东。如果报价低于或等于该回购价格的股票数量多于公司事先设定的回购数量，公司可能按比例购买。如果股东提供的股票数量太少，公司可以取消这次回购，也可以以设定的最高价格购买股东所提供的全部股票。与固定价格要约回购相比，荷兰式拍卖回购溢价低，选择性大，灵活性强，已日益成为一种颇受欢迎的回购方式。

（三）私下协议批量回购

私下协议批量回购是不通过公开市场进行的一种收购方式，是指公司以协议价格直接向一个或几个主要股东购回股票。协议购买的价格往往低于当前市场价格，尤其是卖方首先提出的情况下。有时公司也会以超常溢价向存在潜在威胁的非控股股东批量回购股票。但由于这种方式有别于公开市场操作，不能体现全体股东的利益，可能会产生利益输送、区别待遇等委托代理问题，损害中小股东的利益，所以这一方式通常只作为公开市场收购方式的补充而非替代措施。

（四）可转让出售权回购

在公司实施股份回购时，有些股东可能不愿意出让自己的股份，导致回购要约到期后这些股东不能实现任何收益，同时这些未实现要约股东的一部分财富便会向实现要约的股东进行转移。为解决这一问题，人们创造了可转让出售权回购方式。可转让出售权是指实施股份回购的公司赋予股东在一定期限内以特定价格向公司出售其持有股票的权利。这一权利一旦形成，就可以同所依附的股票分离，而且可以在市场上自由地买卖。那些不愿出售股票的股东可以单独出售该权利，这样既平衡了全体股东的利益，又满足了各类股东的不同选择。

（五）交换要约回购

作为现金回购股票的替代方案，公司可以向股东发出债券或优先股的交换要约，赋予股东一种将其所持有公司股份转换为公司另一种证券的选择权。但由于债券和优先股的流动性相对差一些，为此，公司在交换时可能需要支付较高的溢价，回购成本较高。因此，现实中绝大多数股份回购都采用现金形式进行。

根据我国《上市公司回购社会公众股份管理办法（试行）》第九条规定，上市公司回购股份可以采取以下方式之一进行：（1）证券交易所集中竞价交易方式；（2）要约方式；（3）中国证监会认可的其他方式。根据此规定，国际上目前可行的回购方式原则上在我国都可以应用。

四、股份回购的操作程序

根据我国《上市公司回购社会公众股份管理办法（试行）》以及《关于上市公司以集中竞价交易方式回购股份的补充规定》，股份回购工作主要包括以下七个步骤，如图7-7所示。

（一）股份回购准备

在股份回购准备阶段，首先，应进行财务审计、资产评估和法律审查。为保护各方利益相关者的利益，确保公司净资产的准确性，在回购前首先需聘请具有证券资格的会计师事务所对公司的财务状况进行审计，聘请资产评估事务所对公司的资产进行评估。其次，也要聘请财务顾问和律师事务所就股份回购事宜进行工作咨询，出具专业意见。

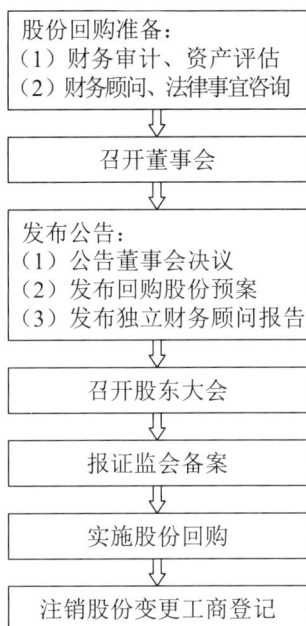

图 7-7　股份回购程序示意图

（二）召开董事会

召开董事会，对公司回购部分股份并注销股份、回购资金来源、回购方式、回购价格和金额、召开股东大会的方式、时间及上报主管部门批准的有关事宜作出决议。

（三）发布公告

上市公司董事会应当在做出回购股份决议后的两个工作日内公告董事会决议、发布回购股份预案，并发布召开股东大会的通知。

其中，回购股份预案至少应当包括以下内容：回购股份的目的；回购股份的方式；回购股份的价格或价格区间、定价原则；拟回购股份的种类、数量及占总股本的比例；拟用于回购的资金总额及资金来源；回购股份的期限；预计回购后公司股权结构的变动情况；管理层对本次回购股份对公司经营、财务及未来发展影响的分析。

独立财务顾问应当就上市公司回购股份事宜进行尽职调查，出具独立财务顾问报告，并在股东大会召开 5 日前在中国证监会指定报刊公告。独立财务顾问报告应当包括以下内容：公司回购股份是否符合本办法的规定；结合回购股份的目的、股价表现、公司估值分析等因素，说明回购的必要性；结合回购股份所需资金及其来源等因素，分析回购股份对公司日常经营、盈利能力和偿债能力的影响，说明回购方案的可行性；其他应说明的事项。

（四）召开股东大会

上市公司股东大会对回购股份进行决议，须经出席会议的股东所持表决权的 2/3 以上通过。上市公司作出回购股份决议后，应当依法通知债权人。

（五）报证监会备案

上市公司回购股份备案材料应当包括以下文件：回购股份的申请；董事会决议；股东大会决议；上市公司回购报告书；独立财务顾问报告；法律意见书；上市公司最近一期经审计的财务会计报告；上市公司董事、监事、高级管理人员及参与本次回购的各中介机构关于股东大会作出回购决议前6个月买卖上市公司股份的自查报告；中国证监会规定的其他文件。

（六）实施股份回购

中国证监会自受理上市公司回购股份备案材料之日起10个工作日内未提出异议的，上市公司可以实施回购方案。采用集中竞价方式回购股份的，上市公司应当在收到中国证监会无异议函后的5个工作日内公告回购报告书；采用要约方式回购股份的，上市公司应当在收到无异议函后的2个工作日内予以公告，并在实施回购方案前公告回购报告书。上市公司在公告回购报告书的同时，应当一并公告法律意见书。

上市公司实施回购方案前，应当在证券登记结算机构开立由证券交易所监控的回购专用账户；该账户仅可用于回购公司股份，已回购的股份应当予以锁定，不得卖出。

上市公司应当在回购的有效期限内实施回购方案。上市公司距回购期届满3个月时仍未实施回购方案的，董事会应当就未能实施回购的原因予以公告。

（七）注销股份变更工商登记

回购期届满或者回购方案已实施完毕的，公司应当停止回购行为。变更工商登记结束后，股份回购便可宣告结束。

五、股份回购的评价

（一）股份回购的"利"

1. 有利于提升公司股价

当公司将回购的股份注销或库藏后，参与公司盈余分配的股份总额就相应减少，因此可以提升每股权益。首先，股份回购后，也减少了本公司股份的供给，在市场需求不变的情况下，给公司股价上涨提供强力支持。其次，公司回购股份可以向市场传达公司看好股价未来走势的积极信号。公司作为经营主体，掌握公司经营信息，而作为公司股东特别是公司中小股东（短期投资者）很难掌握公司的经营信息，这种信息的不对称性，导致公司必然成为重要的信息传达者。当公司采用溢价方式回购股份时，公司向股东传达了看好未来经营及其股价走势的信息，有利于增强公司股东的投资信心。

2. 有利于优化公司资本结构

现代资本结构理论认为，在企业缴纳所得税的情形下，由于负债利息的抵税作用，发行股票和举债对公司经济效益的影响是不同的，公司的负债比率越大，公司的经济效益就越高。因此，当公司资产负债率过低时，公司无法享受负债的好处。公司可以通过回购一定比例股份，减少所有者权益，提高资产负债率，优化公司融资结构。股份回购还可以为公司的减资提供一种良好的法律途径。当公司经营方针和市场需求发生重大变化时，公司的经营规模也应随之变化，为了使资本结构与经营规模相适应，公司可以购回发行或流通在外的股份并予以注销，从而保持适度的公司规模，实现规模经济。

3. 有利于保护中小股东利益

现代公司在很多时候都奉行"资本多数决"原则。该原则虽然体现了股东民主、股权平等的理念，但在实践中也暴露出少数股东，特别是中小股东意志受到忽略的弊端。公司大股东常以此为手段谋求自我利益最大化而损害中小股东利益。如果公司建立并实施股份回购制度，在重大事项的表决中大股东与中小股东利益发生严重冲突时，赋予中小股东请求公司回购自己股份的权利，不但可以充分避免中小股东利益继续遭受侵害的可能，充分保障其权益，而且也可减少中小股东和公司协调成本，使公司利益免受因股东和公司关系持续摩擦而造成的损失。

4. 有利于实施股票期权计划与员工持股计划等激励机制

股票期权是指公司给予员工在一定的期限内，按照固定的期权价格购买一定份额的本公司股票的选择权。员工持股计划是指通过让员工持有本公司股票和期权而使其获得激励的一种长期绩效奖励计划。在实践中，员工持股计划往往是由企业内部员工出资认购本公司的部分股权，并委托员工持股会管理运作，员工持股会代表持股员工进入董事会参与表决和分红。当存在库藏股制度时，公司可以从股东手中回购本公司股份，并将其以股票期权的形式直接奖励给公司的管理人员，或交给职工持股会等相关组织管理，这有利于建立有效的激励和约束机制，增强公司内部的凝聚力和向心力。

5. 股份回购可以作为反并购策略的辅助手段

回购股份在反并购的实战中往往是作为辅助战术来实施的。当公司收到恶意收购信息时，公司可以向该股东发出定向回购要约，以高于股票同期市场价格的溢价购回股份，从而在一定程度上起到阻止恶意收购的作用。但如果单纯通过股份回购来达到反收购的目的，则往往会使目标公司库藏股过多，既不利于公司筹资，也会影响公司资金的流动性。因此，目标公司财务状况是制约这一手段的最大因素。

6. 股份回购可以作为股利分配的替代手段

股东从持有公司的股份中获得利益的主要方式就是获得股票分红收益，也就是红利。但是按照我国的税收政策，获得股票分红必须缴纳相应税负，如个人所得税，并且此类税负的税率较高，直接影响持股人的收益。但是，如果用股份回购的形式代替发放现金红利，则会达到合理避税又增加股东收益的目的。因为采用股份回购的方式，只需缴纳较少的资本利得税，购回股份后无须缴纳个人所得税。另外，股份回购会减少股份总量，相应的单股价值就会增加，股东持有的股份的价值也会上升。因此，将股份回购作为股利分配的一种替代手段，能使股东获得税收优惠，增加他们的利益。

（二）公司股份回购的"弊"

1. 公司股份回购可能违反资本维持原则

资本维持原则即资本充实原则，是指公司在其存续过程中应经常保持与其资本额相当的财产。其目的在于维持公司清偿债务的能力，保护债权人的利益。公司实施股份回购可能违反公司资本维持原则，损害公司债权人的利益。

（1）对公司回购股份的资金来源如若不做限制，那么公司则会用其经营资本或者公司资本公积金作为资金来源回购本公司的股份，其结果会导致公司资本减少甚至出现公司资本"空壳化"，破坏公司资本维持原则，损害公司债权人利益。

（2）公司向股东回购股份时，作为对价支付的公司资产从公司流向了股东，如若法律对公司回购股份数不加限制，任由公司肆意实施股份回购，则公司可以通过股份回购优先分配资产给股东，长此以往，势必造成公司资产减少，进而破坏公司资本维持原则，损害公司债权人利益。

2. 公司股份回购可能违反股东平等原则

股东平等原则是指股东在基于股东资格而发生的法律关系中，不得在股东间实行不合理的不平等待遇，并应按股东所持有的股份的性质和数额实行平等待遇的原则。公司股份回购可能违反股东平等原则。

（1）危害股东机会平等的权利。公司只能取得已发行股份总数的一部分，若公司不按股东的持股比例回购股份，则势必导致股东间机会不平等。特别是在公司经营情况不善、财务管理紊乱或发生资本周转危机的情况下，公司可能会违背股东平等原则只从个别或部分股东的股份中购回自己的股份，故意造成股东之间回购比例或机会的不平等，则等于将被回购股份承担的公司风险转嫁给其他股东。

（2）可能会改变股东表决控制权。股份回购是公司资本收缩行为，势必造成公司发行股份总额的减少，若在股东间不按持股比例回购，就会导致公司内部表决控制权的改变。

（3）危害价格公正。若公司在协议回购时，以高于真实价值的价格回购股份，则被回购股份的股东的利益增加，相应地，未被回购股份的股东持有的股份价值就相对下降，利益相对减少。相反，公司以低于真实价值的价格回购本公司的股份，被回购的股份价值会降低，未被回购的股份价值就会相对提高，危害部分股东利益。这两种情形都会造成股票和股东利益的不平等。

3. 公司股份回购可能在一定程度上影响证券市场的公平性

公司回购股份可以向社会公众传达公司控制者看好公司乃至公司股价被低估的信号，可以将公司资金返还给股东，可以影响公司的控制权、影响证券市场上的证券流通量和交易量，因此公司回购股份的行为，往往引起公司股价的变动。这就为公司关系人的虚假陈述、内幕交易和操纵证券市场提供了方便之机。所谓内幕交易，是指在证券交易时，当事人一方利用其职权或特殊关系而持有影响证券价值的公司内部情报，以获得权益或减少损失为目的而进行的证券交易。比如，公司内幕信息知情人可以在公司宣布回购计划之前大量买进公司股份，然后在公司宣布回购计划后出售上述股份以谋取不菲的差价；公司前景欠佳时，控股股东或管理层先操纵公司提出股份回购计划、拉抬股价，然后借机出售。

【延伸阅读 7-1】　　　　　Y 企业股份回购案例[①]

（一）公司概况

1979 年 Y 企业股份有限公司成立，企业涉及的主要领域为服装业、房地产和金融投资。服装行业是 Y 企业的核心业务，Y 企业在服装行业已经具备完善的产业链。1998 年 11 月 19 日，Y 企业在上海交易所上市，流通的总股数为 462 900.30 万股。Y 企业的品牌服装业务一直保持国内男装主导地位，是 Y 企业的核心业务。1992 年，Y 企业开始进行房地产开发，以宁波为中心向外拓展，随着不断发展，在长江三角洲地区具有一定影响力，辐射范围至苏杭、绍兴等城市。金融投资也是其重要板块之一。Y 企业于 1993 年开始进行股权投资，随着业务不断成熟，进行不断细分，股权投资成为集团业务之一。"建时尚集团，铸百年企业"是 Y 企业的公司愿景，40 多年来 Y 企业在男装衬衫领域一直保持全国占有率第一。

（二）行业地位情况

Y 企业 2022 年报告期内，公司行业地位未发生变化，一直保持国内男装主导地位。O2O 模式的兴起，给传统企业带来挑战的同时也带来了机遇。Y 企业在此期间积极适应时代，建立了网络营销体系。2020 年受新冠疫情的影响，服装行业大量线下店面关闭，加速了服装行业的转型，同时给服装行业带来了巨大的考验。2022 年，受宏观市场经济影响，服装行业仍然呈现持续放缓的运行态势。国家统计数据显示，2022 年我国服装商品零售额累计 13 003 亿元，同比下降 6.5%，回落 20.7 个百分点。

（三）回购过程

本文对 Y 企业的两次股份回购进行分析，第一次股份回购时间是 2019 年 4 月 26 日到 2020 年 5 月 22 日；第二次股份回购时间是 2020 年 9 月 18 日至 2021 年 8 月 5 日。

Y 企业于 2019 年 4 月 26 日召开董事会会议，会议通过了《关于以集中竞价交易方式回购公司股份的议案》。会议主要内容是，采用集中竞价的交易方式回购公司发行的 A 股股票。回购的主要目的是，推进公司股票市场价格向公司合理价值回归。拟回购资金在 25 亿元和 50 亿元之间，上限数量是 50 000 万股，上限数量占公司总股本比例为 13.96%；下限数量是 25 000 万股，下限数量占公司总股本比例为 6.98%。2019 年 5 月 20 日，在 2018 年年度股东大会上通过该方案。本次方案对公司的财务状况、发展前景和经营情况都进行了综合考虑，同时宣告企业会对回购股份分批进行注销。2019 年 6 月 7 日至 2020 年 5 月 9 日期间发布企业回购股份进展公告，2020 年 5 月 22 日完成股份回购工作。实际回购股份 385 023 321 股，占比 7.68%，回购股票均价为 6.49 元 / 股，2020 年 5 月 22 日将回购的股份进行注销同时办理变更手续。

[①] 颉雅昕 . Y 企业股份回购动因及财务分析研究 [J]. 中国集体经济，2023（36）：61-64.

2020 年 9 月 18 日召开董事会会议，进行第二次股份回购，每股回购价格上限为 7 元，拟回购资金在 7.5 亿元和 15 亿元之间。回购股份的目的主要是用于实施公司股权激励计划，上限数量为 20 000 万股，上限数量占公司总股本比例为 4.32%；下限数量为 10 000 万股，下限数量占公司总股本比例为 2.16%。2021 年 3 月，Y 企业补充增加员工持股计划，回购股份不超过 8 000 万股，其他内容不变。2020 年 9 月 30 日到 2021 年 8 月 3 日期间发布股份回购进展公告。2021 年 8 月 5 日完成第二次股份回购，Y 企业股份价格最高价为 7.49 元 / 股，最低价为 6.32 元 / 股。完成回购股份 199 999 999 股，占比为 4.32%，回购股票均价为 7.20 元 / 股。

复习思考题

一、在线测试题（扫描书背面的二维码获取答题权限）

扫描此码 自我测试

二、简答题

1. 企业资产收缩包括哪几种基本模式？

2. 什么叫资产剥离？资产剥离有哪些类型？

3. 资产剥离的动因是什么？

4. 什么是公司分立？公司分立有哪些类型？

5. 公司分立的动因是什么？

6. 公司分立与资产剥离有哪些区别？

7. 什么是股份回购？

8. 什么是库藏股？它有哪些特点？

9. 股份回购主要有哪些操作方式？

第八章 债务重组与清算

内容提要

　　企业经营不善，就有可能导致企业陷入财务困境，甚至可能导致企业破产。在企业面临财务困难的情况下，企业有必要实施债务重组。本章第一节主要介绍了债务重组的基本内容，包括债务重组的含义、动因、方式和程序等内容；第二节主要介绍了公司清算的含义及其程序，也对公司清算与破产清算进行了区分；第三节主要介绍了破产清算的含义及其程序。

学习要点

- 掌握债务重组的动因和方式，了解债务重组的程序；
- 了解公司清算的含义、类型及程序；
- 了解破产清算的含义及程序。

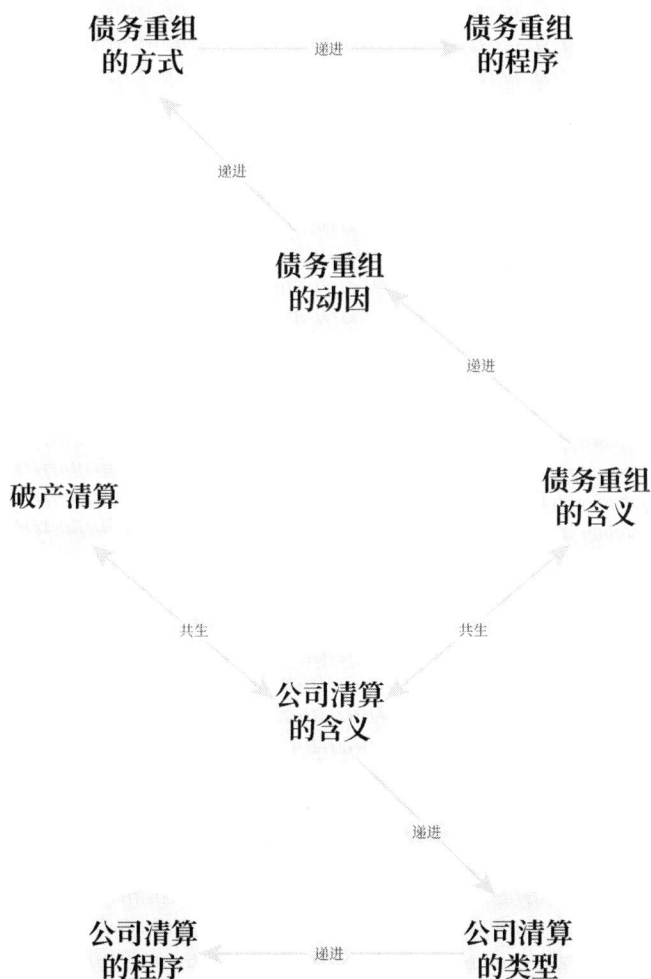

债务重组
的方式 —— 递进 —— 债务重组
的程序

递进

债务重组
的动因

递进

破产清算　　　　　　　　债务重组
的含义

共生　　　共生

公司清算
的含义

递进

公司清算
的程序 —— 递进 —— 公司清算
的类型

资本运营概述

第一节　债　务　重　组

一、债务重组的含义

债务重组也叫债务重整，债务重组的确切定义在世界范围内一般分为广义的债务重组和狭义的债务重组，以反映债务重组的不同类别。债务重组的国际定义通常基于债权人向债务人作出某些债务让步。在债权人可接受的条件下，债务人用于支付债务的实际公允价值显著低于其债务的账面价值。从财务支付的角度来看，本期还款压力远低于预期，即时支付的压力有所减轻。债权人主要包括金融机构（主要是商业银行）和经营企业。作为银行债权人和企业债权人，解决债务的思路和方法存在一些差异。金融机构（商业银行）一般采用修改债务期限和延期付款的方式，但不愿意采用债务免除的方式。这是因为金融机构（商业银行）主要是提供银行贷款产生的债务，免除债务将直接减少银行拥有的信用贷款本金，增加银行不良贷款风险；企业债权人更愿意采用"免债"方式进行重组，使债务企业在免债后立即取得成效，改善财务指标和会计报表信息，立即优化财务效果。而且，这种债务重组方式具有会计处理方便、交易简单、重组时间短、重组成本低等优点，债务重组的绩效表现更佳。

广义的债务重组的定义，包括所有涉及修改债务条件的事项，既包括债务人没有财务困难时的债务重组，又包括债务人正在进行破产重整或破产清算时的债务重组。在所有实施广义债务重组定义的国家中，澳大利亚最具代表性。澳大利亚会计准则第11号公告规定，修改债务偿还金额或时间都属于债务重组。

狭义的债务重组的定义是指债务人被深度卷入债务危机，使生产经营活动不可持续。在这种情况下，为了尽可能减少损失，债权人和债务人就债务问题达成了新的协议，债权人可以减少一些债务，适当减轻债务人的还款压力。在所有实施狭义债务重组定义的国家中，美国最具代表性。美国会计准则第15号公告规定，债务重组的定义是指由于经济或法律原因，债权人对财务困难的债务人作出平时不愿向债务人考虑或作出的让步。

目前，我国实行的是狭义的债务重组定义，这是最适合我国当前社会主义国情的债务重组定义。根据中国会计准则的相关规定，债务重组活动的发生需要满足以下条件：（1）债务人确实存在财务困难，导致生产经营不可持续；（2）债权人与债务人通过协商或法院判决达成协议，债权人做出一定程度的让步。2019年5月16日，财政部颁布了最新修订的《企业会计准则第12号——债务重组》，自2019年6月17日起施行。新的债务重组标准规范了债务重组的确认、计量和相关信息的披露，"债务重组，是指在不改变交易对手方的情况下，经债权人和债务人协定或法院裁定，就清偿债务的时间、金额或方式等重新达成协议的交易"。

二、债务重组的动因

（一）债务人视角

1. 减少企业债务，降低资产使用成本

债务重组的一个重要因素是债权人作出让步。因此，通过债务重组可以有效减少债务人的负债，债权人在一定程度上分担了债务人的经济负担。同时，债务重组还可以通过修改债务条件进行，如减少本金、减免利息等。通过这些措施可以有效减轻债务人未来的财务压力，从而有效降低债务人的财务费用，进而降低债务人资产的使用成本。

2. 增加债务人收益，提高企业净利润

根据企业债务重组的方式，企业在债务重组过程中可以获得两种形式的收益：企业债务重组利得；资产处置收益。由于营业外收入（包括债务重组收益和非流动资产处置利得）、部分流动资产抵债造成的营业收入（以存货原材料抵债等）以及处置部分投资造成的投资收益（交易性金融资产等）的增加，会导致企业当期净利润的上升，从而增加债务人的收益。

3. 盘活部分闲置资产，提高资产使用率

通过非现金资产抵偿债务是企业债务重组的重要方式之一。债务人可以通过使用部分闲置资产来抵债，实现债务重组进而盘活闲置资产，有效降低资产闲置水平，提高资产使用率，从一定程度上来说将有利于企业的长远发展。

（二）债权人视角

1. 加速资金周转，增强资产真实性

企业应收账款属于企业的流动资产，长时间被占用会导致企业流动资产周转性下降，形成大量的呆账、坏账损失。通过资产重组虽然债权人损失了部分债务，但从另一个侧面来讲，也使债权人减少了部分应收账款，加快了企业资金周转速度，进而提高了企业资金的增值能力，增强了企业资产的真实性。

2. 减少资金占用，降低资金使用成本

企业在长年累月中形成的一些呆账坏账，会长期占用企业资产，同时形成巨额的收账费用。鉴于这些原因，债权人选择债务重组，可以从一定程度上有效减少收账费用和由于债务人对本公司资产的占用而形成的垫资费用。也可以从一定程度上避免因债务人拖欠导致本公司必须举债的后果，减轻了债权人企业的财务费用负担。

3. 保障损益信息的真实性，提高公司形象

通过债务重组，可以降低债务人由于资不抵债导致破产的可能性，减轻债务人的经济负担也使债权人可以避免更大程度的损失（丧失全部求偿权）。若债权人被拖欠账款数额过大、时间过长便会形成潜亏的可能性，从而降低企业盈利的真实性。通过债务重组可以实现部分债权，增强损益的真实性，从而有助于提高企业的社会形象，有助于企业的长期发展。

（三）社会视角

通过债务重组，可以将企业的资本予以优化整合，将闲置的资本转化为可利用资本，直接扩大资本总量，增强资本利用率，缓解企业面临的资本僵局，对社会整体价值也会起到推动作用。债务重组能够改善企业信誉状况，增强投资者信心。

三、债务重组的方式

债务重组的实施模式和具体方法多种多样。目前，已确认并正在实施的债务重组方式主要有以下四种。

（一）以资产清偿债务

债务人将其资产转让给债权人以清偿债务。债务人通常用于偿还债务的资产主要包括现金、存货、金融资产、固定资产、无形资产等。以现金清偿债务通常是指以低于债务账面价值的现金清偿债务，如果以相同金额的现金偿还债务，则不属于债务重组。

通过这种方式，资产被用作偿还的抵押品，这对企业的债权人来说是一个过渡，其实质是转让资产所有权，债权人享有企业资产的所有权，但将资产的使用权转让给企业用于日常生产经营管理。这些过渡性资产将抵销企业曾经欠下的巨额债务。待清偿资产可继续分为现金资产和非现金资产。非现金资产主要是指一些固定资产（如厂房）、存货（库存商品）、无形资产（相关专利技术）等。

企业以现金资产所有权转让作为债务重组的还款方式，大多以低于资产账面价值的价格转让。其原因是实施债务重组的企业往往是财务困难的企业，企业内部缺乏现金流，资产账面价值往往被低估。因此，在转让过程中，与债权人协商后，往往可以用低于债务账面价值的资产作为还款，这是债权人为支持企业债务重组而做出的妥协和让步。

（二）将债务转为资本

债务转为资本是指债务人将债务转化为资本，债权人将债权转化为股权的债务重组方式。但是，债务人按照转换协议将应付的可转换公司债券转换为资本的，在正常情况下属于债务资本，不能视为债务重组。

这种方法比较常见，主要是指债权人可以将手中的债权转化为对实施债务重组的企业的投资。在这种转变下，债权人和债务人的角色分别发生了变化。债权人成为企业的投资者，而企业则成为债权人的投资对象。最常见的方式是债转股：债权人将持有的债权转换为同等价值的股权，并对企业享有投资控制权。对于重组企业来说，这种方式不仅可以减轻高负债的压力，还可以在一定程度上为企业提供相关的技术支持，帮助企业度过财务危机，走上健康发展的道路。在这种情况下，债权人和债务人已经从以前的利益对立转变为现在的友好合作关系，共同享有资源交换和利益共享的优势。

（三）修改其他债务条件

采用调整债务本金、改变债务利息、变更还款期限等方式修改债务的其他条款，形成重组债务。这种债务重组方法与前两种方法区别很大。前两种方法，无论是以资产清偿债务还是将债务转化为资本，都是减少或消除债务本身，并对企业资产负债率进行调整。而对于修改其他债务条件的债务重组，例如，延长企业的还款期限，或为企业提前还款提供优惠折扣。在货币时间价值的影响下，基于早收晚付的理念，延长了企业的还款期。贴现还款金额是减轻企业负担的一种方式。这种方式鼓励企业提前还款，给予还款优惠折扣，促进企业早日走上健康发展之路。此外，对于企业来说，还款折扣能进一步减轻财务负担，并为企业未来的发展和重组带来信心。另外，债务条件的修改大致可分为以下两类：附加或有还款条件和不附加或有还款条件。

1. 附加或有还款条件的债务重组

对于附加或有还款条件的债务重组，对债务人而言，修改后的债务条款如涉及或有应付金额，且该或有应付金额符合或有事项中有关预计负债确认条件的，债务人应当将该或有应付金额确认为预计负债。将重组债务的账面价值与重组后债务的入账价值和预计负债之和的差额，作为债务重组利得，计入营业外收入。

对债权人而言，修改后的债务条款中涉及或有应收金额的，不应当确认或有应收金额，不得将其计入重组后债权的账面价值。根据谨慎性原则，或有应收金额属于或有资产，或有资产不予确认。只有在或有应收金额实际发生时，才计入当期损益。

2. 不附加或有还款条件的债务重组

不附加或有还款条件的债务重组，债务人应将重组债务的账面余额减记至将来应付金额，减记的金额作为债务重组利得，于当期确认计入损益。重组后债务的账面余额为将来应付金额。

以修改其他债务条件进行债务重组，如修改后的债务条款涉及或有应收金额，则债权人在重组日，应当将修改其他债务条件后的债权的公允价值作为重组后债权的账面价值，重组债权的账面余额与重组后债权账面价值之间的差额确认为债务重组损失，计入当期损益。如果债权人已对该项债权计提了坏账准备，应当首先冲减已计提的坏账准备。

与不附加或有条件债务重组相比，附加或有条件债务重组的会计处理更为复杂。在这种情况下，企业的还款金额首先需要符合或有事项的确认原则，并将债务计算为预计负债；与此同时，企业在还款过程中，将应付或有利息折现入账，将折现值与账面价值的差额计入债务重组收益。这种操作不仅符合会计谨慎性原则，而且使企业需要偿还的债务最小化。然而，现实中很少有企业会这样处理。单一的债务重组方式已不能满足企业复杂的财务环境，企业经常使用各种组合方法重组债务。

（四）其他组合重组方式

以前面所讲的几种方式组合起来进行债务重组，即通常所讲的混合（债务）重组。它主要有以下几种组合形式：一是债务的一部分以资产清偿，另一部分则转为资本；二是债务的一部分以资产清偿，另一部分则修改其他债务条件；三是债务的一部分转为资本，另一部分则修改其他债务条件；四是债务的一部分以资产清偿，一部分转为资本，另一部分则修改其他债务条件。对于混合债务重组方式，应注意以下几点。

（1）无论是从债务人还是从债权人角度讲，应考虑清偿的顺序。一般的偿债顺序为：被豁免的金额→以现金资产偿还的金额→以非现金资产偿还的金额→债转股部分的金额→剩余债务的金额。

（2）债权人收到的用于抵债的多项非现金资产不需要按公允价值相对比例进行分配，直接按照所收到资产各自的公允价值入账。以非现金资产抵偿债务，该资产应该按照其公允价值来确定可以抵偿的债务金额。

四、债务重组的程序

债务重组的程序包括非法定债务重组操作程序和法定债务重组操作程序。

（一）非法定债务重组操作程序

非法定债务重组操作程序包括四个阶段：重组前策划、签订债务重组协议、完成债务重组、进行债务重组处理。

1. 重组前策划

重组前策划是指债权方和债务方进行债务重组的财务可行性分析以及重组时间、重组方式等内容的选择与设计。这个步骤是与双方的协商及彼此了解相伴而行的，其间交织着债权方和债务方以及各自出资方的博弈，双方各自拟定重组策划书，报各自出资方审核批准，涉及国有资产的，须取得相关国资管理部门的批准。

2. 签订债务重组协议

债权方和债务方经过协商，就债务重组内容（债务重组的具体方式、金额、时间等）达成一致，双方签订协议书，以法律形式明确双方的权利义务关系，防止日后造成经济纠纷。涉及国有资产的，须取得相关国资管理部门的批准。然后，双方按照协议约定组织实施协议约定事项。

3. 完成债务重组

债权方和债务方组织重组资产的交付，履行相关法律程序，及时进行产权手续的变更，按照要求进行公告，完成重组事项。

4. 进行债务重组账务处理

在重组资产交付完成以及相关产权转移手续办结后，清理和收集重组资产相关资料，确认相关价值数据，按照准则的规定核算企业在债务重组日（即债务重组完成日）的债务重组损益，并进行相关账务处理。跨年度的，须按照相关法律法规规定确定其期间归属，按规定进行追溯调整。

（二）法定债务重组操作程序

法定债务重组操作程序一般须经过以下程序：法定债务重组申请、法院的调查和裁决、组成重组机构、制订重组计划、完成重组。

1. 法定债务重组申请

企业面临财务困难、经营混乱或面临停业危险时，应由符合法律规定的董事会、股东、债权人或其他机构向法院提出重组申请，在申请书中载明申请人的名称、申请资格企业名称、住址和负责人姓名；申请重组的原因及事实；经营业务状况；企业的资产、负债、损益、其他财务状况以及对企业重组的意见。

2. 法院的调查和裁决

法院收到申请后，应选派对企业经营业务比较熟悉、具有专门知识和管理经验的非重组关系人作为调查人进行调查，并在法定期限内将调查结果报告法院。调查内容包括：债权人和股东姓名、住址、债权及股份总额；企业经营状况、财务状况及资产估价情况；企业负责人对经营管理有无玩忽职守或失职行为及相应责任；申请事项中有无弄虚作假行为。调查后，由法院对申请作出肯定裁决或驳回。如果申请手续不符合法律规定、重组申请有不实事项、企业已被宣告破产或已解散、企业已没有重建的希望，法院则驳回申请。如果没有驳回申请的理由，应作出准许重组的裁决。

3. 组建重组机构

在实施阶段，法院应选派监督人、重组人，召开关系人会议，并决定债权、股东权的申请期限及场所，对所申报的债权和股东权进行审查的期限和场所及第一次关系人会议的日期及场所，同时应发布重组公告。

4. 制订重组计划

重组计划是指以维持债务人的继续经营、清理债权债务关系、制定挽救措施为内容的协议。重组计划一般由重组人拟订，计划的制订必须坚持公正和可行的原则。公正是指对同类债权和股权应一视同仁，可行是指计划的实行必须有恰当的措施和手段加以保证。

重组计划的主要内容包括：（1）变更一部分或全部债权人或股东的权利。为了达到重组的目的，重组的债权人或股东应对企业做出一定的让步，包括按比例减少股份、免除部分债权、债权延期、降低利率等；（2）变更经营范围，改变经营内容，并针对以往经营失利的管理原因，提出更高管理水平的措施；（3）处置财产，确定债务清偿办法及资金来源；（4）确定企业资产的估价标准和评估办法；（5）变更公司章程；（6）发行新股或债券；（7）裁决或调动企业职工；（8）确定重组执行期限；（9）其他必要事项。

重组计划拟订后，应将企业业务情况及财务报告、重组计划一并提交关系人会议表决。会议通过后，重组人应将重组计划提请法院，由法院认可后付诸实施。

5. 完成重组

重组人必须在重组计划规定的期限内完成重组工作，召开重组后的股东大会，确认修改后的公司章程，选举新的董事和监事，由重组人向法院申请批准完成重组的裁决，并向登记机关申请变更登记。

【延伸阅读 8-1】华夏幸福累计债务重组 1897.51 亿元及违约债务 245.4 亿元 [①]

2024 年 6 月 14 日，华夏幸福（600340）基业股份有限公司发布公告，披露了公司债务重组的最新进展及相关事项。

公告显示，截至 2024 年 5 月 31 日，华夏幸福《债务重组计划》中 2 192 亿元金融债务通过签约等方式，实现债务重组的金额累计约为人民币 1 897.51 亿元［含公司及下属子公司发行的境内公司债券 371.3 亿元债券重组以及境外间接全资子公司发行的 49.6 亿美元（约合人民币 335.32 亿元）债券重组］，相应减免债务利息、豁免罚息金额共计 198.84 亿元。

自 2024 年 5 月 1 日至 31 日，华夏幸福及下属子公司未能如期偿还银行贷款、信托贷款等形式的债务未发生新增，截至 2024 年 5 月 31 日公司累计未能如期偿还债务金额合计为人民币 245.4 亿元（不含利息，公司金融债务在签署《债务重组协议》后将按照重组协议约定的到期日执行，相应债务金额在调整后的到期日前将从未能如期偿还债务金额中予以剔除）。

第二节 公司清算

一、公司清算的含义

（一）公司清算的定义

公司清算是指公司依法解散后，公司清算主体按照法定方式、法定程序对公司的资产、债权债务、股东权益等公司的具体情况进行全面、客观的清理和处置，清理公司债权债务，处理公司财产，了结各项法律关系，并最终消灭公司法人资格的一种法律制度。

公司清算是公司在解散之后，对其财产进行清理，了结公司债权债务关系，消灭公司法人资格的必经程序。公司清算有广义和狭义之分，广义的公司清算包括破产清算在内的公司清算；狭义的公司清算不包括破产清算。公司法层面的清算，一般是指狭义上的公司清算，以下简称"公司清算"。本文以下未特别说明的，均指狭义上的公司清算。

（二）公司清算的内涵

首先，公司清算是基于公司面临终止的情况发生的。根据我国公司法的规定，公司终止的原因有两个，一个是公司的解散，具体包括强制解散和自愿解散两种情形，由此引起狭义上的公司清算。另一个是公司的破产，即公司基于宣告破产而终止，由此引起破产清

---

① http://news.10jqka.com.cn/20240614/c658853620.shtml.

算。在这两个情况下都会引起广义上的公司清算，只是清算组织和清算程序存在不同。

其次，公司清算为负有公司清算义务的主体按照法律规定的方式、程序进行的行为。在公司清算中，明确公司清算的义务主体尤为重要，公司的清算主体应界定为：基于对公司的资产享有权益，或者基于对公司的重大管理权限而被法律确定为公司在清算时组织清算的义务主体。根据我国公司法的规定，董事为公司清算义务人，应当在解散事由出现之日起十五日内组成清算组进行清算。清算组由董事组成，但公司章程另有规定或者股东会决议另选他人的除外。清算义务人未及时履行清算义务，给公司或者债权人造成损失的，应当承担赔偿责任。

再次，公司清算的范围为公司的出资、资产、债权、债务的审查。公司的出资不仅涉及公司存续时股东权益的分配，而且在公司终止时，其将直接影响公司股东对剩余财产的分配，更重要的是，出资还是公司债权人利益的根本保证。因此，在公司清算的时候一定要核验股东的出资。核验完公司的出资后，重点应当清查公司资产，包括债权、债务并分析债权债务的性质、清偿和收回的合理性依据。对这些事项的清算，一是要清偿公司的债权，二是要完全回收公司的债务，而且要安置公司的职工，并为公司股东分配剩余财产提供合理的依据。

最后，公司清算的目的在于使公司与其他社会主体之间产生的权利和义务归于消灭，从而为公司的终止提供合理依据。公司的终止涉及众多利益主体的切身利益，因此公司要终止，必须对相关权利义务予以处置和解决。因此，对公司进行清算自然是必要程序。公司清算后，相关权利义务得以消灭和转移，公司才能最终终止。

二、公司清算的类型

（一）按清算是否自行组织划分为普通清算与特别清算

1. 普通清算

普通清算是指公司自愿解散后，由公司股东或股东（大）会确定的人员组成清算组织，依法定程序自行进行清算。公司因章程规定的营业期限届满或者公司章程规定的解散事由出现，公司因股东（大）会决议解散，公司因设立的宗旨业已实现或根本无法实现而解散，公司因国家授权投资的机构或者国家授权的部门决定解散等，都适用普通清算。在普通清算过程中，当有下列情形之一时，法院方可命令公司实行特别清算：

（1）当公司实行普通清算遇到明显障碍时；

（2）当公司负债超过资产有不实之嫌疑时，即形式上公司负债超过资产，但实际上是否真正超过尚有嫌疑。

2. 特别清算

特别清算是与普通清算相对应的一项法律制度，是指公司在普通清算过程中产生显著障碍，或发生公司负债超过资产等情况时，经法院命令而进行的清算。在特别清算中，法院介入清算程序，对清算进行直接积极的监督，运用公共的力量对清算过程予以干涉，并让债权人有权参加会议，以谋求清算的顺利进行，充分保护债权人的权益。特别清算是普通清算与破产清算之间的一座桥梁，它以周密的制度设计克服了普通清算与破产清算的弊端，具有独特的制度价值，在公司清算中发挥了不可替代的作用。

（二）普通清算与特别清算的区别

1. 发生原因不同

普通清算发生的原因就是公司解散。资合公司非因合并、重整等原因解散时，即自动进入普通清算程序，由股东组成清算组，自行开始清算。而特别清算开始则需要特别原因。按照日本及中国台湾地区公司法的规定，特别清算须在普通清算实行发生显著障碍或公司负债超过资产有不实之嫌疑时方可为之。"所谓发生显著障碍，是指清算之实行，遇有法律或事实之障碍，无法依清理方针，顺利完成清算。公司负债超过资产之嫌，不仅限于负债超过资产有不实之嫌，亦可类推适用于资产超过负债之嫌。"只有满足了以上这两个实质条件，方才可以开始特别清算。可见，相比普通清算，特别清算的起始条件更为严格。

2. 清算中公司的机关不同

在普通清算中，公司的机关是清算人、监理人、股东；而在特别清算中，公司的机关则是清算人、监理人、债权人会议。所谓债权人会议，即是指在特别清算中，由公司债权人组成的临时集会，决定意思之最高机关。在公司进行特别清算时，由于其特殊之现实状况，使得债权人权益的维护面临较大风险，允许其参与清算，一方面保护了其自身的权利，另一方面也起到了对清算人进行监督的作用。故而，特别清算将债权人会议作为一个必不可少的机构。特别清算之所以特别，其核心便也在于此处。至于债权人会议的成员组成、召集方法、表决办法，各国立法基本上仿照各自破产法的相关规定。鉴于篇幅所限，此处就不再赘述了。

3. 保护利益不同

在普通清算中，法律兼顾保护债权人利益与股东利益，在二者之间并无偏颇。但是在特别清算中，法院则更加注重保护债权人的利益。相对于股东，债权人对公司资产享有优先受偿之权利。在公司资产清偿债权人还有剩余的情况下，法律既要保护债权人的优先受偿权，也要同时兼顾股东的剩余财产分派权。但是，如果公司的财产是否超过负债已有不实之嫌，那么，法律则应更为侧重保护债权人利益，以维护市场经济信用体制的建立与完善。

4. 法院及债权人监督的力度不同

在普通清算中，法院与债权人并不直接干预清算的进行，法院仅做消极之监督。但在特别清算中，不但设立债权人会议对清算进行积极监督，而且法院也将一改其消极姿态，运用其公信力及中立裁量权对清算进行积极监督。法院的监督主要体现在其对清算人的选任、解任，对清算行为与公司财务的检查等方面。

5. 终结清算的方式不同

在特别清算中，除了与普通清算相同的终结方式外，还可以以"协定"方式终结清算程序。所谓协定终结，即是指公司与债权人团体之间，以协定的方式对债务清偿作出安排，经法院认可发生效力后终结清算的一种方式。这种方式类似于破产程序中的和解制度。之所以设立此种制度，是因为特别清算往往是在公司资产并不十分充分的前提下进行的，债权人很难有望获得完满的清偿，为了避免烦琐复杂的破产程序，债权人互相让步，用协调方式终结清算程序便显得非常必要。

特别清算是介于普通清算和破产清算之间的一种程序。特别清算与破产清算的区别主要体现在：第一，清算原因不同。破产清算是因为破产原因而进行的清算；特别清算不适用破产原因，它是在普通清算不能进行的情况下进行的清算。第二，两者适用的法律规范不同。破产清算适用的是破产法规范，特别清算适用的是公司法规范。第三，债权人在清算中地位和作用不同。虽然债权人会议在两种程序中都存在，但在破产清算程序中，债权人会议决定破产程序的重大事项，并对清算人进行监督；而在特别清算中，债权人则不具有这种职能。

三、公司清算的程序

（一）确定清算人或成立清算组（或清算委员会）

根据《中华人民共和国公司法》第二百三十二条的规定：公司因本法第二百二十九条第一款第一项、第二项、第四项、第五项规定而解散的，应当清算。董事为公司清算义务人，应当在解散事由出现之日起十五日内组成清算组进行清算。清算组由董事组成，但是公司章程另有规定或者股东会决议另选他人的除外。清算义务人未及时履行清算义务，给公司或者债权人造成损失的，应当承担赔偿责任。逾期不成立清算组进行清算或者成立清算组后不清算的，利害关系人可以申请人民法院指定有关人员组成清算组进行清算。人民法院应当受理该申请，并及时组织清算组进行清算。据此，拟解散企业应在股东作出书面解散决定后十五日内成立清算组。

（二）开展清算工作

清算组在清算期间，需要进行下列工作。

1. 债权人进行债权登记

清算组应当自成立之日起十日内通知债权人，并于六十日内在报纸上或者国家企业信用信息公示系统公告。债权人应当自接到通知之日起三十日内，未接到通知的自公告之日起四十五日内，向清算组申报其债权。债权人申报债权，应当说明债权的有关事项，并提供证明材料。清算组应当对债权进行登记。在申报债权期间，清算组不得对债权人进行清偿。

2. 清理公司财产，编制资产负债表及财产清单

清算组负责清理公司财产，编制资产负债表与财产清单。提出财产评估作价和计算依据。清缴所欠税款，清理债权、债务，处理企业清偿债务后的剩余财产。在解散清算中，发现资不抵债时，应当立即向法院申请宣告破产。

3. 在对公司资产进行估价的基础上，制订清算方案

清算组在清理公司财产、编制资产负债表和财产清单后，应当制订清算方案，并报股

东会或者人民法院确认。

4. 执行清算方案

公司财产在分别支付清算费用、职工的工资、社会保险费用和法定补偿金，缴纳所欠税款，清偿公司债务后的剩余财产，有限责任公司按照股东的出资比例分配，股份有限公司按照股东持有的股份比例分配。

清算期间，公司存续，但不得开展与清算无关的经营活动。公司财产在未依照前款规定清偿前，不得分配给股东。

5. 代表公司参与民事诉讼

清算组在清理公司财产、编制资产负债表和财产清单后，发现公司财产不足以清偿债务的，应当依法向人民法院申请破产清算。人民法院受理破产申请后，清算组应当将清算事务移交给人民法院指定的破产管理人。

（三）提交清算报告，办理清算法律手续

公司清算结束后，清算组应当制作清算报告，报股东会或者人民法院确认，并报送公司登记机关，申请注销公司登记。

第三节　破　产　清　算

一、破产清算的含义

（一）企业破产及其流程

1. 破产的定义

破产是指债务人不能清偿到期债务时，由法院强制执行其全部财产，公平清偿全体债权人，或者在法院监督下，由债务人与债权人会议达成和解协议，整顿、复苏企业，清偿债务，避免倒闭清算的法律制度。

2. 破产界限

所谓破产界限，即法院据以宣告债务人破产的法律标准，在国际上又通称为法律破产原因。在破产立法上，对破产界限有两种规定方式。

（1）列举方式，即在法律中规定若干种表明债务人丧失清偿能力的具体行为，凡实施行为之一者，便认定达到破产界限。归纳起来，该类行为有三种：债务人财产状况恶化的行为，具体表现为债务人自行宣告不能清偿债务；债务人信誉动摇的事实，表现在债务人对其债务有停止支付的事实；债务人转移财产的事实，债务人在失去偿还能力的条件下，欺诈性地转移或只对某一债权人作出优惠偿付。

（2）概括方式，即对破产界限做抽象性的规定，它着眼于破产发生的一般性原因，

而不是具体行为。破产界限的概括方式规定，通常有三种概括：不能清偿或无力支付；债务超过资产，即资不抵债；停止支付。

《中华人民共和国企业破产法》规定，企业因经营管理不善造成严重亏损，不能清偿到期债务的，依本法规定宣告破产。可见，在我国，"不能清偿到期债务"是法定的企业破产原因和条件。我国和世界上大多数国家均采用概括方式来规定企业破产的界限。

3. 企业破产程序

依据《中华人民共和国企业破产法》，企业破产的主要程序如图 8-1 所示。企业破产程序可划分为 5 个阶段：破产申请阶段、破产申请的受理阶段、债权申报与债权人会议阶段、破产的重整与和解阶段、破产宣告与破产清算阶段。

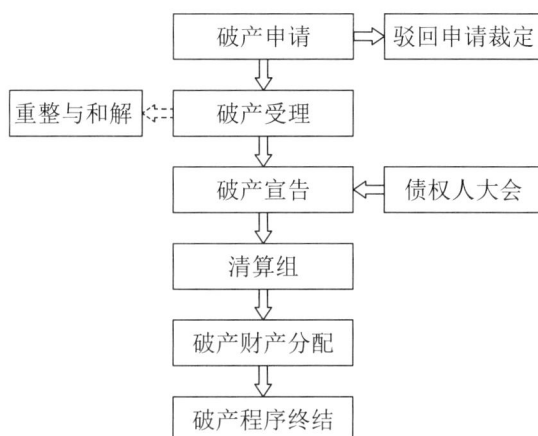

图 8-1 企业破产的主要程序

1）破产申请阶段

企业法人不能清偿到期债务，并且资产不足以清偿全部债务或者明显缺乏清偿能力的，可以向人民法院提出重整、和解或者破产清算申请。债务人不能清偿到期债务，债权人可以向人民法院提出对债务人进行重整或者破产清算的申请。企业法人已解散但未清算或者未清算完毕，资产不足以清偿债务的，依法负有清算责任的人应当向人民法院申请破产清算。

2）破产申请的受理阶段

债权人提出破产申请的，人民法院应当自收到申请之日起 5 日内通知债务人。债务人对申请有异议的，应当自收到人民法院的通知之日起 7 日内向人民法院提出。人民法院应当自异议期满之日起 10 日内裁定是否受理。

人民法院受理破产申请的，应当自裁定作出之日起 5 日内送达申请人。债权人提出申请的，人民法院应当自裁定作出之日起 5 日内送达债务人。债务人应当自裁定送达之日起 15 日内，向人民法院提交财产状况说明、债务清册、债权清册、有关财务会计报告以及职工工资的支付和社会保险费用的缴纳情况。

人民法院裁定不受理破产申请的，应当自裁定作出之日起 5 日内送达申请人并说明理由。申请人对裁定不服的，可以自裁定送达之日起 10 日内向上一级人民法院提起上诉。

人民法院受理破产申请后至破产宣告前，经审查发现债务人不符合《中华人民共和国企业破产法》第二条规定情形的，可以裁定驳回申请。申请人对裁定不服的，可以自裁定送达之日起 10 日内向上一级人民法院提起上诉。

3）债权申报与债权人会议阶段

人民法院受理破产申请后，应当确定债权人申报债权的期限。债权申报期限自人民法院发布受理破产申请公告之日起计算，最短不得少于 30 日，最长不得超过 3 个月。债权人应当在人民法院确定的债权申报期限内向管理人申报债权。在人民法院确定的债权申报期限内，债权人未申报债权的，可以在破产财产最后分配前补充申报；但是，此前已进行的分配，不再对其补充分配。

依法申报债权的债权人为债权人会议的成员，有权参加债权人会议，享有表决权。债权尚未确定的债权人，除人民法院能够为其行使表决权而临时确定债权额的外，不得行使表决权。债权人可以委托代理人出席债权人会议，行使表决权。代理人出席债权人会议，应当向人民法院或者债权人会议主席提交债权人的授权委托书。债权人会议应当有债务人的职工和工会的代表参加，对有关事项发表意见。债权人会议设主席 1 人，由人民法院从有表决权的债权人中指定。

债权人会议行使下列职权：核查债权；申请人民法院更换管理人，审查管理人的费用和报酬；监督管理人；选任和更换债权人委员会成员；决定继续或者停止债务人的营业；通过重整计划；通过和解协议；通过债务人财产的管理方案；通过破产财产的变价方案；通过破产财产的分配方案；人民法院认为应当由债权人会议行使的其他职权。

4）破产的重整与和解阶段

破产的重整与和解阶段不是破产的必经程序。重整与和解也被称为预防破产程序。重整是指债权人在申请对债务人进行破产清算的情况下，在人民法院受理破产申请后、宣告债务人破产前，债务人或者出资额占债务人注册资本 1/10 以上的出资人，可以向人民法院申请重整，即对该企业进行整顿和调整，不对无偿付能力债务人的财产进行立即清算，而是在法院主持下由债务人与债权人达成协议，制订重组计划，规定在一定期限内债务人按一定方式全部或部分清偿债务，同时债务人可以继续经营其业务的制度。

破产和解，是指在人民法院受理破产案件后，在破产程序终结前，债务人与债权人之间就延期偿还和减免债务问题达成协议，终止破产程序的一种方法。和解是一种特殊的法律行为，双方法律行为以双方当事人的意思表示一致为条件，而这种法律行为不仅需要债权人会议与债务人意思表示一致，而且要经过人民法院的裁定认可，方能成立。

虽然重整与和解不是破产的必经程序，但通过企业资产业务的重整，可能避免企业被破产清算的命运，给企业继续发展的机会。从长远来看，可能会给债权人更大程度的利益保障。因此，重整与和解阶段具有重要的意义。

5）破产宣告与破产清算阶段

（1）破产宣告。破产宣告是法院依据当事人的申请或法定职权裁定宣布债务人破产以清偿债务的活动。破产宣告标志着破产程序进入实质性阶段。债务人被宣告破产后，债务人称为破产人，债务人财产称为破产财产，人民法院受理破产申请时对债务人享有的债权称为破产债权。一旦企业被宣告破产，便失去了民事主体资格，裁定自公告之日起发生法律效力，破产企业即日起停止正常经营活动。

（2）破产清算。人民法院依法宣告企业破产以后，应当在15日内成立由企业主管部门、政府财政部门等人员组成的清算组，对该破产企业进行清算。企业破产分配完毕，由清算组向法院申请终结破产程序并向登记机关办理注销登记。

（二）破产清算的含义

破产清算是指宣告股份有限公司破产以后，由清算组接管公司，对破产财产进行清算、评估、处理和分配。清算组由人民法院依据有关法律的规定，组织股东、有关机关及专业人员组成。所谓有关机关一般包括国有资产管理部门、政府主管部门、证券管理部门等，专业人员一般包括会计师、律师、评估师等。

根据《中华人民共和国企业破产法》，企业法人不能清偿到期债务，并且资产不足以清偿全部债务或者明显缺乏清偿能力的，依照本法规定清理债务。企业法人有前款规定情形，或者有明显丧失清偿能力可能的，可以依照本法规定进行重整。

二、破产清算的程序

（一）破产宣告

破产宣告是法院依当事人的申请或依职权对已经具备破产条件的债务人作出的宣告其为破产人的司法裁定。债务人被宣告破产后，破产清算程序由此启动。

（二）破产财产变价

破产财产变价方案由管理人制订并提交债权人会议讨论。破产企业为全民所有制性质的，其资产的评估应依据有关国有资产评估的规定，由管理人向国有资产管理部门申请办理资产评估立项，经国有资产管理部门授予资格的评估机构进行评估，并经国有资产管理部门备案。变价出售破产财产应当通过拍卖进行，但是债权人会议另有决议的除外。

（三）破产财产的分配

分配方案由管理人制订并提交债权人会议讨论，最后提交法院裁定。破产财产的分配顺序如下：

（1）清偿破产费用和共益债务；

（2）职工的工资和医疗、伤残补助、抚恤费用，所欠的应当划入职工个人账户的基本养老保险、基本医疗保险费用，以及法律、行政法规规定应当支付给职工的补偿金；

（3）破产人欠缴的除前项规定以外的社会保险费用和破产人所欠税款；

（4）普通破产债权。

（四）破产清算的结束

破产财产分配完毕，破产清算即告结束。清算组应提请法院终结破产程序。破产程序终结后，由清算组向原审批机关办理破产公司的注销登记和其他登记手续。

【小资料一】债务人财产

1. 债务人财产的范围

破产申请受理时属于债务人的全部财产，以及破产，申请受理后至破产程序终结前债务人取得的财产。

2. 不属于债务人财产的范围

（1）债务人基于仓储、保管、加工承揽、委托交易、代销、借用、寄存、租赁等法律关系占有、使用的他人财产；

（2）抵押物、留置物、出质物；

（3）担保物灭失后产生的保险金、补偿金、赔偿金等代位物；

（4）依照法律规定存在优先权的财产；

（5）特定物买卖中，尚未转移占有但相对人已完全支付对价的特定物；

（6）尚未办理产权证或者产权证过户手续但已向买方交付的财产；

（7）债务人在所有权保留买卖中尚未取得所有权的财产；

（8）所有权专属于国家且不得转让的财产；

（9）债务人企业工会所有的财产。

【小资料二】破产债权

清算组确定破产债权。破产债权，是指依照破产程序受偿的债权。破产债权的范围：

1. 破产宣告前成立的无财产担保的债权，以及虽有担保但放弃优先受偿权利的债权；

2. 未到期的债权，视为已到期债权，但是应当减去未到期的利息；

3. 连带之债的债务人破产时，债权人所享有的债权；

4. 保证人破产时，债权人所享有的债权；

5. 清算组解除合同，而致使对方当事人受到损害时，其损害的赔偿额；

6. 债权人对破产公司负有债务的，如果债权大于债务，那么超过部分构成破产债权；

7. 有财产担保的债权，其数额超过担保物价款的，未受清偿的部分，作为破产债权。

【小资料三】破产费用和共益债务

1. 破产费用

（1）破产案件的诉讼费用；

（2）管理、变价和分配债务人财产的费用；

（3）管理人执行职务的费用、报酬和聘用工作人员的费用。

2.共益债务

所谓共益债务是指在破产申请受理后，为全体债权人的共同利益或者为进行破产程序所必须负担的债务，其内容包括：

（1）因管理人或者债务人请求对方当事人履行双方均未履行完毕的合同所产生的债务；

（2）债务人财产受无因管理所产生的债务；

（3）因债务人不当得利产生的债务；

（4）为债务人继续营业而应支付的劳动报酬和社会保险费用以及由此产生的其他债务；

（5）管理人或者相关人员执行职务致人损害所产生的债务；

（6）债务人财产致人损害所产生的债务。

3.破产费用和共益债务的清偿

（1）破产费用和共益债务由债务人财产随时清偿；

（2）债务人不足以清偿所有破产费用和共益债务，先行清偿破产费用；

（3）债务人不足以清偿所有破产费用或者共益债务的，按照比例清偿；

（4）债务人财产不足以清偿破产费用的，管理人应当提请法院终结破产程序。

三、公司清算与破产清算的联系和区别

（一）公司清算和破产清算的联系

（1）清算的目的是结束被清算企业的各种债权、债务关系和法律关系；

（2）在解散清算过程中，当发现企业资不抵债时应立即向法院申请破产清算。

（二）公司清算和破产清算的区别

公司清算与破产清算在法律属性上存在着重大差异，由此形成了迥然不同的两类法律制度。公司清算，是指公司因非破产原因解散，按公司法规定的程序进行的清算，即狭义的公司清算。破产清算，是指因破产原因解散并按照破产程序进行的清算。公司清算与破产清算的区别主要有：

（1）清算发生的原因不同。破产清算的原因是公司"不能清偿到期债务"；而公司清算则是公司在有足够财产清偿债务的情况下因解散而进行清算。

（2）清算的程序不同。破产清算必须严格按照《中华人民共和国企业破产法》规定的破产程序进行清算，破产清算是一种强制清算程序；而公司清算则是按《中华人民共和国公司法》的有关规定进行清算，清算程序一般具有较强的任意性，公司清算人可以按照公司的具体情况灵活掌握清算的进程。

链接阅读

光耀集团宣告破产，将依法推进破产清算工作

（3）清算人的选任不同。破产清算是法院按照《中华人民共和国企业破产法》的规定，从法定的人员范围中依法定的程序和方法选任；而公司清算则由公司按照《中华人民共和国公司法》的规定确定清算人，在特殊情况下才由法院依法指定清算人。

（4）债权人在清算中所起的作用不同。在破产清算中，债权人组成债权人会议，参与破产清算程序，决定公司在清算中的有关重大事项，如决定破产财产的分配方案和破产财产的处理方案等；而在公司清算中，债权人则不具有这种作用，清算人对公司全体股东负责。

通过对两者的比较，可以看出，公司清算有可能转化为破产清算，即在公司清算过程中，如果发现公司的实际资产不足以清偿债务时，公司清算应当转为破产清算。

链接阅读

告别历史舞台，安邦保险集团、安邦财险获批进入破产程序

复习思考题

一、在线测试题（扫描书背面的二维码获取答题权限）

扫描此码　自我测试

二、简答题

1.什么是债务重组？包括哪些方式？

2.简述债务重组的动因。

3.什么是公司清算？公司清算与破产清算的区别是什么？

4.什么是破产清算？一般包括哪几个阶段？

第九章 数字经济与资本运营

内容提要

在数字经济时代，资本运营的内涵得到了极大丰富，它不仅关注财务资本的流动与增值，更强调对数据资本、技术资本、人才资本等新型生产要素的整合与利用，以及这些要素如何与财务资本相融合，共同驱动企业的创新发展。本章第一节主要介绍数字经济的定义、特征、核心要素、发展历程以及数字经济的分类；第二节主要介绍数字经济对资本运营的影响，主要包括对资本运营环境的影响、对资本运营模式的影响以及对资本运营效率的影响；第三节主要介绍数字经济背景下资本运营模式的创新，主要包括创新的必要性、创新模式以及创新面临的风险问题。

学习要点

- 了解数字经济的含义、特征、核心要素；
- 了解数字经济的发展历程；
- 了解数字经济的分类；
- 了解并掌握数字经济对资本运营的影响；
- 了解并掌握数字经济背景下资本运营模式的创新。

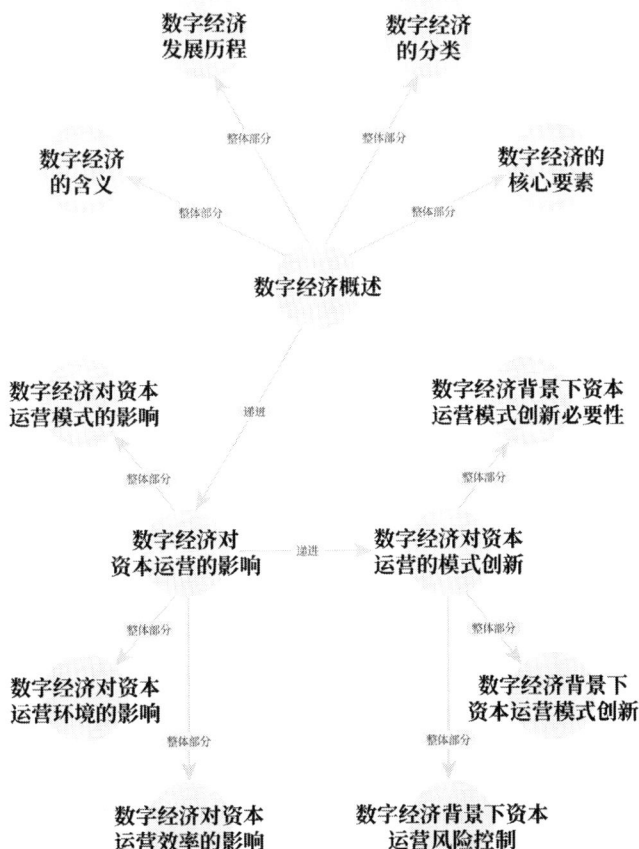

数字经济与资本运营

第一节　数字经济概述

一、数字经济的含义

（一）数字经济的定义

数字经济是指通过数字技术和信息网络推动的经济活动，以数字化的知识和信息作为关键生产要素，以现代信息网络作为重要载体，以信息通信技术的有效使用作为效率提升和经济结构优化的重要推动力的一系列经济活动。数字经济涵盖了电子商务、移动支付、互联网广告、大数据产业、人工智能产业、云计算产业等多个领域，这些领域相互交织、相互促进，共同构成了数字经济的庞大生态系统。

（二）数字经济的特征

数字经济是一个内涵丰富、外延广泛的概念。"数字经济"一词最早出现在 1996 年加拿大学者 Tapscott 的著作《数字经济：网络智能时代的机遇和挑战》（*The Digital Economy: Promise and Peril in the Age of Networked Intelligence*）中，该著作将"数字经济"看作是网络时代由信息和通信技术所支撑的一种社会经济运行新范式。[①] 数字经济受到各国政府、地区组织与学界的关注，并被赋予不同含义。表 9-1 中列举了不同组织对数字经济的理解。

表 9-1　不同组织下的数字经济的特征

机构名称	数字经济的定义	数字经济关键特征
G20（二十国集团）	数字经济是指以使用数字化的知识和信息作为关键生产要素、以现代信息网络作为重要载体、以信息通信技术的有效使用作为效率提升和经济结构优化的重要推动力的一系列经济活动	使用数字化的知识和信息作为关键生产要素
		以现代信息网络作为重要载体
		以信息通信技术的有效使用作为效率提升和经济结构优化的重要推力
澳大利亚数字经济部	数字经济是由互联网、移动电话和传感器网络等信息通信技术形成的经济和社会活动的全球网络[②]	强调信息通信技术的有效使用对经济和社会带来的新变化

---

① Don Tapscott. The Digital Economy: Promise and Peril in the Age of Networked Intelligence[M]. New York: Graw-Hill, 1996.

② Australian Government. National Digital Economy Strategy[EB/OL]. www.nbn.gov.au/digitaleconomystrategy.

续表

机构名称	数字经济的定义	数字经济关键特征
中国赛迪顾问公司	数字经济是以数字技术为重要内容的一系列经济活动总和，既包括数字化新技术、新产品、新模式、新业态，也包括数字化要素与传统产业深度融合带来的经济增长[①]	以数字技术为重要内容的一系列经济活动的总和
中国信通院	数字经济是以数字化的知识和信息为关键生产要素，以数字技术创新为核心驱动力，以现代信息网络为重要载体，通过数字技术与实体经济深度融合，不断提高传统产业数字化、智能化水平，加速重构经济发展与政府治理模式的新经济形态[②]	以数字化的知识和信息为关键生产要素
		数字技术创新为核心驱动力，以现代信息网络为重要载体
		强调数字技术与实体经济的深度融合，重构经济发展模式
国际货币基金组织（IMF）	将数字经济划分为狭义和广义：狭义上指在线平台以及依存于平台的活动，广义上是指使用了数字化数据的活动	强调数字部门。覆盖三大类数字化活动：在线平台、平台化服务、ICT商品与服务

在探讨数字经济的广阔领域时，学术界与实践界已普遍认同其核心特征。

1. 数字技术是数字经济的核心驱动力

数字技术（或信息通信技术）已无可争议地成为推动现代经济发展的核心引擎，发挥着基础性支撑作用。这一转变标志着传统经济形态向数字经济时代的深刻跃进，其中，技术的持续创新与广泛应用成为驱动经济增长的新动力源泉。

2. 数据是数字经济的关键生产要素

数据作为一种新型生产要素，正日益融入生产活动的各个环节。数据的采集、分析、应用与共享，不仅提升了生产效率与决策质量，还催生了众多新兴业态与商业模式，为经济发展注入了新的活力与可能性。

3. 网络平台是数字经济的重要载体

网络平台作为数字技术应用的关键载体，为数字经济的蓬勃发展提供了坚实的基础设施。这些平台不仅促进了信息的自由流动与资源的优化配置，还通过构建开放共享的数字生态系统，加速了数字经济的创新步伐与国际化进程。

4. 数字技术全面渗透与影响数字经济

数字技术正以前所未有的广度和深度渗透到社会生产生活的各个方面，产生了深远而广泛的影响。从制造业的智能化转型到服务业的数字化升级，从城市管理的高效化到居民生活的便捷化，数字经济正逐步重塑全球经济版图与人们的生活方式。

二、数字经济的核心要素

在当今时代，数字经济已成为推动全球经济增长的重要引擎。数字经济依托于三个核心要素：数据、算法和算力，三者相互依存、相互促进，共同构成了数字经济的坚实基础，

---

① 概念来源：赛迪顾问发布的《2017中国数字经济指数（DEDI）》。

② 概念来源：中国信通院发布的《中国数字经济发展白皮书（2017）》。

如图 9-1 所示。

算法
适用于人工智能或其他领域的算法

数据
数据采集、储存、处理

算力
端、云、边缘计算等任何
CPU、GPU等

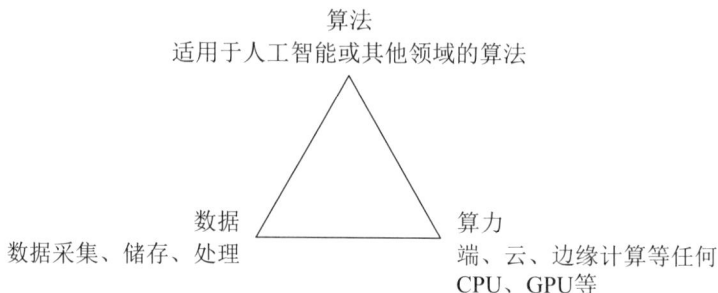

图 9-1　数字经济三要素

1. 数据：数字经济的基石

数据是数字经济的基石，是信息化时代的"石油"。随着物联网、云计算、移动互联网等技术的飞速发展，数据的产生量呈爆炸式增长。数据不仅仅是数字、文本或图像等简单信息，更是蕴含着巨大价值的知识宝库。通过对海量数据的收集、整理、分析和挖掘，可以揭示出市场趋势、用户行为、潜在需求等关键信息，为企业决策提供科学依据。

2. 算法：数据的智慧引擎

算法是连接数据与价值的桥梁，是数据处理的智慧引擎。算法通过对数据进行一系列复杂的计算和推理，挖掘出数据背后的规律和关联，将无序的数据转化为有价值的信息。在数字经济时代，算法的作用日益凸显，已经成为推动行业变革和创新的关键力量。算法在数字经济中的应用广泛而深入，包括机器学习、深度学习、自然语言处理、计算机视觉等多个领域。这些算法技术不仅提升了数据处理的速度和精度，还推动了人工智能、自动驾驶、智能制造等新兴产业的发展。

3. 算力：算法运行的强大支撑

算力是指计算机处理数据的能力，是算法运行的强大支撑。随着大数据和人工智能技术的发展，对算力的需求日益增长。高性能计算、云计算、边缘计算等技术的出现，为算力的提升提供了有力支持。算力越强，数据处理的速度就越快，从而能够更快速地响应市场变化和用户需求。

4. 数据、算法、算力的相互关系

数据、算法和算力是数字经济不可或缺的三个要素，它们之间相互依存、相互促进。数据为算法提供了丰富的原料，算法通过对数据的处理和分析挖掘出有价值的信息，而算力则为算法的高效运行提供了强大支撑。三者共同构成了数字经济的核心驱动力，推动着数字经济不断向前发展。在数字经济时代，只有充分利用数据资源，不断创新算法技术，提升算力水平，才能把握住数字经济的机遇，实现企业的可持续发展。因此，对于企业而言，掌握数据、算法和算力这三个要素的知识和技能至关重要。

三、数字经济发展历程

数字经济是信息技术进步与全球经济一体化相互作用的必然结果。互联网的普及、移

动通信技术的革新以及计算能力的飞速提升，为数字经济的形成与发展提供了坚实的基础。数字经济发展经历了三个阶段，萌芽孕育期（20世纪40年代至20世纪末）、快速成长期（21世纪初至2015年）、全面繁荣期（2016年至今）。[①]

（一）萌芽孕育期：计算机等信息通信技术诞生

数字技术是数字经济的核心。数字技术的历史可追溯至20世纪中叶，具体标志为计算机这一革命性工具的诞生。1946年，美国国防部引领科技创新，成功研制出全球首台通用电子计算机ENIAC，它不仅在军事领域大放异彩，也为科研机构的数据处理开辟了新纪元。随着时间的推移，计算机技术经历了从电子管到晶体管的飞跃。1954年，IBM公司凭借其技术实力，推出了首台采用晶体管的计算机TRADIC，这一里程碑式的成就极大地增强了计算能力，为后续的科技进步奠定了坚实基础。20世纪70年代，微型计算机时代曙光初现。1971年，Intel公司研发出世界上首款微处理器4004，这一创举标志着计算机体积与成本的显著降低，从而推动了计算机技术的普及与应用。随后，在1981年，IBM公司再次引领潮流，推出了IBM5150个人电脑，这是全球首台面向中小企业及普通居民的个人计算机，它的问世标志着计算机技术正式融入社会经济生活的各个层面，极大地改变了人们的生活方式和工作模式。与此同时，移动通信技术也取得了突破性进展。1973年，摩托罗拉公司震撼发布世界上第一部移动电话——摩托罗拉DynaTAC 8000X，开启了移动通信的新篇章。1986年，在美国芝加哥诞生的第一代移动通信系统（1G），更是为移动通信的快速发展铺设了道路。

除了计算机与移动通信领域的硬件革新外，20世纪90年代还见证了信息网络技术的蓬勃兴起。1990年年底，万维网的诞生，如同在数字世界中铺设了一条条高速公路，使得全球各地的人们能够以前所未有的便捷方式实现互联互通。紧接着，1993年美国克林顿政府提出的"信息高速公路计划"，更是加速了全球信息基础设施的建设步伐，各国政府纷纷响应，加大投入，共同推动了人类社会的信息化进程，正式开启了互联网时代的辉煌篇章。

（二）快速成长期：互联网经济出现并迅速发展

20世纪末至21世纪初，信息技术以互联网为核心，广泛渗透至社会经济各领域，标志着互联网1.0时代的开启。此间，网络搜索服务、电子商务、网络硬件等领域见证了突破性创新，催生了众多互联网公司的迅速崛起。如雅虎、谷歌、百度等。随着移动通信技术的飞跃及智能手机的普及，移动互联网在新技术浪潮的推动下迎来了繁荣期，互联网2.0时代以移动互联网为核心特征逐渐显现。以iPhone、三星、华为等智能手机引领了智能化设备的革新潮流。与此同时，3G、4G等移动通信技术逐步得到广泛应用，互联网企业格局亦随之发生深刻变化。在互联网经济的强劲驱动下，B2B、B2C、C2C等电子商务模式也不断创新发展，极大地加速了全球商业贸易的流通速度。此外，网络游戏、网络视频等新兴业态的兴起，也为国家经济注入了新的增长动力。

① 贾卓强. 数字经济对劳动就业的影响研究 [D]. 四川大学，2023.

（三）全面繁荣期：数字技术蓬勃发展并广泛应用于生产生活

2016 年，关键的信息技术基础——以集成电路为核心的微电子技术，已经从 14 纳米制程工艺迈向了 7 纳米级别，是数字技术发展的一个里程碑。新一代信息通信技术，如互联网、物联网、云计算、大数据、虚拟现实 / 增强现实、人工智能、区块链、量子计算 / 量子通信等，都实现了跨越式突破。经过前期的技术积累，云计算从 2016 年开始进入全面爆发阶段，云服务应用深入到不同行业，逐步演变为数字化转型的重要力量。此外，由数字经济催生的平台经济、共享经济等新业态、新模式纷纷涌现。当前，新技术驱动的数字经济正在推动生产方式快速变革和产业结构不断升级。发展数字经济也逐渐上升到国家战略高度，被写入政府工作报告和"十四五"规划。

数字经济打破了传统经济的时空限制，实现了资源的快速优化配置和高效利用；同时，数字经济也促进了技术创新和产业融合，催生了众多新业态、新模式；此外，数字经济还降低了市场准入门槛，为中小企业和个体创业者提供了更多发展机会。未来，随着技术的不断进步和应用场景的持续拓展，数字经济将进一步深化与实体经济的融合，推动全球经济朝更加高效、绿色、可持续的方向发展。

四、数字经济的分类

数字经济由数字产业化和产业数字化两部分组成。

（一）数字产业化

数字产业化是数字经济的核心产业，是为产业数字化发展提供数字技术、产品、服务、基础设施和解决方案，以及完全依赖于数字技术、数据要素的各类经济活动，是数字经济发展的基础。内容具体包括数字产品制造业、数字产品服务业、数字技术应用业和数字要素驱动业。

数字产业化是一个动态发展过程，这个过程涉及多个方面。

（1）技术应用：利用数字技术，如大数据、云计算、物联网、人工智能等，对传统产业进行升级改造。

（2）数据驱动：以数据为核心资源，通过数据分析和智能算法优化决策过程，提高运营效率。

（3）产业升级：传统产业通过数字化转型，实现从劳动密集型向技术密集型转变，提升产品和服务的附加值。

（4）新业态培育：形成新的商业模式和产业形态，如电子商务、共享经济、智能制造等。

（5）创新生态构建：构建以数字化为核心的创新生态系统，促进产业链上下游的协同发展。

（6）跨界融合：不同产业之间通过数字化手段实现跨界融合，创造新的市场机会和价值。

（7）政策支持：政府通过政策引导和支持，为数字产业化提供良好的发展环境。

数字产业化是数字经济的重要组成部分，它不仅推动了传统产业的转型升级，也为经济发展注入了新的活力。随着技术的不断进步和应用的深化，数字产业化将继续在全球经济中扮演越来越重要的角色。

（二）产业数字化

产业数字化主要包括数字化效率提升，是通过应用数字技术和数据资源为传统产业增加产出和提升效率，以实现数字技术与实体经济的融合。产业数字化是日常生活中更常见的数字形态，比如数字农业、数字制造、数字中国等。具体来说，产业数字化包括以下几个方面。

（1）生产过程的智能化：通过引入智能制造、工业互联网等先进技术，实现生产过程的自动化、智能化，提高生产效率和产品质量。

（2）产品服务的数字化：利用大数据、云计算、人工智能等技术，对产品进行数字化设计、生产、销售和服务，提供更加个性化、智能化的产品和服务。

（3）企业运营的数字化：通过建立数字化管理系统，实现企业内部资源的优化配置和高效协同，提高企业的运营效率和管理水平。

（4）产业链的数字化整合：通过数字化手段，加强产业链上下游企业之间的信息共享和协同合作，促进产业链的优化整合和协同创新。

（三）数字产业化和产业数字化的区别

产业数字化和数字产业化之间存在密切联系。产业数字化是转变，数字产业化是创造，两者互为补充。但两者也存在区别。

（1）主体不同：产业数字化的主体是传统产业，而数字化产业的主体是新兴产业。

（2）手段不同：产业数字化主要采用数字化技术对传统产业进行改造和升级，而数字化产业则是以数字化技术为核心，以数据为生产要素，以云计算、大数据、人工智能等为手段开展业务。

（3）目标不同：产业数字化的目标是提高传统产业的效率、降低成本、优化资源配置等，而数字化产业的目标是推动新兴产业的发展，促进数字经济的繁荣。

（4）价值不同：产业数字化的价值主要体现在传统产业的转型升级和提质增效方面，而数字化产业的价值主要体现在推动新兴产业的创新发展和促进数字经济的繁荣方面。

（5）发展阶段不同：产业数字化处于传统产业的转型升级阶段，而数字化产业处于新兴产业的快速发展阶段。

第二节　数字经济对资本运营的影响

一、数字经济对资本运营环境的影响

（一）数字经济对资本筹集环境的影响

数字经济已成为引领全球经济社会变革、推动我国经济高质量发展的重要引擎。数字经济赋予企业新的发展动能，已成为企业实现高质量发展的必由之路。本书将从市场角度和企业角度分析数字经济对资本筹集环境的影响。

1. 数字经济对金融市场的影响

在"万物数字化"的时代背景下，金融市场的数字化变革已成为不可逆转的趋势。作为高度依赖信息与数据处理的市场，金融市场不仅率先响应数字化浪潮，更在数字化浪潮中占据领先地位。这一转变既源自其固有的信息密集特性，也深刻受到新冠疫情下非接触式经济模式的催化作用。[①] 同时，数字技术的广泛应用，如量化交易、人工智能决策及加密数字货币等，也正深刻重构全球金融市场的运作逻辑与投资者行为。

1）数字经济能提高金融市场的效率与便捷性

随着数字经济的快速发展，金融市场迎来了前所未有的变革。数字技术作为核心驱动力，显著提升了金融服务的效率与便捷性。具体而言，企业通过互联网平台轻松完成贷款申请、审核、放款及还款流程，极大地满足了其多样化的资金需求。此外，云计算技术的引入，使金融机构能够高效利用云端资源，实现数据的安全存储、快速处理与实时传输，进一步提升了业务运营的效率与安全性。

2）数字经济能促进金融市场的创新和发展

首先，数字经济拓展了金融市场的范围和服务。区块链技术的引入，以其去中心化、透明可追溯的特性，为金融交易提供了更为安全、高效的解决方案，特别是在跨境支付、股权登记与转让、供应链金融等领域展现出巨大潜力。此外，数字金融产品的不断创新，为金融消费者与投资者提供了更加多元化的选择，满足了其日益增长的个性化需求。

其次，数字经济促进了金融市场的多元化与包容性发展。通过降低服务门槛与成本，数字金融为中小企业、农村地区及低收入人群等长尾市场提供了便捷的金融服务渠道，有效缓解了金融排斥现象。这种普惠性的金融服务模式，不仅促进了社会经济的均衡发展，也为金融市场注入了新的活力与增长点。

3）数字经济能改变金融市场竞争格局和生态环境

在数字经济时代，金融控股企业与集团在数字经济、实体经济协同化发展的局势中，逐步加强了金融产品的创新，包括证券、保险、基金与信贷金融产品等业务项目不断推陈

---

① 吴静，张凤，孙翊，等. 抗疫助推我国数字化转型：机遇与挑战 [J]. 中国科学院院刊，2020（3）.

出新，拓宽了金融行业的服务范围。金融企业凭借数字技术优势与创新模式，提供了更加灵活、低成本且多样化的金融服务，满足了市场对普惠金融与共享金融的迫切需求。这一转变打破了传统金融机构的垄断地位，降低了用户交易成本与风险，增加了市场选择与便利性，从而深刻改变了金融市场的竞争格局。

此外，面对数字技术的冲击与挑战，传统金融机构纷纷启动战略转型与业务创新，寻求与科技公司的深度合作或竞争。在这一过程中，金融市场逐渐形成了协同发展、互惠共生的良好生态环境。金融企业与科技企业的跨界融合，不仅促进了技术创新与业务模式创新，还推动了整个金融行业的转型升级与高质量发展。

4）数字经济降低了金融市场交易成本和风险

数字技术的应用还有效降低了金融交易的成本与风险。通过自动化流程减少人工干预，不仅加快了交易速度，还降低了人为错误的风险。同时，大数据分析与智能风控系统的结合，使金融机构能够更精准地评估风险，实施有效的防控措施，为市场参与者提供更加安全可靠的交易环境。

2. 数字经济对企业融资环境的影响

数字经济驱动企业融资环境的变革，促使融资效率显著提升，融资门槛有效降低，融资渠道多元化发展。

1）数字经济提升企业融资效率

自科技兴国战略深入实施以来，我国科学技术领域取得了举世瞩目的飞跃，其中，大数据、人工智能、区块链等前沿数字技术的崛起，不仅极大地丰富了民众生活，更为企业持续运营构筑了全新的融资生态。在融资效率的提升方面，数字技术展现出了无可比拟的优势。具体而言，企业资金供给的精准度高度依赖于风险评估数据的精确度，而传统金融机构在处理非结构化、低价值密度信息时面临效率瓶颈。鉴于企业生产经营状况与经济利益相关者的紧密关联，整合并集中这些利益相关者的多维度数据，如信用评级、纳税记录等，对于精准评估企业风险至关重要。在数字经济时代，互联网技术的广泛应用使此类信息的收集变得前所未有的便捷。通过数字技术的加持，我们能够高效处理这些海量信息，从生产经营规模、资金状况、发展现状等多个维度全面剖析企业状况，形成企业精准画像，并据此设计定制化信贷产品，显著降低了坏账风险，增强了金融机构的资金供给意愿，从而实现了融资效率的飞跃。

2）数字经济降低了企业融资门槛

随着数字化供应链金融的蓬勃发展，一种新型融资模式应运而生，该模式有效削弱了企业在融资过程中的种种约束与限制。金融与产业的深度融合，不仅缓解了企业运营中的资金压力，还拓宽了资金来源渠道，降低了融资成本，并增强了企业对风险的监测与规避能力。尤为重要的是，数字技术将企业日常生产经营活动转化为标准化、可量化的数据资产，这些数据在供应链内部实现流通与共享，使金融服务能够渗透到供应链的每一个环节，真正实现了金融服务的全面覆盖与精准对接。

3）数字经济拓展融资渠道

相较于传统金融模式下中小企业主要依赖的债务融资与股权融资方式，数字金融的兴起彻底打破了基础设施与地理位置的限制。依托电商平台的广泛影响力，数字金融极大地扩展了金融服务的覆盖范围，使众多中小企业得以受益。通过不断创新的金融模式与深入的市场渗透，数字金融不仅丰富了金融服务模式，还为企业开辟了多层次、多样化的融资渠道。特别是网络借贷服务的兴起，构建了资金需求方与供给方之间直接沟通的桥梁，通过平台化运作，快速匹配借贷双方，显著缩短了交易时间，提升了融资效率。大量网贷平台的出现，更是为中小企业融资提供了新的解决方案，有效促进了资本市场的活力与繁荣。

（二）数字经济对资本配置环境的影响

在市场经济体系中，企业作为微观经济活动的主体，其投资决策的科学性与有效性直接关系到资源配置的效率和市场的整体运行状况。然而，传统模式下市场信息的不完备性常常成为制约企业投资决策优化的关键因素。随着数字经济的蓬勃兴起，一种全新的视角——利用大数据与智能决策技术提升资本配置效率，正逐渐成为理论与实践的热点。

市场信息的不完备性长期困扰着企业的投资决策过程，影响了资本配置的科学性和有效性。数字经济的快速发展，为这一问题的解决提供了前所未有的机遇。具体而言，数字经济从以下几个方面显著改善了企业的信息环境。

1. 数字经济拓展信息来源

数字技术作为数字经济的核心要素，其在企业中的广泛应用极大地丰富了企业的信息来源，拓展了信息来源的广度。企业能够借助互联网、物联网等渠道，实时捕捉市场动态、消费者行为、竞争对手策略等多维度信息，使信息搜集更加全面和高效。这种信息搜集能力的提升，直接促进了企业投资决策的时效性和准确性，为科学决策奠定了坚实基础。

2. 数字经济降低信息不对称

数字经济的快速发展还加深了信息交流的深度。一方面，企业能够更便捷地与市场投资者进行信息沟通，增强投资者信心，提高资本市场的透明度；另一方面，企业间的信息交流也变得更加频繁和充分，有助于形成更加公平、高效的竞争环境。这种信息交流的加强，有效降低了整个市场的信息不对称程度，为企业资本的有效配置提供了更加良好的信息基础。

3. 数字经济优化投资决策

数字经济的快速发展促使企业显著提升了信息的可利用度和使用效率。在数字经济背景下，企业面对的往往是海量、非标准化、非结构化的数据。通过运用先进的数字平台和技术，企业能够将这些复杂的数据转化为结构化、标准化的信息，进而运用数据挖掘、机器学习等智能算法进行深度分析，实现对投资决策的精准优化。这一过程不仅提高了决策的科学性，还显著降低了人为判断的主观性和不确定性。

大数据与智能决策技术正成为提升企业资本配置效率的重要驱动力。通过拓展信息来源、提升信息搜集能力、优化投资决策过程以及促进信息交流，数字经济为企业投资决策的科学性和有效性提供了有力保障。[①] 未来，随着数字技术的不断发展和应用深化，我们

---

① 吴非，胡慧芷，林慧妍，等.企业数字化转型与资本市场表现——来自股票流动性的经验证据[J].管理世界，2021，37（7）：130-144+10.

有理由相信，企业资本配置效率将得到进一步提升，为市场经济的持续健康发展注入新的活力。

（三）数字经济对资本运营监管环境的影响

数字经济推动金融与科技深度融合，催生多元化、低成本、高效率及普惠性更强的新型金融模式，也给资本监管带来新的挑战和变革。

1. 数字经济带来金融监管新挑战

数字经济的快速发展给传统金融行业带来巨大的改变，金融与数字技术的融合也给监管部门带来新的治理挑战。近年来，中国证监会与央行相继发布《金融科技总体建设方案》及《金融科技发展规划（2019—2021 年）》，旨在加速金融数字化转型并强化金融科技治理。金融科技以其突破性创新特性和快速发展态势，展现出多样化的类型与形态，对以实体监管为主的传统模式构成挑战。传统模式在事前防范、事中警示及事后管控方面均显滞后与不足，暴露出监管真空、重叠、套利及俘获等难题。在数字经济背景下，金融科技发展进一步复杂化了监管挑战：科技公司跨界金融服务，模糊了业务边界；电子货币等新兴支付方式加剧了支付违规；平台经济加剧了不正当竞争，全能型金融科技公司的庞大业务范围与规模经济在去中心化趋势下削弱了监管效能；同时，大型科技公司的个人隐私与信息安全问题对传统银行业构成严峻挑战，影响其经营模式和竞争力。因此，构建适应数字经济时代的金融监管体系成为当务之急。[①]

2. 数字经济调整金融监管原则

监管原则是构建制度模式与机制体系之基石，贯穿于监管政策、制度体系及其实践之中，具有随金融行业发展趋势动态调整的特性。面对金融数字技术的革新与风险，现有监管原则亟须进行如下调整。

1）适应性原则

作为推动监管模式转型的基石，适应性原则强调监管部门应灵活应对数字经济带来的金融变革。面对金融业务在流程与模式上的数字化、智能化转型，监管部门需整合技术、资源与创新优势，构建监管科技系统，完善相关规则，以增强对新风险的适应能力。

2）包容性原则

对数字技术驱动的金融革新，监管部门应秉持包容态度，但包容需有界。这一原则旨在提升金融包容性水平，促进普惠金融发展。如《关于促进互联网金融健康发展的指导意见》及"监管沙盒"机制，均体现了对金融创新的包容性监管实践。

3）实验性原则

要求监管机构在推出新监管措施前，通过可控环境对金融创新进行试验性观察与评估。基于"风险—收益"分析动态调整监管措施，实验性原则鼓励试错，旨在确保监管措施的有效性与目标的达成，同时避免系统性风险。"监管沙盒"即为该原则下的制度创新，为金融企业在安全环境中探索创新提供平台。

---

① 易纲. 中国大型科技公司监管实践 [J]. 中国经济周刊，2021（19）：72-73.

4）协同性原则

鉴于金融数字技术促进的跨国金融活动，协同监管成为关键。不同国家、地区及国际组织间需加强沟通与合作，构建统一监管标准与信息共享平台，以应对跨国金融风险，避免监管竞次现象。协同性原则强调多层次、跨区域、跨类型的监管机构间以及监管机构与金融企业间的紧密合作，共同促进金融监管与金融创新的协调发展。

3. 数字经济改变金融监管路径

在数字经济浪潮中，金融监管体系的优化旨在实现公平、高效与自由竞争的目标，同时促进实体经济增长与维护社会稳定。国家监管金融业务的基本原理涵盖市场诚信、实体经济支持、系统性风险防范、投资者及金融体系使用者保护、消费者保护、金融稳定、市场效率与竞争等多个维度。面对金融科技创新的挑战，监管目标的设定需兼顾创新激励与风险防控，即在确保金融创新不被无端抑制的前提下，纠正金融功能异化，防范系统性风险，最大限度地保障金融安全与稳定，使金融创新成为实体经济增长的驱动力。基于数字金融监管的独特性，技治主义监管策略应运而生。数字金融监管不仅应契合行政决策与监管的基本原则，还需将技术与技治主义纳入法治框架。具体而言，金融监管的改进路径可聚焦于以下三个方面。

1）协调监管职能

我国现行的金融监管体系以机构监管为主，依托于业务异质性，通过行业专业化监管实现金融稳定与高效。然而，在算法时代，技术与人、环境的深度融合对传统"支配—依附"关系构成挑战，要求监管自动化决策遵循数字行政决策原则，特别是正当程序、问责制与比例原则，以体现现代行政法的善治精神。监管机构需强化风险意识，采用预防性思维，保护公共产品，确保监管措施既灵活又有效。

2）完善金融征信体系

金融行业根植于信用，依赖信息与数据支撑。数字时代加剧了数据可用性与隐私保护之间的矛盾。我国征信体系虽已初具规模，形成了以中国人民银行金融信息基础数据库为核心、市场化征信机构为补充的多元化格局，但仍存在覆盖不全、金融排斥等问题，亟待完善。金融科技的发展为利用大数据进行信用评价提供了新路径，有助于推动数字征信发展，提高银行金融科技基础设施水平，促进普惠金融，有效解决中小微企业融资难题。

3）规范数字金融市场

在金融数字化转型过程中，部分金融科技企业的市场行为失范，如盲目追求市场份额与短期利润，忽视风险防控，甚至进行多头套利，加剧了市场风险。因此，规范数字金融市场成为当务之急。监管机构应在保障市场有效监管的同时，保护投资者合法权益，采取相称性措施平衡创新与稳定。具体而言，监管机构可适时介入，遵循适当性、必要性和相称性原则，确保监管措施既能遏制市场乱象，又能激发金融科技创新活力，推动金融市场健康可持续发展。

二、数字经济对资本运营模式的影响

数字经济作为以数字技术为基础，通过互联网和其他数字化工具进行生产、分配和消费的经济活动，正深刻改变着资本运营的模式。

（一）数字技术与资本运营的深度融合

1. 货币资本数字化

随着大数据、云计算、人工智能等数字技术在金融业的广泛应用，货币资本逐渐具备数字化特征。数字化支付和金融活动产生了大量关于市场交易和信用的数据信息，这些数据通过智能分析，能够指导产业资本的生产，并消除金融资本的投资盲目性。此外，在数字技术的支撑下，企业闲置资金依托智能算法寻求资本增值最大化的投资渠道，提高了资金利用效率。

2. 生产资本数字化

生产资本的数字化，主要是指在生产过程中，通过应用数字技术、数据和智能系统，对传统生产要素进行改造和升级，实现生产过程的智能化、自动化和高效化。在这一过程中，数据成为核心生产要素，通过采集、分析、处理和应用数据，指导生产决策、优化生产流程、提高生产效率和质量。通过数据采集与整合、数据分析与挖掘、智能决策与优化、自动化生产与智能制造以及数据驱动的持续改进等关键环节的实施，企业可以实现生产效率的提升、产品质量的改进和市场竞争力的增强。同时，数字化转型也为企业带来了更多的商业机会和发展空间。

3. 商品资本数字化

商品资本数字化是指将商品的价值和属性通过数字化技术转化为可衡量、可交易、可追踪的数字资产，从而实现商品资本的快速流通和价值增值。这一过程不仅改变了商品的存在形态，还深刻影响了商品的生产、流通和交易方式。商品数字化通过数字化技术优化商品生产、流通和交易环节，提高市场效率，降低交易成本。数字化技术使得商品的生产、流通和交易过程更加透明可追溯，有助于打击假冒伪劣商品和欺诈行为。区块链等技术的应用确保了商品数字资产的真实性和不可篡改性，为数字资产交易提供了安全可靠的保障。商品资本数字化使商品可以以多种形式进行交易和流通（如数字商品、虚拟货币等），增加了交易的灵活性和多样性。

（二）资本运营组织的变革与创新

在数字经济时代，资本运营组织方式的创新与变革主要体现在以下几个方面。

1. 数字化与智能化技术的应用

数字化技术使得企业能够收集、处理和分析大量数据，从而基于数据做出更加精准和高效的决策。这种数据驱动的决策方式不仅提高了决策的科学性和准确性，还加快了决策速度，使企业能够更快地响应市场变化。在资本运营领域，智能投顾和算法交易等智能化技术的应用日益广泛。这些技术利用人工智能和机器学习算法，根据投资者的风险偏好、财务状况等信息，自动为其提供个性化的投资建议或执行交易操作，提高了资本配置的效率和精准度。

2. 平台化与网络化模式的兴起

随着金融科技的发展，各种金融服务平台应运而生。这些平台通过互联网技术连接资金供需双方，打破了传统金融服务的界限和壁垒，降低了融资成本，提高了资本流动性和使用效率。例如，股权众筹平台等，为中小企业和个人提供了更多的融资渠道。在资本运营过程中，不同企业、不同部门之间可以通过网络实现协同工作，共享信息和资源，提高运营效率。例如，通过区块链技术实现供应链金融的透明化和可追溯性，降低融资风险；通过云计算和大数据技术实现投资项目的风险评估和监测等。

（三）资本结构的优化与灵活配置

1. 资本结构优化

数字经济通过提供新的投资机会，促使企业优化投资结构。数字技术如大数据、云计算、人工智能等的应用，能够优化企业的运营流程，提高生产效率，进而提升企业盈利能力，为企业的投资提供更多空间和机会。此外，企业可以更加精准地评估投资项目的风险和收益，选择更具前景的投资领域，如数字基础设施建设、数字技术研发与应用等，从而实现投资结构的优化升级。

2. 资本配置灵活

数字经济通过提高信息的透明度和传播速度，降低了资本流动的障碍。企业可以更加便捷地获取市场动态和投资机会，实现资本的快速流动和灵活配置。同时，数字技术的应用也提高了资本市场的交易效率，降低了交易成本，为资本的灵活配置提供了有力支持。

随着数字经济的不断发展，其对资本结构优化与灵活配置的影响将更加深远。未来，企业需要不断适应数字经济带来的变化和挑战，加强技术创新和人才培养，提高数字化水平和管理能力。同时，政府也需要加强政策引导和支持力度，推动数字经济与实体经济的深度融合，为资本结构优化与灵活配置创造更加有利的环境和条件。

三、数字经济对资本运营效率的影响

数字经济对资本运营效率的影响是显著的，主要体现在以下三个方面。

（一）提升信息透明度与决策效率

1. 提升信息透明度

首先，数字经济提升了数据搜集与处理能力。数字经济通过大数据、云计算等先进技术，极大地增强了企业收集、处理和分析数据的能力。这使企业能够实时获取并整合来自内部运营、市场变化、消费者行为等多方面的信息，形成全面、准确的数据画像。其次，数字经济促进了信息流通与共享。数字化平台促进了信息的流通与共享。企业可以通过这些平台发布信息，投资者和其他利益相关者也能更加便捷地获取所需信息，从而减少了信息不对称现象。同时，区块链等技术的应用还提高了信息的透明度和可追溯性。最后，数字经济提高了信息披露要求。随着数字经济的发展，监管机构对企业信息披露的要求也日益提高。企业需要更加全面、及时、准确地披露相关信息，以满足投资者和监管机构的需求。这有助于提升整个资本市场的信息透明度。

2. 提升决策效率

首先，基于数据的决策。数字经济使企业能够基于数据进行决策。通过数据分析，企业可以更加精准地评估投资项目的风险与收益，预测市场趋势，从而做出更加科学合理的决策。这种基于数据的决策方式大大提高了决策效率和准确性。其次，智能决策支持系统的建立。人工智能、机器学习等技术的应用催生了智能决策支持系统。这些系统能够自动处理和分析大量数据，为决策者提供实时、准确的决策建议。这不仅缩短了决策周期，还提高了决策的科学性和有效性。最后，数字经济使企业能够更加快速地响应市场变化。通过数字化平台，企业可以实时获取市场动态和消费者反馈，及时调整投资策略和市场布局。这种快速响应能力有助于企业在激烈的市场竞争中保持资本安全和提高竞争力。

（二）降低交易成本与提高资金流动性

数字经济通过电子交易平台、区块链等技术手段，降低了传统金融交易中的中介成本和操作成本。例如，区块链技术可以实现交易的即时结算和清算，减少了交易环节和时间成本。同时，数字金融产品的普及也降低了投资者的门槛和成本，使得更多资金能够流入市场，提高资本市场的活跃度。数字经济的发展使得资金流动更加便捷和高效。企业可以通过数字平台快速筹集资金，满足短期资金需求；投资者也可以随时调整投资组合，实现资金的灵活配置。

（三）优化资源配置，提高资本利用效率

数字经济通过数据分析和预测技术，能够精准地评估不同投资项目的潜力和风险，从而优化资源配置。企业可以将有限的资金投入到最具潜力和效益的项目中，提高资本利用效率。数字化技术的应用可以优化企业的生产流程和管理模式，提高运营效率。例如，通过智能制造和物联网技术可以实现生产过程的自动化和智能化控制；通过数字化管理系统可以实时监控企业运营状况并快速响应问题。

第三节　数字经济对资本运营的模式创新

一、数字经济背景下资本运营模式创新的必要性

（一）数字技术的不断突破和发展

在数字经济迅猛发展的时代背景下，社会资本与国有资本的运营管理机制正经历着深

刻的变革。得益于区块链、大数据、人工智能、物联网等前沿技术的广泛应用，企业得以实现对自身运营状态的全方位、动态化监控，从而在面对日益激烈的行业竞争时，能够采取更为精细化和科学化的资本管理策略，集中优势资源，优化资本结构配置，显著提升资产保值增值的能力。

当前，数字经济以惊人的速度扩张，不仅重塑了全球经济资源的分配格局，还深刻影响着国际竞争态势。自党的十八大以来，我国加速推进网络强国战略与国家大数据体系建设，数字中国、智慧社会的愿景逐步成为现实，极大地促进了数字经济与实体经济的深度融合。在这一进程中，企业的生产经营环境、竞争格局及内部管理机制均发生了翻天覆地的变化。

面对新的挑战与机遇，企业在构建内部控制、资产运营与监管体系时，必须紧密结合自身发展实际，敏锐洞察经济体系改革动向、国家发展战略调整以及内部制度变革的需求。基于资本运营状况，企业应设立专项部门或团队，专门负责投资职能，充分发挥我国超大规模消费市场、社会主义制度优势及体制机制的灵活性，持续推动科技创新、产品迭代、经营模式升级和管理制度革新。

为达成资本保值增值的长远目标，并适应市场化、投行化改革的趋势，企业必须将资产管理置于战略核心地位，全面加速经济主体的市场化转型步伐，强化投行化运作模式，以确保在数字经济浪潮中保持竞争力，实现可持续发展。

（二）金融市场多元化转型为资本运营模式创新提供了便利条件

金融市场多元化转型为资本运营模式创新奠定了坚实的基础，数字技术的深入应用更是加速了这一进程。其特性如去中心化、平台化显著增强了金融市场参与者的多样性，导致服务用户群体在原有金融控股企业与集团间得到了一定程度的分散。为巩固并扩大市场份额，金融企业纷纷加大对资本运营策略与金融产品创新的投入，力求在竞争中脱颖而出。

数字经济时代下的金融市场的多元化不仅为资本运营的创新性与多样性提供了广阔舞台，也极大地促进了企业经营规划、战略目标及运营模式的优化与革新。具体而言，金融体制改革在多个维度上取得了显著成效。

首先，贷款利率统一管制机制的废除标志着利率管理向市场化迈进，赋予了金融机构更大的自主定价权，促进了市场的有效竞争。

其次，资产管理领域见证了参与主体形式与角色的深刻变革，这种变化不仅重塑了企业利益分配格局，还使得资产管理规划在某种程度上呈现出"信托化"的趋势，推动了资本运营朝更加专业化、市场化的方向转型。

最后，金融工具的不断调整与交易准则的日益完善，不仅提升了金融交易的科学性与规范性，还激发了企业财务管控技术的革新与管理模式的升级，为企业的稳健发展注入了新的活力。

综上所述，金融市场的多元化转型与数字技术的深度融合，共同为资本运营模式的创新提供了前所未有的便利条件，推动了金融体系的整体进步与企业发展的持续繁荣。

（三）资本运营模式创新对企业发展的积极作用

1. 破除贸易活动中的金融障碍

随着互联网、大数据、无线通信等技术在商业贸易领域的深度融合与广泛应用，贸易服务与金融支付手段呈现出前所未有的多样性，极大地提升了市场效率。为有效管控市场风险并弥补现有金融体制的不足，政府部门积极强化市场管理体制的建设，充分发挥宏观调控作用，引领行业朝现代化、高效化方向迈进。新资本运营模式的构建与推广，成功打破了传统贸易活动的金融壁垒，为企业开辟了更加广阔的发展平台，促进了贸易活动的自由化与便利化。

2. 重构资产配置结构，驱动数字化转型

数字经济作为一场深刻的信息技术革命，正逐步消除自第一次工业革命以来因信息孤岛造成的生产社会化与生产资料个别占有之间的矛盾。通过大数据、云计算、物联网、区块链、人工智能、5G通信等前沿技术的广泛应用，数字经济正引领社会生产组织形式、产品生产及消费方式的根本性变革。在此背景下，资本运营模式的创新成为关键驱动力，它促进了资金的高效流动，深化了资本结构的优化调整，并加速了企业内部制度体系的数字化转型。一方面，数字技术赋能下的新资本运营模式助力企业构建数字化、全流程可控的集团管控体系，优化了治理结构，明确了投资决策的量化指标（如投资规模、效益周期、投资底线），为科学决策提供了坚实支撑；另一方面，创新的资本流转机制有效盘活了存量与闲置资产，扩大了金融市场投资规模，提升了资产质量与经济效益。此外，资本运营的创新还促进了高新技术与新兴产业的集聚发展，为我国产业结构的转型升级奠定了坚实基础。

3. 精准定位市场，引领跨界融合

在国家大力推进大数据与数字经济产业链建设的背景下，实体产业的传统规划布局面临挑战，产业间的跨界融合趋势加速，现代市场管理机制不断完善，企业间的竞争与合作形态也日趋复杂。为应对这一复杂环境，企业需将资本运营与产业链紧密结合，以实现资源的优化配置和产业的升级转型，进而提升产业竞争力。新时期，构建高效的资本运营体系成为支撑产业多元化、跨界性经营的重要基石，为基于产品价值深度挖掘、科技持续创新的高新产业提供了更加广阔的发展舞台，推动了企业市场定位的精准化与市场适应力的增强。

二、数字经济背景下资本运营模式创新

（一）数字经济架构下的资本要素创新

在传统经济向数字经济转型升级的深刻变革中，数据资源化已成为驱动经济发展的关键创新要素，为人类社会构建了一个全新的发展动力体系。步入数字经济时代，数字不仅作为一种新兴的经济资源崛起，更跻身自然资源、金融资本、人力资源及技术创新等传统核心生产要素之列，其创新构建、高效集聚与自由流通，有效缓解了传统生产要素供给瓶

颈对经济增长的束缚。特别是资本运营数据，作为关键的数据源，为优化资本配置、精准决策提供了不可或缺的支撑。

通过全面数字化改造，传统生产要素被重新激活并焕发出新的发展活力，它们或凝聚成新的增长点，或裂变出前所未有的发展动能，从而深刻改变了传统经济增长理论中关键变量的构成与权重，使经济数字化成为现代经济体系创新发展的核心驱动力。

数字经济对资本运营与价值创造的影响深远，主要体现在两个方面：首先，数据在价值创造过程中的重要性日益凸显，极大地提升了各类经济资源的使用效率与效益；其次，随着 3D 打印、生命科学等前沿技术的大规模应用，增材制造以其个性化定制的优势，逐步替代了减材制造的标准化生产模式，更加灵活地满足了消费者对于产品及服务的个性化需求，对传统以规模化、标准化为主导的成本控制体系构成了显著挑战。

此外，数据资源的持续累积不仅极大地促进了社会再生产的扩张与社会生产效率的飞跃，还显著加速了社会资本的集聚速度，提升了资本集中度。这一过程不仅增强了垄断资本的共享属性，更促使社会资源与福利在全社会范围内的优化配置与再分配，为实现更加公平、可持续的经济社会发展模式奠定了坚实基础。

【小资料】

数字经济时代诞生了许多奇迹，小米公司就是其中的典型。小米公司在智能手机领域取得一定成功后，果断着手布局物联网。对于成立不久、财务资本并不宽裕的小米公司而言，如何进行资本运营成为新的挑战。根据自身积累的优势，小米公司创造性地以"小米基因"为主要资本和少量财务资本，开创了基因投资型资本运营，迅速取得了良性发展，构建了全球最大的物联网平台。小米公司的基因投资实践是中国本土化的管理创新。

（二）数字经济架构下企业资本运营生态链管理重构与优化

在数字经济蓬勃发展的时代背景下，经济运行的核心驱动力正经历着前所未有的变革。传统经济中的信息，主要作为过程与成果的记录者，而在数字经济架构下，信息（尤其是数据）已华丽转身，成为驱动经济运行过程的关键工具与核心动力。这一转变，不仅深刻改变了信息的价值逻辑，使其与实体经济的价值逻辑产生了根本性的差异，更为企业资本运营的数字化转型开辟了全新的路径。

企业资本运营的数字化转型，是一场深刻的管理革命。通过构建统一的数字化管理平台，企业能够打破部门间的壁垒，实现跨部门、跨层级的无缝连接与高效协同。这一平台不仅促进了信息的即时共享与透明化，还构建了一个基于区块链等技术的数字共识记录机制，确保了信息和价值在传递过程中的无损耗与不可篡改性。这种机制不仅提高了决策效率与准确性，还增强了企业的整体抗风险能力。

更为重要的是，数字化转型使企业能够充分挖掘和利用数字资源的巨大潜力。在物质资源之外，数据、算法、算力等数字资源正成为企业竞争的新高地。通过整合与运用这些资源，企业能够重塑管理流程，实现人机协同的智能化生产与服务模式。在这一模式下，每个员工都被赋予了前所未有的角色——他们不仅是企业数字资源的使用者，更是创造者，通过日常工作中的点滴贡献，汇聚成推动企业持续增长的强大动力。

此外，数字化转型还为企业创造了一个基于数据链的生态系统。在这个系统中，数据成为连接企业内外部资源、驱动业务创新的重要纽带。通过深入分析用户行为、市场趋势等数据，企业能够精准把握市场需求，快速响应市场变化，从而激发新的产品、服务乃至商业模式的诞生。这种以数据为驱动的发展模式，不仅提升了企业的市场竞争力，更为企业的长远发展奠定了坚实的基础。

综上所述，数字经济架构下的企业资本运营生态链管理，正经历着从理念到实践的全面革新。通过数字化转型，企业不仅能够实现内部管理的优化升级，更能够拓展外部合作空间，构建出更加开放、协同、共赢的生态系统。这一变革不仅为企业自身的发展注入了新的活力与动力，更为整个经济社会的转型升级贡献了重要力量。

（三）全面监管，构建全过程资本数智管控体系

企业应在逐步加强先进信息技术、管理理论引进与推广的基础上，构建起覆盖资本运营全过程的数智监管体系，尤其在资金的管理方面，应进一步规范财务预算编制与执行的流程，按照预算指标与费用使用规范，对资金使用情况进行严格监管，实现资金使用全程透明化、数字化，确保专项建设与投资的资金利用合理。还应基于财务数据、营收情况、投资与筹资项目审核等信息，对公司的运营状况进行数字监管，动态分析，发挥组织、决策、控制方面的职能，基于协同化、一致性的运营管理目标，保证企业长效经营发展战略的全面落实。

（四）重构资本要素配置：推动平台共建，促进生态协同

数字平台建设具有巨大的价值创造潜力，有助于优化企业资本要素配置，促进资本更好地服务实体经济。在数字经济背景下，数字平台的建设通过引入战略投资者，可以有效促进不同所有制资本、不同类型资本的融合，深化体制机制创新，并为平台导入更多优质资源，强化生态圈战略协同，助力平台创新发展和市场价值增长，实现资本增值。同时，数字化平台也可以以资本为纽带，获取生态圈建设的关键资源和能力，并依托自身运营管理和技术优势，赋能生态圈伙伴，共同实现价值提升。

【小资料】昌发展：构建"基金＋产业"模式

北京昌平区通过"昌发展"这一产业生态投资运营平台，成功构建了"基金＋产业"的创新模式。"昌发展"不仅提供资金支持，还通过母基金及政府平台优势，为企业提供多层次的投后增值服务，包括金融服务、产业服务、空间资源、场景落地、生态对接、公共平台等。

金融服务：通过母基金体系、合作基金、合作金融机构及双创金融服务联盟，"昌

发展"有效匹配企业各阶段的融资需求，推动政府资金与社会资金、产业资本与金融资本、股权融资与债权融资的有机结合。截至2021年年末，"昌发展"与40余家投资机构合作，落实基金合作规模超过240亿元，财政资金放大效应显著。

产业服务："昌发展"嫁接各类政策、区域产业资源，帮助企业对接市场、成果转化、产业链、人才、技术等。通过搭建特色产业促进服务平台，"昌发展"为企业提供一站式整体解决方案，推动区域产业集群式发展。

空间资源："昌发展"通过资产管理运营业务，为企业提供多元化的空间载体，满足各类企业办公入驻及产业集聚需求。

（五）数字经济架构下企业资本运营人才培养体系创新

在数字经济浪潮的推动下，企业资本运营的模式与策略正经历着深刻的变革。为了应对这一变化，构建高效、灵活且具备前瞻性的资本运营人才体系显得尤为重要。因此，为了满足数字经济背景下企业资本运营创新的发展需要，必须致力于人才培养模式的改革与创新。企业需要构建适应数字经济发展的创新金融人才培养模式，以复合型人才为培养目标的人才培养体系要从师资队伍建设、课程设置、教学方法、高校或企业考核方式、政府的引导方向与奖励政策等多方面进行综合改革，形成产政学研一体化培养模式。总体而言，数字化的人力资源管理是一场认知和思维重构，从过去线性的、连续的、结构化的思维转为去中心化的、多结构化的、组织与人相互交融的生态思维。中国企业要进行数字化转型、要提升数字化生存能力、要抓住数字化时代中国企业变道超车的机遇，人力资源管理者就必须改变思路。

三、数字经济背景下资本运营风险控制

中国的企业经营正处在新旧机制转换的时期。首先，经过40多年改革开放的持续高速发展，中国的宏观经济环境正处于从高速度发展向高质量高效益提升的转换时期，以数字技术为代表的技术变革为企业发展带来了挑战。在数字经济背景下，资本运营创新面临着一系列的风险，这些风险不仅源于市场环境的快速变化，还与技术革新、政策调整、信息安全等多个方面紧密相关。以下是对这些风险的详细分析。

（一）数字经济与市场风险

1. 市场波动性加大

数字经济时代，市场信息的传播速度极快，市场反应更加灵敏，导致市场波动性显著增加。这要求企业在资本运营过程中必须具备高度的市场敏感性和快速应变能力，以应对可能发生的市场风险。

2. 竞争加剧

数字经济促进了市场竞争的全球化，企业面临的竞争对手不仅限于国内，还包括国际

上的优秀企业。这种竞争态势使企业在资本运营中需要更加注重策略选择和时机把握，以降低竞争风险。

（二）数字经济与技术风险

1. 技术更新换代快

数字经济以技术创新为驱动，新技术层出不穷。企业在资本运营中需要不断关注技术发展趋势，及时引进和应用新技术，以提高运营效率和竞争力。然而，技术更新换代的速度过快也可能导致企业面临技术淘汰的风险。

2. 技术安全风险

在数字经济时代，网络安全和数据安全成为企业资本运营的重要风险点。黑客攻击、数据泄露等安全事件频发，给企业的资本运营带来巨大威胁。因此，企业需要加强信息安全建设，提高网络安全防护能力。

（三）数字经济与信用风险

1. 信息不对称加剧

在数字经济背景下，信息传播更加迅速和广泛，但同时也加剧了信息不对称的问题。企业在资本运营中可能面临信息失真、虚假宣传等风险，导致决策失误和信用风险增加。

2. 虚拟资产风险

随着数字货币、区块链等技术的发展，虚拟资产市场逐渐兴起。然而，虚拟资产市场的不成熟和波动性大等特点使得企业在资本运营中面临较大的信用风险。

（四）数字经济政策与法律风险

1. 政策不确定性

数字经济作为新兴经济形态，其相关政策法规尚不完善，存在一定的不确定性。政策的变化和调整可能对企业的资本运营产生重大影响，甚至导致企业面临合规风险。

2. 法律风险

在数字经济背景下的资本运营涉及多个领域和环节，需要遵守大量的法律法规。一旦企业违反相关法律法规，将可能面临法律制裁和声誉损失等风险。

（五）数字经济与操作风险

1. 系统故障风险

在数字经济时代，企业的资本运营高度依赖信息系统和数字化平台。一旦系统出现故障或遭受攻击，将可能导致运营中断和数据丢失等风险。

2. 人为操作失误风险

在资本运营过程中，人为操作失误也是不可忽视的风险点。例如，交易指令错误、投资决策失误等都可能给企业带来重大损失。

（六）应对措施

（1）加强市场调研和风险评估：企业在资本运营前应充分了解市场环境、竞争对手和技术趋势等信息，进行科学的风险评估和预测。

（2）提高技术创新能力和信息安全水平：企业应加大技术研发投入，提高技术创新能力和信息安全防护水平，以应对技术更新换代快和技术安全风险等问题。

（3）完善信用管理体系：企业应建立健全的信用管理体系，加强对客户和合作伙伴的信用评估和管理，以降低信用风险。

（4）关注政策动态和法律法规变化：企业应密切关注政策动态和法律法规变化，及时调整经营策略和运营模式，以应对政策不确定性和法律风险。

（5）加强内部控制和风险管理：企业应建立健全的内部控制和风险管理体系，加强对操作流程的监控与管理，以减少人为操作失误和系统故障等风险。

复习思考题

一、在线测试题（扫描书背面的二维码获取答题权限）

扫描此码　自我测试

二、简答题

1. 什么是数字经济？数字经济有什么特征？

2. 数字经济给资本运营带来了哪些影响？

3. 为什么在数字经济背景下资本运营模式需要创新？

4. 数字经济背景下资本运营模式创新会面临哪些风险？

参考文献

[1] 边俊杰，孟鹰，余来文.企业资本运营理论与应用 [M]. 北京：经济管理出版社，2014.

[2] 陈雪涛，王豪.并购重组：操作流程＋实务指南＋案例解析 [M]. 北京：中国经济出版社，2023.

[3] 道氏.可转债投资入门与实战指南 [M]. 北京：民主与建设出版社，2022.

[4] 邓明然，叶建木，方明，等.资本运营管理 [M]. 3 版.北京：高等教育出版社，2018.

[5] 房燕.私募股权投资与管理 [M]. 北京：北京邮电大学出版社，2020.

[6] 付庆华.金融市场学 [M]. 北京：中国经济出版社，2023.

[7] 冯光华，等.中国信贷资产证券化十年发展回顾与展望（2012—2022）[M]. 北京：中国金融出版社，2022.

[8] 郭勤贵，马兰，杨佳媚.大并购：互联网时代资本与战略重构 [M]. 北京：机械工业出版社，2017.

[9] 黄蒿，魏恩道，刘勇.资产证券化理论与案例 [M]. 北京：中国发展出版社，2007.

[10] 孔繁成.投资银行学 [M]. 北京：清华大学出版社，2023.

[11] 蓝发钦，高正.中国证券市场典型并购 2021[M]. 上海：上海远东出版社，2022.

[12] 蓝发钦，胡晓敏.中国证券市场典型并购 2022[M]. 上海：上海远东出版社，2023.

[13] 梁积江，李媛媛.企业资本运营管理 [M]. 北京：企业管理出版社，2019.

[14] 刘超，谢启伟，马玉洁，等.资本运营与财富管理 [M]. 北京：中国铁道出版社，2021.

[15] 林勇.资本运营理论与实务 [M]. 北京：科学出版社，2011.

[16] 马瑞清，[澳] 安迪·莫.企业融资：从创业私募到 IPO 上市 [M]. 北京：电子工业出版社，2023.

[17] 王静，胥朝阳.精编财务管理原理 [M]. 武汉：武汉理工大学出版社，2023.

[18] 王晓林.基于效用的或有可转换债券定价及公司资本结构研究 [M]. 北京：中国经济出版社，2021.

[19] 王国俊，姚宇韬.股份回购的影响因素和经济后果研究 [M]. 南京：南京大学出版社，2020.

[20] 汪洪涛、朱翊照.资本运营管理 [M]. 2 版.上海：复旦大学出版社，2017.

[21] 吴跃平，宋磊，方磊.私募股权投资基金运作与管理 [M]. 北京：清华大学出版社，2020.

[22] 夏乐书，姜强，张春瑞，等.资本运营理论与实务 [M]. 6 版.大连：东北财经大学出版社有限责任公司，2019.

[23] 许志勇.资本运营与财务战略 [M]. 北京：中国金融出版社，2022.

[24] 徐聪.我国上市公司分拆上市法律制度研究 [M]. 上海：上海交通大学出版社，2019.

[25] 杨青 . 兼并、收购与公司控制 [M]. 上海：复旦大学出版社，2018.

[26] 易荣华 . 跨境上市与新兴市场国际板 [M]. 北京：经济科学出版社，2023.

[27] 叶育甫 . 企业资本运营理论与实务 [M]. 北京：科学出版社，2017.

[28] 张明，邹晓梅，高蓓 . 资产证券化简史 [M]. 上海：东方出版中心，2021.

[29] 曾江红 . 资本运营与公司治理 [M]. 3 版 . 北京：清华大学出版社，2019.

[30] 周炜，宋小满，佟爱琴 . 财务管理案例分析 [M]. 2 版 . 上海：立信会计出版社，2019.

[31] 张鹏，李丽琴 . 企业战略管理——案例与实践 [M]. 西安：西安电子科技大学出版社，2023.

[32] 资本市场学院 . 上市公司并购重组规则实务案例 [M]. 北京：中国财政经济出版社，2023.

[33] [美] 保罗·皮格纳塔罗（Paul Pignataro）. 并购、剥离与资产重组：投资银行和私募股权实践指南 [M]. 北京：机械工业出版社，2018.

[34] [美] 滋维·博迪，亚历克斯·凯恩，艾伦·J. 马库斯 . 投资学（原书第 11 版）[M]. 汪昌云，张永爽翼，译 . 北京：机械工业出版社，2023.

[35] [美] 德帕姆菲利斯 . 收购、兼并和重组：过程、工具、案例与解决方案（原书第 7 版）[M]. 郑磊，译 . 北京：机械工业出版社，2015.

[36] [美] 勒纳，利蒙，哈迪蒙 . 风险投资、私募股权与创业融资 [M]. 路跃兵，刘晋泽，译 . 北京：清华大学出版社，2015.

[37] [美] 斯蒂芬·A. 罗斯，等 . 公司理财（原书第 13 版）[M]. 吴世农，等译 . 北京：机械工业出版社，2024.

[38] [美] 威廉·F. 夏普，戈登·J. 亚历山大，杰弗里·V. 贝利 . 投资学（第五版）[M]. 北京：中国人民大学出版社，2018.

教师服务

感谢您选用清华大学出版社的教材！为了更好地服务教学，我们为授课教师提供本书的教学辅助资源，以及本学科重点教材信息。请您扫码获取。

≫ 教辅获取

本书教辅资源，授课教师扫码获取

≫ 样书赠送

企业管理类重点教材，教师扫码获取样书

清华大学出版社

E-mail: tupfuwu@163.com

电话：010-83470332 / 83470142

地址：北京市海淀区双清路学研大厦 B 座 509

网址：https://www.tup.com.cn/

传真：8610-83470107

邮编：100084